ENSAIOS DE DIREITO CORPORATIVO

Temas contemporâneos e tendências

ANDRÉA RODRIGUES SECO *(ORG.)*

EV PUBLICAÇÕES

Direção editorial: Eduardo Viegas Meirelles Villela

Coordenação editorial: equipe da EV Publicações

Apoio jurídico e revisão de língua portuguesa: Juliana Bianco

Projeto gráfico, diagramação e arte de capa: Samuca Andrade

Impressão: Hawaii Gráfica

Dados Internacionais de Catalogação na Publicação (CIP)
Bibliotecária Juliana Farias Motta CRB7 / 5880

E59

Ensaios de direito corporativo: temas contemporâneos e tendências / Organização Andréa Rodrigues Seco. -- 1.ed. - São Paulo (SP): EV Publicações, 2024.

344 p.; 17 cm x 24 cm

ISBN: 978-65-87369-26-6

1. Direito empresarial. 2. Direito empresarial – Brasil. I. Seco, Andréa Rodrigues. I. Título: temas contemporâneos e tendências

CDD 346.81065

Índice para catálogo sistemático:

1. Direito empresarial
2. Direito empresarial - Brasil

Os pontos de vista da obra são de responsabilidade de seus autores, não refletindo necessariamente a posição da EV Publicações e de sua equipe editorial.

Caso queira adquirir lotes de exemplares deste livro, favor entrar em contato via e-mail: eduardo@eduvillela.com . Ou pelo WhatsApp: (11)96851-1515.

Atendimento ao cliente: utilize, por gentileza, os mesmos contatos acima.

AGRADECIMENTOS DA ORGANIZADORA

O meu contributo nesta obra é fruto do meu período de mestrado em Ciências Jurídicas com foco no Direito Comercial, pela Universidade Autónoma de Lisboa em Portugal, ao longo dos anos de 2021 e 2022. O artigo visa lançar um olhar sobre o tema da figura e da crescente importância dos Administradores de Sociedades Anônimas, conjugando minha experiência profissional com um interesse intelectual entre o societário e o contencioso civil que sempre me acompanhou, desde o início da minha formação acadêmica, e que tive a sorte de poder exercitá-lo ao longo de minha jornada como advogada.

Dito isso, os agradecimentos deste trabalho também precisam ser igualmente repartidos. Em primeiro lugar, aos nossos mestres de academia, familiares, clientes, parceiros e colegas de profissão, que, cada um a seu modo, foram e são essenciais na nossa formação e nos impulsionam a ser cada dia melhores no que fazemos.

O segundo agradecimento se dirige ao meu sócio André de Almeida, que abraçou com entusiasmo este projeto, trouxe também a sua contribuição intelectual e de toda forma disponibilizou tempo, time, troca de ideias e ajudou a viabilizar que uma ideia se transformasse realidade.

SUMÁRIO

APRESENTAÇÃO

A constatação de Sócrates no sentido de que quanto mais você aprende, mais percebe que nada sabe, é mais atual do que nunca diante da complexidade da realidade contemporânea.

E, como se não bastasse o fato de que, individual e coletivamente, não conseguimos lidar ou digerir a crescente complexidade a nossa volta, preocupados que estamos com as nossas atividades cotidianas, na luta diária pela sobrevivência, ainda temos que nos adaptar às alterações tecnológicas em uma velocidade vertiginosa.

Existem aqueles que defendem a ideia de que o mundo moderno já é complexo demais para que qualquer um de nós possa compreendê-lo[1] e que nossas vidas já se apoiam em sistemas tão dependentes da tecnologia (em especial em algoritmos e processos automatizados) que ninguém mais consegue compreendê-los em sua totalidade, o que equivale a dizer que, em última instância, ninguém estaria no controle ou poderia ser responsabilizado por qualquer coisa.

No contexto de cada vez mais interdependência, perdemos progressivamente o controle sobre as nossas vidas, e chega a ser quase impossível entender o funcionamento da realidade, uma vez que as correlações de causa e efeito se tornam mais difíceis de distinguir.

Por acaso alguém previu que a terceirização transnacional da produção industrial levaria à absurda situação de que os países mais ricos do ocidente ficassem sem condições de suprir – para a sua própria população – muitos dos equipamentos médicos básicos necessários, em uma emergência sanitária, para literalmente salvar a vida de suas populações?

É evidente que esse estado de coisas nos dá uma sensação de impotência e tal situação é particularmente sensível para os profissionais do Direito, de maneira que os reflexos da chamada "Crise da Modernidade" no Direito passaram a ser objeto de estudos pela academia, sem soluções simples a vista.

É certo que, se sem entrarmos em filigranas epistemológicas, quanto mais o Direito e o conhecimento humano evoluem, maior o campo de novos desafios éticos que teremos que enfrentar, de maneira que mais conhecimento necessariamente gera mais dúvidas.

---

[1] MAUGHAN, Tim. *The Modern World Has Finally Become Too Complex for Any of Us to Understand.* Disponível em: https://onezero.medium.com/the-modern-world-has-finally-become-too-complex-for-any-of-us-to-understand-1a0b46fbc292.

Tal estado de coisas, contudo, não pode levar à inação, e a importância do desenvolvimento do conhecimento, em especial com base em valores éticos, deriva da necessidade de sermos coletivamente capazes de compreender a realidade para que possamos defender nossos direitos (e de nossos clientes), mormente quando os sistemas existentes de fiscalização e controle não se mostram eficazes e deixamos de confiar nas autoridades responsáveis, cuja atuação, não raro, mostra-se falha e insuficiente.

No Brasil, em particular, os recentes escândalos financeiros que lesaram em dezenas de bilhões os investidores do mercado de capitais denotam que atos de delinquência continuam a ocorrer à luz do dia, tirando proveito da situação de complexidade, razão pela qual é forçoso que, como profissionais do Direito, estejamos sempre atentos à realidade e às novas tendências, buscando compreender o vínculo entre situações extremas de desigualdade, social, profissional, econômica, informacional e tecnológica, no tocante à atividade empresarial.

Há que se ambicionar, cada vez mais, maior conscientização geral dos riscos a que todos nós estamos expostos.

Dentro desse contexto, saudamos entusiasticamente a iniciativa desta obra que procura fazer uma conexão entre novas tendências do Direito Corporativo com os princípios éticos mais fundamentais, de maneira que agradecemos a todos os autores que contribuíram para o presente livro, desejando que ela possa contribuir para este saudável debate, pois a cada geração enfrenta renovados desafios éticos.

Parafraseando Thomas Jefferson, o preço de viver em uma sociedade extremamente complexa é a perpétua vigilância.

André de Almeida

Outubro de 2023.

PREFÁCIO

Muito honrou-me colegas do Almeida Advogados com o convite para prefaciar obra jurídica de seus integrantes e convidados, de alto interesse e utilidade para os que militam na área do Direito.

Destaco, em seguida, os temas tratados pelos aludidos causídicos, como o que cuida da "Transparência e proteção dos acionistas minoritários: a construção de um novo *ethos* corporativo", de autoria de André de Almeida, que objetiva o tratamento da importância da assimetria informacional no funcionamento do mercado de capitais, bem como os desafios inerentes ao aludido regime informacional das companhias de capital aberto na busca de um equilíbrio entre a necessidade de respeito à privacidade corporativa e a transparência, mediante análise de questões relevantes de cunho doutrinário, identificadas e enfrentadas na construção coletiva desse novo *ethos* corporativo.

Ressalva-se, nesse trabalho, a preocupação com o direito da personalidade do empresário, a sua privacidade corporativa, procurando equilibrar relações e interesses na salvaguarda do princípio da equidade (equitas), que tem como meta a Justiça.

Aliás, Celso, no Digesto Romano,[2] conceituou o direito como sendo a arte do bem e do justo (*ius est ars boni et aequi*).

Outro trabalho de alto nível doutrinário, "A figura dos administradores nas companhias abertas: crescente relevância e seus deveres fiduciários", elaborado por Andréa Rodrigues Seco, tem como escopo o estudo de tema absolutamente atual e desafiador no âmbito do Direito Comercial: a crescente relevância da figura dos Administradores nas sociedades anônimas, tendo em vista a cada vez maior transnacionalidade alcançada por tais companhias no avanço da globalização, da criação e do crescimento de regras inerentes à boa governança corporativa.

O artigo tem como foco central a apresentação da figura do Administrador, sua qualificação e natureza do vínculo com a sociedade anônima, aprofundando, daí, seus principais deveres fiduciários basilares calcados em seus elementos gerais e nos pilares da diligência, da lealdade e do dever de informar para, ao final, sopesá-los diante da regra do *business judgment rule.*

A autora mostra, fundamentalmente, o clima de confiança e de lealdade que deve imperar no exercício das funções de um Administrador, na empresa que destaca. De um lado, a liberdade de atuação, e, de outro, a confiança depositada no Administrador, prestigiando sua autonomia e liberdade de gestão.

[2] 1.1.1. – Ulp.

Outro tema, desenvolvido por Aline Rodrigues e Steinwascher, "Legal Design, a nova forma de fazer Direito (inclusive Societário)", sugere que o legal design não cuida de intervenção meramente estética, mas também funcional, partindo-se, primeiramente, da definição do objetivo que se pretende alcançar com determinado documento jurídico (por exemplo, esclarecimento, organização, convencimento), para depois seguirem-se as próximas etapas de intervenção com a utilização de elementos visuais e estéticos.

Observa a autora que o simples fato de repensar a estrutura da escrita, buscando usar palavras conhecidas, escrever de forma concisa e direta, pensando em qual informação é a mais relevante e deve vir primeiro, qual informação é complementar e pode vir depois, já é um exercício complexo de design, que chamamos tecnicamente de design de palavras, e que o design gráfico contendo elementos visuais, tais como ícones, setas, linhas, desenhos, fontes, tamanho, contraste, espaços em branco, repetição, cores, utilizados e inseridos de forma estratégica e intencional, exerce papel importante para o entendimento do conteúdo a ser transmitido no documento jurídico.

A autora exemplifica que o Direito Societário traz muitas oportunidades de aplicação de Legal Design e Visual Law, pois, quando se fala de procedimentos ou conteúdos complexos, com muitos pensamentos interligados e consequências codependentes, principalmente, para organizar o conteúdo em grandes resumos e usar recursos visuais, como fluxogramas e infográficos, esse design pode facilitar o entendimento do leitor, a compreensão de um Acordo de Acionistas ou de um Contrato Social, gerando autonomia e engajamento nas relações societárias.

O tema tratado por David Andrew Taylor, sobre a "Forced arbitration in Brazil and its systematic shortchanging of minority shareholders: the case study of Petrobras", mostra que a Lei das Sociedades Anônimas brasileira estabelece que uma cláusula arbitral no estatuto de uma corporação necessariamente vincula todos os acionistas, e que a regulamentação da Bolsa de Valores brasileira submete todas as disputas entre empresas listadas em segmentos especiais de grande porte e seus acionistas à arbitragem estatutária obrigatória, como implementação "padrão de governança corporativa aprimorado". Porém, em situações práticas, tal arbitragem forçada enfraquece a capacidade do investidor brasileiro de processar meritoriamente a má conduta da empresa e de ser compensado por ação coletiva.

Aponta como exemplo paradigmático de tal situação o caso da Petrobras envolvendo um referendo de acionistas que restringiu seus processos ao foro arbitral, o que foi mantido pela Justiça brasileira e, consequentemente, a Petrobras não pôde ser demandada em ação coletiva de acionistas no Brasil.

Lembra o autor que o acordo da *class action* da Petrobras nos tribunais dos Estados Unidos foi de caráter financeiro grande e significativamente histórico, pois os investidores brasileiros que aplicaram seus recursos em instrumentos Petrobras American Depository Receipt, sujeitos à legislação norte-americana, puderam ingressar na class action contra a Petrobras no ordenamento jurídico norte-americano e receberam indenização. E em total contraste, os investidores brasileiros sem esses títulos dos Estados Unidos não tiveram qualquer recurso legal de ação coletiva no Brasil, situação essa que traz à tona a questão jurídica fundamental do direito do acionista de acessar o Judiciário sob a lei brasileira, em litígio de ação coletiva de acionistas – ainda não devidamente compreendido e desenvolvido no Brasil – objetivando a divulgação e a dissuasão de má conduta corporativa, bem como a compensação monetária por danos financeiros infligidos em razão de fraude e conduta criminosa.

Outro estudo de alta indagação, com apurado valor, é apresentado por Fernanda Rodrigues Guimarães Andrade Mascarenhas, sob o título "Por uma autêntica autonomia nos contratos empresariais paritários: uma proposta de releitura das normas civilistas de ordem pública sob a Declaração de Direitos de Liberdade Econômica".

Esse trabalho versa sobre a regência das relações jurídicas contratuais como produto tanto da autonomia das partes – expressão do direito à autorregência – como da heteronomia – manifestação do dirigismo estatal, exercido por meio do legislador e do juiz. Uma das dimensões da heteronomia consiste na incidência de normas de ordem pública, não suscetíveis de alteração ou de exclusão pelos contratantes. Apesar de resguardar tais ditames de ordem cogente, a Declaração de Direitos de Liberdade Econômica (DDLE) trouxe ênfase inédita à aptidão de autorregência dos pactuantes, no âmbito dos contratos empresariais paritários. E a fim de compatibilizar a dicotomia entre autonomia e heteronomia, sob a égide da DDLE, e nessa espécie de negócio jurídico, propõe-se uma releitura da concepção de normas de ordem pública. Nesse sentido, defende-se que a sua abrangência é fluida, e não estanque, e que um mesmo dispositivo pode assumir a feição de imperatividade ou de supletividade, conforme a natureza da relação jurídica concreta a ela aplicável.

Espera a autora que, nos contratos empresariais paritários, o conjunto das normas de ordem pública seja mais restrito do que nas relações jurídicas desiguais. Entende, ainda, que, naquela esfera, todas as regras que não digam respeito à preservação dos direitos de terceiros ou do interesse público deverão ser consideradas supletivas e, assim, aptas à alteração ou à exclusão, a critério das partes, e segundo a alocação de riscos que melhor lhes convenha. Exemplifica, em seguida, a releitura proposta por meio da interpretação de dispositivos do Código Civil relativos à cláusula penal.

Pretende a autora do trabalho relativizar a norma de ordem pública em alguns casos, o que deve constar com redação específica na lei, por exemplo, com a expressão: "salvo disposição convencional em contrário, deve ocorrer tal situação...".

Por sua vez, Guilherme de Carvalho Doval escreve sob o utilíssimo tema "A limitação de responsabilidade do investidor diante da natureza jurídica dos Fundos de Investimentos", atestando que os Fundos de Investimentos foram introduzidos no Brasil por políticas públicas fomentadoras da atividade econômica e da poupança popular, e que, apesar de sua crescente importância econômica, a legislação específica foi historicamente esparsa e deixou de definir questões essenciais, como a própria natureza jurídica do instituto, tomando emprestado institutos jurídicos de questionável adequação à espécie, como o do condomínio.

Aponta o autor que a evolução da regulamentação dos Fundos de Investimentos e o amplo debate doutrinário resultaram na consolidação da natureza de condomínio sui generis, que não se mostrou apta a responder à demanda de desejáveis aperfeiçoamentos do instituto, como é o caso da possibilidade de limitação da responsabilidade dos investidores trazida pela Lei da Liberdade Econômica.

Com muita atualidade e interesse marcante, foi desenvolvido o tema "A Sociedade Anônima do Futebol e a perspectiva do credor do clube", por Henrique Carmona do Amaral, cuidando, primeiramente, da Lei nº 14.193/2021, que instituiu a Sociedade Anônima do Futebol e permitiu que os clubes, comumente organizados como associações civis, transformem-se, total ou parcialmente, em sociedades anônimas do futebol.

Entende o autor que, no contexto de enorme endividamento dos clubes, a nova legislação criou mecanismos de captação de receita pela sociedade anônima do futebol e de destinação de receitas aos clubes, e também autorizou os clubes a utilizarem a recuperação judicial e extrajudicial e instituiu o regime centralizado de execuções, com o estabelecimento de prazos, prioridade de credores, critérios de atualização monetária das execuções e mecanismos que incentivam o pagamento das dívidas dos clubes pela suspensão das constrições de patrimônio e receita enquanto eles estiverem adimplentes com as exigências do regime centralizado de execuções.

O estudo proposto visa analisar a nova legislação sob o prisma e interesse do credor do clube de futebol, como sujeito protagonista da execução e conforme outros regramentos e princípios de direito preexistentes à vigência da Lei nº 14.193/2021.

Juliana Fincatti Moreira Santoro apresenta tema bem atual sobre a "Estruturação societária nas incorporações imobiliárias", objetivando analisar alguns tipos societários aptos à organização da atividade de incorporação imobiliária, de forma a lhes propiciar proteção do patrimônio destinado ao empreendimento, captação de recursos, regulação das suas relações com terceiros e otimização das atividades com maior segurança. Embora o limite do escopo desse estudo enseje a breve análise dos institutos jurídicos abordados, extrai-se que diversos tipos e institutos societários podem ser combinados pelo empreendedor imobiliário para maximizar a eficiência e a segurança da sua atividade.

O trabalho do autor Leonardo Barém Leite tem o título "A evolução da governança corporativa e do capitalismo consciente no conceito das empresas corretas, reforçando o *compliance* e a sustentabilidade: construindo o ESG" e apresenta uma visão detalhada e contemporânea sobre a temática do ESG.

Muito importante o material estudado nesse capítulo, já que o ESG será imprescindível para a perenidade das empresas.

Luciana Hernández Quintana escreveu sobre "Termo de Ajustamento de Conduta: impacto financeiro nas sociedades empresariais", buscando soluções consensuais com tendência forte nos departamentos jurídicos das empresas, em especial, multinacionais, visto que os custos que envolvem as discussões judiciais são excessivos, impactando orçamentos, resultados e, algumas vezes, o bem maior: a reputação da sociedade empresarial.

Esclarece a autora que o Termo de Ajustamento de Conduta é instrumento importante para estabelecer premissas, preservar direitos e evitar litígios custosos e morosos, e, em alguns casos, como no Termo de Ajustamento de Conduta Preventivo, as corporações não têm a necessária segurança jurídica, já que o objeto do acordo pode envolver direitos de partes hipossuficientes, podendo qualquer composição ser levada a juízo para discussão e nova negociação.

Não cuida de criticar a garantia do acesso à justiça, nem ordenamentos importantes, como o Código de Defesa do Consumidor (Lei nº 8.078/1990) e a Consolidação das Leis do Trabalho (Decreto-lei nº 5.452/1943), mesmo porque ambos representam avanço na proteção de direitos individuais e coletivos e o próprio Código de Defesa do Consumidor incluiu, na Lei da Ação Civil Pública (Lei nº 7.347/1985), o § 6º de seu artigo 5º, indicando o Termo de Ajustamento de Conduta como instrumento capaz de solucionar conflitos, com força de título executivo, sem ser necessário o ajuizamento de ação. Porém, aponta que alguns compromissos envolvendo direitos coletivos e celebrados extrajudicialmente são levados a juízo e desconsiderados ou ignorados nas discussões judiciais, revelando verdadeira insegurança jurídica e causando impacto financeiro para as empresas que anuíram ao compromisso com uma autoridade.

Os autores Márcio Mello Chaves e Mario Baldir Rodrigues Filho escreveram sobre "Capital virtual: a volatilidade da tendência de mercado dos criptoativos na integralização de capital social com criptomoedas", assunto de grande atualidade, ante a crescente onda de uso de criptomoedas.

Anahi Paloma Franzin Llop e Cristina Tsiftzoglou Redigolo discorrem sobre "Plataformas de dois lados: relações jurídicas", abordando conceitos relevantes da aplicação jurídica da tecnologia, conhecimento que se mostra cada vez mais necessário na atualidade e indispensável diante da constante evolução e transformação digital.

Alcançando o estudo das relações comportamentais e jurídicas no meio eletrônico, desenvolvem-se discussões legais relativas a essa matéria e a outras de igual ou maior importância, com destaque para a compreensão da melhor interpretação da responsabilidade civil e a sua aplicação no caso concreto, equacionando e equilibrando os interesses, as obrigações e os direitos de todas as partes envolvidas e garantindo a subsistência saudável de um negócio eficiente e proveitoso para o mercado e a sociedade em que se insere.

Não menos importante e útil é o estudo feito por Tarcisio José Moreira Júnior, sobre "A mediação como alternativa para a resolução de disputas nas recuperações judiciais", objetivando analisar a utilização do instituto da mediação, enquanto método alternativo de resolução de conflitos, nos processos de recuperação judicial, com amparo na Lei de Falências Brasileira (Lei nº 11.101/2005).

Observa o autor que a mediação, já consagrada no Brasil e muito aplicada em diferentes espécies de disputas, vem assumindo crescente relevância também nos processos recuperacionais, a ponto de ser expressamente prevista na Lei nº 11.101/2005, após alterações promovidas pela Lei nº 14.112/2020. Por isso, nesse artigo, são explorados os aspectos principais ligados à mediação e à evolução desse instituto no Brasil, bem como o uso da mediação nas recuperações judiciais, por meio da avaliação das previsões legais aplicáveis e da apresentação de processos recuperacionais relevantes nos quais a mediação foi admitida e aplicada.

Finalmente, ressalta-se o trabalho de Rodrigo Dias, com o título "A utilização da arbitragem para resolução de conflitos envolvendo questões de Direitos Humanos: análise crítica de uma quimera", apresentado com muita acuidade, objetivando uma análise crítica da possível utilização subsidiária da arbitragem como método para resolução de conflitos envolvendo questões de Direitos Humanos, manifestando-se sobre os vários questionamentos fundamentais invocados acerca de sua adequação e legitimidade para compor os interesses envolvidos de maneira satisfatória.

Assim, com os estudos realizados pelos integrantes do conhecido e renomado escritório de advocacia paulista, André Almeida Advogados, bem como seus convidados, esta obra servirá, certamente, de orientação científica segura, no âmbito do Direito e dos temas versados, todos de grande importância no enfrentamento dos problemas jurídicos que acontecem em nossa sociedade com reconhecida frequência, colocando em dúvida os profissionais do Direito, que merecem elucidações e respostas com firmeza e objetividade.

Os autores integrantes desse escritório são conhecidos e competentes profissionais, a premiar o público com os estudos, trabalhos e artigos científicos apresentados, todos de boa compreensão e fácil leitura.

Parabenizo a todos pela obra executada, que, com toda a segurança, recomendo aos leitores, com uma coletânea de elaborações jurídicas sobre temas da atualidade.

Álvaro Villaça Azevedo

Doutor em Direito. Prof. Titular de Direito Civil. Regente de Pós-Graduação e ex-Diretor da Fac. de Direito da USP. Prof. Tit. de Direito Romano, de Direito Civil e ex-Diretor da Faculdade de Direito da Mackenzie. Prof. Tit. de Direito Romano e Diretor da Faculdade de Direito da Fundação Armando Álvares Penteado. Advogado e ex-Conselheiro Federal e Estadual da OAB. Parecerista e Consultor Jurídico.

INTRODUÇÃO

"A memória de todo homem é sua literatura particular."
(Aldous Huxley)

"Escrever é um ato de coragem, é levantar a voz de um pensamento em meio a uma imensidão de ideias, sem temer a rejeição, o descrédito e as próprias incertezas e dizer: eu sei que existem bilhões de mestres que não param de falar, mas o eterno aprendiz aqui tenho algo a dizer."
(P. Isaac Ferreira)

Depois de um período afastada da vida acadêmica, resolvi que minha volta a este ambiente que sempre me foi tão caro seria um mestrado em solo europeu. Fazer um mestrado em Lisboa, Portugal, mais do que me levar a conhecer um outro sistema legislativo, foi em desafio de retorno à rotina de um estudante, o fascínio de encontros com colegas atuando em diversas áreas e ramos do direito e um intercâmbio diário de ideias e conhecimento.

Para além desses ganhos, me dei conta, ao longo desta jornada, de duas constatações que se mostraram importantíssimas para mim pessoalmente.

A primeira é como anos de experiência no mundo corporativo e a vivência diária da advocacia empresarial, que te obriga diariamente a lidar com erros e acertos, derrotas e vitórias, desafios de traçar estratégias aos seus clientes e, porque não, muitas vezes rearranjar essas mesmas estratégias, trazem uma segurança e uma liberdade intelectual que permitem usufruir uma experiência acadêmica de forma absolutamente inovadora e transcendente, totalmente diversa daquela de quando você era um mero estudante universitário se preparando para ser lançado ao mercado de trabalho.

A segunda descoberta é a de que essa mesma bagagem, fruto de intensa e desafiadora rotina da advocacia diária, agrega um valioso arcabouço de conhecimento e experiências que, no mais das vezes, guardamos só para nós ou, quando muito, são compartilhadas em ambientes restritos com nosso time e parceiros de escritório, mas que despertam genuíno interesse em colegas, profissionais admiráveis e mais experientes ou não, proporcionando um rico compartilhamento do conhecimento e fomentando o debate acadêmico.

Com essas reflexões fervilhando na mente, desembarquei no Brasil em fevereiro de 2020, após mais um período imersivo de estudos em Lisboa, e, em uma conversa informal com o meu sócio André de Almeida, comentei sobre como a volta aos bancos acadêmicos me fez perceber o quão vasta, valiosa e tecnicamente admirável era a produção intelectual produzida nos múltiplos trabalhos realizados aos clientes do Almeida Advogados.

De forma até despretensiosa, sugeri ali que este deveria ser um projeto para coroar os 20 anos do escritório: produzirmos um livro em que nossos profissionais, clientes e parceiros pudessem não apenas compartilhar o conhecimento, mas, acima de tudo, que pudéssemos dar voz aos nossos pares para contribuirmos com o debate de ideias, difusão do conhecimento e estímulo contínuo ao estudo, pilares de todo advogado(a) devotado(a) à profissão.

O André topou na hora e ali eu "ganhei" instantaneamente mais uma meta: "Andréa, vá em frente, você será a coordenadora da obra, vamos lançar até o final do ano!" (naquele momento, ninguém imaginava a pandemia mundial que nos assolaria semanas depois e atrasaria em muitos meses a meta inicial fixada, e pela qual, aliás, eu seria prazerosamente cobrada em bases constantes pela conhecida "ansiedade" que toma conta do André quando quer ver algo concretizado...rsrsrs).

A partir desse ponto foram meses de muito trabalho e troca de ideias com os coautores convidados sobre temas e formas de abordagem de assuntos muitas vezes tão complexos e espinhosos na rotina de quem trabalha com a advocacia privada e empresarial.

Como resultado, o leitor vai se deparar com tópicos ricos e estimulantes, a exemplo de temas vinculados à responsabilidade e às rotinas societárias, como a transparência e a proteção aos acionistas minoritários, uma visão atual da crescente importância e deveres dos administradores de companhias abertas, a limitação de responsabilidade do investidor diante da natureza jurídica dos fundos de investimento, a sociedade anônima do futebol e a perspectiva do credor do clube e as estruturas societárias nas incorporações imobiliárias.

Na linha de assuntos totalmente em voga, deparamo-nos com artigos sobre ESG e a evolução da governança corporativa e do capitalismo consciente nas empresas, a integralização de capital social com criptomoedas, *legal design* e a nova forma de fazer Direito e as relações jurídicas nas plataformas digitais que passaram a fazer parte de nosso dia a dia, além de uma análise crítica à utilização da Arbitragem para a resolução de conflitos envolvendo questões de Direitos Humanos.

Lançando um olhar sobre institutos consagrados em nosso direito, há toda uma gama de artigos propondo reflexões sobre a mediação como alternativa para resoluções de disputas nas recuperações judiciais, termo de ajustamento de conduta e o impacto financeiro nas sociedades empresariais e contratos empresariais paritários: uma proposta de releitura das normas civilistas de ordem pública sob a declaração de direitos de liberdade econômica.

Por fim, a obra traz uma participação especial com reflexões de um colega advogado americano sobre "Forced arbitration in Brazil and its systematic shortchanging of minority shareholders: the case study of Petrobras".

Nas páginas que se seguem, é importante dizer, nenhum dos coautores pretendeu escrever de forma exaustiva e estritamente acadêmica sobre cada um dos temas escolhidos, mas de forma muito mais despretensiosa e leve, se propuseram a discorrer sobre temas que lhe são caros, demostrando a diversidade das múltiplas facetas do direito, em especial, empresarial, desafios e reflexões a que os profissionais se deparam em suas rotinas corporativas, seja atuando em um escritório de advocacia, nos departamentos jurídicos ou nas esferas públicas.

Igualmente não se tem a pretensão de apresentar pontos de vista definitivos ou imutáveis, pois sabemos que o Direito é dinâmico e comporta, no mais das vezes, inúmeros pontos de vista e interpretações.

Como muitos dizem, e eu mesma repeti a vários colegas que toparam embarcar nesta aventura: escrever é um ato de coragem, pois nos abre a críticas, perpetua ideias e nos obriga a termos humildade diante dos diferentes pontos de vista e da própria evolução da sociedade e, consequentemente, do direito. E isso é bom!

Esta obra é mais uma pequena peça na construção da missão de cada um de nós que abraçou o Direito como instrumento de vida: continuarmos estudando, aprendendo, debatendo e ensinando o que a profissão nos deu!

Boa leitura e muita inspiração jurídica a todos!

Andréa Rodrigues Seco

Outubro de 2023.

Capítulo 1

Legal Design, a nova forma de fazer Direito (inclusive Societário)

Aline Rodrigues e Steinwascher

Capítulo 1 - Legal Design, a nova forma de fazer Direito (inclusive Societário)

Legal Design, the new way of doing Law (including Corporate)

Aline Rodrigues e Steinwascher [1]

Resumo: O objetivo deste artigo é apresentar o Design e, mais especificamente, o Legal Design, isto é, o design como ciência aplicado ao Direito, trazendo diversos conceitos, desmistificando a ideia de que design está ligado apenas à estética e sugerindo aplicações específicas para o direto societário.

Palavras-chave: Legal Design – Visual Law – Acesso à justiça – Direito societário.

Abstract: The objective of this article is to present Design and, more specifically, Legal Design, that is, design as a science applied to Law, bringing different concepts, demystifying the idea that design is only linked to aesthetics and suggesting specific applications for corporate law.

Keywords: Legal Design – Visual Law – Access to Justice – Corporate law.

Sumário: 1. Introdução: antes de Legal, é sobre Design; 2. Legal Design e Visual Law, muito prazer; 3. OK, mas por que falar de Design da Informação, ou Visual Law, agora? 3.1. O texto é a nossa interface; 4. Acesso à justiça. Será? 5. Legal Design e o Direito societário: 5.1. Comece pequeno; 6. Como?; 7. Considerações finais; Referências.

---

[1] Head do jurídico do will bank, um dos maiores bancos digitais do país, e cofundadora do hub de inovação jurídica Plain Legal. Advogada formada pelo Mackenzie-SP, com LL.M. em Direito Societário pelo Insper e Extensão em *Compliance* pela FGV. Pós-Graduanda em Direito Financeiro e Bancário pela PUC. Cursou Negotiation Mastery (Harvard, USA), IPO – Abertura de Capital (Insper, Brasil), Modern Law Practice (Institute for the Future of Law Practice), Legal Tech Essentials (Bucerius Law School, Hamburgo, Alemanha), Regulação das Fintechs (Duke, USA), *Compliance* Regulatório (University of Pennsylvania, USA), Design Gráfico (University of Colorado Boulder, USA). Professora convidada de cursos de Inovação Jurídica. Foi pesquisadora voluntária do grupo VisuLaw (aplicação do visual law ao Judiciário). Trabalha para construir um Direito mais leve, colorido e acessível. E-mail: aline.steinwascher@willbank.com.br .

1. Introdução: antes de Legal, é sobre Design

Legal Design e Visual Law: quem nunca ouviu falar certamente irá ouvir. Mas afinal, o que são esses conceitos tão falados nos últimos tempos?

Quando falamos de Design para pessoas que não são designers, muitas vezes o que vem à cabeça é algo ligado a um objeto ou a uma construção moderna, bonita. Sim, o viés estético parece vir à nossa mente com a palavra design. E é justamente por esse viés puramente estético que precisamos começar a nossa desconstrução.

Design como ciência vai muito além do estético. Cientificamente, o Design se propõe a pensar soluções para problemas. Quando olhamos para Design sob o aspecto científico, percebemos que falar de Design como uma questão puramente estética é no mínimo diminuí-lo.

O Design vai se preocupar com a forma como as coisas funcionam. Antes de olhar para a beleza, o Design olha para o aspecto funcional. A professora Margareth Hagan, da Universidade de Stanford (uma das precursoras do Legal Design no mundo), em seu livro online Law by Design, em tradução livre, diz:

> O principal equívoco dos advogados sobre design é que se trata de fazer algo parecer mais bonito, mais nítido e melhor. A maioria das pessoas reduz o design à estética, como escolha de fonte, cor ou modelos de slides do PowerPoint. É sobre aparência superficial, como algo se parece. A aparência é certamente um fator importante no design de uma coisa, mas não é tudo o que o design tem a oferecer – e certamente não é o cerne do que é o design.
>
> Design é fazer coisas que são intuitivas, envolventes, valiosas e amadas pelas pessoas que as usam.
>
> Mais expansivamente, o design é uma abordagem para a resolução de problemas. É um processo que podemos usar para desencadear inovações. O design – particularmente o "design centrado no ser humano" – concentra-se em identificar as necessidades profundas e convincentes de seu público-alvo, a fim de criar intervenções que melhorem a experiência dessas pessoas e lhes agreguem valor. Ele se concentra na "experiência do usuário" e em como compor recursos visuais, produtos, serviços e sistemas que fornecerão isso de maneira excelente. Ele se concentra nos usuários finais da área do problema e adota uma abordagem experimental, orientada à ação e iterativa para gerar várias soluções possíveis para um problema, testá-las e, em seguida, escalar as bem-sucedidas para implementações maiores. [2]

O trecho "design é fazer coisas que são intuitivas, envolventes, valiosas e amadas pelas pessoas que as usam" merece especial destaque. Quando falamos em uma abordagem de Design especialmente para documentos jurídicos, não estamos falando de pintar ou desenhar no documento. Estamos falando de repensar como vamos construí-lo, para que ele se torne mais intuitivo, interessante e principalmente para ele cumprir melhor sua função.

---

[2] Disponível em: https://lawbydesign.co/legal-design/#design.

Se falamos de uma petição, por exemplo, podemos usar recursos visuais com a função de torná-la mais convincente. Quando olhamos para um contrato, podemos repensá-lo para que as regras que ele traz fiquem mais claras. Não é sobre forma, mas sobre função. O Design nos convida a pensar se estamos entregando serviços e documentos que são intuitivos e têm valor percebido pelas pessoas.

2. Legal Design e Visual Law, muito prazer

O Design pode ter várias abordagens diferentes. Aqui vamos falar sobre como ele se conecta com o mundo jurídico. Quando olhamos para a solução de questões jurídicas e nos apoiamos no Design para propor essas soluções, podemos ver que são várias as frentes em que ele pode nos ajudar:

- **O Design pode nos ajudar a repensar a forma como construímos normas.** Todo o ordenamento jurídico ou sistema legislativo pode beneficiar-se das técnicas de Design. Nesse caso, o conceito é de **Design Sistêmico**. Ex.: navegação visual das regulamentações do Banco Central Europeu.

- **Quando olhamos para a forma em que nos organizamos enquanto times trabalhando em conjunto**, podemos pensar em diferentes metodologias que nos ajudam a ganhar eficiência no dia a dia de trabalho. Pensarmos em novas formas de nos organizar enquanto equipe é uma forma de expressão do **Design Organizacional**. Ex.: aplicação de metodologias ágeis aos times jurídicos.

- **Se formos parar para repensar a forma como oferecemos serviços jurídicos** e como podemos torná-los mais alinhados com as expectativas dos clientes, estamos falando de **Design de Serviços**. Ex.: o serviço de reconhecimento de firma em cartório sendo substituído pela assinatura digital.

- **Ao pensarmos em softwares** (ou outros produtos não tecnológicos) que nos ajudem a aplicar melhor o Direito, estamos falando de **Design de Produto**. Ex.: sistemas de gestão de processos judiciais.

- Quando **pensamos na forma como colocamos as informações no papel**, em como comunicamos o nosso conhecimento por escrito (no caso de petições, contratos, procurações e toda categoria de documento jurídico produzido), o que deve ser aplicado é o **Design de Informação**, mais conhecido no mundo jurídico como Visual Law, ou Direito Visual.

Fechando esses conceitos, se organizarmos todas essas abordagens do Legal Design em uma pirâmide, teremos:

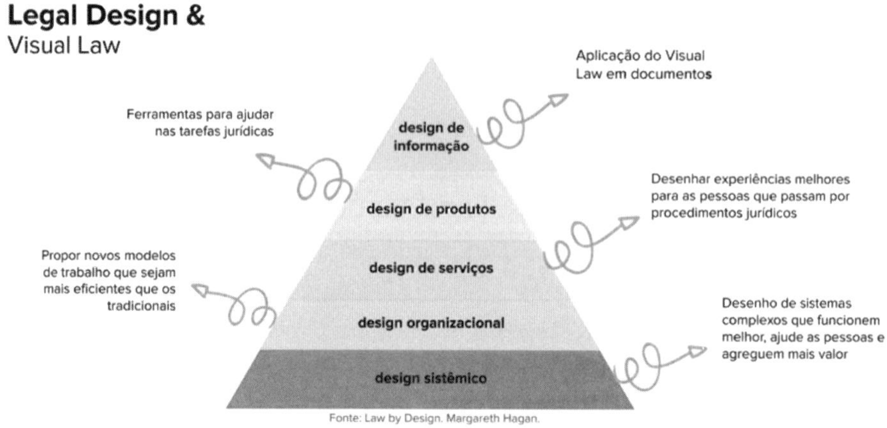

É importante notar, portanto, que Legal Design é um movimento muito mais amplo e profundo que o Visual Law. O Legal Design é a porta de entrada para inserir o Direito no universo da transformação digital e da economia da experiência. Ele propõe uma profunda reflexão sobre toda a forma de atuação jurídica, desde como organizamos todo nosso ordenamento, passando por como nos organizamos em equipes, indo para a forma como atendemos as pessoas, sejam elas clientes ou não, continuando por todo o universo tecnológico e de produtos que podemos construir, até a provocação de repensar a nossa principal interface com o mundo: os documentos escritos.

3. Mas por que falar de Design da Informação, ou Visual Law?

Que a maioria das pessoas conta com acesso à informação na palma da mão hoje, você já sabe. Contudo, você já parou para pensar sobre o impacto que isso trouxe para a economia? Saímos de uma era em que as marcas e as empresas detinham acesso a muito mais conhecimento que seus consumidores. Esses clientes tinham poucas alternativas além de confiar no que as marcas lhes transmitiam. Por muitos anos, a cadeia de consumo foi orientada por uma visão egocêntrica das marcas, focando em: o que eu como marca quero vender? Definido isso, como eu convenço as pessoas de que elas precisam deste produto?

Porém, hoje em dia essa assimetria de informações entre empresa e o mercado de consumo não existe mais. Em uma rápida pesquisa na internet já é possível obter diversas funcionalidades e descritivos técnicos de uma gama enorme de produtos. Hoje, o consumidor se convence sozinho sobre suas necessidades, uma inversão completa do racional anterior. Atualmente, as marcas precisam entregar algo além do produto, porque as compras já não ocorrem apenas por necessidade ou por qualidade: os consumidores almejam ser bem atendidos e surpreendidos pela experiência. Sim, vivemos a era da experiência.

Com isso, as empresas já imersas nessa economia compreenderam que não podem ser egocêntricas, mas precisam compreender profundamente o seu consumidor, saber quais são suas dores e pensar em produtos que as solucionem. Assim, toda forma de criação de novos produtos e serviços é completamente pautada pela centralidade no usuário, a chamada *user centricity*.

Dessa forma, pode-se encontrar um grande ponto de contato entre o que o Design prega – resolver um problema – e o que a economia da experiência exige – centralidade no usuário. Por esse motivo, entender de Design hoje em dia é essencial em qualquer negócio. Se formos utilizar o exemplo dos negócios digitais, há áreas inteiras dominando os processos de *design thinking*[3], experiência do cliente, jornada do cliente com a marca e satisfação dele com a experiência oferecida. A famosa *User Experience – UX*, ganha cada dia mais relevância e penetração nos negócios modernos.

Para tangibilizar um pouco mais o impacto de toda essa reflexão sobre Design no mundo extrajurídico, podemos realizar um exercício: imagine que você deseja utilizar um aplicativo de um banco. Você abre o aplicativo em seu celular e, em vez de visualizar a tela a que está habituado, contendo suas informações de conta, botões de ações e todos os comandos que você precisa, aparece uma tela preta, na qual está escrita a programação em forma de códigos.

Você conseguiria utilizar um aplicativo todo escrito em código de programação? Acredito que não. Trabalhar no que chamamos de interface é fundamental para que possamos utilizar a tecnologia (mesmo sem saber nada sobre programação). É a interface que vai transformar todos aqueles códigos em botões e ações que todos nós conseguimos utilizar. Desenvolver essas interfaces é um trabalho de Design.

Vamos transferir essa reflexão para o universo jurídico. Como advogado, você se lembra dos primeiros dias nos bancos da academia e de todo o trabalho de construir uma linguagem técnica, não apenas cheia de brocardos latinos, mas cheia de termos que mesmo escritos em português não são conhecidos pelas pessoas no geral? Nesse caso em específico, passamos por um longo exercício de esquecer para quem estamos aplicando o Direito.

---

[3] O *Design Thinking* é uma metodologia que parte do conhecimento do problema e do usuário, para então propor soluções, prototipar e testar o que pode funcionar melhor para atender certa necessidade.

Durante a nossa jornada não produzimos documentos apenas para pessoas formadas em Direito. Muito pelo contrário, nossa função como advogados é levar justiça à sociedade, formada por pessoas que em sua maioria não são advogados, juízes ou promotores. Muitas vezes, vemos que as pessoas, ao lerem os documentos jurídicos, não os entendem ou, se entendem, pensam que eles são tediosos. Para o mundo jurídico, é triste estar nesse lugar de percepção de valor.

3.1. O texto é a nossa interface

O texto tem poder de gerar emoções no leitor. Pense que agora, em vez de continuar a ler este livro, você tivesse que ler um Acordo de Acionistas de 125 páginas. Preste atenção a qual sentimento isso te desperta. Alegria, euforia? Ou um pouco de preguiça e procrastinação? Agora pense, para uma pessoa não jurista: qual sentimento será que ler esse acordo despertaria nela?

A reflexão que quero trazer é: estamos entregando às pessoas um aplicativo que elas conseguem usar ou um monte de códigos de programação que elas não podem entender, por isso, não usam e não acreditam que tem algum valor?

A interface no mundo digital pode ser uma parte da era da experiência traduzida. Quando falamos sobre experiência, precisamos lembrar da dimensão real que ela tem numa sociedade hiperconectada. Hoje em dia, já não basta entregar um serviço adequado. As pessoas estão muito exigentes e esperam que, além do serviço, ou produto, a experiência proporcionada seja impactante.

Será que conseguimos causar experiências de alto impacto positivo escrevendo textos gigantescos, repletos de raciocínios complexos, dificultados por uma escrita rebuscada? Acredito que não. Aplicar o Direito neste novo mundo exige domínio de Design, principalmente o Design de palavras.

O mundo mudou e Legal Design convida o mundo jurídico a mudar com ele.

4. Acesso à justiça. Será?

Quantas vezes você, ao longo de sua carreira, ouviu falar sobre o papel do advogado ou do jurista no acesso à justiça? Acredito que muitas vezes. O convite que temos hoje é de repensar o que acesso à justiça significa no contexto contemporâneo.

Muitas vezes ligamos acesso à justiça a acesso ao judiciário, ou seja, ter a oportunidade de ter algum conflito da sua vida resolvido perante um juiz. Acesso à justiça muitas vezes é sinônimo de ter seu direito protegido pelo judiciário.

Mas será que apenas o aspecto de garantia judicial é suficiente para abranger o que precisamos que o acesso à justiça seja hoje em dia? Entender um contrato de locação, compreender as leis mais importantes do seu país, ao empreender conseguir entender o que está escrito no contrato social. Será que tudo isso não é acesso à justiça? Mas, como acesso algo que não posso compreender?

O Legal Design chega ao universo jurídico propondo reflexões profundas. Será que estamos mesmo trabalhando para entregar justiça? Essa é principal delas.

5. Legal Design e o Direito Societário

Para adentrar nas amplas oportunidades que o Legal Design traz ao Direito Societário, gostaria de propor a leitura do trecho abaixo:

> Uma vez cumpridos os procedimentos estabelecidos nas Cláusulas X e Y, enquanto os Investidores, em conjunto, detiverem participação na Companhia igual ou superior a XX% (XX por cento), e somente a partir do 5º (quinto) aniversário deste Acordo, caso os Investidores recebam uma oferta de um Terceiro Interessado para Transferir a totalidade das Ações da Companhia detidas pelos Investidores, os Investidores terão o direito de exigir que todos os Acionistas Transfiram todas (mas não menos que todas) as suas Ações para o Terceiro Interessado (o "Direito de Venda Forçada dos Investidores"), sob os mesmos termos e condições aplicáveis às Ações detidas por tais Investidores; desde que o preço ofertado pelo Terceiro Interessado para aquisição da totalidade das Ações da Companhia avalie a Companhia no mínimo pelo Equity Pre-Money Valuation, devidamente corrigido pela variação positiva do IPCA-IBGE mais uma taxa anual de XX% (XX por cento) ao ano a partir desta data (i) acrescido de quaisquer novos aportes primários feitos pelos Investidores na Companhia, corrigidos pela variação positiva do IPCA-FGV, mais uma taxa anual de XX% (XX por cento) ao ano a partir desta data; e (ii) reduzido de quaisquer distribuições (tais como dividendos e juros sobre o capital próprio) realizadas aos Acionistas, devidamente corrigidas pela variação positiva do IPCA-FGV, mais uma taxa anual de XX% (XX por cento) ao ano a partir da data da referida distribuição.

Com toda certeza, o Direito Societário traz uma série de conceitos e estruturas de causa-consequência extremamente complexas. Quando lemos o trecho acima, é fácil perceber que estamos diante de um racional muito sofisticado. Sobre ele, gostaria de propor algumas reflexões:

1. Você leu o trecho todo e entendeu na primeira leitura?

2. O alto número de racionais todos juntos, no mesmo bloco de informação, ajuda ou atrapalha a compreensão do texto?

3. Os acionistas que assinariam esse documento conseguiriam entender o que está escrito ali com facilidade?

4. Em uma mesa de negociação de uma operação como essa, quanto tempo pode se perder lendo, relendo e reescrevendo conteúdos como esse?

5. Caso o conteúdo fosse trabalhado por blocos, acompanhado de um fluxograma visual, teríamos algum prejuízo na validade jurídica do documento?

Se você respondeu NÃO a algumas das perguntas acima, concordo com você. Os documentos societários podem ser muito trabalhados a partir de Design de palavras e elementos visuais. Com isso, além de criar documentos que os acionistas consigam entender e utilizar com autonomia, há um ganho de tempo enorme para cada pessoa que for ler ou negociar esse conteúdo.

Além do uso do Visual Law em Acordos de Investimento e Acordo de Acionistas, há inúmeros outros momentos em que essa técnica pode ser aplicada. Por exemplo, quando falamos de ILP – os planos de incentivo de longo prazo.

Os planos de incentivo de longo prazo são cada vez mais comuns e mais utilizados, tanto para empresas tradicionais quanto para empresas que estão iniciando sua trajetória agora. Os principais motivadores para uma empresa construir um plano de incentivo de longo prazo, como um plano de opção de compra de ações, são a retenção e a atração de talentos.

Quando observamos as regras desse tipo de plano, percebemos que elas são muito complexas, seguindo o mesmo racional dos Contratos de Investimento e do Acordo de Acionistas, que discutimos acima. Assim como acontece nos Acordos, os planos de retenção em sua maioria são pensados e direcionados a pessoas que não têm conhecimento jurídico. Essas pessoas, ao receberem as regras desses planos, têm muita dificuldade de entender em que momento aquele plano pode trazer algum benefício.

Se a pessoa não entender quais são as regras do plano, como ela será capaz de perceber valor naquele plano?

Dessa forma, temos uma nova oportunidade de repensar a função do documento societário que formaliza o plano: trata-se de um documento que contém as regras para o exercício das opções, evento de liquidez, condições de maturidade de compra de ações e regras de restrição de venda. Tal documento precisa ser muito claro, ou as regras que ali estão não vão ser compreendidas pelo principal destinatário delas. E se ele não entende, não vê valor, e se ele não vê valor, não vê incentivo em permanecer na companhia ou integrar o seu time. Ou seja, o documento não vai cumprir com a sua função.

Nesse exemplo, fica fácil perceber como as reflexões envolvendo o Legal Design vão muito além da forma de um documento – elas atingem a função principal que aquele documento precisa ter.

5.1. Comece pequeno

Poderia ser muito interessante construir um documento todo já pensando nesse formato. Contudo, construir um documento inteiro com recursos visuais pode ser um esforço muito grande para quem ainda está iniciando essa trajetória.

Então, começar com pequenas intervenções ou com materiais de apoio pode ser uma boa ideia.

Um exemplo muito interessante de aplicação do Legal Design ao mundo Societário em dose homeopática é a construção de um resumo visual, de uma única página, com as principais regras de um plano complexo de compra de opções.

Esse resumo pode ser enviado às pessoas convidadas a participar do plano pela empresa e existir em paralelo com o documento societário original. Além de ser muito menor do que o documento original, afinal, é construído em uma única página, ele também deve ser muito didático. O conteúdo precisa trazer as principais regras que movimentam o plano e os conceitos básicos de Direito Societário que precisam ser conhecidos pelo leitor para que ele possa entender o conteúdo. Observe na imagem abaixo um exemplo:

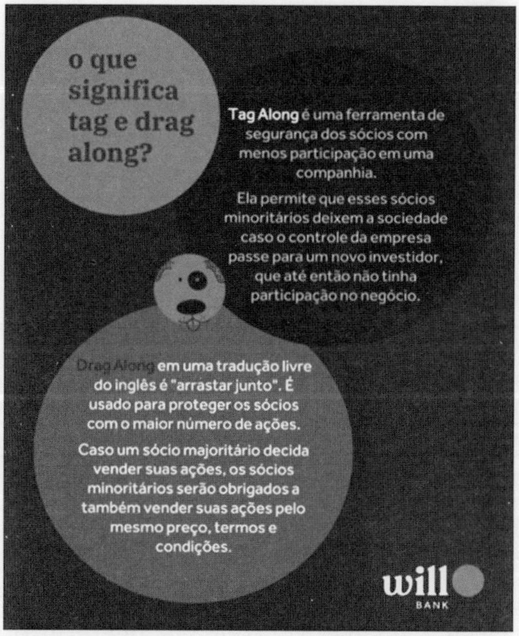

A verdade é que quando começamos a olhar para os documentos societários com a ideia de que eles precisam ser mais claros, as oportunidades de aplicação das técnicas do Visual Law são infinitas.

Outro exemplo de uma grande oportunidade para aplicação da técnica são as cláusulas que determinam procedimentos para compra de ações em caso de alienação por parte de um dos acionistas: os famosos procedimentos para exercício de direito de preferência ou até mesmo o *right to match*.

Essas cláusulas são verdadeiros fluxos escritos. O fato de elas descreverem um procedimento faseado dificulta muito o entendimento do leitor, que provavelmente fará um esquema de passo a passo em um rascunho para conseguir entender o processo que está lá está descrito.

Consegue ter a percepção do tamanho do trabalho que todo esse processo resulta? O advogado que escreveu o documento compreende o fluxo e o transforma em um texto. A pessoa que necessita entendê-lo lê o texto e o transforma novamente em fluxo. Sendo assim, por que não o criar desde o princípio como um fluxo? Esse é um dos dilemas que só as mentes mais vanguardistas conseguirão resolver.

6. Como?

Após a exploração de todos os aspectos teóricos e algumas ideias de aplicação do direito visual, na prática podemos focar em como construir documentos nesse formato.

As dicas da professora Margareth Hagan são:

> **Seja centrado no usuário.** Faça coisas e forneça coisas que seu público-alvo possa usar, que sejam úteis para eles e que eles queiram usar.
>
> **Seja experimental.** Abra-se para novas maneiras de fazer as coisas e experimente-as de maneira rápida e ponderada para ver se funcionam.
>
> **Seja intencional em como você opera.** Esteja ciente de que tipo de processo você está usando, em que espaço você está, o que pode estar dando errado e o que pode ser melhorado. Esteja pronto para mudar e se adaptar para obter melhores resultados.[4]

A missão de colocar o Legal Design em prática demanda um conhecimento multidisciplinar, pois é preciso saber sobre Direito, dominar as técnicas de design de palavras e ainda possuir conhecimentos acerca de Design gráfico.

E é justamente nesse ponto que se encontra grande ofensor do movimento do direito visual. Nós juristas aprendemos a trabalhar sozinhos por muito tempo. Contudo, se no passado o uso do Word somado apenas ao conhecimento bastavam, hoje estamos vivendo um momento em que um profissional com formação em Design será necessário para construir parte do nosso trabalho.

Um dos principais pontos de crítica às construções de direito visual são justamente os exageros. Documentos muito mal construídos do ponto de vista funcional, claramente tentativas de juristas, que não são designers, de entregar o que eles não possuem conhecimento para executar. O Legal Design é um profundo processo de desconstrução da forma como trabalhamos com Direito até hoje (que vai desde o documento até como o conhecimento jurídico se relaciona com outras áreas do saber humano).

[4] HAGAN, Margareth. *Law by Design*. Disponível em: https://lawbydesign.co. Acesso em: 18 jun. 2023.

Não é possível ler um pequeno resumo sobre técnicas visuais e estar apto a aplicá-las. Da mesma forma que um designer não pode assistir uma palestra de Direito Societário e estar apto a prestar consultoria no assunto. Dessa forma, nós juristas também não temos todo o conhecimento que os anos de estudo de Design trazem.

Em alguns momentos podemos pensar que sim, pois parece até intuitivo construir as formas visuais do nosso trabalho. Porém, apenas parece intuitivo porque fomos expostos a vários trabalhos de designers profissionais em outros âmbitos da nossa vida, que tornam a nossa percepção sobre o visual quase que natural. E é justamente esse o ponto: para construir esse nível de instintividade é necessária muita bagagem de Design.

As cores, o contraste, a fonte, a escolha dos elementos visuais – tudo isso é feito pelo designer, com intenção de acionar sensações e percepções no nosso cérebro. Somente quem domina a técnica de construir intervenções visuais que sejam tão intencionais a ponto de se tornarem intuitivas ao leitor consegue fazer entregas que realmente fazem jus ao que o movimento propõe.

Para concluirmos as reflexões deste capítulo, trago duas importantes citações da professora Margareth Hagan:

> As mentalidades de design são ótimos complementos para as mentalidades que os advogados normalmente usam ao tentar resolver problemas. Eles têm valor não apenas quando 'passam por um processo de design para criar algo novo', mas também na forma como fazemos nosso trabalho jurídico e educação atuais.
>
> Para adotar uma abordagem de design, uma das principais mudanças para os advogados é adotar novas mentalidades. A abordagem traz novas lentes para ver nosso trabalho, nossos desafios e nossos recursos. As mentalidades de um designer divergem das de um advogado tradicional. Adotar essas novas perspectivas pode, ser dolorosas, mas revelador para os interessados em melhorar o sistema jurídico.

Não se faz Legal Design sem Design.

7. Considerações finais

O Design propõe função, não intervenção meramente estética. Por isso, é necessário partir da seguinte reflexão: o que eu desejo que esse documento realize? Eu preciso que ele convença, eu preciso que ele esclareça, eu preciso que ele organize? Após a definição do objetivo que o documento precisa atingir, devemos seguir para as próximas etapas de intervenção.

Design é solução. Por isso, se o que eu preciso é de uma mensagem clara ao meu leitor, nem sempre precisarei de elementos visuais para transmiti-la. O simples fato de repensar a estrutura da escrita, buscando usar palavras conhecidas, escrever de forma concisa e direta, pensando em qual informação é a mais relevante e deve vir primeiro, qual informação é complementar e pode vir depois, já é um exercício complexo de Design – o que chamamos tecnicamente de Design de palavras.

O Design gráfico (sendo a parte de elementos visuais – ícones, setas, linhas, desenhos) possui inúmeras técnicas que precisam ser dominadas para atingirem a função de auxiliar o entendimento do conteúdo. Fontes, tamanho, contraste, espaços em branco, repetição, cores – cada elemento visual deve ser pensado de forma estratégica e intencional para que o resultado seja atingido. Essa é uma tarefa direcionada ao profissional de Design.

O Direito Societário traz muitas oportunidades de aplicação de Legal Design e Visual Law. Quando falamos de procedimentos ou conteúdos complexos, com muitos pensamentos interligados e consequências codependentes, principalmente, organizar o conteúdo em grandes resumos e usar recursos visuais, como fluxogramas e infográficos, pode facilitar o entendimento do leitor. Entender o Acordo de Acionistas ou um Contrato Social é um direito da pessoa sócia. Proporcionar esse entendimento gera autonomia e engajamento, o que pode revolucionar a experiência que você está oferecendo aos seus clientes.

Referências

HAGAN, Margareth. *Law by Design*. Disponível em: https://lawbydesign.co. Acesso em: 18 jun. 2023.

Capítulo 2

Plataformas de dois lados: relações jurídicas

Anahi Paloma Franzin Llop
Cristina Tsiftzoglou Redigolo

Capítulo 2 - Plataformas de dois lados: relações jurídicas

Two-sided platforms: legal relation

Anahi Paloma Franzin Llop[1]
Cristina Tsiftzoglou Redigolo[2]

Resumo: O presente artigo abordará conceitos relevantes da aplicação jurídica da tecnologia, conhecimento que se mostra cada vez mais necessário na atualidade e indispensável diante da constante evolução e transformação digital. Alcançando o estudo das relações comportamentais e jurídicas no meio eletrônico, serão desenvolvidas discussões legais relativas a essa matéria e a outras de igual ou maior importância, com destaque para a compreensão da melhor interpretação da responsabilidade civil e a sua aplicação no caso concreto, equacionando e equilibrando os interesses, as obrigações e os direitos de todas as partes envolvidas e garantindo a subsistência saudável de um negócio eficiente e proveitoso para o mercado e a sociedade em que se insere.

Palavras-chave: Direito Comercial – Direito do Consumidor – Comércio eletrônico –Provedores de conteúdo – Marco Civil da *Internet* – Responsabilidade civil.

Abstract: This article will address relevant concepts of the application of technology in legal matters, knowledge that is increasingly necessary today and indispensable considering the constant evolution of digital transformation. Reaching the study of behavioral and legal relationships in the electronic environment, legal discussions will be developed regarding this matter and others of equal or greater importance, with emphasis on understanding the best interpretation of civil liability and its application in the specific case, balancing the interests, obligations and rights of all parties involved and ensuring the healthy livelihood of an efficient and profitable *business* for the market and society in which it operates.

Keywords: Commercial Law – Consumer Law – Electronic commerce – Content providers – Civil Rights Framework for the Internet – Civil liability.

---

[1] Anahi Paloma Franzin Llop, Diretora Jurídica na OLX (Head). Responsável pela coordenação jurídica das operações comerciais da empresa. Conselheira na Câmara da Economia Digital, Câmara e-net, Graduada e Pós-graduada em Direito Empresarial pela Universidade Presbiteriana Mackenzie e com formação no Executive LL.M. (Master Of Laws) CEU Law School. E-mail: anahifranzin@gmail.com .

[2] Cristina Tsiftzoglou Redigolo é sócia-gestora do escritório Chalfin, Goldberg & Vainboim Advogados, responsável pelo contencioso cível com foco no direito do consumidor, patrocinando os interesses de empresas com atuação no comércio eletrônico e instituições financeiras. Pós-graduanda em Direito Digital pela Fundação Instituto de Administração – FIA. E-mail: cristina.tsiftzoglou@gmail.com .

Sumário: 1. Introdução; 2. Sociedade digital; 3. Aplicações de internet e plataforma de dois lados; 4. Modalidades de relações estabelecidas no e-commerce; 5. Desafios jurídicos do comércio eletrônico brasileiro; 6. Considerações finais; Referências.

1. Introdução

O interesse no aprofundamento das matérias que se busca despertar é do tamanho do protagonismo desse meio de relacionamento interpessoal e, neste trabalho, especialmente, comercial, presente em uma sociedade como a atual, quase que completamente informatizada, ainda que em constante transformação e evolução.

Em 2012, o Brasil alcançava a marca de 82 milhões de pessoas conectadas às redes mundiais de computadores[3], dobrando praticamente essa marca passados 10 anos, representando, em 2021, 81% da população brasileira. Felizmente, há um salto de 27% no acesso às redes por moradores de áreas rurais, 16% entre as pessoas idosas e 10% entre as classes D e E em relação a 2019[4], o que demonstra a popularização do acesso à internet.

O comércio eletrônico trouxe diversos benefícios e vantagens para a sociedade de consumo em geral, tais como, a redução nos custos operacionais para os vendedores, o que, consequentemente, reflete no preço para o comprador, incrementando as vendas, bem como o alcance ilimitado, seja em relação à disponibilidade temporal (24 horas, todos os dias da semana à disposição do usuário), seja territorial (produtos são adquiridos de qualquer lugar e em qualquer lugar). Esses dados ratificam a necessidade de constante aperfeiçoamento das diretrizes aplicáveis à matéria, tanto no campo do conhecimento técnico como jurídico, pois cada vez mais podemos dizer que não existem limites ou fronteiras para esse meio de comunicação e relação global, trazendo para cada parte envolvida nessa relação digital direitos e responsabilidades.

No campo jurídico, a apuração da responsabilidade civil no comércio digital vai além dos limites de sua legislação, navegando por direitos fundamentalmente tutelados, que precisam ser observados com cautela para que, ao final, a solução dada não prejudique a própria essência do negócio ou dos direitos e das obrigações que o circundam.

O presente estudo se propõe a contribuir para o aprimoramento da técnica jurídica aplicada à espécie, com enfoque na eficiente interface entre tecnologia

---

[3] Divulgado pelo Ibope/Nilsen Online. Publicado na *Folha de São Paulo* Online em 11.06.2012.

[4] Disponível em: https://www.uol.com.br/tilt/noticias/redacao/2021/08/18/tic-domicilios-2020-idosos-usaram-mais-internet-uso-de-smart-tv-cresceu.htm?cmpid=copiaecola. Acesso em: 2 mar. 2022.

aplicada ao comércio eletrônico e as normas jurídicas que devem reger a reparação de eventuais danos oriundos dessas relações jurídicas. Para tanto, propõe-se dividir este breve estudo em partes, que partem da exploração de conceitos de cada figura dessa relação negocial digital até os desafios jurídicos atuais advindos dessas relações.

2. Sociedade digital

Diante de uma realidade em que as relações vêm se concretizando preponderantemente por meios digitais, é necessário traçar uma crítica e objetiva análise dos impactos dessa interface entre tecnologia e melhoria da vida em sociedade. Se, por um lado, são indiscutíveis os benefícios auferidos por todos os envolvidos, em especial, oportunidades de novos negócios e fontes de renda, celeridade, acessibilidade, simplicidade e, ainda, harmonia com a sustentabilidade[5], de outro lado, surgem desafios legais a disciplinar com segurança jurídica os efeitos que essas relações carregam.

O Jurista e filosofo Vittório Frosini, consagrado o pai do estudo do direito da tecnologia na Itália, traz uma interessante contribuição para esse estudo no sentido de que, uma vez indubitável reconhecer os benefícios da informática como ferramenta de poder para a sociedade e política, "a teoria dos direitos humanos somente será capaz de responder as demandas atuais se estiver sintonizada com essa revolução tecnológica, na qual se encontra a 'consciência tecnológica'"[6].

Pode parecer redundante, mas o termo "consciência tecnológica" de certo faz ainda mais sentido hoje do que há quase 40 anos e permeia praticamente todo este estudo como ponto alto, e aconselha-se para qualquer outro que possa ser feito na busca da melhor equação entre direitos e deveres nas relações informatizadas.

Certo é que, da mesma forma que vai ficando cada vez mais distante retroceder ao tempo dos contratos em papel, inimaginável não mais contar com as tecnologias nas relações comerciais, tornando indispensável ao operador do direito, além, claro, de criatividade para aplicação da melhor legislação ao caso concreto, deter conhecimento técnico de modo a facilitar a identificação dos exatos limites de responsabilidade de cada parte no negócio jurídico, como e quando esses limites podem se confundir ou se relacionar.

A realidade é que a celeridade e o desenvolvimento tecnológico nem sem-

---

[5] Disponível em: https://noticias.ambientebrasil.com.br/clipping/2018/05/14/143636-documentos-online-ajudam-a-preservar-o-meio-ambiente.html. Acesso em: 01 jul. 2023.

[6] LIMBERGER, Têmis; SALDANHA, Jânia Maria Lopes; MORAES, Carla Andreatta Sobbé. Estado, cidadania e novas tecnologias: o comércio eletrônico e as alterações do Código de Defesa do Consumidor. *Revista de Direito do Consumidor*, São Paulo, v. 85, jan.-fev. 2013. p. 264.

pre são acompanhados da ágil evolução no âmbito jurídico, que naturalmente caminha a passos mais lentos, ficando a cargo da jurisprudência e da doutrina preencherem os espaços ainda não visitados, até que a norma legal alcance a realidade em constante transformação. Essa situação se mostra particularmente importante no exame da disciplina jurídica aplicável às chamadas plataformas de dois lados, consoante melhor será detalhado a seguir.

3. Aplicações de internet e plataforma de dois lados

A palavra internet vem do inglês e, em linhas gerais, é o nome dado a uma rede de computadores por meio da qual as pessoas conseguem se conectar de forma globalizada. Considerada por muitos anos como a "terra sem lei", antes mesmo da existência de qualquer legislação específica para tratar das relações que envolvem essa rede global, o Superior Tribunal de Justiça – STJ conceituou provedor de internet como sendo gênero, que se subdivide em categorias, cada qual com sua finalidade.[7]

Destacou-se, nessa decisão, a diferenciação dos provedores consoante a sua atividade, podendo figurar como o responsável pela conectividade da internet (provedor de *backbone*), aquele que oferece toda a sua infraestrutura para terceiros (provedores de acesso), provedores de hospedagem, que armazenam dados de terceiros, provedores de informação, produzindo o que é divulgado na internet, e provedores de conteúdo, que divulgam por meio das redes as informações produzidas pelos provedores de informações.[8]

Há, de fato, uma certa complexidade na compreensão dessas ramificações de atividades desenvolvidas, em que cada uma delas pode ser desempenhada por pessoa jurídica diferente, especialmente, como já tratado, para o operador do direito, ou mesmo para os usuários, uma vez que, não raras oportunidades, elas se confundem e podem ser oferecidas pelo mesmo provedor.

Registre-se, ainda, que quando oferecem mais de uma atividade, a depender da posição que ocupam em uma relação comercial, tais agentes econômicos não encontrarão necessariamente na literalidade da lei os seus direitos e deveres diretamente tutelados. É papel do operador do direito suprir essa lacuna e assegurar regras juridicamente seguras e economicamente eficientes para o setor.

Daí a assertiva de que os desafios vão para além do saber jurídico, seja pelas prejudiciais atinentes à tecnicidade do objeto, pela escassez de arcabouço legal

[7] STJ, REsp 1.308.830/RS, 3ª Turma, rel. Ministra Nancy Andrighi, julgado em 08 maio 2012. Disponível em: https://bdjur.stj.jus.br/jspui/bitstream/2011/100798/Julgado_2.pdf.

[8] STJ, REsp 1.308.830/RS, 3ª Turma, rel. Ministra Nancy Andrighi, julgado em 08 maio 2012. Disponível em: https://bdjur.stj.jus.br/jspui/bitstream/2011/100798/Julgado_2.pdf.

para amparar todos os usuários que trafegam por todos os lados, inclusive, as plataformas, ou mesmo pela dificuldade em se estabelecer a solução mais adequada e justa a todas as partes envolvidas na relação jurídica estabelecida.

Em 2014, com a entrada em vigor do Marco Civil da Internet,[9] foram disciplinados direitos, garantias e deveres para o seu uso.

Como o próprio nome indica, a primeira legislação em matéria civil a abordar esse Universo *on-line* trouxe, em seu art. 5º, de forma bastante objetiva, algumas definições, sem, contudo, adentrar nas categorias e especificidades de cada modalidade de provedor, tal como se desincumbiu o STJ, na decisão referenciada, restando ao intérprete o encargo de aclarar os objetos e limites da prestação de serviços de cada empresa/provedor.

A legislação em comento contribui com o conceito de internet como: "o sistema constituído do conjunto de protocolos lógicos, estruturado em escala mundial para uso público e irrestrito, com a finalidade de possibilitar a comunicação de dados entre terminais por meio de diferentes redes"; e aplicações de internet como "o conjunto de funcionalidades que podem ser acessadas por meio de um terminal conectado à internet"[10]. (art. 5º, incisos I e VII, da Lei 12.965/2014).

Em suma e, digamos, ao "pé da letra" da lei, podemos concluir que aplicações de internet são o meio pelo qual diversas outras aplicações são acessadas, disponibilizadas a terceiros para que produzam seus conteúdos, mediante conexão à rede de computadores, tratando-se, portanto, o provedor de aplicações, de uma pessoa jurídica independente[11].

A relevância do conhecimento dessa pessoa jurídica se justifica em razão da sua forte presença nas relações comerciais pelos meios digitais, em especial, o provedor de conteúdo que, se enquadrando na posição de intermediação ou atuando na aproximação, se confunde, por vezes, com a figura do usuário vendedor ou acaba por assumir a posição de responsável solidário, ainda que não tenha necessariamente concorrido para um resultado danoso e mesmo que tenha atuado na sua mitigação, o que precisa ser repensado.

Trata-se de considerável e indispensável compreensão para que, a partir daí, não se aplique de forma indistinta e indiscriminada os preceitos da responsabilidade civil quando da análise no caso concreto, sopesando a exata ligação entre a conduta do agente e sua contribuição efetiva para o resultado.

---

[9] BRASIL. *Marco Civil da Internet*. Lei nº 12.964/2014. Disponível em: http://www.planalto.gov.br/ccivil_03/_ato2011-2014/2014/lei/l12965.htm.

[10] BRASIL. *Marco Civil da Internet*. Lei nº 12.964/2014. Disponível em: http://www.planalto.gov.br/ccivil_03/_ato2011-2014/2014/lei/l12965.htm.

[11] QUEIROZ, João Quinelato de. *Responsabilidade civil na rede:* danos e liberdades à luz do marco civil da internet. Rio de Janeiro: Editora Processo, 2019.

4. Modalidades de relações estabelecidas no *e-commerce*

Nas relações estabelecidas no ambiente on-line, importante conhecer e diferenciar as modalidades de negócios e seus participantes.

A modalidade *business-to-business* (B2B), em regra, modelo amparado pelo Código Civil, caracteriza-se pelo comércio eletrônico entre pessoas jurídicas, que, muito embora também possam figurar como consumidor, nos termos do art. 2º do CDC, nesse caso, no entanto, não ocupam essa posição por não estar negociando produtos ou serviços para utilização final (teoria finalista), condição *sine qua non* para a aplicação da legislação consumerista.

No caso, aplica-se a legislação civil, pois trata da relação de compra e venda de produtos ou serviços utilizados no exercício da atividade-fim de quem está comprando. A título de exemplo, a compra de tecidos para confecção de roupas que serão comercializados pela pessoa jurídica que figurou nessa relação como comprador.

Ao operador do direito, fica o desafio de interpretar as características que permeiam a relação posta em juízo para então identificar se está diante de uma relação B2B ou B2C (*business-to-consumer*), esse último, modelo mais tradicional, típico de consumo, em que as empresas vendem para o consumidor final.

Igual ou mais desafiador, no modelo C2C (*consumer-to-consumer*) ou P2P (*person-to-person*) as relações comerciais se operam entre particulares, pessoas físicas, modelo mais comumente encontrado em algumas plataformas que viabilizam esse mercado digital.

Essas relações se concretizam por diversos meios, seja pelas plataformas de comércio eletrônico (provedores de conteúdo de terceiros), seja pelas redes sociais sem qualquer empresa intermediando ou "aproximando" esses usuários. Nessa modalidade, os desafios encontrados se dão preponderantemente na análise de responsabilidade de cada uma das partes envolvidas, seja o comprador, atuando diretamente com o vendedor, ou entre usuários (comprador e vendedor) de uma plataforma de *e-commerce*.

Isso porque, quando não há um intermediador, a análise de conduta recai somente entre as duas partes envolvidas. Quando surge a figura do intermediador, igualmente deve passar cuidadosamente pela análise dos limites de sua atuação e nexo de causa e efeito para, somente então, adentrar ao mérito da responsabilidade civil. Importante inserir nessa equação, ainda, a análise objetiva das externalidades positivas e negativas advindas do exercício da função socioeconômica de cada empresa envolvida, apurando-se a matriz de riscos que deve ser aplicada a cada agente dessa relação, de forma a incentivar a adoção de condutas que se proponham a implementar, na prática, esse importante princípio constitucional[12].

Havendo mais de um autor do dano, todos respondem solidariamente pela reparação, nos termos do parágrafo único do art. 7º da nossa lei de consumo, ou seja, ao operador do direito restará a tarefa de fazer esse liame entre a ação ou omissão das partes envolvidas na relação comercial e o dano efetivamente gerado (nexo de causalidade), para então identificar a responsabilidade de cada uma.

Não basta, portanto, que façam parte da relação negocial para que sejam responsabilizadas, mas devem figurar como autores do dano, em ligação direta, sob pena de banalização do instituto.

Assim, necessário se faz compreender o modelo de relação de consumo estabelecido, quem são as partes envolvidas, os limites de atuação de cada uma delas, os riscos, suas responsabilidades, deveres e obrigações.

Esse exercício é fundamental para a escorreita aplicação do direito e para o melhor equilíbrio de todos os envolvidos, seja consumidor, vendedor ou plataformas de *e-commerce*, de modo que vulnerabilidades não sejam superdimensionadas, o que pode resultar na hiperresponsabilização de uma das partes, no afã de suprir uma "desigualdade" historicamente enraizada entre fornecedores e consumidores.

Na prática, em especial, no comércio digital, podemos dizer que nem todo consumidor é vulnerável ou, melhor dizendo, nem sempre ele está em posição de vulnerabilidade, sendo que essa análise deve sempre ser realizada com cautela e no caso a caso, sopesando todos os elementos que permeiam a situação posta em juízo.

5. Desafios jurídicos do comércio eletrônico brasileiro

Com o crescimento exponencial do e-commerce no Brasil, cuja dinâmica é um tanto quanto diferente daquela que encontramos no comércio físico, fundamental a criação de normas que possam melhor se adequar às características dessa modalidade de negócio e a ampliação dos horizontes por quem aplica as leis ou a elas se sujeita, "colocando, pelo menos em parte, as coisas mais nos eixos".[13]

---

[12] Constituição Federal. Art. 170. A ordem econômica, fundada na valorização do trabalho humano e na livre iniciativa, tem por fim assegurar a todos existência digna, conforme os ditames da justiça social, observados os seguintes princípios: I – soberania nacional; II – propriedade privada; III – função social da propriedade; IV – livre concorrência; V – defesa do consumidor; VI – defesa do meio ambiente, inclusive mediante tratamento diferenciado conforme o impacto ambiental dos produtos e serviços e de seus processos de elaboração e prestação; VII – redução das desigualdades regionais e sociais; VIII – busca do pleno emprego; IX – tratamento favorecido para as empresas de pequeno porte constituídas sob as leis brasileiras e que tenham sua sede e administração no País. Parágrafo único. É assegurado a todos o livre exercício de qualquer atividade econômica, independentemente de autorização de órgãos públicos, salvo nos casos previstos em lei.

[13] COTS, Mario, *apud* SAITO, Tiemi. *Política e legislação comercial na era digital.* Curitiba: Contentus, 2020. p. 11.

A bem da verdade, o Marco Civil da Internet tratou de fixar conceitos, mas não inovou de forma considerável, uma vez que acabou por reunir leis já existentes, além de consolidar alguns entendimentos e validar algumas decisões já proferidas antes mesmo de sua publicação.

Vale rememorar que um ano antes da entrada em vigor do Marco Civil da Internet, em 2013, foi sancionado o Decreto nº 7.962, que tratou de incluir na legislação consumerista a proteção dos consumidores no comércio eletrônico e o dever dos fornecedores, com um certo atraso, o que corrobora com o que já mencionamos quanto à morosidade da legislação em relação à tecnologia.

É de aproximadamente 18 anos o lapso temporal que separa as primeiras práticas de comércio eletrônico no Brasil da edição de pontuais regras legais que abordam esse modelo de aquisição de produtos e serviços e o uso da internet. Entretanto, pode-se afirmar que nesse meio tempo não se enxergou o desenvolvimento na lei de nada muito novo ou diferente do que já vinha sendo praticado.

A tutela aos direitos de uso das redes é uma preocupação crescente, sendo certo que deter conhecimento aprofundado em tecnologia e compreender a extensão do seu uso já há muito não são qualidades tidas como diferencias, mas critérios essenciais, seja no mercado de trabalho ou na participação do comércio eletrônico.[14] Quanto às novas figuras presentes em boa parte do comércio on-line, Claudia Lima Marques[15] conceituou os provedores intermediadores de *gatekeeper*, que significa, literalmente, "o guarda da porta ou portão".

No complexo estudo da responsabilidade civil dessa pessoa jurídica, que não obstante na maioria das vezes ocupa a figura de mais fácil identificação na relação comercial, há que se ponderar direitos e deveres também de quem dela se utiliza, tais como, o usuário consumidor e o usuário vendedor, esse último, fornecedor de produtos e serviços, a título de exemplo, que igualmente devem se sujeitar às obrigações há muito já estabelecidas, contribuindo para a saúde desse negócio tão essencial aos cidadãos.

Essencialidade essa que o legislador insculpiu no art. 7º do Marco Civil da Internet: "O acesso à internet é essencial ao exercício da cidadania (...)".

Parece óbvio, mas não raras vezes as plataformas acabam servindo de escudo para que usuários, na posição de comprador ou vendedor, deixem de cumprir com suas obrigações legalmente instituídas, seja em atenção às legislações vigentes, ou mesmo inobservando regras instituídas nos Termos e Condições de Uso dessas plataformas.

---

[14] SAITO, Tiemi. *Política e legislação comercial na era digital.* Curitiba: Contentus, 2020.

[15] MARQUES, Claudia Lima apud CAVALCANTI, Gabriela Soares; SCHONBLUM, Paulo Maximilian Wilhelm. *A atuação dos gatekeepers: responsabilidade proporcional ao âmbito da intermediação.* Direito em Movimento, Rio de Janeiro, v. 17, n. 2, 2º sem. 2019. p. 113.

O comércio eletrônico já vinha ganhando protagonismo antes mesmo da pandemia da Covid-19 que assolou o mundo e com alcance para além das fronteiras nacionais, mas, na sua forma mais clássica, de venda de bens ou serviços pela internet, intensificou-se nos dois últimos anos. Com início nos Estados Unidos e na China, no Brasil já é considerado um fenômeno com largo poder de expansão, concorrendo em pé de igualdade com as grandes empresas consolidadas naqueles países, embora a diferença cultural ainda seja um fator significativo. Infelizmente a cultura do litígio em nosso país também contribui para os desafios na escorreita aplicação do direito.

Há de se convir que quando da inclusão dos mecanismos de defesa voltados a resguardar o consumidor nesse tipo de comércio, por exemplo, a realidade era outra, em que grandes dificuldades de fato eram encontradas, tais como, identificação do domicílio do vendedor, especificações adequadas do produto ou serviço, condições, prazos, como exercer o direito de arrependimento e detalhes do contrato que ali se estabelecia.

Grande parte das empresas que operam nesse *business*, desde então passaram a movimentar suas operações no sentido de resguardar ao máximo todas as partes envolvidas não só para cumprimento da lei, claro, mas pela garantia de subsistência do próprio negócio. Para que essa democratização do comércio encontre sua razão de existir, a segurança é imprescindível.

Assim, esses negócios evoluíram e hoje apresentam cada vez mais funcionalidades facilitadoras da transação entre os usuários, como soluções de logística, pagamentos e capital de giro e, ao instituírem essas facilidades, evoluem suas tecnologias brindando seus usuários com avanços que se refletem na segurança da plataforma, cumprindo seu papel de *gatekeeper*.

Necessário registrar que, salvaguardadas as devidas proporções, cada qual com sua dinâmica e gama de serviços oferecidos, as plataformas digitais, ambiente virtual do qual se utilizam de forma interdependente, pessoas, física ou jurídica, objetivando o estabelecimento de relações comerciais, implementam diuturnamente não apenas mecanismos de segurança, mas políticas de conscientização e mediação, tudo em garantia de uma satisfatória jornada dos seus usuários.

As chamadas plataformas de dois lados, expressão de origem inglesa *two-sided platforms*, evidenciam-se no modelo de empresas que prestam serviços para usuários compradores e usuários fornecedores, independentemente da posição que ocupam, já que também podemos ter dois consumidores, um de cada lado da relação, intermediando seus interesses. Ou seja, para a subsistência do negócio é indispensável a presença desses dois lados compartilhando interesses (vender x comprar).

O modelo de negócio já foi comparado com o dilema da "galinha e do ovo"[16], uma vez que vendedores atraem compradores e vice-versa. Na realidade, há de se convir que uma vez vantajoso para a empresa intermediadora angariar uma grande base de usuários, proporcionalmente comprador e vendedor, buscará, como já o fazem, garantir um ambiente mais seguro e favorável aos interesses de todos.

Em 2004, Claudia Lima Marques abordava a uniformidade de entendimento no sentido de que o comércio eletrônico devia ser interpretado de forma diferenciada em relação ao consumidor dada a sua condição de parte mais frágil na relação[17]. Podemos dizer que não se diferencia do conceito já preestabelecido para o comércio físico, mas há de se ponderar que o comércio eletrônico exige um mínimo conhecimento tecnológico por parte de quem nele opera, como também o papel do usuário na transação, eis que, como já mencionado, existirão transações B2B, B2C e C2C.

No campo da responsabilidade civil, no que toca à aplicação da teoria do risco (responsabilidade objetiva), a título de exemplo, para a aplicação de suas excludentes, necessário se faz um olhar mais cuidadoso quando estamos diante de relações estabelecidas por meios digitais e os diferentes modelos de negócios.

Isso porque, o que se verifica na prática, na atualidade, é uma realidade um tanto quanto diferente de 20 anos atrás. Usuário fornecedor e consumidor ganham cada vez mais protagonismo e papel fundamental para coibir ações de terceiros imbuídos de má-fé, nesse terreno infelizmente ainda tão fértil para a prática de crimes.

Ao julgador, por sua vez, fica a missão de resguardar os consumidores quando eles experimentam, sem qualquer contribuição, um dano, sem, contudo, hiperresponsabilizar as demais partes envolvidas na relação negocial, motivando iniciativas protetivas por parte de todos os envolvidos, calibrando adequadamente os pressupostos da responsabilidade civil, de acordo com o caso concreto.

Contextualizando, cita-se recente decisão proferida pela 38ª Câmara de Direito Privado de São Paulo, em ação em que a parte autora informa que foi vítima de fraude perpetrada por estelionatários e busca a responsabilização das empresas que teriam supostamente permitido a abertura de constas fraudulentas para as quais foram realizadas transações na modalidade PIX. Nesse caso, os julgadores concluíram, no entanto, que inexiste qualquer falha das empresas que não concorreram para a fraude, ao contrário, houve imprudência e falta de cau-

[16] CAILLAUD, Bernard; JULLIEN, Bruno. *Competing cybermediaries*. *European Economic Review*, v. 45, n. 4, p. 797-808, maio 2001.

[17] MARQUES, Claudia Lima. *Confiança no comércio eletrônico e a proteção do consumidor*. São Paulo. Ed. RT, 2004.

tela da parte autora, no caso, a consumidora, pela falta de cautela ao efetuar as transações, sem verificar a idoneidade do pedido.[18]

Os golpes de engenharia social contam em verdade com a perspicácia de um terceiro e, infelizmente, com o descuido do próprio consumidor, que acaba por permitir o acesso a seus dados, concorrendo para o dano experimentado.

No caso sub judice entendeu-se pela excludente de que trata o artigo 14, § 3º, inciso II, do Código de Defesa do Consumidor, afastando a responsabilidade das empresas intermediadoras do pagamento, haja vista a quebra de nexo causal entre qualquer ação ou omissão do fornecedor de serviços para o resultado.

Em outra oportunidade, em ação cujo objeto se relaciona à venda de um veículo automotor em uma plataforma digital, o Tribunal de Justiça de São Paulo – TJSP destacou que o fato de o fraudador ter anunciado no site da plataforma, por si só, não teria o condão de atrair a responsabilidade pela não efetivação da negociação para a empresa, já que a ela não teria participado do negócio realizado entre os usuários, não tendo garantido a idoneidade do anúncio, "limitando-se a apresentar soluções para aproximar vendedores de compradores"[19].

Decisão que se mostra acertada, nos termos já mencionados, importando apenas ressalvar que o ponto-chave não está necessariamente relacionado à participação no negócio, mas à inexistência de nexo causal entre a atividade da plataforma e o dano experimentado.

Em mesmo sentido, em caso análogo, o STJ consagrou a ilegitimidade passiva da plataforma, conforme julgamento do Agravo em Recurso Especial 1.256.977:[20]

> PROCESSO CIVIL. AGRAVO EM RECURSO ESPECIAL. RECURSO MANEJADO SOB A ÉGIDE DO NCPC. AÇÃO DE INDENIZAÇÃO POR DANOS MATERIAIS E MORAIS. FRAUDE PERPETRADA POR TERCEIROS. UTILIZAÇÃO DE ANÚNCIO EM SITE. ILEGITIMIDADE PASSIVA AD CAUSAM DO SÍTIO VEICULADOR DA OFERTA. PRECEDENTES DESTA CORTE. RECURSO ESPECIAL IMPROVIDO. (...) O acórdão recorrido decidiu de forma harmônica com a jurisprudência desta egrégia *Corte Superior, que já se manifestou acerca da ilegitimidade do veículo de comunicação em relação a dano resultante de fraude perpetrada por terceiro, haja vista ter se limitado a aproximar as partes envolvidas, sem qualquer interferência na elaboração da oferta ou na conclusão da compra e venda.* (...) (grifos nossos).

---

[18] TJSP, Apelação 1000776-30.2022.8.26.0222, rel. Fernando Sastre Redondo, julgada em maio 2023.

[19] TJSP, Recurso Inominado 1007269-35.2020.8.26.0564, rel. Hugo Crepaldi, 25ª Câmara Cível, julgada em fev. 2022.

[20] STJ, AREsp 1.256.977, rel. Min. Moura Ribeiro, decisão monocrática, DJe 19.3.2018. Disponível em: https://stj.jusbrasil.com.br/jurisprudencia/557555577/agravo-em-recurso-especial-aresp-1256977-sp-2018-0047172-9.

Não obstante tenha o autor da ação no caso em comento perseguido a aplicação da teoria do risco, não se curvou o I. Ministro, sopesando o primeiro pressuposto para a reponsabilidade civil, qual seja, o nexo causal. Ou seja, pouco deve importar se a empresa intermediadora lucra com a atividade, mas a relação de causa efeito entre a sua atuação e o resultado.

O fato é que a usual teoria do risco do negócio não pode tomar a dianteira no estudo da responsabilidade civil já que, ainda que assegure a responsabilização independentemente de culpa, a relação entre fato e dano é precípua, sob pena de inviabilização de um negócio, como já abordado, no qual todos ganham.

Nos ensinamentos do respeitável doutrinador Sergio Cavalieri Filho temos a relevância dessa ligação de causa e efeito ao registrar que "o nexo de causalidade é elemento indispensável em qualquer espécie de responsabilidade civil. Pode haver responsabilidade sem culpa (...), mas não pode haver responsabilidade sem nexo causal"[21].

Tudo isso em compasso com a legislação vigente, já que, ao examinar a letra da lei, verifica-se que o Marco Civil da Internet cuidou de limitar a "responsabilização dos agentes de acordo com suas atividades (...)"[22], fortalecendo o conceito de causa e consequência (nexo de causalidade), protagonista da responsabilidade civil.

Corroborando com a assertiva de que referida legislação, em verdade, reúne conceitos já positivados no nosso ordenamento jurídico, cumpre rememorar que o nosso Código Civil já contribuía para a ideia de uma teoria de causa direta e imediata ao considerar que, diante de um resultado danoso, o agente somente responde pelos prejuízos advindos efetivamente das perda a ele relacionados: "Ainda que a inexecução resulte de dolo do devedor, as perdas e danos só incluem os prejuízos efetivos e os lucros cessantes por efeito dela direto e imediato (...)" (art. 403 do CC).

Com base nesses ensinamentos e em consonância com decisões trazidas para o estudo, é sustentável concluir que uma empresa, por exemplo, cuja atividade-fim destina-se a oferecer o meio de pagamento para viabilizar a compra de um produto anunciado em uma plataforma que aproxima vendedores e compradores, não responda por eventuais vícios do produto ou serviço adquirido.

Razoabilidade essa consagrada pelo STJ, que também já se posicionou sobre o tema, como ilustra o julgado cuja ementa é reproduzida a seguir:

---

[21] CAVALIERI FILHO, Sergio apud CAVALCANTI, Gabriela Soares; SCHONBLUM, Paulo Maximilian Wilhelm. Op. cit., p. 116.

[22] Art. 3º, VI, da Lei nº 12.965/2014 (*Marco Civil da Internet*). Disponível em: http://www.planalto.gov.br/ccivil_03/_ato2011-2014/2014/lei/l12965.htm.

> RECURSO ESPECIAL. CONSUMIDOR. RESPONSABILIDADE CIVIL. DANOS. FRAUDE. COMPRA ON-LINE. PRODUTO NUNCA ENTREGUE. RESPONSABILIDADE OBJETIVA DAS INSTITUIÇÕES FINANCEIRAS. SERVIÇOS BANCÁRIOS. INTERMEDIAÇÃO FINANCEIRA ENTRE PARTICULARES. COMPRA E VENDA ON-LINE. PARTICIPAÇÃO. AUSÊNCIA. RESPONSABILIDADE OBJETIVA. NÃO CONFIGURAÇÃO. (...) 4. *O banco recorrido não pode ser considerado um fornecedor da relação de consumo que causou prejuízos à recorrente, pois não se verifica qualquer falha na prestação de seu serviço bancário, apenas por ter emitido o boleto utilizado para pagamento. 5. Não pertencendo a cadeia de consumo em questão, não há como responsabilizar o banco recorrido pelos produtos não recebidos*. Ademais, também não se pode considerar esse suposto estelionato como uma falha no dever de segurança dos serviços bancários prestados pelo recorrido. 6. Recurso Especial não provido". (STJ, REsp 1.786.157, rel. Min. Nancy Andrighi, j. 3.9.2019 – grifos nossos).

Desse modo, tem-se que andou bem a decisão ao conferir ilegitimidade à empresa que intermediou o pagamento para responder pelos danos causados ante a não entrega de produto adquirido no comércio *on-line*. Do contrário, estar-se-ia decidindo com base em conjecturas, em uma verdadeira presunção de causalidade, sem qualquer amparo legal, contribuindo para a insegurança jurídica nas relações negociais e reinventando sem embasamento substancial a forma de responsabilização.

A ânsia pelo controle dos riscos advindos desses novos formatos de relacionamento social não pode se sobrepor à boa técnica, tampouco se prestar a uma hiperproteção desmedida, sob pena de, como já comentado, inviabilizar o desenvolvimento social e tecnológico.

A legislação civil assegura que a solidariedade não se presume (art. 265 do CC), ou seja, propor solução diversa implica na responsabilização do agente que não provocou o dano.

Há de se destacar novamente a cautela no exame dessa legitimidade para responder por eventuais perdas e danos, mesmo quando o provedor de conteúdo e a empresa que viabiliza o pagamento estão dentro do mesmo conglomerado econômico. Pouco deveria importar.

Tal como no exemplo trazido à discussão, independentemente da ligação entre a plataforma que aproxima vendedores e compradores e a empresa que viabiliza o pagamento, concatenando as duas decisões trazidas acima, proferidas no âmbito do Tribunal Superior, mantém-se irretocável a condição para a responsabilização, qual seja, direta relação entre a atividade fim e o dano.

Seguindo no exame da lei, cumpre reforçar um dos objetivos de disciplinar o uso da rede *on-line*, qual seja, garantir o direito de acesso à internet a todos, em consonância com princípios fundamentais e constitucionais (art. 4º, I, da Lei

12.965/2014), de modo que, ainda que recaia sobre os provedores de conteúdo municiar os usuários de informações claras para a melhor experiência e segurança, terá sua atuação limitada a direitos fundamentalmente consagrados.

O art. 6º reforça o entendimento no sentido de que, na interpretação da legislação, devem ser considerados, "além dos fundamentos, princípios e objetivos previstos, a natureza da internet, seus usos e costumes particulares e sua importância para a promoção do desenvolvimento humano, econômico, social e cultural", em consonância com preceitos já insculpidos na legislação civil, que seguem no mesmo sentido, prestigiando, além da boa-fé, o comportamento das partes e as características do negócio (art. 113 do CC).

Com o intuito de assegurar a liberdade de expressão e impedir a censura, o provedor de aplicações de internet somente poderá ser responsabilizado civilmente por danos decorrentes de conteúdo gerado por terceiros se, "após ordem judicial específica, não tomar as providências para, no âmbito e nos limites técnicos do seu serviço e dentro do prazo assinalado, tornar indisponível o conteúdo apontado como infringente, ressalvadas as disposições legais em contrário", nos termos do artigo 19 do Marco Civil da Internet.

Assim, margem de dúvidas não poderia subsistir se o legislador cuidou de retirar dos provedores (aplicações) de conteúdo de terceiros a obrigação de controle prévio de conteúdo dos seus usuários, não sendo crível exigir um filtro nos anúncios e nas ofertas expostas, seja por ausência de determinação legal ou mesmo sob pena de discriminar eventualmente o amplo acesso, contrariando, mais uma vez, princípios fundamentais e da própria lei em estudo, e, ainda, ao final, verem-se obrigados, os provedores, a responderem solidariamente com os demais agentes da relação jurídica, mesmo quando em nada tenham contribuído para o dano.

Vale reforçar que a internet tem natureza democrática e de liberdade. Dessa forma, exigir dos provedores de conteúdo de terceiros o controle prévio de conteúdo dos usuários descaracteriza essa natureza, uma vez que a plataforma é apenas o suporte da oferta que é realizada pelo terceiro usuário. Tal fato não se equipara a um permissivo extremo, mas dentro da sua possibilidade de atuação, sua dinâmica e volume de informações ali trafegadas, os provedores poderão restringir seu uso, em conformidade com os seus Termos e Condições, e podem, ali fundamentados, independentemente de ordem judicial, utilizar-se de meios tecnológicos para fazer cumprir suas regras.

Em março de 2023, o Supremo Tribunal Federal organizou uma audiência pública em razão da discussão acerca da constitucionalidade do referido artigo (19 da Lei 12.965/2014) e contou com representantes de grandes plataformas de *e-commerce* do Brasil. Em linhas gerais, as práticas já adotadas pelas empresas proativamente no sentido de moderar conteúdos irregulares, a dificuldade na sua correta identificação até mesmo para as empresas reguladoras e a medida como excepcionalidade e não regra foram alguns dos pontos levantados pelas empresas e que merecem especial destaque, notadamente, para o que vem sendo ratificado no decorrer deste estudo e que bem destacou a ANPD na audiência: "a fixação de novas interpretações sobre o tema deve ser pautada pela cautela, pelo reconhecimento de sua complexidade e pela necessidade de amplo diálogo e escuta atenta de todos os interessados".[23]

Em verdade, trata-se de discussão bastante delicada, seja pelo envolvimento de critérios que esbarram em juízo de valor ou pelo incontestável risco de se criar um mecanismo de censura prévia direta ou indireta, como bem ponderou Raquel Lima em defesa do dispositivo legal em voga[24].

Dissecando a legislação que, como dissemos, veio para ratificar princípios, garantias, direitos e deveres para o uso da Internet no Brasil, conclui-se que os desafios estão muito mais voltados à correta compreensão e predisposição do operador do direito a simpatizar com essa evolução tecnológica tão necessária e suas peculiaridades, do que embrenhar-se em eventual escassez de arcabouço jurídico ou preconceitos enraizados.

6. Considerações finais

Conciliar direitos e deveres de todas as partes envolvidas em uma relação comercial nunca foi uma tarefa fácil, e tampouco será em uma era de tantas novidades, desenvolvimento e riscos envolvidos.

Compete, no entanto, aos operadores do direito e aos personagens envolvidos nessas novas formas de relacionamento interpessoal a missão, ou o *animus*, por assim dizer, de compreender seu importante papel nessa sociedade de consumo em constante evolução, para equilibrar direitos e deveres, viabilizando que os benefícios sejam sempre protagonistas, minimizando os riscos inerentes a qualquer negócio, não somente aqueles que se desenvolvem no ambiente digital.

A mitigação dos riscos é tarefa árdua que acompanha diuturnamente os profissionais envolvidos nas áreas operacionais, financeiras e jurídicas de cada empresa que transaciona pela via on-line, de modo que se ampliam os horizontes em uma verdadeira rede de trabalho conjunto para que o negócio seja não só viável para todos, mas sustentável.

Não há como colocar todo e qualquer dano eventualmente gerado na conta da pessoa jurídica, de forma automática e irrestrita, tampouco jogar em um só balaio as

---

[23] Disponível em: https://portal.stf.jus.br/noticias/verNoticiaDetalhe.asp?idConteudo=504795&ori=1 Acesso em: 1 jul. 2023.

[24] Idem.

teorias do risco do negócio ou da solidariedade na cadeia de consumo, por exemplo, ainda que louvável a pretensão de equilibrar a balança ante a histórica vulnerabilidade do consumidor, sob pena de banalização do esforço outrora mencionado.

Partindo de uma premissa do dever ser, e muitas o são, as empresas que investem tempo e recursos para viabilizar uma jornada mais segura contam com o agir responsável de todos os personagens envolvidos.

Conclui-se, portanto, que esse equilíbrio entre a busca pela proteção do consumidor em sintonia com a legislação consumerista e o reconhecimento do cumprimento de deveres e obrigações pelos fornecedores, somado ao reconhecimento dos limites de sua atuação e alcance, deve acontecer sob medida.

Novos personagens e negócios certamente surgirão em uma sociedade em constante evolução. Espera-se, contudo, que na ausência de uma legislação que acompanhe na velocidade (da luz) necessária essas mudanças, estejam os interessados, os envolvidos no negócio ou o garantidor de direitos e intermediador de conflitos (representante no Judiciário), preparados para contribuir e empregar o seu melhor papel, seja qual for a sua posição.

Referências

ABREU, Helio Augusto Camargo de. *Direito e novas tecnologias*. Curitiba: Contentus, 2020.

CAILLAUD, Bernard; JULLIEN, Bruno. Competing cybermediaries. *European Economic Review*, v. 45, n. 4, p. 797-808, maio 2001.

CAVALCANTI, Gabriela Soares; SCHONBLUM, Paulo Maximilian Wilhelm. A atuação dos *gatekeepers*: responsabilidade proporcional ao âmbito da intermediação. *Direito em Movimento*, Rio de Janeiro, v. 17, n. 2, 2º sem. 2019.

LIMBERGER, Têmis; Saldanha, Jânia Maria Lopes; MORAES, Carla Andreatta Sobbé. Estado, cidadania e novas tecnologias: o comércio eletrônico e as alterações do Código de Defesa do Consumidor. *Revista de Direito do Consumidor*, São Paulo, v. 85, p. 261-281, jan.-fev. 2013.

MARQUES, Claudia Lima. *Confiança no comércio eletrônico e a proteção do consumidor*. São Paulo. Ed. RT, 2004.

QUEIROZ, João Quinelato de. *Responsabilidade civil na rede*: danos e liberdades à luz do Marco Civil da Internet. Rio de Janeiro: Editora Processo, 2019.

SAITO, Tiemi. *Política e legislação comercial na era digital*. Curitiba: Contentus, 2020.

SCHREIBER, Anderson. Desafios da causalidade na responsabilidade civil brasileira. *Carta Forense*, São Paulo, 8 fev. 2019.

Capítulo 3

Transparência e proteção dos acionistas minoritários: a construção de um novo *ethos* corporativo

André de Almeida

Capítulo 3 - Transparência e proteção dos acionistas minoritários: a construção de um novo *ethos* corporativo

Transparency and protection of minority shareholders: building a new corporate ethos

André de Almeida[1]

Resumo: O presente artigo tem por objetivo analisar a importância da assimetria informacional no funcionamento do mercado de capitais, bem como os desafios inerentes ao regime informacional das companhias abertas na busca de um equilíbrio entre a necessidade de respeito à privacidade corporativa e a transparência, mediante análise das principais questões doutrinárias identificadas enfrentadas na construção coletiva deste novo *ethos* corporativo.

Palavras-chave: Assimetria informacional – Acionistas minoritários – Governança corporativa – Ética empresarial.

Abstract: This article aims to analyze the importance of information asymmetry in capital markets as well as the challenges inherent to the new informational regime of the publicly held companies in the search for an ideal balance between the respect for corporate privacy and the need for transparency, by analyzing the main issues identified in the collective construction of this new corporate *ethos*.

Keywords: Information asymmetry – Minority shareholders – Corporate governance – *Business* ethics.

Sumário: 1. Informação, civilização e seus paradoxos; 2. A informação na atividade econômica; 3. Assimetria informacional e governança corporativa; 4. Informações e governança corporativa; 6. Considerações finais; Referências.

[1] Sócio-fundador do Almeida Advogados. E-mail: almeida@almeidalaw.com.br .

1. Informação, civilização e seus paradoxos

A informação é essencial para a tomada de quaisquer decisões, pessoais e coletivas, e sua falta causa preocupação, incerteza e paralisia. Basta nos lembrarmos do sentimento de insegurança que todos já sentimos, quando crianças, ao entrar em um cômodo escuro, em que a falta de claridade impede saber onde estamos pisando, o que causa um medo de ferimentos e monstros imaginários.

O acesso à informação é, portanto, uma de nossas necessidades mais básicas, *conditio sine qua non* para nosso desenvolvimento e autonomia, tendo enorme importância em nossas relações sociais.

Boas decisões, portanto, dependem de boas informações.

Também é relevante que, devido a sua natureza, a informação possa ser manipulada, ensejando uma vantagem competitiva e dilemas éticos que não podem facilmente ser resolvidos pelo uso do imperativo categórico de dizermos sempre a verdade, levando à necessidade da criação de um *ethos* complexo a regular seu fluxo nas relações humanas.

Nos negócios, como não poderia deixar de ser, tais questões se apresentam de maneira extremamente complexa, sendo que há muito o Direito ocupa-se em estabelecer regras claras sobre a necessidade da transparência, pois a falta de informações, em situações em que ela é tida como legalmente exigível, é dos fundamentos de sua anulabilidade desde o Direito Romano, sendo que a previsão do dolo e do erro como modalidades de vício dos negócios jurídicos continua a existir nas legislações atuais.

A importância de tais questões é exacerbada pelo fato de que, atualmente, vivemos na denominada Sociedade da Informação, na qual a tecnologia possibilitou novas formas de aquisição, o armazenamento, o processamento da informação pelas pessoas em seus contextos sociais, econômicos e políticos, dando surgimento a uma nova estrutura social, com reflexos na sociedade local e global.[2]

Em tal ambiente, de características peculiares, no qual a virtualização progressiva da vida ocorre a passos largos, a penetrabilidade das novas tecnologias em todos as esferas da vida individual e coletiva transforma a informação em obra-prima para a obtenção e a manutenção do poder (inclusive econômico), determinando a produção e a distribuição de riquezas, influenciando o bem-estar social e alterando profundamente os comportamentos sociais, que rompem o panorama pretérito introduzido pela Revolução Industrial.[3]

---

[2] SIQUEIRA JUNIOR, Paulo Hamilton. *Teoria do direito*. 3. ed. São Paulo: Editora Saraiva, 2012. p. 236.

[3] SILVA, Felipe Rangel da; TEIXEIRA, Rodrigo Giublin. A sociedade da informação e seus desafios: a necessidade de efetivação de uma política pública de combate à ramsomware no Brasil. *Revista da Faculdade de Direito da UERJ*, Rio de Janeiro, v. 36, p. 23-52, dez. 2019.

Todos os direitos, que estão cada vez mais vinculados à informação e a novas questões jurídicas, utópicas e distópicas, colocam-se relativamente a temas envolvendo a privacidade, o controle estatal, a cibercriminalidade, a igualdade, a liberdade e a propriedade, entre inúmeras outras, o que faz com que a informação "seja importante não apenas para segmento empresarial privado, mas em verdade para todos os outros ramos, vez que (...) a esfera jurídica reforça esta importância ao se ter inúmeros direitos que estão atrelados à informação." [4]

Essa situação criou, como ocorre com a introdução de todas as tecnologias que causam importante rupturas, efeitos inusitados e indesejados, pois nossa capacidade individual e coletiva de responder a novas realidades é sempre limitada e, nessa situação, a desinformação encontrou novo alento, impulsionando ideologias e ideias nefastas, em um mundo de fake news e "pós-verdades", aumentando nossa insegurança quanto à confiabilidade das informações e gerando um paradoxo inusitado: no exato momento em que temos mais informações, ela é cada vez menos confiável.

Essa crise, da qual nenhum campo da atividade humana está imune, é um enigma intrigante e preocupante, em especial porque gera, em um ambiente de extrema desigualdade, rápida erosão da coesão social (em todos os níveis), indispensável para a manutenção de um contrato social minimamente estável.

Mas, se é certo que atualmente a informação traz inéditas inseguranças e perplexidades, também podemos afirmar que sua utilização, seja para o bem, seja para o mal, tem longa história, que demonstra poder ser ela tanto um instrumento de engodo quanto a base para a criação de confiança.

De fato, o uso da assimetria de informações (até mesmo para os animais) caracteriza-se como uma vantagem evolutiva[5] sancionada até mesmo geneticamente, e constitui estratégia utilizada pelos vírus, quando driblam o sistema imunológico de seus hospedeiros, pelas plantas, por meio de truques para atrair insetos que auxiliam em sua polinização, ou mesmo por animais, quando se disfarçam para se protegerem, atacarem ou obterem algum benefício, como o faz o cuco, de triste reputação que, ao botar ovos em ninhos de terceiros, se aproveita indevidamente do esforço parental de outros pássaros.

Com os humanos a situação não é diferente, e algumas das mais icônicas referências culturais da humanidade fazem referência à falsidade, a começar pela

---

[4] MACHADO, Ronny Max; Simão FILHO, Adalberto. A nova empresarialidade e o desenvolvimento social no ambiente informacional. *Revista Jurídica Cesumar*, Maringá, v. 18, n. 2, p. 525-548, maio-ago. 2018.

[5] SMITH, David Livingstone. *Why We Lie*: The Evolutionary Roots of Deception and the Unconscious Mind. New York: St. Martin's Press, 2004.

própria Gênesis bíblica, quando Eva foi enganada pela serpente, ou o mito da Guerra de Troia, em que um enorme cavalo de madeira escondia soldados prontos para o ataque.

Portanto, a mentira faz parte da natureza humana e, como mentirosos natos, os seres humanos têm a capacidade de enganarem até a si mesmos, ainda que de forma inconsciente, sendo a mentira elemento fulcral de costumes aparentemente tão inócuos, como o uso de maquiagem ou o mito do Papai Noel, ao ponto de alguns especialistas afirmarem que ela é uma inevitabilidade, sugerindo mesmos que sejamos denominados *Homo fallax* (homem enganoso).

Entretanto, um dos paradoxos da informação (e também do comportamento humano) é que ela pode (e deve) ser utilizada para fins positivos e construtivos, sendo a base sobre a qual criamos nossa civilização.

Com efeito, como explicar, se não pela nossa também inata capacidade de usar a informação de maneira responsável, ética e inteligente, em compasso com o que há de melhor em nossa natureza, que tenhamos criado ao longo da história uma civilização capaz de feitos tão extraordinários como chegar à Lua?

A verdade e a confiança, portanto, são também partes integrantes do comportamento humano, permitindo a cooperação necessária para nosso desenvolvimento comum, pois, nas palavras do estadista norte-americano Frederick Douglass, "a humanidade não se sustenta com base em mentiras. A confiança é a base da sociedade. Onde não há verdade, não pode haver confiança e onde não há confiança não pode haver sociedade". [6]

Assim, a capacidade de criar confiança mutua e, em consequência, cooperação, inegavelmente é um traço que também representa uma vantagem evolutiva, a qual permite maior chance de sobrevivência (o que inclusive pode ser observado em diversos grupos de animais que caçam coletivamente com mais sucesso do que o fariam individualmente) e, para nós, humanos, é exatamente a cooperação positiva entre aqueles que detêm diferentes informações que nos permite criar sociedades cada vez mais complexas e evoluídas.

Contudo, a grande dificuldade com a qual nos deparamos permanece, e encontrarmos no justo e eficiente equilíbrio entre os interesses aparentemente contraditórios entre a privacidade e a vulnerabilidade, entre o individualismo exacerbado e os interesses coletivos, um desafio ético que tem enorme importância, como veremos, também no mundo dos negócios.

---

[6] DOUGLASS, Frederik. *The Composite Nation*. Disponível em: https://inside.suhs.org/dept/history/US_History_reader/Chapter6/Douglasscompositenation1869.pdf. Acesso em: 10 jan. 2023.

2. A informação na atividade econômica

Somente munidos de boas informações podemos tomar decisões com base em um diagnóstico preciso da realidade e, como em qualquer atividade humana, o exercício da atividade econômica/empresarial (entendida aqui em sentido genérico para designar a atividade dos agentes econômicos na aplicação de recursos para administrar a escassez e atender às necessidades humanas) depende da confiança, da cooperação e do fluxo eficiente e ético das informações.

O papel das informações (e suas assimetrias) na atividade econômica evoluiu paralelamente ao desenvolvimento da ciência econômica, embora tenha sido largamente ignorado pelos doutrinadores clássicos, como Adam Smith, para quem eventuais questões seriam automaticamente resolvidas pelas próprias forças do mercado. Posteriormente, os economistas neoclássicos, que já analisavam de forma mais cientifica o comportamento dos agentes econômicos, a consideravam inserida no conceito de risco inerente à atividade econômica, sendo tratada como uma falha de mercado que deveria ser resolvida por meio das tradicionais estratégias de alocação de risco (tais como os contratos de seguro, derivativos etc.).[7]

A análise mais aprofundada dos efeitos da assimetria informacional na atividade econômica ganhou impulso com os estudos do economista J. Stiglitz (vencedor do Prêmio Nobel de Economia em 2001) que, a partir da década de 1970, introduziu o conceito de economia da informação, estudando as implicações de tais imperfeições na governança corporativa e no funcionamento do mercado de capitais.

Criticando os modelos anteriores, para os quais a igualdade no acesso às informações era ignorada ou considerada quase perfeita, J. Stiglitz centrou-se sobre o papel das assimetrias informacionais no processo coletivo de tomada de decisões, concluindo que elas são ubíquas e reconhecendo seus efeitos no desequilíbrio dos mercados, chegando mesmo a sugerir um novo modelo teórico para a compreensão e abordagem do tema, propondo inclusive soluções para a sua redução, com base no justo equilíbrio entre necessidade de se manter segredo e confidencialidade ao mesmo tempo que se garanta a transparência e o fornecimento de informações.[8]

O fenômeno da assimetria informacional ocorre quando a informação disponível a um agente econômico não está para outro,[9] ou seja, quando no âmbito

---

[7] FILKENSTEIN. Maria Eugênia. Assimetria informacional e governança corporativa. *Revista de Direito Bancário e Mercado de Capitais*, São Paulo, v. 73, p. 71-91, jul.-set. 2016.

[8] STIGLITZ, Joseph E. Information and the Change of Paradigm in Economics. *The American Economic Review*, v. 92, n. 3, p. 460-501, jun. 2002.

[9] STIGLITZ, Joseph E. The Revolution of Information Economics: the past and the Future. *National Bureau of Economic Research*. Disponível em: http://www.nber.org/papers/w23780. Acesso em: 10 mar. 2023.

de qualquer interação de conteúdo econômico uma das partes tem informações quantitativa e qualitativamente diferentes, e se constituiu em uma imperfeição do mercado (i.e., uma falha que decorre de seu funcionamento, originando resultados não eficientes e indesejáveis do ponto de vista econômico e social).[10]

Em uma economia complexa, em que as atividades são exercidas por profissionais especializados, diante da divisão de conhecimentos necessária a garantir a eficiência e maior produtividade, as assimetrias informacionais estão presentes, em maior ou menor grau, em todas as interações econômicas.

A assimetria informacional é, portanto, uma característica natural das sociedades complexas e deriva automaticamente da crescente especialização necessária para o seu funcionamento, não sendo, *per se*, algo negativo, pois todos aqueles que atuam em determinado seguimento tendem a ter maior conhecimento dele, sendo absolutamente natural que um químico conheça mais sobre sua área de atuação do que um arquiteto (e vice-versa).

Em grande parte, portanto, as atividades econômicas são uma consequência da assimetria de informações, pois é impossível que todas as pessoas tenham conhecimento similar sobre todos os assuntos.

Os problemas começam quando alguém usa a assimetria informacional para a obtenção de uma vantagem indevida em detrimento dos interesses daqueles que têm conhecimento mais limitado, no caso do mercado de capitais, no mais das vezes, consubstanciando naquilo que se denomina conflito de agência (i.e., o conflito de interesses que ocorre no contexto da delegação de poderes para que uma parte possa agir em nome e benefício da outra, mas que termina por atuar em seu próprio benefício).

Tais comportamentos geram consequências nefastas, nas quais uma das partes é indevidamente lesada em decorrência do comportamento antiético da outra, hipótese dentre as quais a doutrina incluí risco moral (que se refere a insuficiência de informações na contratação de contratos de seguros ou empréstimos) e a seleção adversa (que se refere normalmente à diferença das informações disponíveis às duas partes de uma compra e venda, como por exemplo, um vendedor se omite sobre as reais condições e características de um bem que objetiva vender).

3. Informações no contexto do mercado de capitais

O tratamento das informações e dos problemas decorrentes de suas assi-

---

[10] RODRIGUES, Sergio Antonio. Assimetria de informações e o risco de captura de agência reguladora. Revista ANTT, Brasília, v. 03-1, maio 2011. Disponível em: http://appweb2.antt.gov.br/revistaantt/ed4/_asp/ed4-assimetriaDeInformacoes.asp. Acesso em: 10 mar. 2023.

metrias é particularmente relevante nas atividades dos mercados de capitais em decorrência de uma série de especificidades e características que as singularizam das demais atividades econômicas.

A primeira característica é que, mais do que em qualquer outra atividade, o mercado financeiro (que inclui o mercado de capitais) tem a confiança como sua matéria prima, *conditio sine qua non* para que os poupadores/investidores autorizem que os tomadores de recursos apliquem seus recursos em atividades econômicas (já que, evidentemente, ninguém entregará seus recursos a alguém que não confia).

Portanto, sua própria existência e funcionamento regular repousam sobre a confiança, sendo corolário de tal fato que atualmente mesmo as moedas são fiduciárias (*fiat currency*), só possuindo valor porque são garantidas pelos governos, desde o abandono chamado "padrão ouro" na primeira metade do Século XX.

Em claro paralelo, os investimentos no mercado de capitais também são baseados em relações fiduciárias (do latim *confidere*, que significa com confiança/lealdade), decorrência lógica da inerente separação que existe entre a propriedade e a administração por meio de contratos e relações de agência pelos quais uma parte (os investidores, denominados principais) delega a outrem (administradores ou agentes) a responsabilidade para cuidar de seus investimentos, agindo em seu nome e benefício.

Neste contexto, a quebra da confiança (em especial quando ensejadas pela assimetria informacional) pode levar à crise e à desestabilização, afetando a economia como um todo, devido à importância desse mercado como indutor da atividade econômica, como demonstraram diversos escândalos corporativos no passado recente.

Em tais casos a assimetria de informação – caracterizada pelo fato de um agente econômico ter informações mais completas que outro sobre a performance de um investimento, permitindo a tomada de melhores decisões – pode resultar na distorção dos preços dos títulos negociados, causando um desequilíbrio no mercado (por desrespeitar as regras básicas de oferta e demanda).

Foi assim na denominada Crise do Subprime (2007/2008), quando a concessão de empréstimos hipotecários de alto risco provocou uma das maiores crises financeiras da história, após a abrupta queda do mercado imobiliário norte-americano. Na ocasião, a assimetria informacional decorreu do fato de que os títulos atrelados a empréstimos hipotecários de alto risco (podres) eram negociados como se fossem investimentos altamente seguros (e os investidores não estavam a par de tal informação). Em escorreito jargão acadêmico, deu no que deu, e o resultado de tanta irresponsabilidade não poderia ter sido diferente.

Assim, temos que o tratamento da informação no mercado de capitais é dotado de importância fundamental, uma vez que, além de reduzir a insegurança dos agentes, permite o funcionamento deste, que é o principal impulsionador da economia, estimulando, em decorrência, a formação da poupança privada e fortalecendo a atividade econômica por meio da aproximação do capital às oportunidades de investimentos,[11] tendo em vista que sua função precípua é a promoção do desenvolvimento econômico.[12]

Vale ressaltar igualmente que, como é no âmbito da atividade econômica que se realizam algumas das atividades humanas mais complexas, por evidente que o bom funcionamento do mercado de capitais está vinculado ao desenvolvimento da sociedade como um todo, à cooperação, bem como ao aumento do capital social, elemento nuclear do desenvolvimento sustentável, que pode ser definido como o conjunto de interações das pessoas e das ações sociais e produtivas envolvendo ordenamento, redes sociais, liderança, cooperação, civismo, reciprocidade de favores e confiança, que contribuem para que todos atinjam objetivos comuns.[13]

A criação do capital social, por sua vez, é questão fundamental, pois beneficia a sociedade como um todo ao permitir o desenvolvimento de organizações econômicas cada vez mais complexas, sendo o diferencial que permite que algumas sociedades consigam produzir satélites e vacinas, enquanto outras apenas sapatos e soja.

4. Informações e governança corporativa

A adoção de valores éticos derivados de um consenso moral, que sirva de base de sustentação de uma convivência harmoniosa e produtiva, é a única forma de criação de instituições estáveis e efetivas, inclusive econômicas.

Objetivando otimizar o funcionamento e o regular desenvolvimento do mercado de capitais e em resposta a inúmeros escândalos corporativos, globalmente vem se consolidando a demanda pela adoção das boas práticas de governança corporativa cujo objetivo, conforme bem resumiu Angel Gurría, Secretário-Geral da OCDE,

> é ajudar a construir um ambiente de confiança, transparência e responsabilidade necessário para estimular o investimento a longo prazo, a estabilidade financeira,

---

[11] FILKENSTEIN. Maria Eugênia. Assimetria informacional e governança corporativa. *Revista de Direito Bancário e Mercado de Capitais*. São Paulo, v. 73, p. 71-91, jul.-set. 2016.

[12] Comissão de Valores Imobiliários. Comitê Consultivo de Educação. *Direito do Mercado de Capitais*. Disponível em: https://www.investidor.gov.br/publicacao/Livro/Livro_top_Direito.pdf. Acesso em: 10 jan. 2022.

[13] DUQUE, Eduardo. Capital social como instrumento do desenvolvimento sustentável. *Revista de Ciências Sociais* Configurações, v. 11, 2013. Disponível em: https://journals.openedition.org/configuracoes/1862 . Acesso em: 10 jan. 2022.

a integridade dos negócios, fomentando o crescimento e a criação de sociedades mais inclusivas. [14]

Por sua vez, a governança corporativa pode ser definida como "o sistema pelo qual as empresas e demais organizações são dirigidas, monitoradas e incentivadas, envolvendo os relacionamentos entre sócios, conselho de administração, diretoria, órgãos de fiscalização e controle e demais partes interessadas", objetivando alinhar os interesses envolvidos (em particular aqueles dos investidores com o dos administradores), de maneira a preservar e otimizar o valor econômico de longo prazo da organização, facilitando seu acesso a recursos e contribuindo para a qualidade da gestão e o bem comum.[15]

Observe-se que tal conceito remete diretamente à função social da empresa, que pressupõe um efetivo compromisso com a conciliação dos interesses da companhia com o respeito aos valores constitucionais que dirigem a atividade empresarial, que deverá ser exercida com base em padrões éticos e valores objetivos que permeiem o relacionamento com os fornecedores, mercado consumidor, agentes econômicos, valores mobiliários, trabalhadores, meio ambiente, sócios e acionistas, garantindo assim uma contribuição real ao desenvolvimento social e econômico sustentável.[16]

É nesse ambiente de crescentes desafios na atuação das organizações empresariais que as políticas de transparência assumem particular importância, porque a avaliação adequada do desempenho e do valor de uma organização depende, cada vez mais, da divulgação clara, tempestiva e acessível de informações sobre sua estratégia, políticas, e atividades e resultados. Assim, a importância da transparência é amplamente reconhecida, tanto pela academia quanto pelas autoridades reguladoras,[17] o que justifica que, nos últimos anos, cerca de 90 países efetivaram alterações legislativas envolvendo questões relavas à transparência e ao funcionamento dos mercados de capitais.[18]

E nem poderia ser de maneira diversa, pois sendo o mercado de capitais um modo pelo qual as companhias têm acesso a financiamento, temos que a transparência se consubstancia, no mais das vezes, em uma vantagem compe-

---

[14] Organização para a Cooperação e Desenvolvimento Econômico. *Princípios de Governo das Sociedades do G20 e da OCDE*. Paris: Éditions OCDE, 2016. p. 7.

[15] Instituto Brasileiro de Governança Corporativa. *Código das Melhores Práticas de Governança Corporativa*. 5. ed. São Paulo: IBGC, 2015. p. 20.

[16] MACHADO, Ronny Max; SIMÃO FILHO, Adalberto. A nova empresarialidade e o desenvolvimento social no ambiente informacional. *Revista Jurídica Cesumar*, Maringá, v. 18, n. 2, p. 525-548, maio-ago. 2018.

[17] FUNG, Benjamin. The Demand and Need for Transparency and Disclosure in Corporate Governance. Universal Journal of Management. 2014. Disponível em: https://www.hrpub.org/download/20140105/UJM3-12101630.pdf. Acesso em: 10 jan. 2022.

[18] ORGANIZAÇÃO PARA A COOPERAÇÃO E DESENVOLVIMENTO ECONÔMICO. *Corporate Governance Factbook – 2021*. Disponível em: https://www.oecd.org/corporate/OECD-Corporate-Governance-Factbook.pdf. Acesso em: 10 jan. 2022.

titiva (nesse sentido, vale ressaltar que, durante a Crise dos Subprimes, ocasião em que o crédito bancário ficou muito reduzido, as empresas listadas em bolsa conseguiram alavancar, globalmente, nos mercados de capitais, um valor recorde de 511 bilhões de dólares).[19]

Com efeito, é mesmo possível identificar uma relação importante entre a maior qualidade de proteção aos acionistas e o tamanho do mercado de capitais de um determinado país, sendo que um sistema de governança corporativa frágil, com baixo nível de proteção aos acionistas, está associado a custos de capital mais elevados para as companhias (e para o mercado como um todo), o que significa dizer que, para atrair mais recursos, é crucial o fortalecimento das práticas de governança corporativa.[20]

Em outras palavras, as práticas de boa governança corporativa baseadas na transparência implicam em uma série de benefícios já reconhecidos pela doutrina, entre os quais a facilidade de acesso ao capital a um custo menor, por serem um fator relevante para a tomada de decisões pelos investidores.[21]

Apesar de existir uma inerente dificuldade em definir o exato conteúdo e alcance das práticas de boa governança corporativa no tocante à transparência, considerando que diferentes países chegam a respostas não necessariamente idênticas, temos que aos poucos está se criando um consenso sobre suas características essenciais.

Referências seguras podem ser os Princípios de Governo das Sociedades do G20 e da OCDE,[22] que estabelecem as diretrizes básicas ideais para a transparência corporativa, que podem ser resumidas pela afirmação de que "a estrutura de governo das sociedades dever assegurar a divulgação de informação oportuna e rigorosa de todas as questões relevantes relacionadas com a sociedade, incluindo a situação financeira, desempenho, estrutura acionista e governo da sociedade". Isso se coaduna com as definições doutrinárias que ensinam que ela pressupõe a criação de um ambiente em que as informações sobre as condições existentes, as decisões e as ações adotadas se tornam acessíveis e compreensíveis para todos os participantes do mercado.[23]

---

[19] Organização para a Cooperação e Desenvolvimento Econômico. *Corporate Governance Factbook – 2021*. Disponível em: https://www.oecd.org/corporate/OECD-Corporate-Governance-Factbook.pdf. Acesso em: 10 jan. 2022.

[20] Instituto Brasileiro de Governança Corporativa. *Código Brasileiro de Governança Corporativa* – Companhias Abertas. São Paulo: IBGC, 2016. p. 9.

[21] FARVAQUE, Étienne; REFAIT-ALEXANDRE, Catheriene; SAIDANE, Dhafer. *Corportate Disclosure*: a reveiw of its (direct and indirect) benefits and costs. International Economics. Lille: Elsevier, 2011.

[22] ORGANIZAÇÃO PARA A COOPERAÇÃO E DESENVOLVIMENTO ECONÔMICO. *Princípios de Governo das Sociedades do G20 e da OCDE*. 2016. Disponível em: http://dx.doi.org/10.1787/9789264259195-pt. Acesso em: 10 jan. 2022.

[23] Lepadatu, Gheorghe V.; Pirnau, Mironela. Transparency in Financial Statements. European Research Studies Journal, v. XII, n. 1, p. 101-108, 2009. Disponível em: https://econpapers.repec.org/article/ersjournl/v_3axii_3ay_3a2009_3ai_3a1_3ap_3a101-108.htm. Aceso em: 10 jan. 2022.

Tais princípios pressupõem que as informações fornecidas sejam relevantes (i.e., permitam aos investidores adotarem decisões informadas sobre seus investimentos) confiáveis, oportunas (*timely*), detalhadas, completas, simultâneas (i.e., devem ser acessíveis a todos ao mesmo tempo, de maneira igualitária), compreensíveis e comparáveis.

O presente trabalho não tem a ambição de exaurir todas as questões relativas à transparência no regime informacional das companhias abertas, mas provocar a discussão sobre algumas questões polêmicas sobre as quais tem se debruçado recentemente a doutrina.

A primeira delas é acerca da utilidade da transparência, uma vez que ela tem sido apontada muitas vezes como uma panaceia que, *per se*, teria o condão de resolver todas as crises corporativas, o que é, evidentemente, um exagero.

De fato, com base nos ensinamentos do Primeiro-Ministro britânico Disraeli, apenas a positivação de leis requerendo a transparência não garante sua efetividade, pois "quando os homens são puros, as leis são desnecessárias e, quando são corruptos, as leis são inúteis".

Ademais, como era o bordão da campanha publicitária de um grande grupo de mídia brasileiro, todos sabem que a manipulação das informações pode ser traiçoeira, sendo "possível contar um monte de mentiras só dizendo a verdade", afirmação que cai como uma luva no caso das informações corporativas, diante de sua complexidade.

Diante de tal situação, a doutrina entende que o próprio conceito de transparência deve ser visto como algo dinâmico e em constante desenvolvimento, devendo ser compreendido de maneira dúplice: em primeiro lugar como um princípio instrumental utilizado para se diminuir a assimetria informacional e, em segundo, como um valor em si mesmo, que merece proteção autônoma por ser garantidor da legitimidade em uma sociedade mais democrática em que a empresa e sua função social são cada vez mais escrutinadas.[24]

Por sua vez, o ambiente criado pela sociedade da informação estimula a transparência, a cada vez mais considerada como um diferencial positivo (e até mesmo um imperativo), de maneira que a doutrina antevê chegarmos em uma situação ideal de um círculo virtuoso no qual a maior quantidade de informações disponíveis aumente exponencialmente a demanda por mais transparência (e vi-

[24] FORSSBÆCK Jens; OXELHEIM, Lars. The Multi-Faceted Concept of Transparency. *IFN Working Paper*, n. 1013, 2014. Disponível em: https://www.ifn.se/wfiles/wp/wp1013.pdf. Acesso em: 10 jan. 2022.

ce-versa),[25] gerando cada vez mais interesse dos investidores e estabelecendo a transparência como um padrão ético a ser adotado por todas as empresas.

Diante desse novo *ethos* corporativo, a transparência tem sido compreendida de maneira mais ampla, não apenas se limitado às demonstrações financeiras, para incluir uma série de outras questões críticas de interesse dos investidores (e que podem incluir questões tão distintas como responsabilidade ambiental e diversidade), o que pressupõe uma abordagem proativa de fornecimento voluntário de informações como uma maneira de legitimar sua atuação e permitir decisões informadas por parte dos investidores.

Por tais razões, a cultura da transparência pressupõe que a informação flua entre os administradores e todas as partes interessadas (*stakeholders*), o que denota que ela necessariamente pressupõe a interação de elementos internos (por meio da criação de uma cultura corporativa própria que permita lidar com a informação de uma maneira mais eficaz em todas as atividades cotidianas na companhia) e externos (consubstanciados nas expectativas do mercado e pelos legítimos mecanismos de pressão que ele exerce sobre a empresa).

Entretanto, muitas vezes nos deparamos com resistências ao fornecimento de informações, seja devido ao seu custo, seja devido à preocupação de que elas venham a comprometer a privacidade das empresas, já que não se espera que as sociedades divulguem informações que possam colocar em risco sua posição perante os concorrentes.

Contudo, é legítima a preocupação de que a transparência possa comprometer as informações da companhia que, por sua natureza, devam permanecer confidenciais, bem como de que que os investidores, sujeitos ao "efeito manada", em especial em uma "cultura de cancelamento" como a que estamos inseridos, crie situações de risco, de maneira que a obtenção desse equilíbrio é bastante complexa e não tem soluções simples.

Chegarmos a um patamar de transparência ideal exige mudança de atitudes, o que passa pela adoção de incentivos e punições (ou *sticks and carrots*, como preferem os anglófonos ao se referirem à adoção de medidas para estimular/frear determinados comportamentos).

Assim, temos que, até o momento, a maneira mais efetiva de se garantir a transparência no regime informacional das companhias abertas se dá por um excelente arcabouço regulatório com padrões mínimos, bem como punições ri-

[25] Borgia, Fiammetta. Corporate governance & transparency role of disclosure: how prevent new financial scandals and crimes? Working paper, American University Transnational Crime and Corruption Center, 2005. Disponível em: http://citeseerx.ist.psu.edu/viewdoc/download?doi=10.1.1.457.722&rep=rep1&type= pdf. Acesso em 10 jan. 2022.

gorosas para quem deixa de observá-los, tanto na área cível quanto penal.

Contudo, é também essencial que o sistema jurídico disponibilize meios processuais efetivos para que os investidores, em especial os acionistas minoritários, que se sintam lesados tenham como pedir suas compensações (em nossa experiência profissional fomos testemunhas de primeira mão das frustrações ensejadas pelo nosso sistema processual, em especial pela ausência de um meio de solução coletivo de resolução de conflitos similar à *class action* existente nos Estados Unidos, o que explica que tenhamos conseguido, nos casos envolvendo a Petrobras, mais sucesso no exterior do que no Brasil, o que denota o quanto temos que evoluir na criação de mecanismos legais para a proteção dos minoritários).

Ademais, como estímulo à adoção da transparência, entendemos ser fundamental a participação de acionistas cada vez mais ativos, em especial aqueles de caráter institucional, como fundos de pensão, que, devido à sua importância econômica, têm eventualmente poder de interferir de forma efetiva no comportamento das empresas (bem como de utilizar os meios necessários para se ressarcir, quando necessário).

Em verdade, o ativismo societário, no qual investidores minoritários se agrupam para, em conjunto, influenciar as decisões estratégicas das companhias, é altamente salutar pois preenche papel fundamental no desenvolvimento do mercado de capitais e nos esforços de diminuição das assimetrias informacionais, auxiliando na criação de valor, de maneira que mesmo a doutrina reconhece que a transparência e a existência de investidores ativos é complementar e correlata e que a existência simultânea de monitoramentos internos e externos faz com que eles mutualmente se reforcem.[26]

Por fim, devemos mencionar, como mais uma alternativa a estimular a transparência, o incentivo à autorregulação, que tem como benefício evitar a resistência das companhias à adoção das práticas por elas negociadas, usualmente gerando resultados melhores e mais específicos, considerando as peculiaridades dos diversos setores econômicos.

5. Considerações finais

A consagração das boas práticas de governança e a adoção de um novo *ethos* no tratamento das informações corporativas são um objetivo essencial para a saúde do mercado de capitais e a proteção dos acionistas minoritários e, muito

[26] ARMSTRONG, Christopher S.; GUAY, Wayne R.; MEHRAN, Hamid; WEBER, Joseph P. The Role of Financial Reporting and Transparency in Corporate Governance. *Economic Policy Review*, p. 107-128, ago. 2016. Disponível em: https://papers.ssrn.com/sol3/papers.cfm?abstract_id=2828077. Acesso em 10 jan. 2022.

embora as diversas crises pelas quais passamos nos últimos anos tenham nos permitido evoluir, muito ainda resta a ser feito.

Contudo, mesmo a doutrina reconhece a impossibilidade de solução dos problemas advindos da assimetria informacional apenas por meio do sistema legal, sendo essencial a criação efetiva de uma cultura de adoção de transparência em todas as atividades empresariais não apenas no mundo empresarial, mas também na sociedade civil como um todo.

Ainda assim, estamos cientes que, *per se*, tal objetivo não trará automaticamente a solução de todos os conflitos de interesse que ensejam a utilização pouco ética das informações corporativas, de maneira que nada substitui a necessidade de estarmos sempre vigilantes, razão pela qual não podemos perder de vista que, em última instância, o que se objetiva é a construção de um *etho* ideal, em que o valor agregado pela transparência seja mais significativo de que seus riscos.

Portanto, na ausência de uma solução perfeita, ao menos temos que estar seguros de que estamos nos guiando para a direção correta, porque dela depende o nosso crescimento sustentável (e, em última instância, sobrevivência coletiva).

O presente artigo, portanto, deve ser entendido como um convite ao diálogo e para que, juntos, possamos trilhar esse novo caminho.

Referências

ARMSTRONG, Christopher S.; GUAY, Wayne R.; MEHRAN, Hamid; WEBER, Joseph P. The Role of Financial Reporting and Transparency in Corporate Governance. *Economic Policy Review*, p. 107-128, ago. 2016. Disponível em: https://papers.ssrn.com/sol3/papers.cfm?abstract_id=2828077. Acesso em: 10 jan. 2022.

BORGIA, Fiammetta. Corporate governance & transparency role of disclosure: how prevent new financial scandals and crimes? *Working paper*, American University Transnational Crime and Corruption Center, 2005. Disponível em: http://citeseerx.ist.psu.edu/viewdoc/download?doi=10.1.1.457.722&rep=rep1&type= pdf. Acesso em 10 jan. 2022.

Comissão de Valores Imobiliários. Comitê Consultivo de Educação. *Direito do Mercado de Capitais*. Disponível em: https://www.investidor.gov.br/publicacao/Livro/Livro_top_Direito.pdf. Acesso em: 10 jan. 2022.

DOUGLASS, Frederik. *The Composite Nation*. Disponível em: https://inside.suhs.org/dept/history/US_History_reader/Chapter6/Douglasscompositenation1869.pdf. Acesso em: 10 jan. 2023.

DUQUE, Eduardo. Capital social como instrumento do desenvolvimento sustentável. Revista de Ciências Sociais Configurações, v. 11, 2013. Disponível em https://journals.openedition.org/configuracoes/1862. Acesso em: 10 jan. 2022.

FARVAQUE, Étienne; REFAIT-ALEXANDRE, Catheriene; SAIDANE, Dhafer. *Corportate Disclosure*: a review of its (direct and indirect) benefits and costs. International Economics. Lille: Elsevier, 2011.

FILKENSTEIN. Maria Eugênia. Assimetria informacional e governança corporativa. Revista de Direito Bancário e Mercado de Capitais, São Paulo, v. 73, p. 71-91, jul.-set. 2016.

FORSSBÆCK Jens; OXELHEIM, Lars. The Multi-Faceted Concept of Transparency. *IFN* Working Paper, n. 1013, 2014. Disponível em: https://www.ifn.se/wfiles/wp/wp1013.pdf. Acesso em: 10 jan. 2022.

FUNG, Benjamin. The Demand and Need for Transparency and Disclosure in Corporate Governance. *Universal Journal of Management.* 2014. Disponível em: https://www.hrpub.org/download/20140105/UJM3-12101630.pdf. Acesso em 10 jan. 2022.

INSTITUTO BRASILEIRO DE GOVERNANÇA CORPORATIVA. *Código Brasileiro de Governança Corporativa – Companhias Abertas.* São Paulo: IBGC, 2016.

INSTITUTO BRASILEIRO DE GOVERNANÇA CORPORATIVA. *Código das melhores práticas de governança corporativa.* 5. ed., São Paulo, 2015.

LEPADATU, Gheorghe V.; PIRNAU, Mironela. Transparency in Financial Statements. *European Research Studies Journal*, v. XII, n. 1, p. 101-108, 2009. Disponível em: https://econpapers.repec.org/article/ersjournl/v_3axii_3ay_3a2009_3ai_3a1_3ap_3a101-108.htm. Aceso em: 10 jan. 2022.

MACHADO, Ronny Max; Simão FILHO, Adalberto. A nova empresarialidade e o desenvolvimento social no ambiente informacional. *Revista Jurídica Cesumar*, Maringá, v. 18, n. 2, p. 525-548, maio-ago. 2018.

ORGANIZAÇÃO PARA A COOPERAÇÃO E DESENVOLVIMENTO ECONÔMICO. *Princípios de Governo das Sociedades do G20 e da OCDE.* Paris: Éditions OCDE, 2016.

ORGANIZAÇÃO PARA A COOPERAÇÃO E DESENVOLVIMENTO ECONÔMICO. *Corporate Governance Factbook – 2021.* Disponível em:https://www.oecd.org/corporate/OECD-Corporate-Governance-Factbook.pdf. Acesso em: 10 jan. 2022.

ORGANIZAÇÃO PARA A COOPERAÇÃO E DESENVOLVIMENTO ECONÔMICO. *Princípios de Governo das Sociedades do G20 e da OCDE.* 2016. Disponível em: http://dx.doi.org/10.1787/9789264259195-pt. Acesso em: 10 jan. 2022.

RODRIGUES, Sergio Antonio. Assimetria de informações e o risco de captura de agência reguladora. *Revista ANTT.* Brasília, v. 03-1, maio 2011. Disponível em: http://appweb2.antt.gov.br/revistaantt/ed4/_asp/ed4-assimetriaDeInformacoes.asp. Acesso em: 10 jan. 2022.

SILVA, Felipe Rangel da; TEIXEIRA, Rodrigo Giublin. A sociedade da informação e seus desafios: a necessidade de efetivação de uma política pública de combate à ramsomware no Brasil. *Revista da Faculdade de Direito da UERJ*, Rio de Janeiro, v. 36, p. 23-52, dez. 2019.

SIQUEIRA JUNIOR, Paulo Hamilton. *Teoria do direito*. 3. ed. São Paulo: Editora Saraiva, 2012.

SMITH, David Livingstone. *Why We Lie*: The Evolutionary Roots of Deception and the Unconscious Mind. New York: St. Martin's Press, 2004.

STIGLITZ, Joseph E. The Revolution of Information Economics: the past and the future. *National Bureau of Economic Research*. Disponível em: http://www.nber.org/papers/w23780. Acesso em: 10 jan. 2022.

Capítulo 4

A figura dos administradores nas companhias abertas: crescente relevância e seus deveres fiduciários

Andréa Rodrigues Seco

Capítulo 4 - A figura dos administradores nas companhias abertas: crescente relevância e seus deveres fiduciários

The figure of the officers in corporations: growing relevance and their fiduciary duties

Andréa Rodrigues Seco[1]

Resumo: O presente artigo tem como escopo o estudo de tema absolutamente atual e desafiador no âmbito do direito comercial, qual seja, a crescente relevância da figura dos administradores nas sociedades anônimas sob o prisma da cada vez maior transnacionalidade alcançada por tais companhias no avanço da globalização, da criação e do crescimento de regras inerentes à boa governança corporativa. O artigo tem como foco central a apresentação da figura do administrador, sua qualificação e natureza do vínculo para com a sociedade anônima, destrinchando, a partir daí, seus principais deveres fiduciários basilares calcados em seus elementos gerais e nos pilares (i) da diligência; (ii) da lealdade; e (iii) do dever de informar para, ao final, sopesá-los diante da regra do *business judgment rule.*

Palavras-chave: Administrador – Sociedade anônima – Deveres fiduciários – *Business judgment rule.*

Abstract: The purpose of this article is the study of a subject both current and defying with regards to commercial law, the growing relevance of the figure of the officers in corporations considering the relevance and transnationality reached by corporations in the advancing globalization, creation and development of corporate governance rules. The article's central focus is the presentation of the officer's concept, his/her's qualification and the nature of his/her's commitment with the corporation, further analyzing the fundamental fiduciary duties considering the general concepts and the pillars of (i) diligence; (ii) loyalty; and (iii) duty to inform and, finally confronting them with the business judgment rule.

Keywords: Officer – Joint stock company – Fiduciary duties – Business judgment rule.

---

[1] Andréa Seco é especialista em Contencioso Cível Estratégico e atua, também, na prevenção de litígios e arbitragem. É bacharel em Direito e pós-graduada em Direito Processual Civil pela PUC-SP, mestranda em Ciências Jurídicas pela Universidade Autónoma de Lisboa (UAL). Membro do IASP. E-mail: andreaseco@hotmail.com .

Sumário: 1. Introdução; 2. Contextualização do tema: o caráter organicista das sociedades anônimas: 2.1. A posição dos administradores perante a sociedade anônima: um olhar sobre a teoria moderna sui generis; 3. Relevância dos deveres fiduciários nas atuais sociedades anônimas: 3.1. Dever de diligência; 3.2. Deveres de investigação e vigilância; 3.3. Dever de lealdade; 3.4. Dever de sigilo e a figura do *insider trading*; 3.5 Dever de informar; 4. A regra do *business judgment rule*; 5. Considerações finais; Referências.

1. Introdução

O estudo do tema envolvendo a figura dos administradores de sociedades anônimas e seus deveres fiduciários se mostra absolutamente relevante e desafiador na medida em que as relações comerciais vêm se tornando cada vez mais dinâmicas e complexas no mundo globalizado, no qual os limites da responsabilização do capital social podem sofrer exceções a depender do uso da sociedade empresária.

Não se pode perder de vista que a evolução do direito comercial desde o início do século passado foi no sentido de garantir, cada vez mais, o funcionamento da boa governança corporativa, a democratização progressiva da sociedade, o respeito ao mercado consumidor e a livre concorrência, pilares essenciais para um mercado de capitais sólido e sadio.

Na sociedade moderna não se pode olvidar que o modelo da sociedade anônima se tornou um instrumento jurídico salutar e importante no desenvolvimento da economia e do ambiente empresarial, já que se apresenta como um veículo eficiente no desenvolvimento de grandes e complexos negócios, captação de recursos e multiplicidade de investidores e/ou acionistas que não necessariamente precisem estar no dia a dia da administração.

Com tais possibilidades, contudo, advêm também grandes responsabilidades que, in *casu*, recaem sobre os administradores de tais sociedades, na medida em que irão definir não apenas as políticas empresariais como um todo, mas principalmente a gestão de recursos financeiros de terceiros. Na doutrina, há quem defina os administradores de uma sociedade anônima como o verdadeiro poder da empresa[2].

Sob esse prisma, este artigo visa apresentar linhas acerca da figura do admi-

[2] "Os administradores exercem, na verdade, o poder na empresa – na célula base da economia e, portanto, numa das componentes fundamentais da vida da humanidade. (...) E, nas sociedades anónimas, quem exerce, de facto o poder empresarial são, sobretudo, os administradores." (CORREIA, Luis Brito. *Os administradores de sociedade anónimas.* Coimbra: Almedina, 1993. p. 19-22).

nistrador, sua qualificação e natureza do vínculo para com a sociedade anônima, destrinchando, a partir daí, seus deveres fiduciários basilares calcados em seus elementos gerais e nos pilares (i) da diligência; (ii) da lealdade; e (iii) do dever de informar, para, ao final, sopesá-los diante da regra do *business judgment rule*.

2. Contextualização do tema: o caráter organicista das sociedades anônimas

Para que bem se compreenda a figura, a posição e os deveres de um administrador, cabe uma compreensão inicial acerca da forma de estruturação e funcionamento ordenado e eficiente almejado dentro das sociedades anônimas, que ao longo do tempo foi se sofisticando tanto quanto esse modelo de sociedade foi tomando proporções de interesse e aplicabilidade globalizadas.

A sociedade anônima, conceitualmente, é aquela na qual o capital é dividido por ações, limitando-se a responsabilidade do sócio ao preço de emissão das ações subscritas ou adquiridas[3], podendo se constituir na modalidade fechada ou aberta, esta última quando há emissão e negociação de parcelas de seu capital social (ações) no mercado de valores mobiliários, sendo, por natureza, em regra e de forma geral[4], *intuito pecuniae*.

Como traços fundamentais dessas sociedades tem-se: (i) o regime de responsabilidade limitada dos acionistas; e (ii) a circulação das participações societárias ou a transmissão da posição jurídica de sócio[5].

Como característica intrínseca às sociedades anônimas está a necessária criação de uma estrutura organizacional interna mínima, por meio de órgãos cujas competências são estabelecidas de forma cogente, admitindo-se, no entanto, a manifestação da autonomia privada, desde que respeitados os requisitos e limites legais[6].

---

[3] MARTINS, Fran. *Curso de direito comercial.* 35. ed. Rio de Janeiro: Editora Forense, 2012. p. 237.

[4] Ressalva aqui se faz conveniente na medida em que não se ignora que há na doutrina e na jurisprudência importante debate acerca da possibilidade de uma dissolução de sociedade anônima de caráter fechado por quebra de *affectio societatis.* Embora seja concebido que do ponto de vista formal não se reconheça a *affectio societatis* como um elemento estruturante e componente das sociedades anônimas, comumente se observa a criação de sociedades sob tal natureza jurídica como forma de preservação mais eficaz para a realização da segregação de patrimônio pessoal da atividade empresarial, bem como a garantia de continuidade dos negócios em caso de sucessão: "De um lado na evolução do instituto, foi campeando o conceito de patrimônio separado; o benefício da responsabilidade limitada levou também pequenas empresas a constituir-se como sociedades anônimas; multiplicaram-se as sociedades anônimas familiares; os negócios individuais se transformaram em sociedade anônima, para facilitar assim a sua continuidade depois da morte dos fundadores, ou em conseqüência desta; negócios individuais, constituíram-se, por meio de óbvios artifícios, como sociedade anônima para gozar do benefício do exercício do comércio com responsabilidade limitada. Nem sempre a existência da sociedade por quotas de responsabilidade limitada exclui essa utilização da sociedade anônima" (ASCARELLI, Tullio. *Problemas das sociedades anônimas e direito comparado.* São Paulo: Saraiva, 2008. p. 497).

[5] Art. 1° da LSA.

[6] Em observação ao tema, Fábio Konder Comparato leciona que "(...) ao contrário do que se sucede nos

A divisão de funções no âmbito interno, seus poderes funcionais e atuação são distribuídos através de seus órgãos sociais, que podem ser compostos de uma ou mais pessoas investidas que, ao fim, vão formar e manifestar a vontade legalmente imputável à pessoa jurídica, tendo os órgãos verdadeiro caráter instrumental, sendo elemento integrante e necessário da companhia, sem personalidade jurídica própria, nem capacidade para a prática de atos jurídicos. Além disso, o seu titular não se confunde com o órgão em si[7]. Portanto, os direitos e poderes exercidos pelo órgão serão sempre direitos e poderes da própria sociedade[8].

A doutrina tratou de criar inúmeras formas de classificar tais órgãos estruturantes, sendo que as mais conhecidas podem ser explicitadas através da sua composição (singulares ou coletivos/plurais), do seu modo de funcionamento (simultâneos ou separados/disjuntos), quanto ao seu funcionamento (permanentes ou episódicos), quanto à sua obrigatoriedade (obrigatórios/essenciais ou facultativos) e sob o prisma da competência (externos/representativos ou internos). Quanto aos órgãos internos, podem ainda ser consultivos, deliberativos, executivos ou fiscalizadores[9].

Portanto, não há um modelo único e ideal de administração, sendo que sua estruturação nos múltiplos ordenamentos jurídicos é fruto da experiência e da evolução dos próprios negócios em cada país e se personificam em uma opção do legislador, tornando-se, historicamente, possível reconhecer dois grandes sistemas de estruturação da administração: monista e dualista.

---

demais tipos societários, a economia interna da sociedade anônima não é deixada à livre decisão dos seus fundadores ou acionistas. O legislador discriminou poderes-funções considerados fundamentais, atribuindo-os a órgãos próprios, insuprimíveis e inconfundíveis: o poder-função deliberante à assembleia geral, o poder-função administrativo à diretoria e o poder-função sindicante do conselho fiscal. A liberdade negocial dos particulares, na organização de uma companhia, é, pois, limitada pelo respeito devido a essa estrutura básica." (COMPARATO, Fábio Konder; SALOMÃO FILHO, Calixto. *O poder de controle na sociedade anônima*. 5. ed. Rio de Janeiro: Editora Forense, 2008. p. 30).

[7] O compartilhamento dessas ideias encontra eco na doutrina brasileira de ADAMEK, Marcelo Vieira Von. Responsabilidade civil dos administradores de S/A e as ações correlatas. São Paulo: Saraiva, 2009. p. 11-13, e portuguesa na obra de CORREIA, Luís Brito. *Os administradores de sociedades anónimas*. Coimbra: Almedina, 1993. p. 203.

[8] Trazendo reflexão no âmbito da teoria organicista acerca da representação perante a gestão da sociedade, Waldírio Bulgarelli afirma que "A doutrina costuma distinguir, entre 'gestão' e 'representação'; à primeira caberiam atribuições de natureza interna e à segunda externa. Por isso se diz então que 'predominantemente' à primeira correspondem 'deveres' enquanto à segunda 'poderes'. Não obstante a ressalva de 'predominância', há que se atentar, para o fato de que a noção de poder-dever é indissolúvel, neste caso, e portanto, tanto na órbita interna como na externa, o que existem são poderes-deveres. (...) Dessa forma o órgão que representa a sociedade fala por ela e não em nome dela (...) não são os administradores que agem pela sociedade, mas a sociedade que age por seu intermédio." (BULGARELLI, Waldírio. Apontamentos sobre a responsabilidade dos administradores das companhias. *Revista de Direito Mercantil Industrial, Econômico e Financeiro*, São Paulo, v. 50, abr.-jun. 1983. p. 98-99).

[9] ADAMEK, Marcelo Vieira Von. *Responsabilidade civil dos administradores de S/A e as ações correlatas*. São Paulo: Saraiva, 2009. p. 13-14.

O sistema monista, ou tradicional, tem sua origem no Código Comercial Francês de 1807, surgido em meio ao movimento do liberalismo econômico, e consagrava a atribuição de poderes decisórios e de execução a um único núcleo institucional, visando à especialização de funções e à identificação da responsabilidade dos principais agentes dentro da sociedade anônima. De forma conceitual

> preconizava o poder soberano atribuído à assembléia geral de acionistas, núcleo de poder hierarquicamente superior aos demais. Neste sistema, os diretores eram concebidos como meros mandatários dos sócios, por estes diretamente nomeados e livremente destituídos, e cujos interesses privados exclusivamente deveriam ser buscados no desenvolvimento da atividade ulterior da companhia[10].

O sistema dualista, ou *dual*, tem seu berço na Alemanha, com sua primeira estruturação em 1884, cujo pilar de construção levava em consideração que os interesses particulares e privados dos sócios não poderiam ser considerados como os únicos a orientar a atividade social[11]. Por esse sistema buscou-se eliminar as deficiências criadas no sistema monista, trazendo maior controle e estabilidade à administração através de dois órgãos: a diretoria (*Vorstand*) e o Conselho de Supervisão (*Aufsichtsrat*).

Assim, ao mesmo tempo que visava eliminar eventual inércia do conselho de administração, buscava aumentar o controle dos acionistas sobre a administração rotineira da sociedade, racionalizando, assim, a estruturação do poder social através da separação das atividades de gestão (execução e representação) daquelas inerentes à supervisão e à tomada de decisões estratégicas, proporcionando a alternância e a renovação dos seus membros eleitos e estando em linha com os princípios do que veio a ser chamar de boa governança corporativa (*corporate governance*)[12].

Historicamente, no Brasil o legislador optou inicialmente pelo sistema monista na primeira legislação societária promulgada na década de 1940 (Decreto-Lei nº 2.627/1940), sendo que posteriormente, com a modernização do regime legal e a criação de lei específica regulatória das sociedades anônimas (Lei nº 6.404/1976), passou-se a admitir um sistema híbrido a ser adaptado levando-se em consideração

---

[10] SACRAMONE, Marcelo Barbosa. *Ato de preenchimento de órgão de administração*: natureza jurídica da relação entre o administrador e a sociedade anônima. Dissertação (Doutorado em Direito) – Faculdade de Direito, Universidade de São Paulo, São Paulo, 2012. p. 15-16. Disponível em: https://www.teses.usp.br/teses/disponiveis/2/2132/tde-18022013-111713/publico/Ato_de_Preenchimento_de_Orgao_de_Administracao_versao_completa_Sacramone.pdf. Acesso em: 10 fev. 2022.

[11] Para Walter Rathenau "A grande empresa não é mais hoje uma estrutura exclusiva dos interesses de direito privado, mas muito mais, tanto individualmente como em seu conjunto, um fator de economia nacional, pertencente à totalidade, qua ainda carrega consido em razão de sua origem, por direito ou não, traços de direito privado de uma pura empresa lucrativa, enquanto se tornou há muito e em crescente medida útil a interesses públicos e, assim, criou uma nova situação jurídica. Seu desenvolvimento no sentido da economia comunitária é possível, sua reestruturação em relações puramente de direito privado ou sua divisão em pequenas particulas privadas é inconcebível." (RATHENAU, Walter. Do sistema acionário: uma análise negocial. *Revista de Direito Mercantil, Industrial, Econômico e Financeiro*, São Paulo, ano XLI (Nova Série), n. 128, out.-dez. 2002. p. 214).

[12] ADAMEK, Marcelo Vieira Von. *Responsabilidade civil dos administradores de S/A e as ações correlatas*. São Paulo: Saraiva, 2009. p. 18-19.

o porte e a composição acionária da companhia.

Nesse formato, a administração compete à diretoria, que é órgão obrigatório em toda e qualquer companhia[13], e ao conselho de administração, órgão colegiado e deliberativo que somente se torna obrigatório nas companhias de capital aberto, economia mista e nas de capital autorizado[14], não sendo obrigatória a presença de trabalhadores na sua composição, apenas representantes dos acionistas, controladores e minoritários[15]. Cada um desses órgãos de administração tem competências privativas e indelegáveis[16].

Nesse cenário, e diante das normas referidas, o exercício de determinadas competências e atribuições irá amoldar o regime jurídico de responsabilidade civil dos administradores, em especial perante a própria sociedade.

2.1. A posição dos administradores perante a sociedade anônima: um olhar sobre a teoria moderna *sui generis*

Muitas foram as teorias elaboradoras ao longo das últimas décadas buscando a definição da natureza jurídica pela qual os administradores, pessoais naturais, vinculam-se à sociedade, existindo variadas correntes e rara sistematização, mesmo que parcial, sobre o assunto.

Um dos mais brilhantes e aprofundados estudos sobre a matéria, comumente referido em múltiplas obras e materiais científicos sobre o tema, encontra amparo nas lições do mestre português Luís Brito Correia, que, além de bem lançar luz sobre a aceitação da teoria orgânica para explicar a posição da administração perante a sociedade[17], indica as concepções, aqui sempre sob o ponto de vista privado, mais comumente aceitas: (i) teorias contratualistas (que poderiam ser traduzidas em uma das seguintes formas apontadas pela doutrina: contrato de mandato; contrato de prestação de serviços; e contrato de trabalho); (ii) teorias unilateralistas; e (iii) teorias dualistas.

Por fim, refere-se a uma teoria moderna sui generis ou eclética, no sentido de congregar características e elementos das várias correntes existentes de forma que atenda aos melhores anseios hoje existentes na realidade praticada no âmbito das sociedades anônimas, e aceita de forma majoritária nos mais variados e atuais sistemas legais de muitos países, entre eles o Brasil.

---

[13] Arts. 138 e 144 da LSA.

[14] No Brasil são consideradas sociedades anônimas de capital autorizado aquelas cujas ações sejam nominativas ou endossáveis, de acordo com a lei regulatória do mercado de capitais (art. 45 da Lei nº 4.728/1965).

[15] Art. 138, § 1º e 142 da LSA.

[16] Art. 139 da LSA.

[17] "Quando a teoria orgânica se opõe à teoria da representação para dizer que a vontade da pessoa colectiva é a vontade dos seus órgãos (ou dos membros dos seus órgãos), poderá, porventura, pensar-se que, havendo apenas

Pelo entendimento mais atualizado sobre o assunto, o

> contrato de administração é aquele pelo qual uma pessoa se obriga, mediante retribuição ou sem ela, a prestar a sua actividade de gestão e representação orgânica da sociedade anónima, sob a orientação da colectividade dos accionistas e sob a fiscalização do conselho fiscal ou fiscal único[18].

Trabalhando sobre o tema de forma exaustiva, pode-se sintetizar os pontos do mestre português a defender a teoria sui generis calcados no fato de que a eleição dos administradores tem natureza negocial, traduzida por uma deliberação social que será componente do negócio jurídico do qual resulta não só a concessão de poderes-deveres, mas também a constituição de direitos e deveres entre a sociedade e o administrador, porquanto a aceitação deste último torna-se elemento necessário.

O contrato pode tanto ser oneroso como gratuito, estando o administrador sujeito a um regime de responsabilidade civil com regras específicas e mais gravosas, podendo ser destituído a qualquer momento pela coletividade com ou sem justa causa, além de, igualmente, poder renunciar ao cargo. Quanto à atividade, ela seria tanto de representação como de gestão orgânica, com grande autonomia, não estando, em regra, obrigado a cumprir as instruções da coletividade, embora deva respeitá-las em suas orientações e não ser juridicamente subordinado[19].

No Brasil, a tese é sustentada por Waldírio Bulgarelli, para quem o administrador seria contratado para uma prestação de serviços, mas de caráter específico diante de seus múltiplos elementos vinculados a, por exemplo, estrutura, funções, atribuições e responsabilidades. Assim, conceitua que ter-se-á

> contrato de prestação de serviços, sem dúvida, pois a atividade do administrador consiste numa obrigação de fazer, o que simplifica na substância a questão. Para poder fazer e porque deve fazer, certas atribuições devem-lhe ser conferidas, com as conseqüentes responsabilidades, e portanto ter-se-á um contrato característico, típico do direito societário, específico de administração, ao lado de outros típicos como o são o contrato plurilateral organizativo, o de subscrição de ações e assim por diante[20].

---

uma vontade (a dos membros dos órgãos) imputada à pessoa colectiva, não há lugar para uma relação jurídica entre a pessoa colectiva e os membros dos seus órgãos, por falta de alteridade. Mas não é assim, como já se disse acima. A vontade dos membros dos órgãos é imputada à pessoa colectiva, mas não deixa, por isso, de ser vontade dos próprios membros e de poder ser imputada também a estes, nomeadamente responsabilizando-os pessoalmente por actos ilícitos praticados em nome da pessoa colectiva. (...) E mesmo que a vontade de um órgão singular (ou dos eu titular) seja imputada à pessoa colectiva, o titular do órgão não perde a sua personalidade jurídica própria, não se confunde, como pessoa, com a pessoa colectiva, de cujo órgão é membro. Existe, pois, uma relação jurídica entre a pessoa colectiva e cada membro dos seus órgãos." (CORREIA, Luís Brito. *Os administradores de sociedades anónimas*. Coimbra: Almedina, 1993. p. 293-294).

[18] CORREIA, Luís Brito. *Os administradores de sociedades anónimas*. Coimbra: Almedina, 1993. p. 740.

[19] CORREIA, Luís Brito. *Os administradores de sociedades anónimas*. Coimbra: Almedina, 1993. p. 732-740.

[20] BULGARELLI, Waldírio. Apontamentos sobre a responsabilidade dos administradores das companhias. *Revista de Direito Mercantil Industrial, Econômico e Financeiro*, São Paulo, v. 50, abr.-jun. 1983. p. 92.

Entre a nova leva de doutrinadores, Marcelo Barbosa Sacramone também discorre sobre as múltiplas diferenças entre as teorias contratuais clássicas e o ato de preenchimento do cargo de administrador, dando especial ênfase aos seguintes pontos: i) há imposição ao administrador de ser pessoa natural e com inexistência de impedimentos pessoais impostos por norma (a exemplo de condenação por determinados crimes, falta de reputação ilibada ou ocupante de cargos em sociedades concorrentes entre outros); ii) quanto ao objeto contratual, podem ser atribuídos poderes aos administradores de caráter indelegável e com ampla autonomia; iii) quanto à responsabilidade, o padrão de culpa ao administrador também seria diferenciada e baseada, inclusive, em pressupostos de conhecimentos técnicos e específicos pra o exercício da função, portanto, que não se harmonizaria com os meros padrões de diligência do homem médio; iv) o término da relação do administrador pode ocorrer por caducidade pelo decurso de prazo fixado entre as partes, por destituição ou, ainda, por direito potestativo de renúncia, este último independentemente de qualquer motivação ou aceitação pela companhia para que se torne eficaz, sem qualquer direito a indenização. Conclui, assim, sua filiação ao entendimento da teoria eclética, de modo que "o contrato de preenchimento de órgão de administração de sociedade anônima, portanto, deve ser caracterizado como um contrato atípico ou *sui generis*."[21]

3. Relevância dos deveres fiduciários nas atuais sociedades anônimas

A evolução do direito societário veio demonstrar que as mais antigas teorias acerca do vínculo meramente contratual entre sociedade e administrador, por suas imperfeições, cederam lugar à caracterização da teoria organicista, amplamente consolidada no campo do Direito Público e abraçada no campo privatista.

Dessa forma, viu-se que os administradores são tidos como elementos integrantes da própria sociedade, o que faz com que, a priori, os atos por eles praticados sejam reconhecidos como de vontade desta e, por consequência, as atividades desenvolvidas, os riscos e os danos que eventualmente daí advierem são, em regra, de responsabilidade da pessoa jurídica.

Para Fran Martins,

> a vontade expressa pelos administradores, quando realizam atos normais relativos à gestão da sociedade, é a vontade da pessoa jurídica, não a sua própria, donde poder o interesse da pessoa jurídica ultrapassar ou contrariar, mesmo, os interesses particulares dos administradores[22].

---

[21] SACRAMONE, Marcelo Barbosa. *Ato de preenchimento de órgão de administração:* natureza Jurídica da relação entre o administrador e a sociedade anônima. Dissertação (Doutorado em Direito) – Faculdade de Direito, Universidade de São Paulo, São Paulo, 2012. p. 203. Disponível em https://www.teses.usp.br/teses/disponiveis/2/2132/tde-18022013 - 111713/publico/Ato_de_Preenchimento_de_Orgao_de_Administracao_versao_completa_Sacramone.pdf. Acesso em: 10 fev. 2022.

[22] MARTINS, Fran. *Comentários à Lei das Sociedades Anônimas.* 4. ed. Rio de Janeiro: Forense, 2010. p. 595.

Dentro desse vínculo orgânico, resta claro que os indivíduos designados para ocupar tal cargo devem respeitar e praticar os deveres que a ordem jurídica lhes impõe, sendo que, em caso de descumprimento do verdadeiro dever fundamental de administrar nas suas dimensões decisórias e executórias, observa-se o rompimento do liame estabelecido com a sociedade anônima, chegando a hipóteses, por exemplo, de responsabilização do patrimônio pessoal do administrador.

Nesse contexto, não se pode olvidar que as sociedades anônimas vêm apresentando uma crescente complexidade diante da disseminação dos investimentos, desafios sociais e ambientais decorrentes, em especial, da globalização mercadológica e comercial experimentados, impondo às sociedades modelos de gestão cada vez mais complexos, segmentados em diferentes níveis e competências organizacionais e especializados.

Essa evolução no ambiente de negócios eleva os deveres fiduciários dos administradores a patamares cada vez mais elevados de importância e comprometimento, exigindo-se o seu perfeito alinhamento ao que passou a se chamar de governança corporativa, no qual uma tomada de decisão deve levar em conta simultaneamente o grau de exposição ao risco definido e acordado pela organização e a prudência necessária, que resultarão em decisões adequadamente fundamentadas, registradas e baseadas em critérios éticos.

Buscando trazer uma definição para que melhor se compreenda o que se busca com a governança corporativa, o doutrinador Marcos Assi explica que o instituto

> remete a um conjunto de melhores práticas de mercado que buscam a otimização dos resultados corporativos, alinhando a boa gestão com o retorno dos investimentos à manutenção dos empregos, fazendo com que o mercado gere riqueza a todos (...) e sempre que possível proteger os planos das partes interessadas (*stakeholders*), como os investidores, empregados, credores, governo, sócios entre outros[23].

Os administradores tornam-se, portanto, verdadeiros agentes de governança, assumindo papel determinante para a formação de um ambiente ético, e assim o fazem observando cuidadosamente os direitos, os deveres e as responsabilidades a ele associados, o que irá favorecer a preservação e a criação de valor econômico, a boa reputação da sociedade e a tomada de decisões equilibradas, informadas e refletidas.

Nesse contexto, é importante observar que a doutrina, ao analisar a classificação dos deveres fiduciários normatizados aos administradores, classificam-nos em dois critérios básicos: o sintético, pelo qual o legislador se limita a fazer constar da norma referências genéricas e abstratas para uma atuação diligente

[23] ASSI, Marcos. *Governança, riscos e compliance*. São Paulo: Saint Paul Editora, 2017. p. 19.

e em busca do interesse social; e o analítico, no qual a lei traz uma enumeração exemplificativa dos deveres impostos aos administradores.

Nessa perspectiva, os estudiosos têm se inclinado a caracterizar as legislações mais atuais sobre o assunto como mistas, ou seja, se por um lado descrevem os deveres e as obrigações impostos aos administradores de maneira minuciosa, não o fazem de forma absoluta, deixando espaço para análises das particularidades de cada caso concreto, uma vez que

> a utilização, pela lei, de conceitos indeterminados e abstratos resulta da impossibilidade de previsão exaustiva e rigorosa de todos os deveres a que estão submetidos os administradores da sociedade. Contudo, a indeterminação e a abstração que caracterizam os standarts cessam diante do caso concreto. Com efeito, a indeterminação do enunciado não representa a indeterminação de sua aplicação – ao contrário, possibilita uma única solução justa para cada caso[24].

Não por outra razão, afere-se facilmente que os deveres fiduciários mais caros ao legislador e por ele diretamente referidos nas normas societárias, encontram igual correspondência e valores nos princípios básicos de governança corporativa e nos regramentos destinados ao fortalecimento do mercado de capitais[25].

Historicamente, o primeiro código de boas práticas de governança corporativa aponta para a Inglaterra, que por iniciativa do Banco da Inglaterra criou um comitê de estudo e discussões que resultou na publicação, em 1992, do Relatório Cadbury, focado em dois princípios fundamentais: a prestação de contas responsável e a transparência.

A partir desse relatório muitas outras iniciativas se proliferaram no intuito de revisar práticas e condutas no ambiente das corporações. No Brasil, a principal iniciativa encontra pilar no Código de Melhores Práticas de Governança Corpora-

---

[24] EIZIRIK, Nelson; GAAL, Ariádna B.; PARENTE, Flávia; HENRIQUES, Marcus de Freitas. Mercado de capitais: regime jurídico. 4. ed. São Paulo: Quartier Latin do Brasil, 2019. p. 550-551.

[25] "O mercado de capitais será tanto mais forte quanto mais os responsáveis por sua organização zelarem pela transparência (full disclosure), assegurando não apenas a mais absoluta paridade entre os investidores (e profissionais que nele atuam) relativamente ao acesso às informações sobre as empresas emissoras como, principalmente, a consistência e veracidade destas." (COELHO, Fábio Ulhoa. Parecer. In: CARVALHOSA, Modesto, LEÃES, Luiz Gastão Paes de Barros; WALD, Arnoldo (Org.). *A responsabilidade civil da empresa perante os investidores:* contribuição à modernização e moralização do mercado de capitais. São Paulo: Quartier Latin, 2018. p. 197).

"Somente é possível desenvolver e consolidar o mercado de capitais conferindo-lhe credibilidade e segurança, com respeito aos direitos patrimoniais dos investidores de mercado, que possuem características muito distintas dos acionistas que exercem direito pessoal de participação a gestão e no processo decisório da companhia. A credibilidade do mercado e a segurança jurídica do investidor em Bolsa são alcançados através da garantia de seu direito a informações verdadeiras e completas (...)" (CARVALHOSA, Modesto. Parecer Jurídico. In: CARVALHOSA, Modesto, LEÃES, Luiz Gastão Paes de Barros; WALD, Arnoldo (Org.). *A responsabilidade civil da empresa perante os investidores:* contribuição à modernização e moralização do mercado de capitais. São Paulo: Quartier Latin, 2018. p. 38-39).

tiva divulgado pelo Instituto Brasileiro de Governança Corporativa (IBGC)[26], que baseia suas recomendações calcado nos seguintes princípios básicos: i) transparência, através da disponibilização às partes interessadas de informações que sejam de seu interesse, não só de caráter econômico-financeiro, mas aquelas que norteiam a ação gerencial; ii) equidade, medida pelo tratamento justo e isonômico de todos os sócios e demais partes interessadas (*stakedolders*) levando em consideração, em especial, seus direitos e deveres; iii) prestação de contas (*accountability*) de modo claro, compreensível e tempestivo, atuando com diligência e responsabilidade; e iv) responsabilidade corporativa, zelando pela viabilidade econômico-financeira da sociedade, reduzindo as externalidades negativas de seus negócios e aumentando as positivas, levando em consideração os diversos componentes de seu modelo de negócios (financeiro, humano, social, ambiental, entre outros)[27].

É nesse cenário que não se pode perder de vista que referidos administradores devem seguir estritos deveres para uma boa gestão corporativa, proba, ética, de forma transparente com os demais sócios minoritários e a coletividade envolvida e em observância aos deveres gerais de boa-fé – pedra fundamental e nascedouro de todos os demais previstos em lei –, e bem se qualificar ao exercício do cargo[28].

Antes de adentrar na análise dos deveres fiduciários dos administradores, uma vez que estes exercem relevante parcela do poder social com especial destaque sobre os rumos econômico-financeiros, estratégicos e de gestão como um todo das sociedades anônimas, resta evidente que suas decisões geram consequências a todos aqueles vinculados, direta ou indiretamente, à sociedade e, via de consequência, é natural ter em mente que esses entes da administração devem assumir a responsabilidade por tais atos.

Partindo do caráter organicista das sociedades anônimas e dos critérios gerais de respeito à vontade social e deveres impostos, é igualmente claro que nem todo dano que porventura se realize no ambiente da empresa pode ser imputado

---

[26] O IBGC foi fundado em 1995 e se trata de organização civil referência no Brasil, listada como uma das principais do mundo em governança corporativa. O Código de Melhores Práticas de Governança Corporativa não se trata de uma norma de caráter cogente, mas meramente indicativa e de alta respeitabilidade no âmbito empresarial, sendo fruto de amplo debate com a sociedade especializada mediante a realização, entre outras, de audiências e consulta pública. Disponível em: https://www.ibgc.org.br. Acesso em: 27 fev. 2022.

[27] INSTITUTO BRASILEIRO DE GOVERNANÇA CORPORATIVA. *Código de Melhores Práticas de Governança Corporativa*. 5. ed. São Paulo: IBGC, 2015. p. 20-21.

[28] A doutrina refere que o administrador deve possuir ou adquirir conhecimentos mínimos acerca das atividades que serão exercidas na sociedade. "O administrador não precisa ser um técnico altamente qualificado especializado, mas sim uma pessoa com conhecimentos gerais a respeito das atividades desenvolvidas pela companhia que administra, com capacidade para tomar decisões de maneira refletida e responsável e supervisionar os negócios sociais." (EIZIRIK, Nelson; GAAL, Ariádna B.; PARENTE, Flávia; HENRIQUES, Marcus de Freitas. *Mercado de capitais*: regime jurídico. 4. ed. São Paulo: Quartier Latin do Brasil, 2019. p. 558).

a um ou mais administradores de forma específica. Contudo, há situações em que, atuando o agente em violação aos seus deveres sociais e restando caracterizada a presença de elementos na conduta e/ou omissão de culpa ou dolo, ele deverá responder pelos prejuízos causados.

Considerada a amplitude e o alcance dos atos adotados pelos administradores, um primeiro ponto de partida para a análise do regime geral de responsabilidade civil que sobre eles recaem – e que influenciará diretamente no funcionamento e na distinção das ações judiciais típicas de responsabilização mais adiante analisadas – parte de três esferas distintas de influência de seus atos, a saber, perante: i) a companhia; ii) os acionistas; e iii) os terceiros em geral (aqui incluídos os credores sociais).

Tal divisão ganha ainda mais importância nos tempos atuais, em que as macroempresas se multiplicam graças à globalização, à interligação dos mercados e à popularização cada vez maior de captação de recursos junto ao público em geral, em especial nas sociedades anônimas de capital aberto com papéis comercializados em bolsa.

Nesse cenário, a análise dos danos causados e o regime de responsabilização diante da posição do ofendido vem sendo alvo de crescente interesse da doutrina e da jurisprudência[29], em especial em decorrência de recentes e vultosos escândalos envolvendo múltiplos esquemas de fraudes, desvios, violação de deveres fiduciários e propinas praticados no âmbito das companhias cujos ofendidos ultrapassaram limites territoriais[30].

Sobre a expansão dos danos causados, não é difícil constatar que uma conduta antijurídica do administrador pode causar danos individuais não apenas à

[29] A tríade de esferas de responsabilização dos atos do administrador já foi reconhecida pela jurisprudência brasileira: "Os atos do administrador podem causar prejuízos à companhia, ao acionista e a terceiros. Nada impede que tais prejuízos coexistam. Por isso, nem sempre é clara a diferença entre prejuízos sociais, cujo ressarcimento é buscado pela ação social, e danos sofridos por acionistas determinados, cuja reparação advém por meio da ação individual. Com efeito, o prejuízo da sociedade quase sempre se reflete na perda de valor econômico das ações da companhia, bem como na diminuição dos lucros. Diante dessa dificuldade de generalizar regras que solucionem a hipótese concreta, respeitados doutrinadores procuram exemplificar hipóteses de danos que consideram ser claramente individuais. Modesto Carvalhosa indica que a prática de *insider trading* (uso irregular de informações confidenciais pelos administradores) traz, em geral, prejuízo para os acionistas sem causar prejuízo para a empresa. Da mesma forma, podem haver danos que advenham de uma relação contratual direta entre o acionista prejudicado e o administrador (idem, p. 383-384). Alfredo Lamy Filho e José Luiz Bulhões Pedreira, por sua vez, indicam aquelas situações em que certo acionista foi impedido de exercer direito de preferência, de participar de assembléia geral, bem como a divulgação de informações contábeis falsas, fato que leva certos acionistas a subscrever ações com prejuízo (...)." (STJ, REsp 1.014.496/SC, rel. Min. Nancy Andrighi, j. 04 mar. 2002).

[30] De forma emblemática, cite-se o exemplo da empresa brasileira Petrobras S/A. "Os investidores em ações da Petrobrás dividem-se em dois grupos: há os nacionais, que investiram em títulos da companhia negociados na BM&F Bovespa, e os internacionais, que investiram em ações da Petrobrás por meio de títulos negociados na Bolsa de Nova York. O esquema de corrupção instalado na empresa trouxe prejuízo a ambos os grupos a partir do momento em que os desvios de caixa foram explicitados pela Operação Lava Jato. O mercado

sociedade, aos acionistas ou a terceiros, mas não dificilmente certas condutas ilícitas podem, de forma simultânea, causar prejuízos a vários desses entes, como é caso, por exemplo, da distribuição de dividendos com base em lucros fictícios[31], que, em tese, poderia gerar desfalque indevido ao patrimônio da companhia e também a acionistas e terceiros induzidos em erro por projetarem uma irreal situação de lucro e prosperidade da atividade empresarial, levando-os a subscreverem ações por preço superior ao real resultando, via de consequência, um prejuízo autônomo a eles distintos do da sociedade.

Como intuitivo, a questão é complexa e se mostram ilimitadas as situações possíveis e capazes de gerar a responsabilidade civil dos administradores nas três esferas referidas.

3.1. Dever de diligência

O dever de diligência é tido como um dos corolários de um bom administrador de sociedade, uma vez que é de extrema importância que os gestores de referida companhia se mostrem ativos, probos e eficazes para o exercício da função que lhes foi concebida.

Nesse sentido, estabelece Modesto Carvalhosa que

> não basta, em nosso Direito, por sua inquestionável feição institucional, que o administrador atue como homem ativo e probo na condução de seus próprios negócios. São insuficientes os atributos de diligência, honestidade e boa vontade para qualificar as pessoas como administradores. É necessário que se acrescente a competência profissional específica, traduzida por escolaridade ou experiência e, se possível, ambas[32].

A transcendência do administrador através da mera noção de uma conduta exemplar está implícita na própria intenção, por exemplo, da norma brasileira quando trata da remuneração dos administradores ao apontar que esta deve levar

---

começou a perceber que os demonstrativos da Petrobrás não correspondiam à realidade, e os títulos da empresa passaram a sofrer quedas constantes. (...) Por sua vez, as confissões ocorridas no âmbito da Operação Lava Jato evidenciaram que os danos haviam sido causados por má gestão, eivada de dolo, uma vez que a companhia comercializou seus papéis (tanto no Brasil como no exterior) com base em informações que sabia serem falsas – reflexo de uma cultura de corrupção institucional que resultou no desvio de dinheiro na magnitude de vários bilhões de dólares." (ALMEIDA, André de. *A maior ação do mundo*: a história da *class action* contra a Petrobras. São Paulo: SRS Editora, 2018. p. 44-45).

No mesmo sentido: "É juridicamente vedado à Petrobras adotar tratamento discriminatório entre os diversos investidores. É inquestionável que os diversos investidores se encontram em situação idêntica. É juridicamente indiferente o local ou o mercado em que o investimento se aperfeiçoou." (JUSTEN FILHO, Marçal. Parecer sobre a responsabilidade direta da sociedade de economia mista por danos acarretados aos investidores. In: CARVALHOSA, Modesto, LEÃES, Luiz Gastão Paes de Barros; WALD, Arnoldo (Org.). *A responsabilidade civil da empresa perante os investidores:* contribuição à modernização e moralização do mercado de capitais. São Paulo: Editora Quartier Latin, 2018. p. 264).

[31] Art. 201, § 1º, da LSA.

[32] CARVALHOSA, Modesto. *Comentários à Lei de Sociedades Anônimas:* artigos 138 a 205. 6. ed. São Paulo: Saraiva, 2014. v. 3, p. 368.

em conta o "tempo dedicado às suas funções, sua competência e reputação profissional e o valor dos seus serviços no mercado"[33].

De fato, a complexidade envolvida em uma sociedade anônima e o conceito intrínseco de gestão de um interesse coletivo público levaram ao desenvolvimento da noção do dever de diligência vinculada à competência profissional de um empresário organizado.

A doutrina é unânime em afirmar que, quando se fala em diligência, nesse conceito estão implícitos elementos subjetivos de padrões de comportamento que devem ser observados pelo administrador, os denominados standards, que serão mais ou menos amplos e flexíveis de forma a abranger variadas situações, de acordo com as circunstâncias e peculiaridades do caso sob análise.

Dos ensinamentos de Ricardo Costa depreende-se que esse dever se caracteriza e se observa em subdeveres: i) de controlar a organização e a condução da atividade social; ii) de informar e realizar investigação sobre a qualidade das informações adquiridas que possam causar danos; iii) de obter informações suficientes para a capacitação de uma decisão; e iv) dever de tomar decisões razoáveis[34].

Tais contornos do dever de diligência têm seu nascedouro nas legislações e interpretações dos tribunais anglo e norte-americanos[35], onde se estabeleceu que cabe à norma definir os tipos e as condutas que devem ser observadas pelo administrador, ficando a cargo do intérprete, ao analisar determinada manifestação do administrador no exercício de suas funções, dizer se correspondem aos padrões esperados e aceitos.

Tal evolução do preceito é claramente observada pelas recomendações elencadas no famoso *Guidebook of Directors*, elaborado pela *American Bar Association*, que, entre outros, prevê: a participação direta dos administradores nas reuniões dos órgãos de administração (*time commitment and regular attedance*), estar bem-informado e realizar análise prévia das matérias em discussão e de forma

---

[33] Art. 152 da LSA.

[34] COSTA, Ricardo Alberto Santos. Deveres gerais dos administradores e "gestor criterioso e ordenado". *Revista de Direito das Sociedades*, Coimbra, ano III, n. 1, 2011. p. 168.

[35] Marcelo Vieira Von Adamek dispõe, com propriedade, a importância de tal dever através de seus desdobramentos em tais legislações: "O dever geral de diligência desdobra-se em vários outros deveres. Nos direitos inglês e norte-americano, o *duty of care* costuma ser dividido em quatro deveres derivados, a saber: (i) *duty to monitor* (pelo qual se exige que o administrador fiscalize e supervisione os atos dos demais funcionários da empresa, por meio da adoção de mecanismos e sistemas de controle); (ii) *duty to inquiry* (pelo qual o administrador está obrigado a realizar as investigações apropriadas e razoáveis quando toma conhecimento de alguma denúncia); (iii) dever de cumprir *a reasonable decisionmaking process* (a impor ao administrador que, antes de tomar uma decisão relevante, procure informar-se e aconselhar-se adequadamente); e, por fim, (iv) dever de assumir *a reasonable decision* (a sinalizar que, ao fim do processo consciente de decisão, esta seja ponderada e eqüitativa)." (ADAMEK, Marcelo Vieira Von. *Responsabilidade civil dos administradores de S/A e as ações correlatas*. São Paulo: Saraiva, 2009. p. 135).

suficiente para a tomada de decisões corretas e conscientes (*the need to be informed*), e dever de investigar potenciais problemas e questões que forem alertados que possam vir a prejudicar a companhia (*inquiry*)[36].

Portanto, para a aferição do comportamento diligente do administrador deve-se ter em mente que essa é uma obrigação de meio[37] e não de resultado, cabendo a investigação de elementos básicos para aferição de que tal dever foi cumprido, sendo eles: i) se qualificar para o cargo; ii) bem administrar; iii) se informar; iv) investigar; e v) vigiar[38].

De forma a racionalizar a matéria, acentuando as funções institucionais do administrador e estabelecendo um equilíbrio entre os interesses privados da companhia e o seu fim social (assim entendidos a maximização dos lucros e o atendimento ao seu objeto social) e os da coletividade, a norma brasileira tratou de trazer padrões normativos de conduta objetivos (standarts) com o fim de nortear sua atividade, no sentido de fazer o possível e o esperado para a obtenção do melhor resultado da sua gestão.

Nesse sentido, deve o administrador exercer as atribuições que a lei e o estatuto lhe conferem para lograr os fins e no interesse da companhia, sendo-lhe vedado (desvio de poder):

> i) praticar ato de liberalidade à custa da companhia; ii) sem prévia autorização da assembleia-geral ou do conselho de administração, tomar por empréstimo recursos ou bens da companhia, ou usar, em proveito próprio, de sociedade em que tenha interesse, ou de terceiros, os seus bens, serviços ou crédito; iii) receber de terceiros, sem autorização estatutária ou da assembleia-geral, qualquer modalidade de vantagem pessoal, direta ou indireta, em razão do exercício de seu cargo.[39]

Por fim, a diligência empregada pelo administrador deve ser analisada de acordo com critérios interpretativos e temporais interligados entre si (i) in abstracto, tendo em vista a situação concreta sob análise; (ii) post facto, tendo por foco as informações e os dados disponíveis no momento da tomada de decisão e realidade vigente à época; e (iii) conduta aceita e esperada, e não com base no resultado efetivo obtido com a decisão, na medida em que o administrador tem uma margem de discricionariedade para a escolha que julgue mais acertada den-

---

[36] AMERICAN BAR ASSOCIATION. Corporate Director's Guidebook. 5. ed. Chicago: The Business Lawyer, 2007. p. 1495-1496.

[37] "De pronto, pode-se excluir do conteúdo do dever de diligência a obtenção de determinado resultado; o que se exige do obrigado é que se esforce para alcançá-lo. Ou seja, trata-se de uma obrigação de meio, não de resultado, eximindo-se da responsabilidade o administrador se ficar demonstrado que empregou os melhores esforços." (EIZIRIK, Nelson. *A Lei das S/A comentada*: artigos 189 a 300. São Paulo: Quartier Latin, 2011. v. III, p. 349).

[38] PARENTE, Flávia. *O dever de diligência dos administradores de sociedades anônimas*. Rio de Janeiro: Renovar, 2005. p. 101.

[39] Art. 154, § 2 LSA.

tro de uma multiplicidade de opções possíveis e razoáveis existentes.

3.2. Deveres de investigação e vigilância

Enquanto no Brasil a responsabilidade do administrador, em regra, é individual e a norma trata de forma excepcional as hipóteses de responsabilidade solidária,[40] há outros sistemas, a exemplo do português, que trataram de estabelecer a solidariedade como diretriz geral[41].

A responsabilidade individual prevista na norma brasileira, além de ter suas raízes nas regras gerais de direito civil[42], decorre de uma especialização das atribuições e dos poderes inerentes e esperados no âmbito de uma sociedade anônima, que podem ser especificados via estatuto ou, mesmo se esse for omisso ou atribuir igualdade de poderes e representação a todos os administradores, tais fatos não induzem por si só a quebra da regra geral de que a responsabilidade é pessoal[43].

Seja como for, quando se fala em solidariedade, deve se ter em mente de que não se trata de incidência pura objetiva do instituto, ou seja, a responsabilização generalizada e direta por todo e qualquer evento danoso apenas por sua condição de administrador ou componente de um órgão colegiado, sendo necessária a apuração do ato próprio de quem se pretende responsabilizar, bem como a concorrência de comportamentos culposos entre os agentes.

No Brasil, são valiosas lições de Marcelo Vieira Von Adamek, para quem

> (...) depende sempre da conjugação de outro ato culposo (omissivo ou comissivo) do co-responsável. O administrador não pode responder por ato de outro apenas por integrar o mesmo órgão, ainda que seja colegiado. Para que isso ocorra, é preciso que também ele tenha descumprido dever legal ou estatutário[44].

Nesse contexto, os atos de investigação e vigilância, embora não nominados de forma específica em norma – cujo rol é entendido como informativo e não taxativo –, deixam de ser meros elementos (standarts) de conduta do administrador diligente para alcançarem verdadeiro status de deveres.

---

[40] A exemplo da demora no cumprimento das formalidades complementares à constituição da companhia (art. 99 da LSA), pelas anotações, nos livros próprios, da extinção de debêntures (art. 74 da LSA), pelos prejuízos causados em virtude do não cumprimento dos deveres impostos por lei para assegurar o funcionamento normal da companhia, ainda que, pelo estatuto, tais deveres não caibam a todos eles (art. 158, § 2º, da LSA), entre outros.

[41] Art. 74.º, nº 1, do Código das Sociedades Comerciais (CSC).

[42] Em linha com o art. 265 do CCB, que consagra a regra na qual a solidariedade não se presume, advém da lei ou de estipulação específica entre as partes.

[43] CARVALHOSA, Modesto. *Comentários à Lei de Sociedades Anônimas*: artigos 138 a 205. 6. ed. São Paulo: Saraiva, 2014. v. 3, p. 364.

[44] ADAMEK, Marcelo Vieira Von. *Responsabilidade civil dos administradores de S/A e as ações correlatas*. São Paulo: Saraiva, 2009. p. 236-237.

Assim, o dever de vigilância terá sua base na obrigação do administrador em fiscalizar, de forma sintética no Brasil, o desenvolvimento das atividades da sociedade de uma forma geral tendo por foco o objeto e os negócios da sociedade, políticas e procedimentos internos, de forma que não engesse o andamento dos órgãos e setores da companhia, o que poderia vir a acarretar custos e perdas de eficiência maiores que o próprio benefício de tal conduta[45].

Trata-se aqui de critérios de razoabilidade, baseados na relação de confiança inerente aos membros de uma companhia, não sendo cabíveis investigações sem indícios. Um bom parâmetro de conduta pode se dar a partir do que a doutrina norte-americana tratou de intitular como *red flags*.

As red flags se constituem em verdadeiros sinais de alerta para o administrador, que, ao se deparar com informações incompletas ou imprecisas, determinadas circunstâncias e/ou eventos que possam vir a colocar os negócios da companhia em situação de manifesto risco e prejuízo, tem por justificada e fundamentada, portanto, uma conduta investigativa que vise impedir, eliminar ou de qualquer forma atenuar os efeitos potencialmente nefastos[46].

Na mesma linha de ideias a vigilância e o supervisionamento de hipóteses apropriadas, além da preservação dos negócios da companhia, é de suma importância para que o administrador não venha a responder em conjunto por atos de outrem ou, ainda que na norma portuguesa a solidariedade seja a regra, preserve seu direito de regresso na delimitação das respectivas culpas e das consequências que delas advierem.

---

[45] EIZIRIK, Nelson. *A Lei das S/A comentada:* artigos 121 a 188. São Paulo: Quartier Latin, 2011. v. II, p. 355-356.

[46] No Brasil, o Processo Administrativo Sancionador CVM nº 18/08 ficou conhecido como decisão paradigma ao condenar os acusados pela infração ao dever previsto no art. 153 da LSA, no que tange ao seu dever derivado de investigar, ao dispor que o diretor financeiro da Sadia S.A., como responsável pela aplicação da política financeira da sociedade, não fiscalizou o bom funcionamento do sistema de monitoração de riscos da companhia e não tomou medidas protetivas de paralisação de prejuízos ao constatá-lo, evidenciando a falta de diligência, vigilância e cuidado nos negócios da companhia. COMISSÃO DE VALORES MOBILIÁRIOS. *Processo Administrativo Sancionador nº 18/2008*, de 14 de dezembro de 2010. Diretor-Relator Alexsandro Broedel Lopes. Disponível em: http://conteudo.cvm.gov.br/export/sites/cvm/sancionadores/sancionador/anexos/2010/20101214_PAS_1808.pdf. Acesso em: 24 de set. de 2023.

No Brasil, o Processo Administrativo Sancionador CVM nº 18/08 ficou conhecido como decisão paradigma ao condenar os acusados pela infração ao dever previsto no art. 153 da LSA, no que tange ao seu dever derivado de investigar, ao dispor que o diretor financeiro da Sadia S.A., como responsável pela aplicação da política financeira da sociedade, não fiscalizou o bom funcionamento do sistema de monitoração de riscos da companhia e não tomou medidas protetivas de paralisação de prejuízos ao constatá-lo, evidenciando a falta de diligência, vigilância e cuidado nos negócios da companhia. COMISSÃO DE VALORES MOBILIÁRIOS. Processo Administrativo Sancionador nº 18/2008, de 14 de dezembro de 2010. Diretor-Relator Alexsandro Broedel Lopes. Disponível em: http://conteudo.cvm.gov.br/export/sites/cvm/sancionadores/sancionador/anexos/2010/20101214_PAS_1808.pdf. Acesso em: 24 de set. de 2023.

3.3. Dever de lealdade

O dever de lealdade nas legislações comerciais modernas tem seu nascedouro nos sistemas inglês e norte-americano, responsáveis por introduzir um padrão ao administrador (standard of loyalty), sempre no melhor interesse da companhia, tendo por base dois grandes blocos de situações: i) utilização de oportunidades comerciais; e ii) interesses conflitantes do administrador com os da companhia.

Nas palavras de António Menezes Cordeiro, a ideia de lealdade no direito das sociedades toma diversas configurações "dos acionistas entre si, designadamente da maioria quanto à minoria – mas também inversamente –, dos acionistas para com a sociedade e dos administradores para com a mesma sociedade"[47].

No Brasil, na LSA optou o legislador por, no caput do artigo 155, estabelecer um padrão genérico no sentido de servir com lealdade à companhia e manter reserva sobre os negócios sociais para, em seguida, em três incisos e parágrafos, estabelecer um rol exemplificativo de condutas vedadas aos administradores na medida em que contrariam uma postura leal.

Trata-se de hipóteses de verdadeira usurpação de oportunidade da companhia. A primeira delas diz respeito ao uso pelo administrador, em benefício próprio ou de outrem, com ou sem prejuízo para companhia, de oportunidades comerciais que tenha conhecimento em razão do exercício de seu cargo.

O pressuposto da norma está fincado no fato de que a companhia tem primazia absoluta no exercício da oportunidade do negócio e, portanto, para sua configuração pouco importa a concretização ou não de prejuízo, na medida em que a violação da lealdade pelo administrador calca-se no uso da oportunidade e não no seu resultado.

A omissão também é vedada ao administrador no exercício ou na proteção de direitos da companhia ou no não aproveitamento de negócios, este último visando à obtenção de vantagens pessoais ou para terceiros.

Vale ressaltar, contudo, que o aproveitamento de uma oportunidade comercial não é absoluto. Nesse sentido, a doutrina, tendo por base o avançado sistema societário norte-americano, sugere algumas analises prévias a fim de caracterizar a conduta do administrador como infracional, sem as quais não haveria que se falar em ilicitude: i) ter a companhia condições financeiras ou patrimoniais para aproveitar a oportunidade; ii) a oportunidade fazer parte da linha de negó-

---

[47] CORDEIRO, António Menezes. Os deveres fundamentais dos administradores das sociedades. *Revista da Ordem dos Advogados*, Lisboa, ano 66, vol. II, p. 443-488, set. 2006. Disponível em: https://portal.oa.pt/comunicacao/publicacoes/revista/ano-2006/ano-66-vol-ii-set-2006/doutrina/antonio-menezes-cordeiro-os-deveres-fundamentais-dos-administradores-das-sociedades/. Acesso em: 7 set. 2022.

cios e objeto social da companhia ou, no mínimo, ser útil ao seu desenvolvimento social ou o negócio não ser vedado pelos seus estatutos; iii) o uso da oportunidade poder gerar benefício ou vantagem para a companhia[48].

Por fim, a norma brasileira prevê a hipótese infracional, sempre que o administrador adquirir, para revender com lucro, bem ou direito que sabe necessário à companhia ou que esta tencione adquirir.

O raciocínio legal aqui é simples, na medida em que se o administrador obteve lucro na operação de venda, a companhia claramente pagou mais do que deveria ou conseguiria caso o bem ou direito tivesse lhe sido ofertado de forma originária.

3.4. Dever de sigilo e a figura do *insider trading*

Ao analisar o dever de lealdade pelo membro da administração, tem-se como verdadeiro desdobramento deste, e componente de seu próprio conceito, o dever de sigilo. Isso porque a LSA[49], ao tratar do tema, afere que na concepção da norma tem-se: i) um dever de sigilo no que toca à ciência de informações relevantes e privilegiadas, que tenham acesso em função do cargo ou da posição que ocupam, não comunicadas ao mercado, que possam influenciar na negociação de títulos emitidos pela companhia; e ii) um dever de zelo, para que o sigilo sob tais informações seja observado por subordinados ou terceiros, evitando de sua parte o fenômeno do vazamento (*leakage*).

O ilícito previsto com a quebra de tal dever tem aplicabilidade somente no âmbito das companhias abertas, na medida em que o aproveitamento pessoal (obtenção de lucro ou evitamento de uma perda) se dá na compra e/ou venda de títulos emitidos negociados no mercado de capitais e, nesse contexto, emerge a figura do *insider trading*.

Importante destacar que tal dever de sigilo, recepcionado de forma expressa no Brasil pela Resolução CVM nº 44/2021[50], tem sentido próprio e não deve ser entendido como sonegação de informações ou até mesmo violação ao dever próprio de informar, com o qual tem íntima ligação. Valendo-se das lições de Modesto Carvalhosa, o doutrinador explica que

> (...) entende-se como guarda de sigilo o comportamento do administrador que o inibe de fornecer informações reservadas a pessoas que não estejam direta e especificamente envolvidas nos fatos e negócios jurídicos relevantes da companhia.

---

[48] EIZIRIK, Nelson. A Lei das S/A comentada: artigos 121 a 188. São Paulo: Quartier Latin, 2011. v. II, p. 367-368.

[49] Art. 155 da LSA.

[50] Art. 8º da Resolução CVM nº 44/2021.

> (...) Isto porque a manutenção do segredo deve corresponder, o quanto mais cedo possível, à sua ampla divulgação ao mercado. Consequentemente, será ilícito guardar sigilo por tempo superior àquele estritamente necessário à preservação dos interesses da companhia[51].

Portanto, em um mercado cada vez mais globalizado, dinâmico e tecnológico, o combate à prática do *insider trading* encontra fundamento na real necessidade de se manter um ambiente de negócios juridicamente seguro, eficiente e ético, que respeite princípios de transparência, assimetria de acesso à informação e moralidade, vedando, assim, a existência de canais privilegiados e quebra desautorizada do equilíbrio mercadológico.

A legislação brasileira, por ora, não definiu expressamente o que seja um insider sendo que, *lato sensu*, este pode ser entendido como "(...) toda a pessoa que, em virtude de fatos circunstanciais, tem acesso a 'informações relevantes' relativas aos negócios e situação da companhia."[52], enquanto informações relevantes são aquelas "(...) que podem influir de modo ponderável na cotação dos valores mobiliários de emissão da companhia, afetando a decisão dos investidores de vender, comprar ou reter esses valores"[53].

No Brasil, além dos dispositivos legais da LSA que tratam dos deveres gerais de lealdade e diligência no âmbito da administração das companhias, tem-se que a regulação do Mercado de Valores Mobiliários está a cargo da Comissão de Valores Mobiliários (CVM), entidade autárquica de controle que, entre outras atribuições, tem a de defender o mercado e os investidores de atos ilegais de administradores de companhias abertas[54] e, como primeiro marco regulatório quanto à proibição do *insider trading*, emitiu a Instrução nº 358/2002, atualmente substituída pela Resolução CVM nº 44, de 23 de agosto de 2021, que traz todo um rol exemplificativo e atualizado sobre atos e fatos negociais considerados relevantes[55], bem como presunção de atos caracterizadores da vedação à utilização de informação privilegiada[56].

A prática do *insider trading* traz consequências e responsabilizações administrativas, cíveis e criminais, sendo que ao que aqui importa dentro do recorte cível no âmbito deste artigo, além da responsabilidade do adminis-

---

[51] CARVALHOSA, Modesto. *Comentários à Lei de Sociedades Anônimas:* artigos 138 a 205. 6. ed. São Paulo: Saraiva, 2014. v. 3, p. 307.

[52] COMISSÃO DE VALORES MOBILIÁRIOS. *Aspectos jurídicos do "insider tradings*". Disponível em: http://conteudo.cvm.gov.br/export/sites/cvm/menu/acesso_informacao/serieshistoricas/estudos/anexos/Aspectos-Juridicos-do-insider-trading-NJP.pdf. Acesso em: 6 jan 2022.

[53] Idem.

[54] Art. 4º da Lei nº 6.385/1976.

[55] Art. 2º da Resolução CVM nº 44/2021.

[56] Art. 13 da Resolução CVM nº 44/2021.

trador perante a companhia, terá o investidor patrimonialmente prejudicado pela prática ilícita do insider o direito de haver dos infratores indenização por perdas e danos[57].

3.5. Dever de informar

Quando se está no âmbito das companhias abertas o dever de informação (*disclosure*), ou ainda dever de transparência, mostra-se como um pilar essencial do direito societário contemporâneo, pois visa parametrizar o nível de informação dos acionistas e investidores para que assim possam tomar a melhor decisão negocial quanto a sua posição perante a companhia, neutralizar atuações indesejadas ou desautorizadas de seus administradores ou, ainda, impedir a utilização de informação privilegiada ou abuso da informação.

A divulgação de informações trata-se de regime jurídico composto tanto por normas e princípios que regem o mercado de negociação de valores mobiliários como por aquelas que integram o direito societário, sendo verdadeira regra de defesa de companhia em face de eventuais imputações de seu público investidor e do próprio mercado para que não lhe recaiam responsabilidades indevidas.

Não por outra razão se diz que o dever de informar dos administradores corresponde ao efetivo direito de ser informado dos acionistas que, através deste, poderá exercer seu direito essencial de fiscalização. Trata-se de prerrogativa que não pode ser tolhida ou restringida[58].

Não se olvida, porém, que problemas podem emergir tanto decorrentes da violação do dever de informar por omissão como por problemas de informações divulgadas de forma errônea que, nesta senda, podem ter várias nuances e uma abundância de situações, já que

> as falhas informacionais podem ser a falsidade da informação, na qual falta com a verdade, e também em informações enganosas (*misleading*), inexatas, equivocadas, ou ainda a omissão ou excesso de informações. Podem também referir-se à publicações de opiniões, projeções e estimativas de resultados[59].

Assim, a LSA tratou de disciplinar as informações que devem ser prestadas pelos administradores aos acionistas – com foco de aplicação nas companhias abertas –, dividindo-os em: dever de declaração no termo de posse, dever de revelação de determinadas informações elencadas à assembleia geral ordinária a

---

[57] Arts. 158 e 159 da LSA.

[58] Art. 109 da LSA.

[59] PRADO, Viviane Muller. Os desafios para ressarcimento de investidores. *In:* CARVALHOSA, Modesto, LEÃES, Luiz Gastão Paes de Barros; WALD, Arnoldo (Org.). *A responsabilidade civil da empresa perante os investidores*: contribuição à modernização e moralização do mercado de capitais. São Paulo: Editora Quartier Latin, 2018. p. 395.

pedido de acionistas que presentem 5% ou mais do capital social (art. 157, §§ 1º e 2º), e as informações ao mercado acerca de deliberações da assembleia geral ou dos órgãos de administração, ou fato relevante que possam influenciar, de modo ponderável, na decisão dos investidores de comprar ou vender valores mobiliários, bem como modificações de posições acionárias da companhia (art. 157, §§ 4º e 6º).

O dever de informar tem, portanto, íntima relação com o dever de lealdade, trazendo verdadeira concretude a este e de forma alguma conflitando com o dever de sigilo, na medida em que, como visto, este último evita o vazamento da notícia para pessoas específicas, e com aquele estimula-se a sua difusão para todos[60].

A primeira das previsões reside nas declarações de natureza pessoal que o administrador deve fazer ao tomar posse e está em linha com a regra de repressão ao *insider trading*, devendo ser dada luz às informações inerentes ao "número de ações, bônus de subscrição, opções de compra de ações e debêntures conversíveis em ações, de emissão da companhia e de sociedades controladas ou do mesmo grupo, de que seja titular"[61], sob pena de, não o fazendo, sua investidura ser declarada por ineficaz. Esse dever ativo de informar permanece constante ao longo de todo exercício do cargo, prevendo a norma também seu dever de comunicação caso haja qualquer mutação (art. 157, § 6º).

Além das declarações pessoais, a pedido de acionistas que representem 5% (cinco por cento) ou mais do capital social, cabe ao administrador informar em sede de assembleia geral ordinária fatos e atos relevantes nas atividades da companhia, bem como condições de contratos de trabalho firmados entre ela e seus diretores e empregados de alto nível.

Para que bem se entenda o conceito de "relevante" trazido no texto normativo, explica Modesto Carvalhosa que

> Os atos relevantes serão as deliberações da assembleia geral e dos órgãos de administração da companhia. Fatos relevantes serão os acontecimentos que, independentemente dessa vontade social legitimamente manifestada, interferem de maneira decisiva nos negócios sociais[62].

---

[60] BORBA, José Edwaldo Tavares. *Direito societário*. 13. ed. Rio de Janeiro: Renovar, 2012. p. 374.

Para Modesto Carvalhosa e Nelson Eizirik: "(...) a divulgação pública de informações falsas (...) pode ser tida como manobra fraudulenta". (CARVALHOSA, Modesto; EIZIRIK, Nelson. *A nova Lei das S/A*. São Paulo: Saraiva, 2002. p. 304).

[61] Art. 157, *caput*, da LSA.

[62] CARVALHOSA, Modesto. *Comentários à Lei de Sociedades Anônimas:* artigos 138 a 205. 6. ed. São Paulo: Saraiva, 2014. v. 3, p. 335.

Como forma de balancear o uso e a divulgação dos atos e fatos tidos por relevantes, o legislador abriu caminho para que o administrador se recuse a fornecê-la ou deixar de divulgá-la se entender que sua revelação poderá pôr em risco interesse legítimo da companhia, oportunidade em que caberá à CVM, a pedido de qualquer acionista, do próprio administrador ou mesmo por iniciativa originária do órgão, decidir sobre o cabimento e a oportunidade da prestação da informação[63].

Trata-se de verdadeiro controle e hipótese de supremacia do dever de sigilo em detrimento do dever de informar a ser analisado de forma criteriosa caso a caso, devendo-se ter em mente, contudo, que essa recusa só será legítima se, de forma excepcional, puser em risco interesses da companhia e somente enquanto perdurar tal exposição ou o exato momento em que o mercado possa ser influenciado por informação ainda não revelada. A doutrina aponta como exemplos a incidir a regra informações que favorecessem competidores ou concorrentes em detrimento da companhia ou, ainda, que dessem a esses possibilidade de interferência de tomada de decisão ofensiva ou defensiva, antes que o fato empresarial se concretizasse[64].

Por fim, não há que se falar em recusa do dever de informar sobre fatos e situações concretas, ou seja, que já tenham se definido no campo material como negócio jurídico perfeito e acabado, sendo que em qualquer das situações analisas a qualidade da informação, item fulcral do dever do administrador, deve ser clara e precisa, de modo a não se criar falsas impressões ou interpretações equivocadas, sob pena de serem tomadas por falsas e violadoras do dever fiduciário.

4. A regra do *business judgment rule*

Responderá pelos prejuízos ocasionados o administrador que deliberadamente tomar ações ou atitudes contrárias aos interesses da sociedade, à lei ou com culpa e dolo.

Há que se considerar, porém, que decisões arriscadas fazem parte do dia a dia dos administradores de sociedades, de modo que não se pode condenar o administrador ou atribuir-lhe culpa no caso de uma decisão tomada – ainda que essa possa vir a se demonstrar equivocada – condizente com o fim e objeto social da sociedade da qual compõe a administração, de modo que, agindo de boa-fé e levando em conta os deveres de diligência e cuidado, não há que se falar em responsabilidade. Trata-se de verdadeira hipótese em que é preciso proteger a

---

[63] Art. 157, § 1º, alínea "e", §§ 4º e 5º, da LSA.

[64] CARVALHOSA, Modesto. *Comentários à Lei de Sociedades Anônimas:* artigos 138 a 205. 6. ed. São Paulo: Saraiva, 2014. v. 3, p. 338-339.

discricionariedade daqueles que compõem a administração, focando de forma prioritária no modo como o administrador deve cumprir seu poder de fidúcia para com a companhia e seus acionistas, e não na total correção das decisões por ele adotada.

Em outras palavras, o administrador, agindo de boa-fé, no limite dos estatutos e da lei, deve ter protegido o exercício de sua discricionariedade ética, informada e consciente como meio de atingir o melhor resultado na consecução do objeto social, não sendo, nesse cenário, aconselhável ou mesmo adequado, substituir sua decisão pela de uma terceira pessoa que, em análise posteriori do tema e circunstâncias, já conhece o resultado dos atos por ele praticados[65].

O debate envolvendo a definição do grau de diligência e cuidado exigidos legalmente dos administradores de forma concomitante a responsabilidade decorrente de tais deveres a eles imposta remonta ao século XIX, tendo seu nascedouro na jurisprudência norte-americana, responsável pelo desenvolvimento da definição e aplicabilidade do que viria a ser conhecida como a regra do *business judgement rule*.

Como construção, a regra se constitui em um *standart of judicial review* ou um *standart of non-review*, na medida em que traduz uma regra de controle judiciário, evitando ao máximo que este intervenha nas decisões tomadas pelos administradores desde que preenchidos os requisitos máximos de observância aos deveres fiduciários a ele impostos, respeito a lei e aos estatutos sociais.

Em estudo acerca do tema, Guilherme Frazão Nadalin aponta que

> cinco elementos devem estar presentes para a que a presunção proporcionada pela *business judgement rule* não seja afastada e os membros do conselho de administração e a decisão por eles adotada estejam protegidos contra revisão judicial a posteriori: decisão negocial, desinteresse e independência, diligência, boa-fé e ausência de abuso de discricionariedade[66].

---

[65] Sobre a discricionariedade do administrador na condução dos negócios sociais: "Não se pode negar, na experiência concreta, que se defere aos administradores certa margem de discricionariedade na condução dos negócios sociais, pois nem a lei nem o estatuto poderão jamais definir, com exatidão e amplitude exaustiva, as condições específicas de legitimação dos gestores à prática dos chamados atos regulares de gestão, individualmente considerados. Na aferição da conduta dos administradores, dois fatores, porém, introduzem elementos valorativos de singular expressão. Em primeiro lugar a relativa discricionariedade da gestão tem por limite específico o objeto social, que há de ser definido no estatuto de modo preciso e completo (...). Além dessa limitação de caráter objetivo, outro temperamento se impõe: a liberdade de gestão somente se admite enquanto ordenada a perseguir um escopo concreto: o atendimento do interesse social. Até certo ponto, o limite e o escopo se entrelaçam. E, também, de certo modo, a observância do objeto social e a consecução do interesse social derivam primariamente da própria lei, como normas imperativas que devem reger o procedimento dos administradores." (GUERREIRO, José Alexandre Tavares. Responsabilidade dos administradores de sociedades anônimas. *Revista de Direito Mercantil, Industrial, Econômico e Financeiro*, São Paulo, ano XX (Nova Série), n. 42, abr.-jun. 1981. p. 74-75).

[66] NADALIN, Guilherme Frazão. *A responsabilidade civil dos administradores de companhias abertas*: artigo 159, § 6º, LSA e a *business judgment rule*. Dissertação (Mestrado em Direito) – Universidade de São Paulo, São Paulo, 2015. p. 73.

Trata-se, portanto, claramente de regra e padrão de conduta em proteção da decisão tomada.

No Brasil, a *business judgement rule* está prevista no art. 159, § 6º, da LSA e já é possível verificar julgados e decisões administrativas proferidas pela Comissão dos Valores Mobiliários (CVM)[67] que levam em consideração referida regra negocial para isentar a responsabilidade do administrador quando tomar decisões inadequadas ou malsucedidas, porém sem a intenção de prejudicar a companhia ou prescindidas de culpa[68].

Nesse sentido, Sergio Campinho considera que

> Na ação social, em qualquer de suas modalidades, pode o juiz reconhecer a exclusão da responsabilidade do administrador, se convencido de que ele agiu de boa-fé e visando ao interesse da companhia. A hipótese, portanto, somente alberga uma ação e não uma omissão do administrador. Mas, mesmo assim, uma ação culposa. Em caso de ter procedido com dolo, não há margem para a aplicação da exclusão de responsabilidade de que cogita o § 6º do art. 159. O juiz, para decidir pela exclusão da responsabilidade, deverá analisar se o administrador agiu em total boa-fé e com razoabilidade a inspirar os seus atos, sempre com o zelo necessário para realizar o interesse da companhia[69].

---

[67] No Brasil, o Processo Administrativo Sancionador CVM nº 2005/1443 é considerado um paradigma na análise do *business judgment rule* ao fazer referência aos elementos trazidos da jurisprudência norte-americana: "(...) Para evitar os efeitos prejudiciais da revisão judicial, o Poder Judiciário americano criou a chamada 'regra da decisão negocial' (*business judgement rule*), segundo a qual, desde que alguns cuidados sejam observados, o Poder Judiciário não irá rever o mérito da decisão negocial em razão do dever de diligência. A proteção especial garantida 28/35 pela regra da decisão negocial também tem por intenção encorajar os administradores a servir à companhia, garantindo-lhes um tratamento justo, que limita a possibilidade de revisão judicial de decisões negociais privadas (e que possa impor responsabilidade aos administradores), uma vez que a possibilidade de revisão ex post pelo Poder Judiciário aumenta significativamente o risco a que o administrador fica exposto, podendo fazer com que ele deixe de tomar decisões mais arriscadas, inovadoras e criativas (que podem trazer muitos benefícios para a companhia), apenas para evitar o risco de revisão judicial posterior (...) A construção jurisprudencial norte-americana para o dever de diligência em nada discrepa do que dispõe o art. 153 da Lei nº 6.404/1976, sendo possível utilizar-se, no Brasil, dos mesmos standards de conduta aplicados nos Estados Unidos. A utilização desses standards poderia fazer com que a aplicação do art. 153 fosse mais efetiva do que é hoje, pois poderíamos passar a observar o processo que levou à tomada da decisão para ver se os cuidados mínimos, que demonstram a diligência do administrador, foram seguidos, não nos limitando a simplesmente negar a possibilidade de reanálise do conteúdo da decisão tomada." (COMISSÃO DE VALORES MOBILIÁRIOS. *Processo Administrativo Sancionador nº 2005/1443*, rel. Pedro Oliva Marcilio de Sousa. Disponível em: http://conteudo.cvm.gov.br/export/sites/cvm/sancionadores/sancionador/anexos/2006/20060510_PAS_RJ20051443.pdf. Acesso em: 15 nov. 2022.

[68] A incidência da *business judgment rule* no Brasil não é imune a críticas e há na doutrina quem entenda tal hipótese normativa como verdadeiro perdão judicial: "Há quem veja, no caso, a aplicação da *business judgement rule,* mas, a nosso ver, aqui a situação é outra: o juiz já avançou até o ponto de considerar o administrador culpado (ou seja, já ultrapassou as etapas de verificação da ilicitude e culpabilidade do agente, estabelecendo-as no caso concreto), mas, ainda assim, decide isentar o agente do dever de indenizar. A exclusão, portanto, ocorre *a posteriori:* todos os elementos do suporte fático são preenchidos, dá-se a incidência da regra e surge o dever de indenizar, mas, por intervenção do juiz, o administrador é isentado do dever de reparar o dano. O que existe, nessa situação, a despeito das *verba legis, é* hipótese de autêntica causa de justificação, na modalidade de *perdão judicial,* perante a qual a lei autoriza o juiz a deixar de condenar o administrador a reparar os danos causados, em construção que guarda pontos de contato com a regra do art. 944, par. ún., do Código Civil." (ADAMEK, Marcelo Vieira Von. *Responsabilidade civil dos administradores de S/A e as ações correlatas*. São Paulo: Saraiva, 2009. p. 287).

[69] CAMPINHO, Sergio. *Curso de direito comercial*: sociedade anônima. 2. ed. São Paulo: Saraiva, 2017. p. 338.

Assim, no que se refere à análise dos requisitos da responsabilização do administrador de sociedade, é necessário conceber que o administrador não deve ser penalizado caso esteja exercendo regularmente sua função, cumprindo com os deveres de gestão, suas atribuições e poderes, desde que ausente qualquer culpa ou dolo. Existindo culpa ou dolo, porém, deverá a companhia ou os seus demais sócios ajuizar ações de responsabilidade, devidamente regulamentadas em normas positivadas.

A *business judgment rule* surge, portanto, como construção relevante, e mais tarde positivada em vários sistemas legais, na função de acomodar duas funções tão caras ao cargo de administração: autoridade e responsabilidade.

5. Considerações finais

O presente artigo, ao longo de seus tópicos, deixa transparecer a clara indispensabilidade e a crescente importância da figura do administrador, culminando, de forma natural, no necessário amadurecimento e eficiência da construção de um sistema de responsabilização dos administradores nas sociedades, tarefa inevitável dentro da crescente importância, desenvolvimento de mercados e globalização enfrentados pelas economias ao redor do mundo. Mais do que um tema de importância teórica e normativa, é também, e sobretudo, de relevância prática, na medida em que se trata de verdadeira construção a gerar maior transparência, segurança e efetividade a toda comunidade social envolvida.

O Brasil, em franca expansão de seus mercados e amadurecimento da sociedade e investidores diante das inúmeras oportunidades e evoluções tecnológicas que se descortinam em velocidade jamais vista, teve nos últimos anos legisladores atentos na criação, no fortalecimento e na normatização da matéria, tanto assim o é que a LSA sofreu revisões e atualizações de seu texto em um passado recente.

Pode-se dizer que o arcabouço da legislação societária brasileira não se mostra insuficiente a regrar a administração societária, sendo certo que, em verdade, estas precisam vir seguidas de todo um movimento da sociedade em geral e das próprias organizações para a devida aplicabilidade das normas através do implemento de iniciativas educativas da lei, da adoção de fer-

Em sentido contrário, defendendo uma ampla atuação judicial e com arrefecimento do entendimento quanto à presença do elemento prejuízo: "Na apuração da responsabilidade dos diretores em virtude da multiplicidade dos atos de gestão, nos quais poderá ter agido com culpa in vigilando ou in eligendo, ou dolo, os juízes têm poderes amplos para apreciar as causas de tais atos, inquinando também aqueles que, embora com benefícios para a sociedade, revelem imprudência ou má administração, nessa hipótese, pode não ter ocorrido o prejuízo, mas negócios estranhos ao objeto social, ou com grandes riscos, não caracterizariam uma boa e prudente direção." (LEITE FILHO, Fernando Rudge. A responsabilidade dos administradores das sociedades anônimas no direito brasileiro e no comparado. *Revista de Direito Mercantil Industrial Econômico e Financeiro*, São Paulo, ano XII, n. 11, 973. p. 39).

ramentas de controle, harmonização, profissionalização e responsabilidade social de suas estruturas, seguidas, sempre que necessário, da punição justa e adequada àqueles que infringirem as regras e os deveres inerentes aos cargos que ocupam.

Deveres como os de diligência, lealdade e informação impostos pela LSA aos membros da administração e diretoria – consequência natural e necessária dos princípios maiores da eticidade, moralidade e transparência – visam não só à proteção da companhia, mas também de acionistas controladores, minoritários, credores e do próprio mercado mobiliário (no caso das companhias abertas), daí por que deles se exige cada vez mais um elevado padrão de conduta, formação, capacidade profissional e comprometimento com os objetivos sociais, sob pena de sofrer sanções nas diferentes esferas a que estiver sujeito (civis, administrativas, fiscais e penais).

Não se pode olvidar que o conhecimento técnico e administrativo, e por que não dizer legal-normativo, em conjunto com atitudes probas, éticas e corretamente orientadas, com observância da finalidade social, aliado ao pleno compromisso de prestar informações claras, corretas e com qualidade, na forma e tempo devidos, são todos instrumentos para tornar o mercado mais transparente, forte e confiável. De fato, não há vozes dissonantes na afirmação de que investidores com acesso e confiança nas competências administrativas daqueles que dirigem os negócios sociais, sabedores de estruturas éticas e confiáveis e bem-informados são o caminho para a construção de um mercado robusto e em constante expansão, já que seus *players* estarão aptos a adotarem as melhores deliberações acerca dos investimentos que querem realizar e/ou operações a concretizar.

Referências

ADAMEK, Marcelo Vieira Von. *Responsabilidade civil dos administradores de S/A e as ações correlatas*. São Paulo: Saraiva, 2009.

ALMEIDA, André de. *A maior ação do mundo*: a história da *class action* contra a Petrobras. São Paulo: SRS Editora, 2018.

AMERICAN BAR ASSOCIATION. *Corporate Director's Guidebook*. 5. ed. Chicago: The Business Lawyer, 2007.

ASCARELLI, Tullio. *Problemas das sociedades anônimas e direito comparado*. São Paulo: Saraiva, 2008. p. 480-511.

ASSI, Marcos. *Governança, riscos e compliance*. São Paulo: Saint Paul Editora, 2017.

BORBA, José Edwaldo Tavares. *Direito societário*. 13. ed. Rio de Janeiro: Renovar, 2012.

BULGARELLI, Waldírio. Apontamentos sobre a responsabilidade dos administradores das companhias. *Revista de Direito Mercantil Industrial, Econômico e Financeiro*, São Paulo, v. 50, p. 70-105, abr.-jun. 1983.

CAMPOS, Luiz Antonio Sampaio. Responsabilidade dos administradores. In: LAMY FILHO, Alfredo; PEDREIRA, José Luiz Bulhões (Coord.). *Direito das companhias*. 1. ed. Rio de Janeiro: Forense, 2009.

CAMPINHO, Sergio. *Curso de direito comercial*: sociedade anônima. *2. ed. São Paulo:* Saraiva, 2017.

CARVALHOSA, Modesto. *Comentários à Lei de Sociedades Anônimas*: artigos 138 a 205. 6. ed. São Paulo: Saraiva, 2014. v. 3.

CARVALHOSA, Modesto. Parecer Jurídico. *In:* CARVALHOSA, Modesto, LEÃES, Luiz Gastão Paes de Barros; WALD, Arnoldo (Org.). *A responsabilidade civil da empresa perante os investidores*: contribuição à modernização e moralização do mercado de capitais. São Paulo: Quartier Latin, 2018. p. 27-47.

CARVALHOSA, Modesto; EIZIRIK, Nelson. *A Nova Lei das S/A*. São Paulo: Saraiva, 2002.

COELHO, Fábio Ulhoa. Parecer. *In:* CARVALHOSA, Modesto, LEÃES, Luiz Gastão Paes de Barros; WALD, Arnoldo (Org.). *A responsabilidade civil da empresa perante os investidores*: contribuição à modernização e moralização do mercado de capitais. São Paulo: Quartier Latin, 2018. p. 175- 202.

COMPARATO, Fábio Konder; SALOMÃO FILHO, Calixto. *O poder de controle na sociedade anônima*. 5. ed. Rio de Janeiro: Editora Forense, 2008.

CORDEIRO, António Menezes. *A responsabilidade civil dos administradores das sociedades comerciais*. Lisboa: LEX, 1997.

CORDEIRO, António Menezes. Os deveres fundamentais dos administradores das sociedades. *Revista da Ordem dos Advogados*, Lisboa, ano 66, vol. II, p. 443-488, set. 2006. Disponível em: https://portal.oa.pt/comunicacao/publicacoes/revista/ano-2006/ano-66-vol-ii-set-2006/doutrina/antonio-menezes-cordeiro-os-deveres-fundamentais-dos--administradores-das-sociedades/. Acesso em: 7 set. 2022.

CORREIA, Luís Brito. *Os administradores de sociedades anónimas*. Coimbra: Almedina, 1993.

COSTA, Ricardo. A Business Judgment Rule na Responsabilidade Societária: Entre a Razoabilidade e a Racionalidade *In*: ANTUNES, Maria João; MARTINS, Alexandre de Soveral (Coord.). Colóquio Internacional Governação das Sociedades, Responsabilidade Civil e Proteção dos Administradores. Coimbra, 2018. p. 95-123. Disponível em: https://www.ricardo-costa.com/data/FILEP_66_201943102720.pdf. Acesso em: 25 ago. 2022.

COSTA, Ricardo. Deveres gerais dos administradores e "gestor criterioso e ordenado". *Revista de Direito das Sociedades*, Coimbra, ano III, n. 1, p. 159-189, 2011.

EIZIRIK, Nelson. *A Lei das S/A comentada*: artigos 121 a 188. São Paulo: Quartier Latin, 2011. v. II.

EIZIRIK, Nelson. *A Lei das S/A comentada*: artigos 189 a 300. São Paulo: Quartier Latin do Brasil, 2011. v. III.

EIZIRIK, Nelson; GAAL, Ariádna B.; PARENTE, Flávia; HENRIQUES, Marcus de Freitas. *Mercado de capitais*: regime jurídico. 4. ed. São Paulo: Quartier Latin do Brasil, 2019.

JUSTEN FILHO, Marçal. Parecer sobre a responsabilidade direta da sociedade de economia mista por danos acarretados aos investidores. In: CARVALHOSA, Modesto, LEÃES, Luiz Gastão Paes de Barros; WALD, Arnoldo (Org.). *A responsabilidade civil da empresa perante os investidores*: contribuição à modernização e moralização do mercado de capitais. São Paulo: Editora Quartier Latin, 2018. p. 205- 277.

GOMES, Orlando. Responsabilidade dos administradores de sociedade por ações. *Revista de Direito Mercantil Industrial, Econômico e Financeiro*, São Paulo, v. 11, n. 8, p. 11-16, 1972.

GUERREIRO, José Alexandre Tavares. Responsabilidade dos administradores de sociedades anônimas. *Revista de Direito Mercantil, Industrial, Econômico e Financeiro*, São Paulo, ano XX (Nova Série), n. 42, p. 69-88, abr.-jun. 1981.

INSTITUTO BRASILEIRO DE GOVERNANÇA CORPORATIVA. *Código de Melhores Práticas de Governança Corporativa*. 5. ed. São Paulo: IBGC, 2015.

LEITE FILHO, Fernando Rudge. A responsabilidade dos administradores das sociedades anônimas no direito brasileiro e no comparado. *Revista de Direito Mercantil Industrial Econômico e Financeiro*, São Paulo, ano XII, n. 11, p. 35-47, 1973.

MARTINS, Fran. *Comentários à Lei das Sociedades Anônimas*. 4. ed. Rio de Janeiro: Forense, 2010.

MARTINS, Fran. *Curso de direito comercial*. 35. ed. Rio de Janeiro: Editora Forense, 2012.

MARTINS, Sérgio Pinto. *Direito do trabalho*. 20. ed. São Paulo: Atlas, 2004. p. 175-190.

NADALIN, Guilherme Frazão. *A responsabilidade civil dos administradores de companhias abertas*: artigo 159, § 6º, LSA e a business judgment rule. Dissertação (Mestrado em Direito) – Universidade de São Paulo, São Paulo, 2015.

PARENTE, Flávia. *O dever de diligência dos administradores de sociedades anônimas*. Rio de Janeiro: Renovar, 2005.

PRADO, Viviane Muller. Os desafios para ressarcimento de investidores. In: CARVALHOSA, Modesto, LEÃES, Luiz Gastão Paes de Barros; WALD, Arnoldo (Org.). *A responsabilidade civil da empresa perante os investidores*: contribuição à modernização e moralização do mercado de capitais. São Paulo: Editora Quartier Latin, 2018. p. 367-427.

RATHENAU, Walter. Do sistema acionário - uma análise negocial. Tradução de Nilson Lautenschlezer Jr. *Revista de Direito Mercantil, Industrial, Econômico e Financeiro*, São Paulo, ano XLI (Nova Série), n. 128, 2002, p. 199-223, out.-dez. 2002.

SACRAMONE, Marcelo Barbosa. *Ato de preenchimento de órgão de administração*: natureza jurídica da relação entre o administrador e a sociedade anônima. Dissertação (Doutorado em Direito) – Faculdade de Direito, Universidade de São Paulo, São Paulo, 2012. Disponível em https://www.teses.usp.br/teses/disponiveis/2/2132/tde-18022013-111713/publico/Ato_de_Preenchimento_de_Orgao_de_Administracao_versao_completa_Sacramone.pdf. Acesso em: 10 fev. 2022.

TOLEDO, Paulo Fernando Campos Salles de. *Conselho de administração na sociedade anônima*. 2. ed. São Paulo: Atlas, 1999.

Capítulo 5

Por uma autêntica autonomia nos contratos empresariais paritários: uma proposta de releitura das normas civilistas de ordem pública sob a Declaração de Direitos de Liberdade Econômica

Fernanda Rodrigues Guimarães Andrade Mascarenhas

Capítulo 5 - Por uma autêntica autonomia nos contratos empresariais paritários: uma proposta de releitura das normas civilistas de ordem pública sob a Declaração de Direitos de Liberdade Econômica

For an authentic contractual autonomy under balanced corporate agreements: a proposed reassessment of cogent private legal provisions pursuant to the economic freedom declaration

Fernanda Rodrigues Guimarães Andrade Mascarenhas [1]

Resumo: A regência das relações jurídicas contratuais é produto tanto da autonomia das partes – expressão do direito à autorregência – quanto da heteronomia – manifestação do dirigismo estatal, exercido por meio do legislador e do juiz. Uma das dimensões da heteronomia consiste na incidência de normas de ordem pública, não suscetíveis de alteração ou de exclusão pelos contratantes. Apesar de resguardar tais ditames de ordem cogente, a Declaração de Direitos de Liberdade Econômica (DDLE) trouxe ênfase inédita à aptidão de autorregência dos pactuantes, no âmbito dos contratos empresariais paritários. A fim de compatibilizar a dicotomia entre autonomia e heteronomia, sob a égide da DDLE, e nessa espécie de negócio jurídico, propomos uma releitura da concepção de normas de ordem pública. Nesse sentido, defendemos que a sua abrangência é fluida, e não estanque, e que um mesmo dispositivo pode assumir a feição de imperatividade ou de supletividade, conforme a natureza da relação jurídica concreta a que aplicável. Espera-se que, nos contratos empresariais paritários, o conjunto das normas de ordem pública seja mais restrito do que nas relações jurídicas desiguais. Entendemos que, naquela esfera, todas as regras que não digam respeito à preservação dos direitos de terceiros ou do interesse público deverão ser consideradas supletivas e, assim, aptas à alteração ou à exclusão, a critério das partes, e segundo a alocação de riscos que melhor lhes convenha. Exemplificamos a releitura proposta por meio da interpretação de dispositivos do Código Civil (CC) relativos à cláusula penal.

[1] Mestra em Direito Internacional pela University of Cambridge (Reino Unido, 2013), título reconhecido pela Universidade Federal de Minas Gerais (UFMG) (Belo Horizonte, Minas Gerais, Brasil, 2016). Bacharel em Direito pela UFMG (Belo Horizonte, Minas Gerais, Brasil, 2011). Juíza de Direito do Tribunal de Justiça de Minas Gerais (TJMG). E-mail: fernanda.mascarenhas@tjmg.jus.br .

Palavras-chave: Contratos empresariais paritários – Declaração de Direitos de Liberdade Econômica – Dirigismo contratual – Autonomia privada – Normas de ordem pública – Releitura – Cláusula penal.

Abstract: Contracts are governed by the product of both autonomy – expression of parties' right to draft their own rules – and heteronomy – emerging from state's intervention through law-making and dispute settlement. As a by-product of heteronomy, contracting parties are subject to cogent norms, which they cannot alter or set aside. Notwithstanding such set of imperative norms, the Economic Freedom Rights Declaration (EFRD) brought an unprecedented emphasis on contracting parties' entitlement to self-ruling, whenever balanced corporate agreements are involved. In order to bring together the definitions of both autonomy and heteronomy under EFRD, we suggest a rereading of the traditional approach to public order. To that extent, we argue that its scope is fluid rather than hermetic and that, therefore, a given rule of law may be either cogent or disposable, according to the legal nature of the agreement at issue. We expect the domain of public order rules to be more restricted under balanced corporate contracts, when compared to assymetrical agreements. We understand that within that former realm, and according to how they might wish to distribute risks between them, parties may alter or set aside any rules which are not of public interest or aimed at safeguarding third parties' rights. We provide examples of such suggested rereading, based on Civil Code provisions regarding liquidated damages clauses.

Keywords: Balanced corporate agreements. – Economic Freedom Declaration – State intervention – Contratual autonomy – Cogent legal provisions – Reassessment – Liquidated damages.

Sumário: 1. Introdução. Uniformizando conceitos: o que se deve entender por contratos empresariais paritários; 2. Para introduzir o debate: a tradicional dicotomia entre autonomia privada e dirigismo contratual; 3. A necessária releitura, sob a Declaração de Direitos de Liberdade Econômica, da tradicional dicotomia entre autonomia privada e dirigismo contratual; 4. Exemplos concretos da releitura proposta; 5. Limites da releitura proposta: os direitos de terceiros e a função social do contrato; 6. Considerações Finais; Referências.

1. Introdução. Uniformizando conceitos: o que se deve entender por contratos empresariais paritários

Contratos são acordos celebrados entre duas ou mais esferas de interesses, aptos a criarem, modificarem ou extinguirem direitos sob a ordem jurídica.

São *empresariais* quando seus protagonistas desempenham, em caráter profissional, atividades econômicas organizadas para a produção ou a circulação de bens ou serviços, a teor do art. 966 do Código Civil (CC).

Por fim, sob a rubrica de relações jurídicas paritárias, não se trata de interações cujos participantes necessariamente se encontrem em idênticas posições negociais. Afinal, é natural que, diante das circunstâncias do caso concreto, um dos pactuantes tenha maior poder de barganha (*leverage*) do que outro. E, nem por isso, será possível afirmar que a relação é desigual.

> O adjetivo paritário denota equilíbrio de forças, igualdade de armas, nos embates de mercado. Nos contratos não paritários há disparidade ou dependência econômica, terminando uma das partes por impor termos contratuais à outra, alocando riscos de modo desequilibrado, ou suprimindo utilidades que naturalmente seriam propiciadas para a outra parte, pelo contrato[2].

O que se toma por decisivo, para se adjetivar determinada negociação como "paritária", é o potencial – tomado *a priori* – de que os representantes dos diferentes centros de interesse implicados "sentem-se à mesa" e batalhem por aquele que se lhes apresente como o melhor arranjo possível.

Essa configuração passa, mais do que qualquer outra coisa, pelo nivelamento do acesso a recursos – mormente à informação – e pela exclusão de assimetrias – informacionais, técnicas e jurídicas.

Basta, para caracterizar a relação como paritária, o equilíbrio no "ponto de partida" – notadamente na fase das tratativas, quando serão elaboradas, discutidas e validadas as regras que passarão a reger as condutas dos contratantes.

Irrelevante que o *resultado* venha a ser desigual, que o negócio acabe por ser mais vantajoso para um de seus protagonistas, em detrimento dos demais, ou que, no curso do contrato, haja uma inversão na dinâmica do poder.

Não importa, tampouco, que o pactuante haja deixado de buscar determinada informação ou de se valer dela, desde que lhe houvesse sido possível consultar especialistas ou se inteirado dos aspectos relevantes para a execução das suas obrigações.

---

[2] CAMILO JÚNIOR, Ruy Pereira. *Liberdades de precificação e de pactuação*. In: MARQUES NETO, Floriano Peixoto; RODRIGUES JR., Otavio Luiz; LEONARDO, Rodrigo Xavier. *Comentários à Lei da Liberdade Econômica*: Lei 13.874/2019. São Paulo: Ed. Revista dos Tribunais, 2020.

A paridade e a simetria se presumem nos contratos civis e empresariais, que constituem o escopo deste trabalho. Para fins de clareza, aqui, não se abordarão as relações desiguais por natureza, mormente as relações de trabalho (disciplinadas sob a Consolidação das Leis do Trabalho – CLT) ou de consumo (regidas pelo CDC).

2. Para introduzir o debate: a tradicional dicotomia entre autonomia privada e dirigismo contratual

Incontroverso que, no âmbito das relações de Direito Privado, as partes podem se autorreger, criando regras que façam sentido para si.

Nesse diapasão, podem conceber espécies de negócios jurídicos atípicos, ou seja, não disciplinados pela codificação civilista. Podem, igualmente, celebrar contratos típicos, adicionando, modificando ou excluindo as regras previstas na lei.

Cuida-se de efeito lógico, direto e necessário do princípio fundamental da autonomia da vontade, consagrado no art. 5º, inciso II, da Constituição da República (CR), segundo o qual "ninguém será obrigado a fazer ou deixar de fazer alguma coisa senão em virtude de lei".

Tudo isso, desde que respeitado o âmbito das normas de ordem pública.

Enquanto as demais regras – dispositivas – têm sua aplicação restrita ao preenchimento das lacunas deixadas pelos pactuantes, a disciplina de ordem pública – imperativa – é insuscetível de alteração ou exclusão, ainda que por expressa pactuação. Traduz, segundo Orlando Gomes, "interesses essenciais do Estado ou da coletividade, ou que fixa, no Direito Privado, as bases jurídicas fundamentais sobre as quais repousa a ordem econômica ou moral de determinada sociedade"[3].

Assim compreendidas, as normas de ordem pública constituem verdadeira expressão do dirigismo contratual do Estado, ou seja, de

> toda e qualquer forma de intervenção estatal na vida dos contratos, quer sob a forma de intervenção legislativa, quer sob a de intervenção jurisprudencial, que vise a reformular os princípios tradicionais da doutrina contratual, tornando-os mais acordes com a socialização mais marcante do direito moderno, que é seu aspecto mais marcante em nossos dias[4].

Sob esse espírito, não obstante sua ênfase na autonomia privada, a codificação civilista de 2002 foi concebida para atender a uma principiologia tridimen-

---

[3] GOMES, Orlando; AZEVEDO, Antonio Junqueira de, MARINO, Francisco Paulo de Crescenzo (Atual.), BRITO, Edvaldo (Coord.). *Contratos*. 26. ed. Rio de Janeiro: Forense, 2009. p. 28.

[4] SILVA, Luiz Alberto da. Dirigismo contratual. *Revista da Faculdade de Direito UFMG*, Belo Horizonte, n. 5, out. 1965. p. 27. Disponível em: https://revista.direito.ufmg.br/index.php/revista/article/view/974/908.

sional, composta dos macropostulados (a) da *operabilidade* dos institutos jurídicos de Direito Privado; (b) da *eticidade* – como expressão da boa-fé e da lealdade nas relações –; e (c) da *socialidade* – enquanto manifestação da prevalência do interesse coletivo sobre aquele puramente privado.

Tais balizas tiveram e têm importância ímpar para a prevenção de abusos em relações naturalmente desequilibradas (como no exemplo, por excelência, dos negócios envolvendo, de um lado, fornecedores de produtos e serviços, e, de outro lado, consumidores).

Ocorre, porém, que, muitas vezes, a mesma lógica, que tanto sentido fazia naquela esfera de interações desiguais, acabou por também se estender, sem maiores critérios – *ipsis literis* e não *mutatis mutandis* –, às relações puramente paritárias.

O problema não repousa propriamente sobre a imposição de normas de ordem pública a esse tipo de interação. Afinal, nem mesmo aqui podem-se excluir todas e quaisquer amarras. O contrato, por mais equilibrado e igualitário que seja, não existe como instituto "solto" no tempo ou espaço. Ele se insere em uma ordem jurídica, que lhe proporciona um contorno e um contexto. É como se o negócio jurídico fosse uma tela, e, o ordenamento jurídico, a sua moldura: a tela em branco convida a uma imensa gama de produções artísticas – temas, cores e formas. Mas a obra que ali se desenrola não pode ultrapassar as fronteiras da tela para continuar a existir no vácuo.

A real dificuldade tem início quando se replica o mesmo arcabouço de regras e princípios de ordem pública a situações fundamentalmente diferentes.

Não se pode olvidar que contratos são, por excelência, instrumentos de alocação de riscos: ao redigirem as regras aplicáveis a determinado negócio, os pactuantes delineiam a equação econômico-financeira que motivou a contratação; mapeiam as circunstâncias que podem comprometer essa matemática e distribuem, entre si, o ônus da eventual superveniência desses eventos, entre outros, de acordo com critérios de extensão, impacto e aptidão para assunção de cada risco.

A atribuição indiferente do caráter de imperatividade às mesmas normas jurídicas, seja o contexto dado por interações desiguais ou paritárias – no último caso, muitas vezes, em detrimento de manifestação expressa de vontade dos contratantes e sem qualquer prejuízo a terceiros –, tem o potencial de comprometer a alocação de riscos concebida pelos contratantes e, por conseguinte, a própria finalidade do instituto contratual.

Acerca da necessidade de cautela no exercício do dirigismo estatal em intercâmbios empresariais, pondera Nelson Rosenvald:

> O princípio da intervenção mínima lido "a contrario sensu" é uma reação democrática ao intervencionismo estatal desmensurado que – mesmo se iniciando com as melhores intenções – possui uma dinâmica própria que culmina por refrear os livres intercâmbios, cerceando as demais liberdades, caminho fatídico para o autoritarismo. A livre iniciativa é um dos fundamentos do Estado brasileiro, ao lado do valor social do trabalho e o modelo previsto na Constituição é o da economia de mercado. Não é possível que uma lei, arbitrariamente, retire ou crie empecilhos ao exercício de uma determinada atividade econômica do mercado, a não ser que se mostre objetivamente desnecessária, desproporcional ou inadmissível[5].

Na mesma linha, em 2012, grandes nomes da doutrina brasileira, reunidos na I Jornada de Direito Empresarial do Conselho da Justiça Federal, já haviam editado enunciado segundo o qual "[n]os contratos empresariais, o dirigismo contratual deve ser mitigado, tendo em vista a simetria natural das relações interempresariais".

O que se faz necessário é um equilíbrio mais saudável entre a autonomia privada e a autoridade do Estado (heteronomia). E é justamente na tentativa de traçar essa equação que se destaca a contribuição da Declaração de Direitos de Liberdade Econômica (DDLE).

3. A necessária releitura, sob a Declaração de Direitos de Liberdade Econômica, da tradicional dicotomia entre autonomia privada e dirigismo contratual

A DDLE, resultante da conversão da Medida Provisória nº 881/2019 na Lei nº 13.874/2009, entre outros, trouxe alterações legislativas ao CC.

Dispôs expressamente sobre a imposição de normas cogentes às relações privadas, notadamente ao incluir, no rol de direitos de liberdade econômica, a garantia de livre estipulação nos negócios jurídicos empresariais paritários, mas excetuar as normas de ordem pública (art. 3º, inciso VIII).

Conferiu, porém, primazia ao exercício da autonomia da vontade, trazendo-a ao centro das interações empresariais.

Sabe-se que o conceito de autonomia e o princípio da obrigatoriedade das convenções privadas (*pacta sunt servanda*) já eram consagrados pela ordem civilista brasileira muito antes da DDLE – apesar de haverem sofrido atenuações na transição do Código Civil de 1916 para o Código Civil de 2002, sob a emergência do primado da socialidade.

O mérito da DDLE consiste não tanto em evidenciar o princípio da obrigatoriedade das convenções quanto em lhes atribuir primazia nas relações pura-

---

[5] ROSENVALD, Nelson. *Cláusula penal*: a pena privada nas relações negociais. 2. ed. Indaiatuba: Editora Foco, 2020. p. 435.

mente privadas. Percebe-se um movimento de resgate ao liberalismo contratual.

Para Nelson Rosenvald,

> A Lei de Liberdade Econômica não é desnecessária – como pensam aqueles que enfatizam que desde 1988 vivemos em uma ordem econômica pautada pela livre-iniciativa – ou excessiva – como vaticinam os que a associam a uma excepcional intervenção sobre o princípio da função social do contrato. Muito pelo contrário! A Lei n. 13.874/2019 é um marco institucional para nós que (sobre)vivemos em uma ordem jurídica disfuncional, na qual as interferências econômicas estatais sobre a ordem privada frequentemente se mostram burocráticas, custosas e desnecessárias[6].

Nesse sentido, a DDLE introduziu parágrafo único ao art. 421 do CC, tratando da prevalência da intervenção mínima sobre as relações contratuais paritárias.

"Este parágrafo único do novo artigo 421 expressa, fielmente, sem deixar dúvidas, uma disposição de retorno a uma concepção liberal de contrato, malgrado a contrariedade ao posicionamento até agora esposado, pelo Código e pela doutrina"[7].

É também sob esse espírito que a DDLE incluiu o art. 421-A, que contém o expresso reconhecimento da finalidade intrínseca dos contratos de alocar riscos entre as partes, e torna imperativos, nos contratos civis e empresariais paritários e simétricos, o respeito e a observância à forma pela qual os pactuantes distribuem tais riscos entre si.

O mesmo dispositivo formaliza a possibilidade de inclusão, no instrumento contratual, de parâmetros objetivos para a interpretação de suas cláusulas e de seus pressupostos de revisão ou resolução, e torna excepcional e limitada a revisão contratual.

Fato é que a DDLE determina que se mantenha a observância a normas de ordem pública, sem que se promova uma intervenção desnecessária sobre os contratos ou que se desprestigie a alocação de riscos concebida pelos negociantes. Em suma,

> Reconhece-se aos particulares a autonomia negocial, para o autorregramento de seus interesses. Moldam, segundo sua vontade, a forma e o conteúdo de suas relações obrigacionais, cuja eficácia é assegurada e protegida. O direito apenas excepcionalmente cerceará a autodeterminação das partes, na persecução dos seus interesses econômicos; pelo contrário, a ordem jurídica funcionará para garantir o atingimento dos fins práticos almejados pelas partes, fazendo respeitar os contratos por elas livremente celebrados[8].

Para se conciliarem todos os comandos acima referidos, o que se propõe é uma releitura da concepção das reputadas normas de ordem pública, a fim de

---

[6] ROSENVALD, Nelson. Op. cit., p. 436.

[7] CAMILO JÚNIOR, Ruy Pereira. Op. cit.

[8] CAMILO JÚNIOR, Ruy Pereira. Op. cit.

que, nas relações jurídicas paritárias, a liberdade seja a regra, e não a exceção.

Como inúmeras outras expressões trazidas pelo Código Civil, as chamadas normas de ordem pública constituem conceito jurídico indeterminado, que comportam flexibilizações e adaptações ao contexto a que aplicáveis e, dessa forma, permitem a adesão da norma jurídica abstrata à realidade da sua aplicação.

Partindo dessa premissa, forçoso concluir que não é possível haver coincidência entre a concepção de ordem pública sob as relações civis e empresariais, de um lado, e as relações consumeristas e laborais, de outro lado.

O dirigismo estatal – seja exercido a priori, por meio do legislador (e da edição de normas cogentes), ou a posteriori, pela via judicial – não pode assumir a mesma coloração em todos os cenários. À medida que cresce a aptidão dos atores privados de zelarem pelos próprios interesses, diminui a necessidade de intervenção do Estado para a repressão a potenciais abusos.

Quanto mais desequilibradas as relações, mais amplo deve ser espectro das normas consideradas cogentes. Quanto mais igualitários os contratantes, mais reduzido deve ser o conjunto dessas normas.

Em outras palavras, as normas jurídicas devem passar a ser abordadas como autênticos camaleões, em vez de serem rotuladas, abstratamente e a priori, como "imperativas" ou "dispositivas".

A sua natureza jurídica é determinada não apenas pelo seu preceito e pelo diploma jurídico em que inserida, mas também pelo cotejo entre esses elementos e o contexto de sua aplicação.

Se, em um cenário, determinada regra assume a coloração de imperatividade, em outro contexto ela pode adotar o manto da supletividade, podendo ser abraçada ou descartada pelos interessados, conforme faça ou não sentido à luz da alocação de riscos planejada.

Sob essa ótica, para que determinada norma seja ou não caracterizada como cogente, nas relações jurídicas paritárias, sugere-se seja feito o teste da eficácia interna-externa, que consiste nas seguintes indagações: essa norma tem impacto exclusivamente interno, ou seja, limitado às partes?

Em caso afirmativo, deve assumir a roupagem de supletividade, e não de imperatividade. Estando os contratantes igualmente aptos a zelarem por seus interesses, não é preciso que o Estado o faça, substituindo-se a qualquer deles, por meio de normas inderrogáveis.

Por outro lado, não será possível admitir o exercício irrestrito da autonomia da vontade, quando apto a ultrapassar os estritos limites da relação *inter partes* e a atingir os direitos e as obrigações de terceiros, determináveis ou indetermináveis.

Não é outra a interpretação dada à DDLE de Accioly:

> A Exposição de motivos da medida provisória é assertiva quanto ao propósito de aumentar a autonomia privada nos negócios jurídicos empresariais, como forma de facilitar ao País aproximar-se 'dos melhores ambientes' para o desenvolvimento e preservação do direito empresarial`, elegendo-se como padrão de referência o Estado de Delaware, EUA, onde é reconhecidamente limitada a quantidade relativa de normas cogentes em direito privado patrimonial. O que se quis, com o art. 3º, VIII, portanto, sempre foi tornar as regras de direito empresarial dispositivas e não cogentes, exceto no que prejudiquem terceiros (ou, em termos do jargão da ciência econômica, que tanto inspirou a LLE, restringir a liberdade de alocação de recursos por agentes privados apenas quando necessário a evitar externalidades negativas).
>
> (...)
>
> Na versão da MP nº 881, o art. 3º, VIII, previa como critério determinante da inafastabilidade das normas legais os direitos tutelados pela administração pública e de terceiros alheios à avença. Agora, a exceção é feita às normas de ordem pública (...). A interpretação legalmente exigida é a de reduzir o campo de incidência do conceito de norma de ordem pública, presente no inciso VIII, a fim de aumentar a liberdade contratual[9](*grifos nossos*).

A autonomia da vontade estará automaticamente limitada pelo universo – intangível – dos terceiros estranhos à relação jurídica e, também, pelo interesse público.

"Como uma regra geral, toda norma cujo efeito jurídico, econômico ou social extravase de modo relevante os estritos limites da relação das partes contratuais será em princípio norma de ordem pública".[10]

Parece-nos que nossa proposta para a delimitação da abrangência do conceito de ordem pública, no caso concreto, encontra eco na distinção feita por San Tiago Dantas, entre normas cogentes e supletivas:

> Todas as vezes em que o legislador enuncia um preceito que se impõe à conduta dos particulares em razão de um interesse geral, a norma é imperativa. Todas as vezes que ele impõe uma norma de conduta que visa apenas aos interesses das próprias partes, a norma é dispositiva. Desde o momento em que o interesse das partes seja outro, elas próprias podem alterar a disposição do legislador[11].

É preciso elucidar que o que se vislumbra, para as situações de irrestrita autodisciplina, não é uma desconstrução da regência legal, que continuará preenchendo as lacunas deixadas pelo silêncio das partes.

Pretende-se, a bem da verdade, que os pactuantes possam afastar ou alterar quaisquer normas heterônomas – mesmo aquelas tradicionalmente enquadradas como "de ordem pública" –, se essa for a conduta que mais sentido faça para a

---

[9] ACCIOLY, João C. de Andrade Uzêda. Hermenêutica *pro libertatem*. In: MARQUES NETO, Floriano Peixoto; RODRIGUES JR., Otávio Luiz; LEONARDO, Rodrigo Xavier (coord.). *Comentários à Lei da Liberdade Econômica*: Lei 13.874/2019. São Paulo: Ed. Revista dos Tribunais, 2020.

[10] CAMILO JÚNIOR, Ruy Pereira. Op. cit.

[11] SAN TIAGO DANTAS, Francisco Clementino de. *Programa de direito civil:* parte geral. Rio de Janeiro: Editora Rio, 1979. v. I, p. 74 apud CAMILO JÚNIOR, Ruy Pereira. Op. cit.

alocação de riscos pretendida para o seu negócio e desde que as repercussões – positivas ou negativas – dessa escolha permaneçam restritas à esfera da sua relação.

Voltando à analogia da tela em branco, tomando a tela como o espaço da autorregência e, a moldura, como o conjunto das restrições impostas pela ordem jurídica – entre elas, normas de ordem pública –, deve-se concluir que, nos contratos empresariais paritários, a tela tem dimensões muito maiores do que nas relações consumeristas ou de trabalho, por exemplo.

Para melhor ilustrar o que se está a argumentar, pode-se valer de outra imagem, dessa vez, traduzida pela teoria matemática dos conjuntos. Representando-se, por um conjunto, as regras de ordem pública incidentes sobre relações jurídicas desiguais e, por outro conjunto, as regras de ordem pública aplicáveis aos contratos empresariais paritários, observa-se inexistir coincidência integral entre eles. Em realidade, identifica-se relação de continência entre esses dois universos, de modo tal que o conjunto afeto aos contratos empresariais paritários, mais restrito, está contido no conjunto relativo às relações jurídicas desequilibradas por natureza.

Espera-se que todas as normas de ordem pública que restrinjam a autonomia da vontade nos contratos empresariais também desempenhem essa função nas relações não isonômicas. A recíproca, porém, não é verdadeira.

Apesar dessas patentes diferenças, entre um e outro cenário, o ideal para permitir que a vontade das partes seja respeitada, mesmo nas hipóteses de controvérsia submetida a terceiro equidistante (Estado-juiz ou árbitro), é registrar, no instrumento contratual, tanto quanto possível, a expressa intenção de afastar a regra estatal, assim como as variáveis e racionais que levaram àquela tomada de decisão.

A deferência à autorregência não implica, por si só, qualquer ofensa à boa-fé objetiva – "regra de conduta fundada na honestidade, na retidão, na lealdade e, principalmente, na consideração para com os interesses do *alter*"[12]. O postulado permanece íntegro, na medida em que as regras do negócio são discutidas com transparência. Desrespeito à boa-fé haveria, sim, se um terceiro pudesse modificar condição integrante da equação financeira subjacente à decisão de celebração do contrato.

Acerca da essência da boa-fé nos contratos, comenta Accioly:

> Usada desse modo, em especial quando combinada com *as usual suspects* 'solidariedade', 'isonomia substancial', 'dignidade da pessoa humana' e variações sobre o mesmo tema, a cláusula da *soi-disant* boa-fé contraditoriamente pode promover o descumprimento de regras e compromissos consciente e livremente assumidos,

[12] MARTINS-COSTA, Judith. O direito privado como um "sistema em construção". As cláusulas gerais no Projeto do Código Civil brasileiro. *Revista de Informação Legislativa*, Brasília, a. 35, n. 139, jul.-set. 1998.

> algo que constitui evidente comportamento de má-fé. Pela forma em que é prevista no art. 1º, § 2º, porém, torna-se mais simples demonstrar que a boa-fé deve estar ligada ao cumprimento dos acordos[13] (*grifos nossos*).

Em uma negociação privada, dificilmente se espera que os agentes se sentem à mesa buscando, desde já, prejudicar a contraparte. Tanto é que o art. 3º, inciso V, da DDLE, dispõe sobre a presunção de boa-fé nos atos praticados no exercício da atividade econômica.

O mais razoável é que, em interações privadas, os protagonistas ajam de forma racional, na otimização de seu interesse.

> Nunca se deve olvidar do imperativo da autocontenção do magistrado nas relações empresariais. O juiz ou a juíza, o árbitro ou a árbitra, não são partes no contrato, e não podem se substituir às partes na contratação.
>
> Cabe-lhes aplicar a norma em comento sempre em favor do mercado e não como instrumento de arbítrio judicial. Seu objetivo deve ser o de tutela e da preservação – e não da supressão – da efetiva liberdade contratual, corrigindo as disfuncionalidades manifestas derivadas da pactuação feita com profundo desequilíbrio das forças. Afinal de contas, como dizia o juiz americano Michael Musmanno, da Suprema Corte da Pensilvânia, 'um contrato não deve ser considerado como um avião *kamikaze* em que as partes se comprometem a uma mútua destruição[14].

Nesse aspecto, a DDLE veio para viabilizar a concretização da proposta original do CC, na sua dimensão tricotômica da boa-fé (eticidade).

Permanecendo o protagonismo das partes delimitado à relação entre elas – resguardadas as esferas subjetivas de terceiros e o interesse público –, fica também preservada a função social do contrato (socialidade).

Accioly enfatiza como o respeito à autonomia da vontade sob o art. 1º, § 2º, da DDLE viabiliza a concretização dos "fins sociais" e das exigências do "bem comum" a que se refere o art. 5º da Lei de Introdução às Normas do Direito Brasileiro:

> Tal regra pode, é verdade, ser lida e aplicada de maneira não coletivista, desde que o intérprete tenha consciência mais esclarecida acerca dos impactos concretos sobre a sociedade de decisões que imponham modificação de regras no meio do jogo que restrinjam o campo de autodeterminação individual: o aumento de bem-estar material pode ser considerado um "fim social" ou "bem comum" para fins de subsunção ao texto legal[15].

Do exposto, extrai-se que subsiste o viés tridimensional que se pretendeu conferir à codificação civilista de 2002, em prestígio à releitura constitucional do sistema jurídico privado. Apenas se faz necessário reler cada uma dessas três diretrizes – operabilidade, socialidade e eticidade – à luz do protagonismo atribuído pela DDLE à autonomia da vontade.

---

[13] ACCIOLY, João C. de Andrade Uzêda. Op. cit.

[14] CAMILO JÚNIOR, Ruy Pereira. Op. cit.

[15] ACCIOLY, João C. de Andrade Uzêda. Op. cit.

4. Exemplos concretos da releitura proposta

Para citar Accioly, o resultado prático das conclusões anteriores é o de

> [S]e manter o desafio interpretativo de antes – desvendar onde começam os direitos de terceiros alheios e os tutelados pela administração pública – para a identificação de quais são as normas que podem ser consideradas realmente cogentes, inafastáveis (i.e. 'de ordem pública'), segundo interpretação que privilegie de fato a liberdade econômica (e seus corolários de boa-fé, contratos, investimentos e propriedade). Ainda mais agora que se limita a regra às relações paritárias, cogente deve ser apenas aquela norma que resguarde a propriedade de quem não concorreu para a formação do pacto[16].

Pretendemos, aqui, oferecer uma singela contribuição à consecução desse objetivo.

Aplicando-se o teste da eficácia interna-externa, acima descrito, desafiamos, abaixo, o enquadramento de determinadas regras civilistas, relativas à cláusula penal, sob a alcunha de imperatividade.

Tal exercício prestigia a interpretação dos dispositivos em comento sob o viés *pro libertatem* previsto no art. 3º, inciso V, da DDLE, segundo o qual, na esfera da atividade econômica, as dúvidas de interpretação do direito civil, entre outros ramos da Ciência Jurídica, devem se resolver de forma a preservar a autonomia privada, exceto se houver disposição legal em contrário.

Como buscaremos provar adiante, não há nada, na redação dos dispositivos selecionados, que impeça a sua adaptação ou exclusão pelos protagonistas de uma relação jurídica paritária.

Apesar de os verbos nucleares das normas em questão estarem no imperativo (afirmativo ou negativo), parece-nos perfeitamente plausível acomodar a sua interpretação, a fim de limitar o seu caráter cogente às relações que efetivamente o exijam (i.e., aquelas que nascem desiguais), e, simultaneamente, permitir aos atores econômicos aplicá-las, modificá-las ou afastá-las, consoante a realidade do seu negócio.

Accioly já havia sugerido a extensão da interpretação *pro libertatem* para a delimitação da intervenção estatal sobre as atividades econômicas e, por consequência, da abrangência das normas restritivas do exercício da liberdade contratual. Confira-se:

> [N]a medida em que as disposições legais em contrário se enquadram elas mesmas no conceito de normas de ordenação pública, também elas devem ser interpretadas pro libertatem, por força do art. 1º, § 2º.
>
> (...)
>
> O art. 1º, § 2º, serve, portanto, para reger não apenas as dúvidas em conflitos surgidos em casos concretos entre particulares ou entre estes e o Estado, abrangidas pelo art. 3º, V, como também da própria atividade estatal de expedição de normas (grifos nossos)[17].

---

[16] ACCIOLY, João C. de Andrade Uzêda. Op. cit.

[17] ACCIOLY, João C. de Andrade Uzêda. Op. cit.

4.1. Limite quantitativo à cláusula penal

De início – em meio às definições doutrinárias de cláusula penal, algumas, a enfatizarem, em abstrato, o seu aspecto sancionador ou ressarcitório, outras a destacarem ambas as funções –, aderimos à proposta de Nelson Rosenvald no sentido de conceituá-la como entidade autônoma, cujos contorno e finalidade podem variar a cada caso concreto, segundo o específico desiderato dos contratantes.

Mais relevante do que a distinção entre as modalidades "moratória" e "compensatória" é a diferenciação entre as funções coercitiva (cláusula penal stricto sensu) e compensatória (cláusula penal prefixatória de perdas e danos)[18].

Essa perspectiva, parece-nos, é a que melhor se adequa à projeção dada à autonomia da vontade pela DDLE, e impõe uma releitura da original disciplina jurídica da cláusula penal, trazida, principalmente, pelos arts. 408 a 416 do CC.

Especialmente merecedor de atenção é o art. 412 do CC, que estipula, em caráter peremptório, limite quantitativo à penalidade convencional[19].

Sob a visão tradicional do diploma civilista, o aludido dispositivo assume o caráter de norma imperativa (de ordem pública) e, como tal, deve ser obrigatoriamente aplicável a quaisquer relações privadas, ainda que paritárias.

Embora a restrição tenha o mérito de evitar o enriquecimento sem causa do lesionado (REsp 1.498.484/DF, *DJe* 25.6.2019), pode não fazer sentido à luz da finalidade subjacente à estipulação da multa.

Como bem pontua Nelson Rosenvald, ainda que aplicável a uma cláusula penal de prefixação de indenização, não é razoável ou adequado que o mesmo art. 412 tolha a liberdade dos pactuantes no que tange ao quantum de uma penalidade contratual de feições evidentemente coercitivas[20].

O próprio Superior Tribunal de Justiça (STJ), por meio de sua Terceira Turma, no caso CBF x Marfrig (REsp 1.803.803/RJ), de relatoria do Ministro Ricardo Villas Bôas Cueva, salientou as dificuldades de se modular o importe de uma cláusula penal estritamente coercitiva, com base apenas na expressão pecuniária do contrato:

> RECURSOS ESPECIAIS. DIREITO CIVIL. AÇÃO MONITÓRIA. NEGATIVA DE PRESTAÇÃO JURISDICIONAL. NÃO OCORRÊNCIA. CONTRATO DE PATROCÍNIO. RESCISÃO ANTECIPADA. ADIMPLEMENTO PARCIAL. CLÁUSULA PENAL. VALOR. REDUÇÃO EQUITATIVA. READEQUAÇÃO. DÍVIDA. MOEDA ESTRANGEIRA. CONVERSÃO. COTAÇÃO. DATA DA CONTRATAÇÃO. VERBA HONORÁRIA. PROVEITO ECONÔMICO.

---

[18] ROSENVALD, Nelson. Op. cit., p. 97 e ss.

[19] *In verbis*: "O valor da cominação imposta na cláusula penal não pode exceder o da obrigação principal".

[20] ROSENVALD, Nelson. Op. cit., p. 171.

> (...)
>
> 3. Prevalece nesta Corte o entendimento de que a cláusula penal possui natureza mista, ou híbrida, agregando, a um só tempo, as funções de estimular o devedor ao cumprimento do contrato e de liquidar antecipadamente o dano.
>
> (...)
>
> 6. Hipótese em que, diante da preponderância da função coercitiva da cláusula penal, não se poderia reduzi-la ao valor de uma única prestação ao fundamento de que essa seria a quantia que mais se aproximava do prejuízo suportado pela autora.
>
> 7. A preponderância da função coercitiva da cláusula penal justifica a fixação de uma pena elevada para a hipótese de rescisão antecipada, especialmente para o contrato de patrocínio, em que o tempo de exposição da marca do patrocinador e o prestígio a ela atribuído acompanham o grau de desempenho da equipe patrocinada.
>
> (...)
>
> 9. No caso, a cláusula penal está inserida em contrato empresarial firmado entre empresas de grande porte, tendo por objeto valores milionários, inexistindo assimetria entre os contratantes que justifique a intervenção em seus termos, devendo prevalecer a autonomia da vontade e a força obrigatória dos contratos.
>
> (...).

Igualmente problemática a incidência do art. 412 do CC quando a obrigação principal não é objetivamente mensurável ou quando os impactos de eventual inadimplência transcendem o seu valor.

Por exemplo, em um acordo de confidencialidade, a violação do dever de sigilo pode acabar por fulminar a própria sobrevivência do negócio de uma das partes, e, assim, gerar danos inestimáveis. Como, então, limitar, a priori, a expressão pecuniária da cláusula penal? Sob essa perspectiva, mais adequado que as partes, conhecedoras do valor – econômico e não econômico – dos dados cuja confidencialidade pretendem resguardar, fixem a extensão da penalidade aplicável, em vez de se sujeitarem a amarras abstratas.

Exatamente esta a opinião de Nanni:

> De fato, ante o dinamismo da sociedade contemporânea, em que as relações negociais paritárias, ausente situação de vulnerabilidade ou assimetria, mormente nas empresariais, são, em larga escala, marcantemente complexas, envolvendo contratos de duração dotados de várias prestações, a restrição da cláusula penal ao valor da obrigação não se justifica. Isso sem contar a dificuldade de quantificar, em tal tipo de pacto, qual é o montante da obrigação principal. De qualquer forma, é bem possível que a extensão dos danos decorrentes do inadimplemento, que se busca predeterminar por intermédio da pena convencional, seja bem mais expressiva do que o da cifra decorrente da própria prestação. E não há, em princípio, nenhuma iniquidade nem abusividade em tal intenção (...)[21].

Não por acaso, parcela substancial da doutrina nacional critica de forma ve-

[21] GUERRA, Alexandre Dartanhan de Mello; MELO, Diogo Leonardo Machado de; ZULIANI, Enio Santarelli; MARTINS, Fernando Rodrigues; NANNI, Giovanni Ettore; GAMA, Guilherme Calmon Nogueira Da; CALCAS, Manoel de Queiroz Pereira; BENACCHIO, Marcelo. *Comentários ao Código Civil*: direito privado contemporâneo. São Paulo: Saraiva, 2019.

emente a sobrevivência, no Código Civil de 2002, da norma encartada no art. 412.

Leciona Nelson Rosenvald,

> O art. 920, porém, foi mantido, na configuração do art. 412 do Código Civil de 2002, com a mesma redação: (...). No regime do revogado Código Civil, Carvalho de Mendonça já havia percebido o equívoco e criticado o dispositivo:
>
> 'É um erro combatido em muitas outras fontes. No direito moderno leis existem que concedem às partes plena liberdade na estipulação do quantum da pena. Em nosso direito se a pena pecuniária do contrato exceder o valor da obrigação principal, é nula no excesso. Não encontramos razão plausível para essa fixação positiva no direito moderno. Sua origem histórica era o antigo ódio à usura, hoje recalcado para o domínio exclusivo da moral'.
>
> Caio Mário da Silva Pereira criticou a perpetuação do referido dispositivo no Código Civil de 2002:
>
> 'O novo código mantém um princípio que no regime de 1916 já não tinha justificativa. E, na sistemática do atual, menos cabimento traz. A manutenção é fruto da pura inércia. Uma vez que estava, ficou. Somente as partes são interessadas em reforçar o cumprimento da obrigação com uma pena convencional. E, do mesmo modo que são livres de inseri-la ou não, no texto ou em apartado, devem ter o arbítrio de graduá-las nos limites de suas conveniências, estimando-a em cifra mais ou menos elevada'.
>
> De fato, a manutenção do art. 920 no texto do atual art. 412 do Código Civil de 2002 empobrece o modelo da cláusula penal, pois acaba por reduzi-la a uma cláusula de prefixação de danos. Mais nada.
>
> (...)
>
> A limitação do art. 412 do Código Civil é uma forte restrição à liberdade das convenções, que mais perturba do que tutela interesses individuais.
>
> (...)
>
> Temos de perceber que a autonomia privada permite que a pena seja delimitada em valor maior, igual ou maior que a obrigação principal. Em cada caso poderemos extrair da função perspectivada pelas partes um modelo prospectivo e diferenciado. Entendimento contrário frustraria a autonomia negocial e a finalidade coercitiva da pena, anulando seu próprio sentido sancionatório. Em verdade, a pena convencionada pelas partes norteia o quantum indenizatório, independente daquilo que se ajustou como obrigação principal.
>
> Não há qualquer problema da pena ser estabelecida em montante maior do que eventual prejuízo (...)[22].

Se, quando da edição do Código Civil de 2002, a interpretação do art. 412 já recomendava cautelas, as alterações a ele introduzidas pela DDLE impõem reservas ainda maiores. Havendo, a DDLE, colocado a autonomia da vontade no centro do regime jurídico de Direito Privado, todas as normas jurídicas que o compõem devem ser lidas de maneira a prestigiar esse protagonismo.

Sob essa perspectiva, a única interpretação do art. 412 do CC que se apresenta possível, após a edição da DDLE, é a que lhe imputa, nas relações paritárias, a natureza jurídica de regra supletiva, e não imperativa, e, assim, permite o amplo exercício

---

[22] ROSENVALD, Nelson. Op. cit., p. 183 e ss.

da liberdade contratual no que concerne ao arbitramento da cláusula penal.

4.2. Possibilidade de redução equitativa da cláusula penal

Prevê o art. 413 do CC que "[a] penalidade deve ser reduzida eqüitativamente pelo juiz se a obrigação principal tiver sido cumprida em parte, ou se o montante da penalidade for manifestamente excessivo, tendo-se em vista a natureza e a finalidade do negócio".

Assente, na doutrina, o status de ordem pública da norma[23].

Não é outro o conteúdo do Enunciado 355 do Conselho de Justiça Federal: "[n]ão podem as partes renunciar à possibilidade de ser reduzida a cláusula penal, se ocorrer qualquer das hipóteses previstas no art. 413 do Código civil, por se tratar de preceito de ordem pública."

A regra sob comento acaba por restringir a autonomia da vontade, com o objetivo de conter o exercício abusivo desse direito e, dessa maneira, proporcionar a concretização da boa-fé objetiva[24].

Ocorre que, por limitar a liberdade dos contratantes, o art. 413 deve ser interpretado e aplicado com cautela.

Comenta Nelson Rosenvald: "[a] atividade sindicante não pode converter o credor em vítima. Por isso a intervenção judicial de controle do montante da pena não pode ser sistemática; antes, deve ser excepcional e em condições e limites apertados"[25].

Forçoso reconhecer – como consectário lógico do raciocínio desenvolvido na seção antecedente –, que, se as partes de um contrato empresarial paritário devem contar com amplo espaço para o exercício da sua autonomia, inclusive para a fixação da cláusula penal, não faz sentido que um terceiro (i.e., Estado-juiz ou árbitro) possa reduzir o quantum que houverem estipulado.

É verdade que o art. 413 toma a natureza e a finalidade do negócio como parâmetros para qualquer modificação heterônoma da penalidade convencional.

Contudo, não é possível conceber que, em um contrato empresarial paritário, os negociantes não hajam considerado justamente aqueles elementos (natureza e finalidade do pacto), ao disporem sobre a cláusula penal.

Tendo, os pactuantes, iguais condições de acesso à informação e aos de-

---

[23] BEVILAQUA, Clóvis. *Código Civil dos Estados Unidos do* Brasil, v. 4, p. 57 *apud* ROSENVALD, Nelson. Op. cit., p. 316.

[24] TEPEDINO, Gustavo. *Notas sobre a cláusula penal compensatória*, p. 61 *apud* ROSENVALD, Nelson. Op. cit., p. 337.

[25] ROSENVALD, Nelson. Op. cit., p. 315.

mais recursos necessários à otimização de seus interesses, razoável que cada um deles arque com as consequências da adesão a pacto que eventualmente se lhe apresente desvantajoso.

Pondera Fradera:

> [T]endo adotado, ao longo deste estudo, a tese do contrato como ato de previsão, permitindo às partes a oportunidade de se apropriarem do futuro, a previsão seria a essência do contrato.
>
> Contudo, a previsão das possíveis ou eventuais vicissitudes do contrato pelas partes vai demandar, entre nós, uma mudança cultural muito forte, ou seja, um desvio de uma mentalidade típica de Civil Law, resguardada pela lei e pelo juiz, para outra, bastante próxima da *Common Law*, avessa à intervenção do magistrado, *confiando quase exclusivamente no tirocínio e capacidade dos redatores do contrato, para evitar futuros problemas*[26](grifos nossos).

Defendemos que – sob um regime jurídico autenticamente deferente à liberdade contratual (e que indubitavelmente se firmou como tal após a DDLE) –, a intervenção estatal contra o abuso de direito – seja a *priori*, por meio do legislador, seja *a posteriori*, por meio do juiz – deve permanecer adstrita às relações contratuais desiguais.

Afinal, em contratos empresariais paritários, o próprio interessado tem condições de se defender das eventuais tentativas de abuso empreendidas por sua contraparte.

Nelson Rosenvald argumenta que, aos contratantes, não é dado renunciar antecipadamente à determinação legal de redução judicial da cláusula penal, nas hipóteses descritas no art. 413 do CC. Pondera que esse dispositivo "destina-se a tutelar o devedor contra sua própria fragilidade negocial"[27].

O autor enfatiza que o seu raciocínio permanece válido mesmo após a edição da DDLE, embora a tônica dada por esse diploma torne ainda mais excepcional a

---

[26] FRADERA, Véra Jacob de. Art. 7º: liberdade contratual e função social do contrato – art. 421 do Código Civil. *In:* MARQUES NETO, Floriano Peixoto; RODRIGUES JR., Otávio Luiz; LEONARDO, Rodrigo Xavier. *Comentários à Lei da Liberdade Econômica*: Lei 13.874/2019. São Paulo: Ed. Revista dos Tribunais, 2020.

[27] ROSENVALD, Nelson. Op. cit., p. 344. Complementa: "Para aqueles que refutam a redução oficiosa da cláusula penal, poder-se-ia pensar, a princípio, em uma indevida intromissão do magistrado na vontade das partes. Em tese, essas questões versariam sobre direitos disponíveis de natureza patrimonial, atribuídos a pessoas que, *a priori*, não demandariam especial proteção do ordenamento – não seriam consumidores.

Contudo, não comungamos tal entendimento. Não podemos nos esquecer de que a ideia de relação obrigacional é muito mais amplia que o acordo de vontades que lhe deu início. A extensão e a complexidade do negócio jurídico alcançam todos os fatos e consequências que gravitam em torno do contrato, ensejando um dinamismo na relação que ultrapassa as previsões dos contratantes. Seria algo semelhante à criação da norma. Há o primeiro momento subjetivo da vontade do legislador, porém, entrando em vigor, desprende-se de seu criador e objetivamente passa a valer por si só" (p. 345).

[28] "Quanto a existência de uma possibilidade de renúncia à possibilidade de redução da cláusula penal, a sua ineficácia perante o art. 413 do CC não retira do julgador a aptidão de interpretar a atitude do contratante que pleiteia a moderação da pena convencional como uma quebra da boa-fé contratual diante das circunstâncias em que se deu a negociação. A Lei n. 13.784/2019 (LLE) inseriu no Código Civil o art. 421-A (...).

incidência do art. 413 do CC e ainda mais restrito o âmbito de sua aplicação[28].

Ousamos discordar – ou melhor, ir além da solução por ele proposta: em nossa concepção, naquelas tratativas cujos partícipes partem de posições de igualdade, não há como se vislumbrar "fragilidade negocial" que justifique a intervenção heterônoma do Estado-juiz.

Parece-nos, pois, que o escopo material do art. 413 deve abranger exclusivamente as relações contratuais não paritárias. Inadequado impor ao magistrado o poder-dever de modificação das cláusulas penais – ainda que manifestamente excessivas –, nos contratos empresariais puramente paritários.

Pondera Cretella Neto:

> É curioso, além de óbvio: nenhum Juiz de Direito se encontra presente nem é consultado quando são assinados os instrumentos contratuais.
>
> Então, porque um Juiz de Direito – com todo o respeito que se tem pela Magistratura – se sente apto a modificar cláusulas livremente pactuadas, numa ingerência indevida do Estado nas relações de cunho exclusivamente privado?
>
> Ora, essa é uma concepção por demais arcaica e que não se coaduna com o dinamismo do mundo empresarial atual, em que, por exemplo, a confidencialidade de determinados projetos merece a cobertura de uma cláusula penal rigorosa, justamente para evitar que abusos sejam cometidos por qualquer das partes contratantes e um dano irreparável seja causado.
>
> Reconhece-se que é do espírito da lei que os negócios jurídicos obedeçam à função social do contrato para reequilibrar as relações entre agentes que possuem posições econômicas particularmente díspares na relação contratual.
>
> A cláusula penal – rigorosa ou não – é sempre elaborada e estipulada em comum acordo pelas partes; por isso é que não se pode conformar com a forçada redução, determinada pela maioria das decisões judiciais[29].

Em sentido similar, mas de alcance mais restrito do que o ora propugnado, argumenta Nanni que a regra do art. 413 do CC deverá incidir nos contratos

---

Nestes termos, são de respeitar na íntegra as soluções contratuais. Só excepcionalmente se permite ao juiz temperar o rigor das soluções convencionalmente consagradas, concebendo-se a solução contratual como a solução equitativa (...).

A ampliação da zona de incidência da liberdade contratual incide sobre a cláusula penal, permitindo que as partes possam identificar critérios para a sua hermenêutica (inc. I) – ilustrativamente, estabelecendo uma sequência valorativa – bem como gerindo os riscos do inadimplemento ao anuírem com a impossibilidade de questionamento judicial do seu valor (inc. II), sendo certo que a moderação da cláusula penal é uma forma de revisão judicial (inc. III) cuja incidência, como ultima ratio diante de ausência de disposição contratual, é ínsita ao art. 413 do CC. Todos estes critérios objetivos influenciarão a decisão sobre a redução da cláusula penal, com a peculiaridade de que nos contratos empresariais caberá à parte inadimplente não apenas o ônus de exercitar a sua pretensão como o de trazer a prova do cabimento da excepcionalidade da revisão não obstante a adoção de um comportamento contraditório à prévia exclusão judicial por esta opção ou – no silêncio das partes quanto a este aspecto – ao menos uma conduta incoerente perante a prévia gestão de riscos em contrato empresarial" (ROSENVALD, Nelson. Op. cit., p. 446).

[29] CRETELLA NETO, José. Da cláusula penal nos contratos empresariais: visão dos tribunais brasileiros e necessidade de mudança de paradigma. Revista de Processo, São Paulo, v. 245, p. 379-404, jul. 2015.

paritários apenas quando as partes não a houverem expressamente afastado. Defendendo o caráter supletivo da norma questão, sob a égide da DDLE, pontua que a sua natureza cogente não representa

> [O]pinião unânime, porque se defende o cabimento de se ajustar a irredutibilidade, pelo fato de não ser de ordem pública. Ainda que a feição de não se permitir disposição em contrário seja a regra, sob pena de esvaziar o conteúdo do preceito, em hipótese extraordinária, levando em consideração a natureza e a finalidade do negócio particular, *é adequado concluir pela licitude de cláusula penal irredutível.* Há que se apresentar um evento peculiar, no bojo de uma relação paritária, em que a diminuição da pena convencional comprometa a estrutura, o racional e/ou a equação econômica do contrato, justificando a sua manutenção em caso de inexecução, coibindo-se a modificação. É matéria a ser analisada com acentuada minúcia no episódio real, o que é confirmado pela Lei nº 13.874/2019 (...), pois, no contexto da Declaração de Direitos de Liberdade Econômica, é privilegiada a autonomia privada nos negócios jurídicos empresariais paritários, consagrando-se a intervenção subsidiária e excepcional do Estado (...)[30].

5. Limites da releitura proposta: os direitos de terceiros e a função social do contrato

Procuramos deixar evidente, nas seções anteriores, nossa defesa à redução do dirigismo estatal a um mínimo, sempre que a relação jurídica privada se subsumir ao conceito de contrato empresarial paritário, como forma de concretizar a principiologia da DDLE.

É importante registrar, porém, que essa proposta apenas se aplica às situações em que os efeitos do exercício da autonomia da vontade – sejam positivos ou deletérios – tenham alcance *inter partes*.

Ao contrário, verificando-se a transcendência da sua eficácia a terceiros, determinados ou determináveis, ou a uma coletividade indeterminada, necessária a intervenção heterônoma do Estado – a *priori*, por meio do legislador, ou a *posteriori*, pela via judicial.

Isso para evitar prejuízos a partes estranhas à relação, que não puderam participar da negociação dos termos ou das condições ou fazer valer os seus interesses.

Qualquer interpretação em sentido contrário contrariaria o pilar da socialidade – sobre o qual repousa o Direito Privado contemporâneo, de matriz constitucional – sobretudo em sua vertente da função social.

Saliente-se que esse postulado se dirige principalmente "à repercussão para o exterior e não diretamente à relação interna"[31].

---

[30] GUERRA, Alexandre Dartanhan de Mello et al. Op. cit.

[31] ASCENSÃO, J. Oliveira. A nova teoria contratual. Rev. Fac. Direito UFMG, Belo Horizonte, n. 52, p. 97-126, jan.-jun. 2008.

Como explica Arnoldo Wald,

> [A] função social do contrato não deve ser interpretada como proteção especial do legislador em relação à parte economicamente mais fraca. Significa a manutenção do equilíbrio contratual e o atendimento dos interesses superiores da sociedade, que, em determinados casos, podem não coincidir com a do contratante que aderiu ao contrato e que, assim, não pode exercer plenamente a sua liberdade contratual[32].

No mesmo viés, o Enunciado 26 da I Jornada de Direito Comercial do Conselho da Justiça Federal: "O contrato empresarial cumpre sua função social quando não acarreta prejuízo a direitos ou interesses, difusos ou coletivos, de titularidade de sujeitos não participantes da relação negocial".

Não à toa, a DDLE alterou a redação do caput do art. 421 do CC, para determinar que a liberdade de contratar seja exercida "nos limites" da função social, e não "em razão" dela (como anteriormente previsto). Respeitadas as opiniões contrárias[33], parece-nos que se trata de uma alteração relevante e proposital, destinada a reduzir a sindicabilidade do Estado sobre a dimensão interna das relações contratuais e, assim, a restringir o dirigismo às repercussões externas do negócio jurídico privado.

6. Considerações finais

Como bem explica Ascensão,

> o contrato é autonomia e heteronomia simultaneamente (...). O contrato é autônomo, porque a autonomia é essencial para haver vinculação: em princípio, não é imaginável vinculação contratual sem vontade. Mas é heterônomo, porque é integrante dum conjunto de que participa. Uma ordem, lembre-se, é a posição relativa de vários elementos que permite o desempenho duma finalidade comum[34].

Não se pretende, com a presente contribuição, eliminar a heteronomia, materializada por meio do dirigismo estatal, ou restringir a convenção à manifestação da autonomia dos pactuantes.

O nosso objetivo consiste em propor novo equacionamento a essas variáveis, exclusivamente para os contratos empresariais paritários – assim entendidos aqueles para cuja celebração os partícipes concorrem em igualdade de acesso a recursos e a informações.

Defendemos que, sob essa modalidade de negócio jurídico, a autonomia

---

[32] WALD, Arnoldo. *Direito civil*. 22. ed. São Paulo: Saraiva, 2015.

[33] Por exemplo, TEPEDINO, Gustavo; CAVALCANTI, Laís. Notas sobre as alterações promovidas pela Lei nº 13.874/2019 nos Artigos 50, 113 e 421 do Código Civil. In: SALOMÃO, Luis Felipe; CUEVA, Ricardo Villas Bôas; FRAZÃO, Ana (coord.). *Lei de Liberdade Econômica e seus impactos no direito brasileiro*. São Paulo: Ed. Revista dos Tribunais, 2020.

[34] ASCENSÃO, J. Oliveira. Op. cit.

deve assumir maior protagonismo, de forma a restringir a intervenção do Estado ao mínimo necessário à salvaguarda dos direitos de terceiros e da coletividade. No âmbito da relação *inter partes*, nada mais razoável que os próprios partícipes – e não o legislador ou o juiz – zelem por seus direitos e arquem com as consequências de eventual ineficiência ou equívoco na autotutela de seus interesses.

A ideia de que, nos contratos isonômicos, a balança penda para a autonomia em detrimento da heteronomia privilegia a racional subjacente à DDLE, que, entre outros, promoveu alterações ao CC, trazendo ênfase à liberdade contratual nos negócios jurídicos empresariais paritários.

O autêntico protagonismo da autonomia da vontade passa, necessariamente, por uma customização do alcance das normas de ordem pública, que não podem guardar idêntica correspondência, quando se está a tratar, por um lado, de relações desiguais, e, de outro lado, de negócios paritários. É de se esperar que, naquelas relações, prevaleça a heteronomia sobre a autonomia e, por conseguinte, que seja mais abrangente o espectro das normas de ordem pública. Diversamente, nestes últimos negócios, deve-se priorizar a autonomia sobre a heteronomia, e, assim, restringir o escopo das normas imperativas.

Nesse diapasão, propõe-se uma releitura de regras específicas do CC, a fim de que algumas determinações – tradicionalmente erigidas como cogentes – possam ser transpostas ao campo da supletividade e, assim, mantidas, alteradas ou afastadas pelos convenentes de um contrato paritário, com base exclusivamente em seu juízo de conveniência.

Essa perspectiva não invalida a tríplice base de sustentação da codificação civilista de 2002 – operabilidade, eticidade e socialidade. Ao contrário, concretiza-a. Nada mais condizente com a lealdade das relações e, por lógica, com a boa-fé, que seja preservada a alocação de riscos livremente estipulada pelos convenentes e, com ela, as expectativas contemporâneas à celebração do negócio.

Tampouco é de se cogitar de comprometimento à função social do contrato, quando se limita a eficácia da autonomia da vontade ao escopo da relação *inter partes* e se obstaculiza o comprometimento dos direitos de terceiros ou dos interesses da coletividade.

Referências

ACCIOLY, João C. de Andrade Uzêda. Hermenêutica *pro libertatem*. *In:* MARQUES NETO, Floriano Peixoto; RODRIGUES JR., Otávio Luiz; LEONARDO, Rodrigo Xavier (coord.). *Comentários à Lei da Liberdade Econômica*: Lei nº 13.874/2019. São Paulo: Ed. Revista dos Tribunais, 2020.

ASCENSÃO, J. Oliveira. A nova teoria contratual. *Rev. Fac. Direito UFMG*, Belo Horizonte, n. 52, p. 97-126, jan.-jun. 2008.

CAMILO JÚNIOR, Ruy Pereira. Liberdades de precificação e de pactuação. *In:* MARQUES NETO, Floriano Peixoto; RODRIGUES JR., Otavio Luiz; LEONARDO, Rodrigo Xavier. *Comentários à Lei da Liberdade Econômica*: Lei nº 13.874/2019. São Paulo: Ed. Revista dos Tribunais, 2020.

CRETELLA NETO, José. Da cláusula penal nos contratos empresariais: visão dos tribunais brasileiros e necessidade de mudança de paradigma. *Revista de Processo*, São Paulo, v. 245, p. 379-404, jul. 2015.

FRADERA, Véra Jacob de. Art. 7º: liberdade contratual e função social do contrato – art. 421 do Código Civil. *In:* MARQUES NETO, Floriano Peixoto; RODRIGUES JR., Otávio Luiz; LEONARDO, Rodrigo Xavier. *Comentários à Lei da Liberdade Econômica*: Lei 13.874/2019. São Paulo: Ed. Revista dos Tribunais, 2020.

GOMES, Orlando; AZEVEDO, Antonio Junqueira de; MARINO, Francisco Paulo de Crescenzo (Atual.); BRITO, Edvaldo (Coord.). *Contratos*. 26. ed. Rio de Janeiro: Forense, 2009.

GUERRA, Alexandre Dartanhan de Mello; MELO, Diogo Leonardo Machado de; ZULIANI, Enio Santarelli; MARTINS, Fernando Rodrigues; NANNI, Giovanni Ettore; GAMA, Guilherme Calmon Nogueira Da; CALCAS, Manoel de Queiroz Pereira; BENACCHIO, Marcelo. *Comentários ao Código Civil*: direito privado contemporâneo. São Paulo: Saraiva, 2019.

MARQUES NETO, Floriano Peixoto; RODRIGUES JR., Otávio Luiz; LEONARDO, Rodrigo Xavier (coord.). *Comentários à Lei da Liberdade Econômica*: Lei nº 13.874/2019. São Paulo: Ed. Revista dos Tribunais, 2020.

MARTINS-COSTA, Judith. O direito privado como um "sistema em construção". As cláusulas gerais no Projeto do Código Civil brasileiro. *Revista de Informação Legislativa*, Brasília, a. 35, n. 139, jul.-set. 1998.

ROSENVALD, Nelson. *Cláusula penal*: a pena privada nas relações negociais. 2. ed. Indaiatuba: Editora Foco, 2020.

SALOMÃO, Luis Felipe; CUEVA, Ricardo Villas Bôas; FRAZÃO, Ana (Coord.). *Lei de Liberdade Econômica*. São Paulo: Ed. Revista dos Tribunais, 2020.

SILVA, Luiz Alberto da. Dirigismo contratual. *Revista da Faculdade de Direito UFMG*, Belo Horizonte, n. 5, p. 116-151, out. 1965. Disponível em: https://revista.direito.ufmg.br/index.php/revista/article/view/974/908.

TEPEDINO, Gustavo; CAVALCANTI, Laís. Notas sobre as alterações promovidas pela Lei nº 13.874/2019 nos Artigos 50, 113 e 421 do Código Civil. In: SALOMÃO, Luis Felipe; CUEVA, Ricardo Villas Bôas; FRAZÃO, Ana (coord.). *Lei de Liberdade Econômica e seus impactos no direito brasileiro*. São Paulo: Ed. Revista dos Tribunais, 2020.

WALD, Arnoldo. *Direito civil*. 22. ed. São Paulo: Saraiva, 2015.

Capítulo 6

A limitação de responsabilidade do investidor diante da natureza jurídica dos Fundos de Investimentos

Guilherme de Carvalho Doval

Capítulo 6 - A limitação de responsabilidade do investidor diante da natureza jurídica dos Fundos de Investimentos

Investor's limitation of liability opposed to the Investment Fund's legal nature

Guilherme de Carvalho Doval[1]

Resumo: Os Fundos de Investimento foram introduzidos no Brasil por políticas públicas fomentadoras da atividade econômica e da poupança popular. Inobstante sua crescente importância econômica, a legislação específica foi historicamente esparsa e deixou de definir questões essenciais, como a própria natureza jurídica do instituto, tomando emprestado institutos jurídicos de questionável adequação para a espécie, como o do condomínio. A evolução da regulamentação dos Fundos de Investimento e o amplo debate doutrinário resultaram na consolidação da natureza de condomínio *sui generis*, o qual não se mostrou apto a responder à demanda de desejáveis aperfeiçoamentos do instituto, como é o caso da possibilidade de limitação da responsabilidade dos investidores trazida pela Lei da Liberdade Econômica.

Palavras-chave: Fundos de Investimento – Natureza jurídica – Condomínio – Sociedade – Limitação de responsabilidade – Personalidade jurídica.

Abstract: The Investment Funds were introduced in Brazil by public policies to foster economic activity and public savings. Regardless of its growing economic importance, specific legislation has been historically sparse and failed to define essential matters such as the concept's legal nature, borrowing other legal concepts of questionable adequacy such as the common property. The evolution of Investment Funds' regulations and the wide scholar's debate resulted in the consolidation of a sui generis common property definition, which has not answered properly the demands of desirable improvements, as is the case of the limitation of liability of the investors introduced by the Economic Freedom Act.

Keywords: Investment Funds. Legal nature – Common property – Legal entity – Limitation of liability – Legal personality.

---

[1] Guilherme de Carvalho Doval é sócio do Almeida Advogados, Belo Horizonte, Minas Gerais, Brasil. Mestre em Direito da Tecnologia da Informação e Telecomunicações pela Universidade de Strathclyde. Pós-graduado em Direito Tributário pela Universidade Gama Filho, pelo Centros de Atualização em Direito de Belo Horizonte (CAD/BH). Bacharel em Direito pela Faculdade Milton Campos. E-mail: gcdoval@almeidalaw.com.br .

Sumário: 1. Introdução; 2. Evolução dos veículos de investimento no Brasil; 3. O insucesso do modelo associativo; 4. O modelo condominial e suas inadequações; 5. A limitação de responsabilidade nos Fundos de Investimento conforme a Lei da Liberdade Econômica; 6. Considerações finais; Referências.

1. Introdução

A figura dos Fundos de Investimento há muito surgiu e se desenvolveu como um mecanismo que permite a diversificação na alocação de recursos, de forma a reduzir os riscos dos investidores, ao mesmo tempo que oferece uma gestão profissional nas decisões de investimento.

Tendo surgido timidamente no Brasil ao longo da década de 1950, a figura se consolidaria apenas após as reformas legislativas iniciadas a partir de meados da década seguinte, que levaram o país ao século XX do mercado de capitais e financeiro. Foram particularmente relevantes as Leis nº 4.537 e nº 4.595, ambas de 1964, e a Lei nº 4.728 do ano seguinte, que resultaram na formalização de um sistema de correção monetária, reformulação dos sistemas bancário e de intermediação financeira, na criação do Conselho Monetário Nacional (CMN) e do Banco Central do Brasil (BACEN) e na instituição da primeira Lei Brasileira de Mercado de Capitais.

Os anos 1970 trouxeram uma explosão no mercado de capitais nacional, na esteira de diversas medidas governamentais voltadas a fomentar o setor[2], como a possibilidade de direcionamento de parcela do Imposto de Renda a determinados fundos, isenções tributárias diversas para rendimentos auferidos, a regulamentação das "sociedades de investimento" e a edição da nova Lei das Sociedades Anônimas (Lei nº 6.404, de 1976), que atualizava a ultrapassada legislação existente, ainda da década de 1940.

O final da década de 1970 traria também as primeiras iniciativas de abertura do mercado de capitais brasileiro ao investimento estrangeiro, com esforços voltados à atração de investimentos no seu ainda incipiente mercado doméstico. Nessa seara, destaca-se a edição de uma modernizada Lei do Mercado de Capitais (Lei nº 6.385, de 1976), introduzindo um órgão regulador – a Comissão de Valores Mobiliários (CVM) –, entre outras inovações visando a conferir maior segurança ao mercado doméstico de capitais.

O movimento de liberalização dos mercados financeiros dos países emergentes teve no Brasil o seu marco em 1983, sendo relevante, para o presente estu-

[2] BRASIL. *Portal do Investidos*. História do Mercado de Capitais. Disponível em: https://www.gov.br/investidor/pt-br/investir/como-investir/conheca-o-mercado-de-capitais/historia-do-mercado-de-capitais. Acesso em: 23 jul. 2022.

do, a edição da Resolução nº 1.289, de 1987, pelo Conselho Monetário Nacional, que aprovou os Regulamentos que disciplinavam, entre outros, a constituição, o funcionamento e a administração da Sociedade de Investimento – Capital Estrangeiro e do Fundo de Investimento – Capital Estrangeiro.

Somente após a efetiva abertura econômica nacional nos anos 1990 é que a figura dos Fundos de Investimento de fato se popularizou, com um crescimento firme e sustentável, que se tornou exponencial a partir da quase inédita queda dos juros básicos para patamares de 2% ao ano em 2020, incentivando até os mais conservadores investidores a buscar alternativas à renda fixa.

É de se imaginar que uma figura jurídica de crescente relevância econômica merecesse uma extensa base legal, sem prejuízo da abalizada regulamentação e fiscalização da CVM. Todavia, historicamente há um deserto legislativo que resultou em amplos debates sob questões centrais do instituto dos Fundos de Investimento, como sua própria natureza jurídica.

Somente em 2019 é que certos aspectos determinantes da figura jurídica dos Fundos de Investimento ganharam definições e limitações legais próprias, com a edição da Lei de Liberdade Econômica (Lei nº 13.874, de 2019). A novel legislação inseriu no Código Civil os artigos 1.368-C a 1.368-F, incluindo o Capítulo X – "Do Fundo de Investimento", com a definição da natureza jurídica dos Fundos de Investimento como um condomínio de natureza especial e aguardados avanços, como o da possibilidade de limitação de responsabilidade dos investidores ao valor de suas cotas.

Contudo, os efeitos deletérios da restrita evolução legislativa a respeito da matéria se materializaram nas dificuldades de adoção das inovações da Lei de Liberdade Econômica, o que apenas viria a ocorrer quando, em 23 de dezembro de 2022, foi editada a Resolução nº 175 da CVM, que passou a ser referida como Marco Regulatório dos Fundos de Investimento.

A partir de uma análise histórica do instituto e das diferentes tentativas de defini-lo, o propósito deste trabalho é demonstrar a inadequação jurídica da limitação da responsabilidade a um ente sem personalidade jurídica, como ocorre com os Fundos de Investimento, na condição de condomínios.

2. Evolução dos veículos de investimento no Brasil

Analisando em perspectiva a evolução da legislação e da regulamentação sobre os Fundos de Investimento, chega a ser curioso que, inobstante seu crescente e relevante papel no mercado de capitais nacional e em políticas de governo para atração de investimentos, a sua figura jurídica emprestou conceitos de outras áreas do direito, de forma oblíqua, criando distorções pela falta de regramento específico.

Dos raros textos de lei que tratam diretamente dos Fundos de Investimento, os mais recentes, quais sejam, a Lei nº 11.478, de 2007,[3] e a Lei nº 13.043, de 2014,[4] mantiveram o conceito de "condomínio" emprestado da legislação civil ordinária para definir a sua natureza jurídica. A adoção do conceito nasceu na Portaria do Ministério da Fazenda nº 309, de 30 de novembro de 1959, que permitiu às sociedades de crédito e financiamento e às de investimentos "a constituição de fundos em conta de participação ou em condomínio"[5].

A opção pelo modelo de condomínio, iniciada pelo executivo e não pelo legislador, naturalmente não decorreu de reflexão jurídica mais aprofundada, tendo a praticidade da alternativa a um formato mais flexível e estranho à rigidez dos modelos societários como sua razão de ser, aderindo de forma mais natural à dinâmica dos mercados de capitais e investimentos, que exigem agilidade na tomada e na implementação de decisões.

Com efeito, a existência de veículos de investimento coletivo já era consagrada em outras jurisdições, como é o caso dos *trusts* do direito anglo-saxão, que se desenvolveram em *investment trusts* e outras adaptações evolutivas, muito antes de o conceito de veículo de investimento atracar no Brasil[6]. Em 25 de maio de 1945, o Decreto-Lei nº 7.583 criou as figuras das sociedades de crédito, financiamento ou investimento, delegando ao Ministério da Fazenda a edição das normas especiais a elas aplicáveis, o que foi feito pela Portaria nº 88, de 1945.

Dessa forma, a adoção de um modelo societário clássico sujeito às normas ordinárias de funcionamento das sociedades, acrescidas dos regramentos específicos do órgão regulamentador, vigorou e prevaleceu nas primeiras duas décadas. Conforme relata Carvalho[7], as formas societárias mais comumente adotadas para esses fins eram as sociedades anônimas e as sociedades em conta de participação.

---

[3] Lei nº 11.478/2007 alterada pela Lei nº 12.431/2011: "Art. 1º As instituições autorizadas pela Comissão de Valores Mobiliários (CVM) para o exercício da administração de carteira de títulos de valores mobiliários poderão constituir Fundo de Investimento em Participações em Infraestrutura (FIP-IE) e Fundo de Investimento em Participação na Produção Econômica Intensiva em Pesquisa, Desenvolvimento e Inovação (FIP-PD&I), sob a forma de condomínio fechado, que terão, respectivamente, por objetivo o investimento no território nacional em novos projetos de infraestrutura e de produção econômica intensiva em pesquisa, desenvolvimento e inovação."

[4] Lei nº 13.043: "Art. 18. Ficam isentos de imposto sobre a renda os rendimentos auferidos por pessoa física no resgate de cotas de fundos de investimento em ações constituídos sob a forma de condomínio aberto e que atendam aos requisitos previstos neste artigo."

[5] Capítulo I, V, 3, da Portaria do Ministério da Fazenda nº 309, de 30 de novembro de 1959.

[6] NAVARRO, Eduardo Fernandes Rolam. O nascimento dos veículos de investimento coletivo: do surgimento dos *trusts* ao desenvolvimento dos investment *trusts*. *Revista de Direito Bancário e do Mercado de Capitais,* São Paulo, v. 88, p. 159-178, abr.-jun. 2020.

[7] CARVALHO, Mario Tavernard Martins de. *Regime jurídico dos fundos de investimento*. São Paulo: Quartier Latin, 2012. p. 57

As diferentes figuras, de um lado o modelo de sociedade personificada mais complexo existente no ordenamento jurídico brasileiro, e, de outro, uma sociedade contratual não personificada, demonstram por si só a dualidade do paradigma: a segurança jurídica de uma estrutura mais rígida versus a dinâmica e a flexibilidade de uma estrutura mais facilmente customizável para a gestão de investimentos.

Dentro desse contexto e de uma regulamentação até então esparsa é que a adoção de um modelo adaptado de condomínio de investimentos surgiu e fixou-se mediante esforços regulamentares. Como muitas vezes ocorre, a regulamentação surgiu de forma reativa, após movimento do mercado, quando da criação, no Brasil, do Fundo Crescinco, do grupo Rockefeller, ao final da década de 1950, e de quatro fundos administrados pela Deltec, todos adotando a forma de condomínio[8].

Avaliar os reais efeitos trazidos pela Lei da Liberdade Econômica à noção de Fundos de Investimento perpassa pela compreensão das razões de fracasso, sucesso e formas de evolução dos modelos adotados ao longo das últimas décadas.

3. O insucesso do modelo associativo

Em um emblemático trabalho de 1971, Alonso[9] externou sua percepção sobre a resistência da sociedade jurídica em permitir a criação de novas figuras, buscando sempre imprimir conceitos jurídicos existentes a situações novas. Essa percepção de forçada adaptação a institutos desenvolvidos para outras fins imperou no ordenamento jurídico nas décadas que se sucederam. Naquele trabalho[10] o autor apresentou um interessante contraponto, compilando os ainda incipientes estudos jurídicos sobre a natureza dos Fundos de Investimentos, em que pontua:

---

[8] Conforme relatado na *Revista Capital Aberto*, São Paulo, Edição Especial "Fundos de Investimento, 50 anos de história", maio 2017.

"Nesse ambiente precário é que surgiu o primeiro fundo de investimentos. O Crescinco foi aberto à captação no dia 18 de janeiro de 1957, como uma iniciativa da International Basic Economic Corporation (Ibec), uma empresa do grupo Rockefeller. Moderno, ele podia, por exemplo, investir 20% do patrimônio em ações de companhias estrangeiras, desde que tivessem subsidiária no Brasil."

"Nos anos seguintes, a Deltec lançaria mais quatro fundos – os Condomínios Valéria, assim chamados em homenagem a uma das filhas de Clarence Dauphinot Jr., americano fundador da Deltec. 'A base era a legislação de condomínios", diz Teixeira da Costa. "Não havia uma lei específica.' A legislação que regularia o mercado de capitais só seria promulgada dali a 19 anos, em 1976, substituindo a lei societária de 1940."

[9] ALONSO, Félix Ruiz. Os Fundos de Investimento. Condomínios mobiliários. *Revista da Faculdade de Direito, Universidade de São Paulo*, São Paulo, v. 66, p. 223-271, jan. 1971.

[10] ALONSO, Félix Ruiz. Op. cit.

> Oscar Barreto Filho e Bernard Pajiste, consideram os Fundos como "sociedade em conta de participação"; Peter Walte R Ashton, com Cyrn e Lima consideram-nos como "expectativas de condomínio" ou "spes condominii". Estes autores têm, entre outros, o grande mérito de terem escrito quando nada havia, praticamente, sobre a especialidade. PONTES DE MIRANDA, mais recentemente, os considera como "Condomínios", embora não fundamente a sua opinião, sendo esta não só a sua denominação legal, mas a "opinio communis", que vai se formando à margem do direito[11].

Inicialmente, é interessante constatar que o Código Civil define a sociedade a partir da coexistência de determinados requisitos, como estipulado em seu art. 981: "pessoas que reciprocamente se obrigam a contribuir, com bens ou serviços, para o exercício de atividade econômica e a partilha, entre si, dos resultados". Na lição de Almeida[12]:

"A sociedade, seja empresária ou simples, se constitui por um contrato firmado por duas ou mais pessoas físicas ou jurídicas, que conjugam bens ou serviços para o exercício da atividade econômica, com finalidade lucrativa."

Como se percebe, a sociedade parte do conceito de contrato, trazendo consigo os elementos que tradicionalmente lhe são atribuídos para sua validade, sendo especialmente importante para o presente estudo o aspecto da manifestação de vontade que, para fins de integração de uma sociedade, tem no propósito de se associar seu aspecto fundamental.

A vontade de colaboração recíproca dos sócios para realizar o propósito social, dentro das condições contratadas, é a chamada *affectio societatis*, que une os sócios em um vínculo associativo, pelo qual voluntariamente emprestam seus recursos ou serviços, conforme a natureza da sociedade contratada, visando à realização do objeto social em busca do resultado a ser compartilhado. Assim, a materialização da vontade de contratar uma sociedade ocorre justamente na entrega do seu patrimônio ou serviços que deixam a esfera jurídica particular de cada sócio para integrar o patrimônio da sociedade, que passa a ser alheio ao patrimônio individual dos seus sócios, compondo um fundo comum sobre o qual a universalidade dos sócios possui titularidade indireta.

Por fim, o propósito final de divisão dos resultados obtidos, sejam lucros ou perdas, constitui o último dos elementos para a caracterização de uma sociedade. Isso pois, sem a intenção de compartilhamento dos resultados entre os sócios, a relação jurídica de fundo deixa de ser societária para alcançar outras áreas do direito.

---

[11] ALONSO, Félix Ruiz. Op. cit., p. 224.

[12] ALMEIDA, Amador Paes de. *Manual das sociedades comerciais:* direito de empresa. 22. ed. São Paulo: SaraivaJur, 2018. p. 31.

Desta forma, presentes os elementos acima em determinada estrutura jurídica, a legislação lhe confere o caráter de sociedade, devendo para tanto enquadrá-la em algum dos tipos societários previstos, atualmente, no Código Civil ou na legislação extravagante, sendo esta última particularidade especialmente pertinente quando estudamos os Fundos de Investimento, cujas normas de constituição e funcionamento são objeto de regramentos próprios.

Não é difícil perceber que requisitos essenciais se encontram presentes, de igual maneira, na associação contratual existente entre os cotistas de um Fundo de Investimento, que aportam parte do seu patrimônio no condomínio para que este, como sujeito de direito, destine o capital a sociedades empresárias visando à exploração de atividade econômica em busca do lucro, como já ocorria mesmo na vigência do Código Civil de 1916 (e, consequentemente, no Código Comercial de 1850, que regulava as sociedades até a sua revogação pelo atual diploma).

Não por acaso, os primeiros veículos de investimento no ordenamento brasileiro assumiram a roupagem jurídica societária, seja a sociedade personificada na forma de sociedades de investimento sob a forma de sociedade anônima, ou a forma despersonificada da sociedade em conta de participação, conforme elucida França[13].

A forma inicial das sociedades de investimento era a de sociedade anônima, que requeriam autorização governamental para o seu funcionamento e estavam sujeitas a normatização e fiscalização governamentais específicas. Em outras jurisdições observou-se o mesmo movimento, pelo qual os investidores buscam a proteção da responsabilidade limitada típica dos modelos societários, formato que ainda impera em várias jurisdições, especialmente no mercado de investimentos imobiliários[14].

Seguramente, a rigidez da governança societária, asseverada nas sociedades por ações, aliada à limitação de responsabilidade dos acionistas no limite do "preço das ações que vier a subscrever ou adquirir"[15], foram elementos centrais para conferir maior segurança e atratividade aos investidores.

---

[13] FRANÇA, Erasmo Valladão de Azevedo e Novaes. *Temas de direito societário, falimentar e teoria da empresa*. São Paulo: Malheiros, 2009. p. 187.

[14] Nicole Mattar Haddad Terpins (*Natureza jurídica dos fundos de investimento imobiliário*. Dissertação (Mestrado) – Faculdade de Direito, Universidade de São Paulo, São Paulo, 2013. p. 10), observa que os Real Estate Investment Trusts (REITs), veículo de investimento similar aos Fundos de Investimentos Imobiliários no Brasil, foram inicialmente concebidos em forma de *business trusts*, buscando permitir a distribuição de resultados aos beneficiários de forma similar aos modelos societários, mas a sua forma híbrida gerou diversas incertezas legais com a aplicação de responsabilidade ilimitada, que passou a ser adotado o modelo de *corporation* que até hoje vigora nos Estados Unidos e inspirou modelos similares em inúmeras outras jurisdições.

[15] REQUIÃO, Rubens. *Curso de direito comercial I*. 32. ed. São Paulo: Saraiva, 2013. p. 437.

Como narrado por Alonso[16], alguns dos primeiros autores que se aventuraram a desbravar o até então inexplorado campo jurídico reconheceram nos Fundos de Investimento a natureza de sociedade em conta de participação, como Oscar Barreto Filho e Bernard Pajiste, formato esse admitido pela Portaria nº 309, de 1959, do Ministério da Fazenda, que se referia a fundos em conta de participação e em condomínio.

Essa solução societária se estruturava tendo por sócia ostensiva as sociedades de investimento, a quem competia, na forma do atual art. 991 do Código Civil, e de forma similar ao permissivo do Código Comercial então em vigor, obrigar-se perante terceiros e exercer em seu nome a atividade proposta. Por outro lado, os sócios participantes eram compostos pelos investidores, ficando o fundo representado pela conta de participação, exercida na forma do contrato, que fazia as vezes do regulamento do Fundo.

Inobstante a criativa forma de se livrar das amarras mais rígidas das sociedades anônimas, particularmente aquelas atinentes às dificuldades de realização de chamadas de capital, a constituição de Fundos de Investimento na forma de sociedades em conta de participação foi fadada ao insucesso.

Terpins[17] discorre que a possibilidade de adoção da forma societária ou condominial estabelecida em 1959 foi mantida quando da promulgação da Lei nº 4.728, de 1965. Contudo, referida lei atribuiu ao CMN a competência normativa para as sociedades de investimento e ao BACEN a fiscalização dessas sociedades e dos fundos por elas administrados. Após deliberação do CMN de 10 de dezembro de 1968, o BACEN editou a Resolução nº 103 que, entre outros aspectos, vedava às sociedades de crédito, financiamento ou mistas a constituição, administração ou gerência de fundos mútuos e determinava sua liquidação em um ano. Em reação, as sociedades de crédito, financiamento e investimento negociaram com o governo uma nova roupagem que afastasse os riscos das sociedades em conta de participação, tendo sido definida a continuidade da utilização dos condomínios como estrutura jurídica exclusiva, conforme instituídos pela Resolução nº 145 do BACEN.

Inobstante a prevalência do modelo condominial imposta pelas circunstâncias, como será abordado no capítulo seguinte, ainda há quem defenda com vigor que a natureza jurídica dos Fundos de Investimento, dadas as suas características, continua se amoldando de forma muito mais adequada à ideia de sociedade, ainda que sem personalidade jurídica, estando sujeita às regras das sociedades simples, comum e, inclusive, a determinadas disposições da Lei das Sociedades

[16] ALONSO, Félix Ruiz. Op. cit., p. 61.

[17] TERPINS, Nicole Mattar Haddad. Op. cit., p. 66.

Anônimas[18]. Mais que isso, por unir todos os requisitos legais para a formação de uma sociedade, o caráter associativo e não condominial prevalece e os Fundos de Investimentos constituiriam sociedades, inobstante a forma como são referidos pelas normas infralegais.

Feitas tais considerações sobre aspectos jurídicos e a evolução histórica dos Fundos de Investimento no Brasil, a justificativa para a adoção de um modelo não associativo decorreu de um elemento central em qualquer atividade econômica: a tributação (ou, no caso, a sua duplicidade). *Terpins*[19], citando *Ashton*[20], discorre que os fundadores do Fundo Crescinco, o primeiro a adotar a forma condominial no Brasil, o fizeram não por acreditarem na melhor adequação da natureza jurídica do instituto, tendo a decisão sido lastreada no propósito de que fosse evitada a dupla tributação e, ainda, para superar a exigência de capital fixo para as sociedades.

O modelo condominial e suas inadequações

O condomínio é um instituto de direito real, amplamente regulamentado pelo Código Civil em seus artigos 1.314 a 1.330, e assim também era na vigência do Código Civil de 1916, que dedicava ao instituto os artigos 623 a 645. Em sua origem, deriva do termo em latim *condominium*, que se dá na ocorrência do domínio simultâneo de mais de uma pessoa sobre um determinado bem ou suas partes. No ordenamento jurídico brasileiro, e em sua acepção clássica, o condomínio é a copropriedade direta sobre determinado bem.

Os condomínios não possuem personalidade jurídica própria, de modo que não há que se falar em limitação de responsabilidade entre os condôminos. Sua administração compete ao administrador eleito, que pode inclusive ser terceiro não condômino, sujeito às normas condominiais e às deliberações da maioria, apurada pela proporção dos quinhões. Os "frutos da coisa comum" devem ser repartidos, em regra, na proporção dos quinhões, e as dívidas contraídas pelos condôminos, ainda que em proveito da comunhão, não obrigam os demais. Um último aspecto da essência dos condomínios é a sua natureza temporária, posto que, exceto em circunstâncias especiais e temporárias (condição estabelecida por doador, por testador ou acordada entre os condôminos, por prazo máximo de cinco anos), qualquer condômino pode requerer a divisão da coisa comum.

A Resolução nº 175 de 2022 da CVM, que revoga Instrução Normativa

---

[18] A esse respeito discorre FRANÇA, Erasmo Valladão de Azevedo e Novaes. Op. cit., p. 185.

[19] TERPINS, Nicole Mattar Haddad. Op. cit., p. 66.

[20] ASHTON, Peter Walter. Companhias de investimento. Rio de Janeiro. Edições Financeiras, 1963.

(IN) nº 555 da CVM, que até então regulava a matéria, seguindo o mesmo diapasão das normas anteriores que remontam desde a Lei nº 3.470 de 1958, estabelece que:

"Art. 4º O fundo de investimento é uma comunhão de recursos, constituído sob a forma de condomínio de natureza especial, destinado à aplicação em ativos financeiros, bens e direitos, de acordo com a regra específica aplicável à categoria do fundo."

Não é difícil perceber que a natureza condominial dos Fundos de Investimento, que prevaleceu no ordenamento jurídico brasileiro, é incompatível com diversas características dos condomínios imobiliários, a começar pelo aspecto central da copropriedade, que na figura imobiliária pode ser exercida por todos os condôminos sobre a coisa comum, na ampla aplicação do conceito de *domínio* constante do art. 1.228 do Código Civil, que confere ao dono o direito de usar, gozar e dispor do bem.

O direito de uso (*jus utendi*) é a faculdade do proprietário de se servir da coisa da forma que lhe aprouver, fazendo-o pessoalmente ou de forma indireta, quando a deixa em poder de alguém que esteja sob suas ordens (fâmulo da posse). O direito de gozo (*jus fruendi*) consiste na exploração da coisa, mediante a extração de frutos naturais ou civis (como as rendas decorrentes). O direito de dispor (*jus abutendi*) confere ao titular o direito de aliená-la a título oneroso ou gratuito, consumir ou gravar com ônus. Como consequência natural do direito de propriedade que une as três esferas, é assegurado ao proprietário o direito de ação para reaver a posse do seu bem de quem o possua injustamente (*rei vindicata*).

Aplicando à seara condominial os elementos acima citados que compõem o domínio, configurando a exteriorização do direito de propriedade em sua plenitude, a todos os condôminos é assegurado o livre uso da propriedade comum, observadas as restrições que decorrem de sua indivisão.

Além disso, são diversas prerrogativas que assistem os condôminos, na forma da lei civil. Os condôminos têm a prerrogativa de reivindicar de terceiro a coisa comum. Mantêm o direito potestativo de promover a divisão da coisa comum. A eles é facultado se eximir dos custos de manutenção da coisa comum, renunciando à parcela ideal de sua copropriedade, ao mesmo tempo que podem cobrar dos demais condôminos, em direito de regresso e na proporção de suas porções ideais, custos incorridos comprovadamente para a manutenção da coisa comum. Possuem o direito de alienar sua propriedade sobre a coisa comum e o direito de preferência para a aquisição da parte de qualquer outro condômino sobre a coisa comum, em igualdade de condições com os demais condôminos.

Nos Fundos de Investimento os cotistas não possuem direitos de propriedade sobre a totalidade do fundo comum, competindo-lhes apenas o exercício de direitos políticos e econômicos decorrentes das cotas que lhes são atribuídas. Em decorrência, todas as prerrogativas listadas no parágrafo anterior não se aplicam da mesma maneira aos integrantes de um Fundo de Investimento.

A prerrogativa de reivindicação do bem comum[21] é absolutamente incabível em um Fundo de Investimento. Nem mesmo nos Fundos Imobiliários, cujo objeto do investimento possui um mínimo de conexão com os direitos reais, a reinvindicação é possível, sendo objeto de disposição expressa de lei que "o titular as quotas do Fundo de Investimento Imobiliário: I – não poderá exercer qualquer direito real sobre os imóveis e empreendimentos integrantes do patrimônio do fundo"[22].

Na essência do condomínio está o seu aspecto temporário, razão pela qual existem limites temporais objetivos, e a condição de indivisibilidade é deveras excepcional, como abordado acima, elemento que se reflete no art. 1.320 do Código Civil[23]. O art. 48 da Resolução nº 175 de 2022 permite que os Fundos de Investimento tenham prazo de duração até mesmo indeterminado[24].

As prerrogativas outorgadas aos condôminos acerca da manutenção do bem comum também se afastam diametralmente do regramento existente para os Fundos de Investimento sobre a matéria. A possibilidade de renúncia às cotas em favor dos demais cotistas como forma de se desvencilhar de obrigações financeiras para com o fundo[25] simplesmente não possui qualquer disposição similar na regulamentação. Da mesma forma, a assunção de dívidas em favor do condomínio com direito de regresso contra os demais[26] não possui qualquer paralelo em um Fundo de Investimento, em que apenas o administrador possui tal atribuição.

Sobre o elementar direito de dispor da propriedade tida em condomínio, as cotas de Fundos de Investimento de classe aberta sequer podem ter sua titu-

---

[21] Código Civil, Art. 1.314: Cada condômino pode usar da coisa conforme sua destinação, sobre ela exercer todos os direitos compatíveis com a indivisão, reivindicá-la de terceiro, defender a sua posse e alhear a respectiva parte ideal, ou gravá-la.

[22] Lei nº 8.668/1993, art. 13, I.

[23] Art. 1.320. A todo tempo será lícito ao condômino exigir a divisão da coisa comum, respondendo o quinhão de cada um pela sua parte nas despesas da divisão.

[24] Art. 48. O fundo de investimento é regido pelo regulamento e, se for o caso, suas classes de cotas são complementarmente regidas por anexos ao regulamento:

(...)

[25] VI – prazo de duração, que pode ser indeterminado; e

(...).

Permitida no condomínio civil, conforme art. 1.316 do Código Civil.

[26] Art. 1.318 do Código Civil.

laridade cedida ou transferida, salvo em hipóteses expressamente enumeradas na regulamentação própria[27]. Não há, ademais, direito de preferência para a aquisição de cotas, cenário que poderia ocorrer em fundos fechados, ante a ausência de previsão regulamentar.

O direito comparado não socorre com propriedade os percalços da aplicação da teoria condominial à realidade jurídica brasileira sobre Fundos de Investimento. Em aprofundado trabalho, Freitas[28] aborda as correntes aplicadas em outras jurisdições, mas que, em última análise, falham em se adaptar à realidade jurídica nacional.

A primeira teoria, de origem lusitana, é conhecida por "Comunidade de bens", defendendo que os Fundos de Investimento são uma *universitas iuris* singular, fazendo analogia com a herança no direito brasileiro. Citando Maria João Vaz Tomé[29]:

> Pode-se dizer, em jeito de conclusão, que os fundos comuns de investimento pertencem em comunhão, que não necessariamente em compropriedade, aos participantes. Na verdade, a comunhão é o gênero e a compropriedade a espécie. Se toda a compropriedade é comunhão, nem toda a comunhão é compropriedade. Nos fundos, estará em causa uma forma de propriedade colectiva diversa da compropriedade caracterizada pelo estatuto específico para si previsto em lei especial (DL. Nº 276/1994) e, nos limites por esta estabelecido, no regulamento de gestão.

A particularidade do parágrafo único do art. 1.791 do Código Civil[30] torna inócua a tese na jurisdição brasileira, posto que o regime jurídico das universalidades é remetido às normas condominiais.

Passo seguinte, o prestigiado autor aborda a teoria da Propriedade em Mão Comum, de origem no direito alemão, com inspiração do instituto do *communio iuris romani*[31]. Contudo, a concepção clássica coloca o direito do indivíduo em detrimento da coletividade, visão oposta ao do instituto no direito germânico, que prioriza a comunidade, eliminando a ideia de fração ideal para atribuir os direitos de uso, gozo e fruição à própria comunidade e não mais ao indivíduo.

Essa visão sob a ótica do direito alemão se aproxima sensivelmente da sistemática dos Fundos de Investimento no Brasil, dado o foco na coletividade, eliminando prerrogativas individuais que muitas das vezes não refletem o interes-

---

[27] Resolução nº 175, de 2022, da CVM, Art. 16.

[28] FREITAS, Ricardo. S. *Natureza jurídica dos fundos de investimento*. São Paulo: Quartier Latin, 2006.

[29] FREITAS, Ricardo. S. Op. cit., p. 85.

[30] Parágrafo único. Até a partilha, o direito dos co-herdeiros, quanto à propriedade e posse da herança, será indivisível, e regular-se-á pelas normas relativas ao condomínio.

[31] FREITAS, Ricardo. S. Op. cit., p. 87.

se coletivo (manutenção do caráter indiviso, proteção contra dívidas contraídas perante terceiros, por exemplo). Contudo, o privilégio ao coletivo é tão exacerbado que deixa de existir um paralelo até mesmo para a figura das cotas.

Por fim, com inspiração na *common law*, a teoria da Propriedade Fiduciária atribui ao administrador a propriedade fiduciária dos Fundos de Investimento, com todos os poderes inerentes ao domínio, a figura jurídica do *trust*. Nessa teoria, os cotistas outorgam mandato ao administrador, estabelecendo uma relação de origem obrigacional, sendo facultado aos primeiros os direitos de recebimento dos lucros, reembolso ou indenização em caso de ilicitudes na administração.

Há extensa doutrina acerca da inadequação jurídica da figura do *trust* no Brasil, cuja raiz romana difere da germânica em seu cerne, no aspecto da fidúcia como direito pessoal e não real. No que concerne aos Fundos de Investimento, como efeito prático, um eventual pedido de resgate resultaria na entrega de fração ideal dos bens do fundo (direito real de copropriedade sobre os ativos), em vez da entrega de recursos (valor econômico patrimonial das cotas) que se opera.

Assim é que, situada na zona cinzenta entre a figura associativa que caracteriza as sociedades, mas sem se enquadrar na completa acepção da terminologia condominial eleita para designar sua natureza jurídica, ganhou corpo a tese de que os Fundos de Investimento são, na realidade, condomínios mobiliários, uma figura *sui generis* cujas características advêm mais de regulamentação infralegal do que da lei. A posição de Arnoldo Wald, em trabalho de 1990, é repetida ao longo da extensa literatura sobre a natureza jurídica dos Fundos de Investimento:

> Quer se cogite de um condomínio especialíssimo ou "sui generis", de uma sociedade sem personalidade jurídica, na terminologia do Código de Processo Civil, ou de uma forma de "trust" já adaptado e consagrado pelo Direito Brasileiro, a designação e a semântica são secundários, pois o importante é a capacidade substantiva e adjetiva do Fundo para adquirir e transmitir direitos, atuar em Juízo e praticar todos os atos da vida comercial, embora só possa exercer sua atividade por intermédio de seu gestor. Não se trata de contrato de comissão, pois os bens são adquiridos em nome do gestor e por conta dos condôminos em nome do Fundo e para o mesmo.

De fato, ante a aparente intransponibilidade da aplicação do consagrado instituto do direito civil aos Fundos de Investimento, ao denominá-los de condomínios atípicos o que se tem é o reconhecimento de que não se trata, efetivamente, de condomínios.

Esta é a leitura do art. 4º da Resolução nº 175 de 2022 da CVM, que confere aos fundos de investimento "a forma de condomínio de natureza especial, destinado à aplicação em ativos financeiros, bens e direitos, de acordo com a regra específica aplicável à categoria do fundo". A referência à "natureza especial" aparenta uma figura de linguagem adotada pelo regulador para inferir que, para esse condomínio, não se aplicam as regras desse consagrado instituto de direito civil.

5 . A limitação de responsabilidade nos Fundos de Investimento conforme a Lei da Liberdade Econômica

A Lei da Liberdade Econômica merece uma observação preliminar. Conforme dados de 2023 da Heritage Foundation, o Brasil ocupa a 127ª posição em Liberdade Econômica, entre 178 países considerados. Contas públicas desorganizadas, corrupção, rigidez da legislação trabalhista, ineficiência judicial e insegurança jurídica são alguns dos fatores avaliados que levam o Brasil a enorme distância dos países desenvolvidos que, não por acaso, em regra são aqueles em que a liberdade econômica impera.

A edição da medida provisória, posteriormente convertida em lei, foi um sopro de esperança e, após 14 anos consecutivos de regressões naquele *ranking*, a partir de 2018 percebeu-se uma inversão na tendência, ainda que tímida, e a Lei da Liberdade Econômica seguramente foi um dos fatores pelos seus efeitos diretos e indiretos, posto que a norma federal inspirou medidas similares pelos poderes públicos estaduais e municipais.

Mas o ditado popular bem diz acerca da "boa intenção". No que se refere às alterações no regime jurídico dos Fundos de Investimento, o brocado é certeiro. Inobstante as boas intenções de promover maior segurança jurídica a um instituto que possui cada vez mais relevância na economia, objeto de amplas discussões, como abordado neste trabalho, os efeitos foram mais perguntas que respostas.

A Lei da Liberdade Econômica trouxe, em seu art. 7º, diversas alterações no Código Civil. De maior relevância para este estudo são a inclusão do art. 49-A e as alterações no art. 50, que tratam da autonomia patrimonial, personalidade jurídica e sua desconsideração e, especialmente, a inclusão dos arts. 1.368-C a 1.368-F, em novel capítulo específico "Do Fundo de Investimento".

Em seu caput, o art. 1.368-C trata logo de definir o instituto, estabelecendo que o "fundo de investimento é uma comunhão de recursos, constituído sob a forma de condomínio de natureza especial, destinado à aplicação em ativos financeiros, bens e direitos de qualquer natureza". Em contraponto à definição até então vigente, oriunda da regulamentação da CVM, a única diferença foi o reconhecimento da "natureza especial" do condomínio.

Até então, apesar da novidade em termos de lei, não há surpresa com relação à conceituação jurídica já há muito aceita (ainda que parcialmente e com reservas, como visto acima). Contudo, já no § 1º[32] o legislador houve por bem

---

[32] § 1º Não se aplicam ao fundo de investimento as disposições constantes dos arts. 1.314 ao 1.358-A deste Código.

em afastar a aplicação da extensa normativa do próprio Código Civil a respeito do Condomínio. E no § 2º[33] a medida é coroada com uma delegação para que a administração pública indireta (a CVM) discipline o instituto, o que veio ocorrer com a Resolução nº 175 de 2022 da CVM.

Dessa forma é que, em apenas um artigo, o legislador confere amparo legal a uma respeitável corrente doutrinária sobre a natureza jurídica do instituto em questão, como uma derivação de um outro, exclui a aplicação das regras elementares e que definem o instituto de origem e, passo seguinte, delega à CVM a competência para legislar sobre direito civil e societário, problemática relevante, ainda que não seja objeto deste estudo. O artigo seguinte (1.368-D) acrescenta ainda a prerrogativa da CVM regulamentar a limitação da responsabilidade do investidor, no limite do valor das suas cotas[34].

A expressão prática da responsabilidade patrimonial se materializa no Código de Processo Civil, que em seu artigo 789 estabelece que o "devedor responde com todos os seus bens presentes e futuros para o cumprimento de suas obrigações, salvo as restrições estabelecidas em lei". O artigo seguinte, por sua vez, dispõe em seu inciso II que os bens do sócio são sujeitos à execução "nos termos da lei".

Com efeito, a limitação da responsabilidade patrimonial é uma exceção legal para a exploração da atividade econômica e constitui uma saudável inovação com relação aos Fundos de Investimento, como forma de garantir maior segurança aos investidores e maior atratividade ao mercado de capitais, grande fomentador da economia. A regra geral, salvo a excepcionalidade legal, é a da responsabilidade ilimitada.

Contudo, a limitação da responsabilidade caminha ao lado da personalidade jurídica e pode ser uma consequência dela. Como leciona Frazão[35]:

> Longe de ser um privilégio injustificado concedido a sociedades empresárias, a limitação da responsabilidade dos sócios é importantíssimo instrumento de estímulo ao investimento produtivo. Com efeito, a separação patrimonial perfeita dela decorrente faz com que apenas o patrimônio da sociedade personificada – e não mais os patrimônios pessoais dos sócios – respondam ordinariamente pelas dívidas da sociedade.

Ao permitir a existência da limitação de responsabilidade ao valor das cotas de condomínios de natureza especial, o legislador inovou ao promover, pela primeira vez, a possibilidade de limitação de responsabilidade desacompanhada da personalidade jurídica, o que pode ser um fator de maior insegurança jurídica,

---

[33] § 2º Competirá à Comissão de Valores Mobiliários disciplinar o disposto no *caput* deste artigo.

[34] Art. 1.368-D. O regulamento do fundo de investimento poderá, observado o disposto na regulamentação a que se refere o § 2º do art. 1.368-C desta Lei, estabelecer:

I – a limitação da responsabilidade de cada investidor ao valor de suas cotas; (...)

[35] FRAZÃO, Ana. *Função social da empresa*: repercussões sobre a responsabilidade civil de controladores e administradores de S/As. Rio de Janeiro: Renovar, 2011. p. 18.

o efeito diametralmente oposto ao pretendido.

Ora, se o condomínio, inobstante sua natureza especial que pode proporcionar até mesmo a limitação de responsabilidade ao condômino, representa uma comunhão de propriedade entre seus integrantes, a autonomia patrimonial, que é pressuposto para a limitação de responsabilidade, torna-se juridicamente impossível, haja vista que, sem a separação, todo o patrimônio do devedor se expõe aos credores.

É importante perceber que a mesma Lei da Liberdade Econômica que reforçou a autonomia patrimonial das pessoas jurídicas em relação aos seus sócios e acionistas apresentou os remédios contra eventuais abusos. Nessa linha, o art. 49-A do Código Civil ressalta a separação entre pessoa jurídica e seus sócios e consagra a autonomia patrimonial como importante instrumento de estímulo à atividade econômica, enquanto o art. 50, com nova redação definida pela Lei nº 13.874, de 2019, traz o remédio da desconsideração da personalidade jurídica em caso de desvio de finalidade e confusão patrimonial.

Não há na legislação remédio para eventuais abusos praticados por entidades despersonificadas de responsabilidade limitada, como podem vir a ser os Fundos de Investimento.

Por outro lado, é interessante perceber que, em contrapartida ao benefício da limitação de responsabilidade, a CVM inseriu nos arts. 122 e seguintes da Resolução nº 175 de 2022 um extenso regramento para as hipóteses de patrimônio líquido negativo de classe de cotas sujeita à responsabilidade limitada dos seus cotistas.

Até então, na vigência da IN CVM nº 555,[36] a materialização da responsabilidade ilimitada se dava no reconhecimento da obrigação dos cotistas de responder pelo patrimônio líquido do fundo. Reiterando a ressalva da (in)devida delegação de prerrogativas à CVM para legislar sobre direito processual civil, caso os procedimentos determinados pela nova regulamentação buscando a recomposição do patrimônio líquido do fundo não obtenham sucesso, o resultado final será a "declaração judicial de insolvência de classe de cotas" a ser perseguida pelo administrador[37] ou pela própria CVM[38].

A sociedade empresária, assim como o empresário, goza da possibilidade de adotar a recuperação judicial, a recuperação extrajudicial e a falência, conforme as disposições da Lei nº 11.101/2005. Aqueles que não se qualificam como empresários ou sociedades empresárias ficam sujeitos à insolvência ordinária, conforme disciplinada pelo Código de Processo Civil.

[36] IN CVM nº 555, art. 15.

[37] Resolução nº 175, de 2022, da CVM, art. 122.

[38] Resolução nº 175, de 2022, da CVM, art. 123.

Todavia, assim como a falência refere-se à pessoa da sociedade empresária ou do empresário, a insolvência refere-se à pessoa do devedor[39], de modo que o exercício para a sua aplicação a apenas a uma classe de cotas de uma entidade despersonificada, e nem sequer aos seus cotistas, cria distorções que dificultam sobremaneira a aplicação da lei.

6. Considerações finais

Vimos que os veículos de *Private Equity* no Brasil foram instrumentos de grande valia para a atração de investimentos e fomento do mercado de capitais. O desenvolvimento dos instrumentos jurídicos para esse fim, contudo, não seguiram uma forma sistematizada em conformidade com o ordenamento jurídico e institutos de direito consagrados.

Tendo se popularizado como adaptações de modelos utilizados em outras jurisdições, os Fundos de Investimento oscilaram entre formatos despersonalizados e modelos associativo. Em um ambiente de amplo e extenso debate doutrinário, o modelo condominial prevaleceu mais em decorrência de efeitos jurídicos, como a tributação e a forma de composição de capital, do que propriamente por uma natureza jurídica mais adequada.

Essa situação gerou distorções diversas que prejudicam, até mesmo, medidas que a princípio seriam benéficas para a evolução dos Fundos de Investimento, como ocorre com a nova previsão legal, acerca da possibilidade de limitação da responsabilidade dos investidores aos valores das respectivas cotas de sua titularidade.

Em um contexto em que a própria lei afasta a aplicação das previsões legais acerca do instituto de origem, apresentando uma base legal restrita para um instrumento jurídico de tamanha importância, a limitação de responsabilidade do investidor surge em um descompasso com o restante do arcabouço jurídico, dada a manutenção da ausência de personalidade jurídica dos Fundos de Investimento.

Entre os efeitos dessas distorções é possível destacar a ausência de legislação protetiva a terceiros contra abusos causados pelo fundo e também as hipóteses de patrimônio negativo de cotas sujeitas à responsabilidade limitada, que em determinados casos podem culminar na aplicação do instituto da insolvência civil, que não foi desenhado como concurso universal contra parcela de uma entidade despersonificada.

---

[39] Em seu art. 1.052, o Código de Processo Civil remete ao diploma anterior (Lei nº 5.869/1973) as execuções contra devedor insolvente, até edição de lei específica. A Lei nº 5.869/1973, por sua vez, dispõe que: "Art. 748. Dá-se a insolvência toda vez que as dívidas excederem à importância dos bens do devedor."

Uma vez que os preexistentes elementos caracterizadores das sociedades continuam se fazendo presentes nos Fundos de Investimento, parece-nos ser uma medida juridicamente mais adequada a outorga de natureza societária a essas entidades, ainda que mediante a criação de um novo tipo societário, em adição aos já existentes, e sujeito à regulação e fiscalização da CVM diante das suas particularidades.

Referências

ALMEIDA, Amador Paes de. *Manual das sociedades comerciais*: direito de empresa. 22. ed. São Paulo: SaraivaJur, 2018.

ALONSO, Félix Ruiz. Os fundos de investimento. Condomínios mobiliários. *Revista da Faculdade de Direito*, Universidade de São Paulo, v. 66, jan. 1971.

ASHTON, Peter Walter. *Companhias de investimento.* Rio de Janeiro. Edições Financeiras, 1963.

BRASIL. Portal do Investidos. *História do Mercado de Capitais.* Disponível em: https://www.gov.br/investidor/pt-br/investir/como-investir/conheca-o-mercado-de-capitais/historia-do-mercado-de-capitais. Acesso em: 23 jul. 2022.

CARVALHO, Mario Tavernard Martins de. *Regime jurídico dos fundos de investimento.* São Paulo: Quartier Latin, 2012.

FRANÇA, Erasmo Valladão de Azevedo e Novaes. *Temas de direito societário, falimentar e teoria da empresa.* São Paulo: Malheiros, 2009.

FRAZÃO, Ana. *Função social da empresa*: repercussões sobre a responsabilidade civil de controladores e administradores de S/As. Rio de Janeiro: Renovar, 2011.

FREITAS, Ricardo. S. *Natureza jurídica dos fundos de investimento.* São Paulo: Quartier Latin, 2006.

NAVARRO, Eduardo Fernandes Rolam. O nascimento dos veículos de investimento coletivo: do surgimento dos trusts ao desenvolvimento dos investment trusts. *Revista de Direito Bancário e do Mercado de Capitais*, São Paulo, v. 88, p. 159-178, abr.-jun. 2020.

REQUIÃO, Rubens. *Curso de direito comercial* I. 32. ed. Saraiva: São Paulo, 2013.

REVISTA CAPITAL ABERTO. São Paulo, Edição Especial "Fundos de Investimento, 50 anos de história", maio 2017.

TERPINS, Nicole Mattar Haddad. *Natureza jurídica dos fundos de investimento imobiliário.* Dissertação (Mestrado) – Faculdade de Direito, Universidade de São Paulo, São Paulo, 2013.

Capítulo 7

A Sociedade Anônima do Futebol e a perspectiva do credor do clube

Henrique Carmona do Amaral

Capítulo 7 - A Sociedade Anônima do Futebol e a perspectiva do credor do clube

The Joint Stock Company of Soccer and the club's creditor perspective

Henrique Carmona do Amaral[1]

Resumo: A Lei nº 14.193/2021 instituiu a Sociedade Anônima do Futebol e permitiu que os clubes, comumente organizados como associações civis, transformem-se, total ou parcialmente, em sociedade anônima do futebol. Dentro do contexto de enorme endividamento dos clubes, tal legislação criou mecanismos de captação de receita pela sociedade anônima do futebol e de destinação de receitas aos clubes. A nova legislação autorizou, ainda, os clubes a utilizarem a recuperação judicial e extrajudicial e instituiu o regime centralizado de execuções, com o estabelecimento de prazos, prioridade de credores, critérios de atualização monetária das execuções e mecanismos que incentivam o pagamento das dívidas dos clubes pela suspensão das constrições de patrimônio e receita enquanto eles estiverem adimplentes com as exigências do regime centralizado de execuções. O estudo proposto visa analisar a nova legislação sob o prisma e interesse do credor do clube, como sujeito protagonista da execução e conforme outros regramentos e princípios de direito preexistentes à vigência da Lei nº 14.193/2021.

Palavras-chave: SAF – Sociedade Anônima do Futebol – Regime Centralizado de Execuções – Credor.

Abstract: Act number 14.193/2021 established the soccer joint stock company and allowed clubs, commonly organized as civil associations, to become, in whole or in part, a soccer joint stock company. Within the context of huge indebtedness of clubs, this legislation created mechanisms for the soccer joint company to capture revenue and allocate revenue to clubs. The new legislation also authorized clubs to use judicial and extrajudicial reorganization procedure, and established the centralized system of enforcements, creating deadlines, priority of creditors, criteria for enforcements monetary updating and mechanisms that encourage the payment of debts by the club through the suspension of seizure on assets and revenue while it is in *compliance* with the requirements of the centralized regime of enforcements. The proposed study aims to analyze the new legislation from the

[1] Henrique Carmona do Amaral é Pós-graduado em Direito Empresarial pela Universidade Gama Filho, pelo Centro de Atualização em Direito de Belo Horizonte (CAD/BH). Bacharel em Direito pela Faculdade Milton Campos e sócio do Almeida Advogados, Belo Horizonte, Minas Gerais, Brasil. E-mail: hcamaral@almeidalaw.com.br .

point of view and interest of the club's creditor, as the protagonist of the enforcement and according to other legislations and principles of law that pre-existed the validity of Act number 14.193/2021.

Keywords: SAF – Joint stock company of soccer – Centralized regime of enforcements – Creditor.

Sumário: 1. Introdução; 2. Breve histórico do clube-empresa; 3. Associações civis e a Sociedade Anônima do Futebol; 4. Constituição da Sociedade Anônima do Futebol e as obrigações anteriores do clube; 5. Regime Centralizado de Execuções: 5.1. O RCE e a coexistência com os princípios de direito; 5.2. Atualização das dívidas pelo RCE; 6. Possibilidade de recuperação judicial aos clubes; 7. Financiamento da SAF; 8. Considerações finais; Referências.

1. Introdução

Em um cenário de clubes de futebol ultraendividados e com limitadas formas de captação de recursos, foi debatido nas casas legislativas o Projeto de Lei nº 5.516, de 2019, e, em 06 de agosto de 2021, foi publicada a Lei nº 14.193, que cria um novo tipo societário, a Sociedade Anônima do Futebol ou SAF, destinada à companhia cuja principal atividade seja a prática do futebol profissional.

Pela nova lei, o legislador viabilizou alternativas aos clubes do futebol brasileiro, em sua grande maioria organizados como associações civis, que possibilitem a eles se soerguerem financeiramente mediante a organização de uma sociedade de capital, permitindo novas formas de captação de receitas, normas mais claras de governança e a possibilidade de utilização dos institutos do regime centralizado de execuções e da recuperação judicial, esta última regida pela Lei nº 11.101/2005.

A Lei da SAF permite ao clube se converter para esse novo tipo societário e tem o desafio de harmonizar os interesses da Sociedade Anônima de Futebol, dos clubes que optaram pela conversão à SAF e dos credores. A possibilidade de adesão à SAF também se aplica à pessoa jurídica original, que é definida pelo texto legal como sendo a sociedade empresarial que se destina ao fomento do futebol e à sua prática.

Certo é que a novel legislação passou a integrar o ordenamento jurídico brasileiro e a coexistir com uma série de outras normas legais e princípios, de forma que a doutrina e a jurisprudência ainda deverão assentar posição acerca dos inevitáveis conflitos e lacunas legais, já que a vida e as relações jurídicas são sempre mais complexas e profundas do que o caderno de normas que as regula.

Até mesmo por tais razões, o estudo aqui proposto não tem a pretensão de esvaziar o tema, e sim analisar a lei de criação da Sociedade Anônima do Futebol sob a ótica do credor, dado o regramento vigente, bem como se limita a examinar o clube como associação civil, sendo essa a forma de organização predominante nos clubes do futebol brasileiro. A análise perpassa pelo histórico, pela formação da SAF e pelos mecanismos criados pelo legislador para recuperação financeira dos clubes, examinando a partir deste ponto o viés do credor.

Não obstante os desafios de adaptação dos clubes à nova forma societária, fato é que a organização empresarial é um o modelo bastante difundido no exterior, já presente nos grandes mercados do futebol ao redor do mundo. O êxodo dos clubes brasileiros para tal modelo organizacional pode e deve se intensificar nos próximos anos.

2. Breve histórico do clube-empresa

A transformação dos clubes de futebol em empresas não é embrionária na recente Lei nº 14.193/2021. Durante a evolução da atividade, desde o desporto amador sem grandes repercussões pecuniárias até o atual mercado global e bilionário do futebol, foram várias normativas que buscaram adequar a forma de organização dos clubes no Brasil à realidade dinâmica de um negócio lucrativo e com complexas relações jurídicas.

Na evolução das normas jurídicas merece destaque a Lei nº 8.672/1993, denominada Lei Zico, que regulamentou novas formas comerciais no futebol e a possibilidade de transição de associação esportiva para sociedade anônima, inaugurando o conceito de clube-empresa no Brasil.

Poucos anos depois foi promulgada a Lei nº 9.615/1998, que se tornou conhecida como Lei Pelé, e que, segundo Felipe Falcone Perruci,[2] "disciplinou de forma exaustiva o desporto, sobressaindo, pois, o futebol, desde os contratos de trabalho dos atletas, até a organização dos clubes e de suas entidades representativas".

Entre outras inovações, a referida lei estabelecia que somente sociedades com fins econômicos poderiam realizar atividades relacionadas a competições profissionais, dispondo ainda um prazo de dois anos para a transformação dos clubes, organizados como associações civis, para sociedades empresárias.

Não sem razão, houve à época grande discussão acerca da constitucionalidade de alguns dos dispositivos da Lei Pelé, uma vez que a Constituição Federal

---

[2] PERRUCI, Felipe Falcone. *Clube-empresa*: modelo brasileiro para transformação dos clubes de futebol em sociedades empresárias. Belo Horizonte: Editora D'Plácido, 2017. p. 23.

prevê expressamente em seu inciso I do art. 217 "a autonomia das entidades desportivas dirigentes e associações, quanto a sua organização e funcionamento", impossibilitando a obrigatoriedade de transformação da organização dos clubes por norma infraconstitucional. Posteriormente, o Congresso aprovou alterações[3] na Lei Pelé de forma a facultar, e não obrigar, às associações desportivas a transformação em sociedades empresárias.

A legislação mais atual, a Lei da SAF ora em comento, não deixa dúvidas quanto à faculdade, e não obrigatoriedade, do clube ou da pessoa jurídica originária aderirem à sociedade anônima do futebol. A intenção do legislador, ao possibilitar a reorganização dos clubes para o fortalecimento do futebol no País, restou clara na justificação do Senador Rodrigo Pacheco para a aprovação do projeto de lei que originou a SAF:

> Para transformar a realidade do futebol no Brasil, afigura-se necessário oferecer aos clubes uma via societária que legitime a criação desse novo sistema, formador de um também novo ambiente, no qual as organizações que atuem na atividade futebolística, de um lado, inspirem maior confiança, credibilidade e segurança, a fim de melhorar sua posição no mercado e seu relacionamento com terceiros, e, de outro, preservem aspectos culturais e sociais peculiares ao futebol.

Embora inexista obrigação legal, a transformação do clube em sociedade empresária pode acabar por ser exigida pelo próprio mercado do futebol, sendo necessária à sobrevivência dos clubes em um ambiente de alta competitividade e investimentos cada vez maiores, dada a concorrência interna e também de grandes mercados internacionais.

Não se olvide que a Sociedade Anônima de Futebol tem mecanismos de captação de receita inexistentes no modelo de associação civil e que, entre os 30 (trinta) maiores clubes do mundo, ao menos 28 (vinte e oito) são organizados sob a forma empresarial[4].

3. Associações civis e a Sociedade Anônima do Futebol

Nos termos do art. 53 do Código Civil "constituem-se as associações pela união de pessoas que se organizem para fins não econômicos". As associações civis, por constituição, não têm como objetivo a persecução do lucro e são geralmente mantidas pela contribuição financeira de seus associados. Mesmo no caso específico dos clubes, que têm também diversas outras receitas, caso algum resultado financeiro seja auferido com a atividade, ele será revertido à própria associação/clube.

---

[3] Lei nº 10.672, de 15 de maio de 2003, e Lei nº 12.395, de 16 de março de 2011.

[4] Disponível em: https: // www.otempo.com.br/superfc/clube-empresa/subscription-required-7.5927739?aId =1.2296698. Acesso em: 30 jan. 2022.

A forma livre de constituição das associações é garantida pela Carta Magna[5], e o Código Civil, em seu art. 54, estabelece exigências mínimas para a validade de seu estatuto social. Ao contrário da sociedade anônima e da SAF, inexiste nas associações a exigência de regras de governança ou de responsabilidade de seus administradores. Sendo as associações civis o modelo organizacional mais utilizado pelos clubes brasileiros, denota-se um claro descompasso daquele modelo diante da transparência e da fiscalização necessárias à gestão de um negócio pujante, de gigantescas cifras e que tem consumidores/torcedores aos milhões, tal qual é o futebol profissional no Brasil.

Ao criar a Sociedade Anônima do Futebol, o legislador estabeleceu regras de governança, controle e transparência, além de meios de financiamento destinados à atividade futebolística. Trata-se de inovações relevantes se comparadas ao modelo de associações civis, muito mais adequadas à gestão de um negócio multimilionário e multifacetado, que envolve negociação de atletas, prêmios esportivos, venda de ingressos e de produtos, direitos de imagens, programas de sócios torcedores e outras atividades relacionadas direta e indiretamente ao futebol profissional.

Nada impede que os clubes, como associações civis, adotem normas de governança e regras de fiscalização e transparência em seus estatutos e se equiparem àquilo que é estabelecido como norma cogente na Sociedade Anônima de Futebol. Contudo, a previsão de governança e formas de captação de recursos exclusivas à SAF parece notável evolução e melhor adequação ao profissionalismo do negócio do futebol dos dias atuais.

A transformação de um clube em empresa, tal qual é Sociedade Anônima do Futebol em análise, extrapola a mera substituição da roupagem jurídica do negócio e significa verdadeira alteração do fim a que se destina a atividade: antes, na forma de associação civil, objetivando o fomento da atividade desportiva e retorno dos resultados ao próprio clube, e depois, na forma de SAF, cuja sociedade anônima busca fundamentalmente o lucro, para que seja distribuído entre seus acionistas. É deveras significante a mudança.

4. Constituição da Sociedade Anônima do Futebol e as obrigações anteriores do clube

A legislação prevê que a SAF poderá ser constituída de diferentes formas: (i) pela transformação do clube ou da pessoa jurídica original em Sociedade

[5] "Art. 5º (...) XVIII – a criação de associações e, na forma da lei, a de cooperativas independem de autorização, sendo vedada a interferência estatal em seu funcionamento; (...)."

Anônima do Futebol; (ii) pela cisão do departamento de futebol do clube ou da pessoa jurídica original e transferência do seu patrimônio relacionado à atividade futebol; e (iii) pela iniciativa de pessoa natural ou jurídica ou de fundo de investimento.

De modo a permitir o exercício da atividade futebolística pela sociedade de capital recém-criada, a Lei da SAF prevê a transferência de bens, direitos e obrigações do clube à SAF. A SAF obrigatoriamente sucede o clube nas suas relações contratuais, de qualquer natureza, com os atletas profissionais (art. 2º, § 1º, inciso I), bem como assume sua posição nos torneios esportivos no estágio em que se encontrava o clube (art. 2º, § 1º, inciso II).

A transferência de bens e direitos dos clubes à SAF independe de autorização ou consentimento dos credores ou das partes interessadas, salvo por disposição contratual ou outro negócio jurídico expresso em sentido contrário (art. 2º, § 2º, inciso IV).

Uma vez criada a SAF e transferidos do clube os bens e direitos e algumas obrigações, o legislador buscou proteger o patrimônio incorporado pela SAF, estabelecendo que o clube é responsável pelo pagamento de suas obrigações anteriores e posteriores à constituição da SAF[206], por meio de suas receitas próprias e das receitas que lhe serão transferidas por ela.

Como forma de transferência de receita da SAF ao clube, o art. 10 da referida lei estabelece: (i) destinação de 20% (vinte por cento) das receitas correntes mensais auferidas pela SAF; e (ii) destinação de 50% (cinquenta por cento) dos dividendos, dos juros sobre o capital próprio ou de outra remuneração recebida desta, na condição de acionista.

Estabelecidos os mecanismos de transferência de receitas, a garantia de que o patrimônio da SAF não será atingido pelas obrigações anteriores à sua constituição se dá mediante o cumprimento das destinações elencadas no art. 10 da Lei da SAF. Estando adimplente a SAF, a legislação a isenta de qualquer forma de constrição ao patrimônio ou às receitas, por penhora ou ordem de bloqueio de valores de qualquer natureza ou espécie sobre as suas receitas, com relação às obrigações anteriores à sua constituição, nos termos do art. 12 da Lei da SAF.

---

[6] "Art. 9º A Sociedade Anônima do Futebol não responde pelas obrigações do clube ou pessoa jurídica original que a constituiu, anteriores ou posteriores à data de sua constituição, exceto quanto às atividades específicas do seu objeto social, e responde pelas obrigações que lhe forem transferidas conforme disposto no § 2º do art. 2º desta Lei, cujo pagamento aos credores se limitará à forma estabelecida no art. 10 desta Lei.

Parágrafo único. Com relação à dívida trabalhista, integram o rol dos credores mencionados no caput deste artigo os atletas, membros da comissão técnica e funcionários cuja atividade principal seja vinculada diretamente ao departamento de futebol."

Para além da imediata separação de responsabilidades quanto ao pagamento das obrigações anteriores à constituição da SAF, o legislador estabeleceu outra regra temporal, que protege de ordens de constrição o patrimônio e as receitas da SAF pelos primeiros 06 (seis) anos, caso o clube adote o Regime Centralizado de Execuções e a SAF se encontre adimplente com suas obrigações de destinação de receitas ao clube, conforme o citado art. 10 da Lei nº 14.193/2021. Tal benefício poderá ser renovado por adicionais quatro anos se, ao final dos 06 (seis) primeiros anos, o clube conseguir pagar 60% (sessenta por cento) do seu passivo original.

Por meio do regramento previsto no § 2º do art. 15 da Lei da SAF, o legislador estabelece uma espécie de carência à SAF. Enquanto ela destinar receitas ao clube, na forma do abordado art. 10 da Lei, e o clube cumprir com o pagamento de seus credores originários, arcando com 60% (sessenta por cento) do débito nos primeiros seis anos e o saldo de 40% (quarenta por cento) nos 04 (quatro) anos seguintes, a SAF estará protegida de quaisquer atos de constrição relativos aos débitos originários do clube.

Por força do art. 24 da Lei da SAF, superado o prazo dos 10 (dez) anos ou o prazo de 06 (seis) anos, caso o clube não faça jus à renovação, a SAF passa a responder subsidiariamente pelo pagamento das obrigações cíveis e trabalhistas anteriores à sua constituição.

Denota-se que os mecanismos criados pela Lei da SAF visam proteger o patrimônio e as receitas das SAF, ao mesmo tempo que estabelecem obrigações para que ela destine receitas aos clubes para que eles cumpram obrigações com os diversos credores.

O contexto em que foi elaborada a legislação remete a um cenário de endividamento milionário, por vezes até bilionário, dos grandes clubes, sendo necessário a eles auferirem novas receitas para garantirem a sua sobrevivência. Nesse cenário, o aporte de capital por investidores nacionais ou estrangeiros somente será atrativo caso eles gozem de certas garantias[7], como a interrupção das constrições e penhoras, de forma que possam reorganizar as finanças e a disponibilidade de caixa, financiando o clube, conforme modelo estabelecido pelo legislador, para que este possa saldar suas obrigações com os credores. Tais mecanismos de proteção devem ser entendidos como forma de fomento à transformação

---

[7] Nota: A respeito da necessária proteção ao investidor, tramita no Senado Federal um projeto de lei (PL nº 2.978/23), elaborado pelo mesmo relator da Lei da SAF, senador Rodrigo Pacheco, e ainda não aprovado, pelo qual já se propõe ajustes no texto original, incluindo o detalhamento de que o clube é o exclusivo e integral responsável pelas suas dívidas, anteriores ou posteriores à constituição da SAF, e que ele não forma um grupo econômico com a SAF, mantendo-se as formas de repasse de receitas da SAF ao clube, em solução à jurisprudência ainda vacilante nos tribunais brasileiros, ora incluindo a SAF como corresponsável nas obrigações do clube, ora liberando-a.

organizacional dos clubes e recebimento de investimento por eles, com o fim de preservar o clube e possibilitar o pagamento de suas dívidas. Contudo, em contrapeso com outras normas e princípios preexistentes à promulgação da Lei nº 14.193/2021, essa Lei deve ser analisada pelo Judiciário de forma a equilibrar o direito da SAF, do clube e dos credores.

5. Regime Centralizado de Execuções

Entre as inovações da Lei da SAF, foram facultadas ao clube duas formas de saldar suas obrigações, sendo a primeira por intermédio do Regime Centralizado de Execuções, também denominado RCE, e a segunda por meio da recuperação judicial ou extrajudicial, regulada pela Lei nº 11.101/2005.

Pelo Regime Centralizado de Execuções serão reunidas as execuções contra o clube em um juízo centralizador, ao qual também serão destinadas as receitas do clube e as receitas auferidas na forma do art. 10 da Lei da SAF, transferidas da SAF ao clube.

Trata-se de modalidade conhecida perante a Justiça do Trabalho, que há tempos disponibilizou aos clubes a possibilidade de reunir em uma única vara do trabalho todas as execuções trabalhistas, realizando a suspensão das ordens de penhora mediante repasse periódico de valores do clube para pagamento das dívidas. A esse respeito esclarecem os doutrinadores Jose Francisco C. Manssur e Carlos Eduardo Ambiel[8]:

> Desde o início dos anos 2000 alguns TRTs, por meio de provimentos específicos, concederam aos clubes a possibilidade de implementar regimes concentrados de execução, comumente chamados de atos trabalhistas, mediante os quais havia a suspensão de penhoras e o alongamento dos prazos de pagamento quanto comparados àqueles estabelecidos na CLT, tudo mediante a negociação e o compromisso do clube devedor de efetuar o repasse mensal de determinado valor ou de percentual da sua receita, para pagamento da dívida.

Apesar de conhecido no âmbito trabalhista, o Regime Centralizado de Execuções é verdadeira inovação no âmbito cível, e os tribunais e juízes deverão se adequar ao instituto. Prescreve a lei da SAF que o Poder Judiciário disciplinará o RCE e que na inexistência de regulamentação do instituto pelos tribunais caberá ao tribunal superior respectivo, Superior Tribunal de Justiça ou Tribunal Superior do Trabalho, suprir a omissão.

Para que o clube possa requerer a centralização de suas execuções pelo RCE deverá apresentar seu plano de credores, contendo obrigatoriamente: (i)

---

[8] AMBIEL, Carlos Eduardo; MANSSUR, Jose Francisco C. In: CASTRO, Rodrigo R. Monteiro *et al.* (coord.). *Comentários à Lei da Sociedade Anônima do Futebol – Lei nº 14.193/2021*. São Paulo: Quartier Latin, 2021. p. 183.

balanço patrimonial; (ii) demonstrações contábeis dos 3 (três) últimos exercícios sociais; (iii) as obrigações consolidadas em execução e a estimativa auditada das suas dívidas ainda em fase de conhecimento; (iv) o fluxo de caixa e a sua projeção de 3 (três) anos; e (v) termo de compromisso de controle orçamentário.

Nota-se a esse respeito que a submissão do plano e da documentação ao juízo centralizador se dá em uma relação bilateral, entre o clube devedor e o juízo, sem a participação do credor. Não há previsão na SAF quanto à aprovação ou impugnação do plano pelos credores, embora eles sejam diretamente afetados pelo plano e pela instauração do RCE.

O comparativo entre o RCE e a recuperação judicial se faz tão evidente quanto necessário, eis que a última é elencada como opção ao RCE na Lei da SAF. No procedimento da recuperação judicial, caso os credores não aprovem o plano de recuperação, poderá ocorrer a decretação da falência da sociedade recuperanda, o que confere efetivo poder de negociação ao credor.

Moacir Lobato[9] esclarece que a "recuperação judicial, de iniciativa do devedor e consubstanciada num documento submetido à deliberação dos credores reunidos em assembléia e dependente da chancela judicial encontra sua natureza mais próxima do acordo de vontades".

A tônica do consenso é marcante na Lei nº 11.101/2005, sendo permitido ao juiz conceder a recuperação judicial sem aprovação da assembleia de credores apenas como exceção e desde que preenchidos requisitos e quóruns específicos dispostos em seu art. 58.

Lado outro, as inovações da Lei Recuperação Judicial e Falência promovidas pela Lei nº 14.112/2020 permitem que os credores proponham um plano alternativo de recuperação, possibilitando efetivo instrumento de negociação e participação dos credores na implementação do plano e soerguimento da recuperanda.

Por sua vez, pela Lei da SAF, a aprovação do RCE não passa pelo crivo dos credores, o que os coloca em uma posição de espectadores, cabendo unicamente a fiscalização acerca do cumprimento pelo clube dos requisitos exigidos para o deferimento do RCE. Embora o art. 19 da Lei da SAF disponha sobre a faculdade de as partes pactuarem um novo plano por meio de negociação coletiva, ao clube não é mandatório anuir com tal proposição, mantendo, do ponto de vista prático, o credor fora da negociação do plano[10].

---

[9] CAMPOS FILHO, Moacyr Lobato de. *Falência e recuperação.* Belo Horizonte: Del Rey, 2006. p. 116.

[10] Nota: Não se ignora que o PL nº 2.978/2023 que altera a Lei da SAF incluiu no texto inicial pela redação do art. 10, inciso I, menção simplória à aprovação do plano pelos credores. Contudo, tal redação não é vigente e não soluciona a falta de participação do credor, pois ainda não dispõe sobre a forma, os quóruns e os requisitos em que se daria tal aprovação.

O legislador da SAF estabeleceu os credores preferenciais para ordenação do pagamento pelo RCE[11], estipulando como um dos preferenciais aquele credor cujo acordo preveja um desconto de 30% (trinta por cento) sobre o débito original, de forma a privilegiar aqueles dispostos a reduzir o valor da dívida. Contudo, o critério preestabelecido não permite que o credor negocie com liberdade o seu crédito, em contraponto à liberalidade existente no nascimento da própria obrigação excutida, ocasião em que, na maioria dos casos, houve livre contratação e negociação entre o clube e o ora credor.

Sobre a posição dos credores importa trazer o entendimento dos doutrinadores Jose Francisco C. Manssur e Carlos Eduardo Ambiel[12]:

> O credor de uma entidade de prática desportiva, que atua com o futebol, tem os mesmos direitos de recebimento da dívida que qualquer outro tipo de credor, ainda mais quando envolver crédito de natureza alimentar, como são boa parte das dívidas trabalhistas. Portanto, qualquer legislação que altere a perspectiva de recebimento do valor, como ocorreu com a Lei 14.193/21, ao ampliar o prazo de pagamento das dívidas do clube ou da pessoa jurídica original para um período de seis ou até dez anos, precisará ser interpretada de forma restritiva.

Há, ainda, uma outra inovação. Pelo RCE, designar-se-á um juízo centralizador das execuções, mas ele não será único, eis que dada a realidade dos clubes haverá necessária divisão entre o centralizador das execuções cíveis e das execuções trabalhistas, sob pena de incompetência absoluta e nulidade dos atos praticados pelo juiz cível em matéria trabalhista e vice-versa.

A intransponível divisão de matérias também importa em risco de decisões conflitantes, agravadas pela ausência de hierarquia de uma esfera sobre a outra, além de dinâmicas e jurisprudência diversas dos tribunais trabalhistas e cíveis. Entre as possíveis controvérsias entre os centralizadores cível e trabalhista deve estar a divisão e a destinação das receitas para pagamento das obrigações dos clubes, uma vez que, embora existam regras quanto à preferência dos pagamentos, são inúmeras as lacunas e situações não previstas pelo legislador, especialmente no que diz respeito ao pagamento dos credores preferenciais cíveis em concurso com os trabalhistas, o que pode acarretar disputas sobre prioridades e um atraso ainda maior no pagamento dos débitos.

---

[11] "Art. 17. No Regime Centralizado de Execuções, consideram-se credores preferenciais, para ordenação do pagamento:

I – idosos, nos termos da Lei nº 10.741, de 1º de outubro de 2003 (Estatuto do Idoso);

II – pessoas com doenças graves;

III – pessoas cujos créditos de natureza salarial sejam inferiores a 60 (sessenta) salários-mínimos;

IV – gestantes;

V – pessoas vítimas de acidente de trabalho oriundo da relação de trabalho com o clube ou pessoa jurídica original;

VI – credores com os quais haja acordo que preveja redução da dívida original em pelo menos 30% (trinta por cento)."

[12] AMBIEL, Carlos Eduardo; MANSSUR, Jose Francisco. Ob. cit., p. 181.

5.1. O RCE e a coexistência com os princípios de direito

O princípio pelo qual a execução se faz no interesse do credor se insere como um dos grandes pilares principiológicos que regem o livro das execuções no Código de Processo Civil, sendo positivado pelo art. 797[13] e amparado inclusive pelo direito à propriedade, previsto na Constituição Federal (CF, art. 5º XXII). Sob este prisma, necessário contrapor o protagonismo do exequente no processo de execução frente à sua posição de espectador quanto à aprovação do plano de credores e cumprimento deste perante o juízo centralizador no RCE.

A doutrina do professor Fredie Didier Jr.[14] acerca da solução de conflitos entre o direto do exequente e do executado destaca que:

> [...] partir da premissa que existe um direito fundamental à tutela executiva, ora ratificada pelo CPC, é indispensável para a solução de diversos problemas oriundos do procedimento executivo, principalmente relacionados à aplicação das regras de proteção do executado".

Sobre os conflitos de normas e os conceitos de hierarquia, especialidade e cronologia, esclarece Flávio Tartuce[15]:

> [...] no entanto, a tendência, olhando o direito no futuro, é quem sejam substituídos pelo diálogo das fontes (...) Diálogo das fontes – Diante da explosão de leis que temos na atualidade, deve-se buscar, sempre que possível, uma interação entre as normas jurídicas, um diálogo de complementaridade.

A coexistência do RCE com outras normas jurídicas, tal qual o Código de Processo Civil e a legislação trabalhista, deve, nesta linha, ser analisada sob o viés da funcionalidade das normas e proteção dos diversos interesses envolvidos, inclusive do tratamento diferente aos diferentes[16] em aplicação ao princípio da isonomia.

Embora, pelo texto legal, a regulamentação e a pormenorização do RCE caibam aos tribunais, a ausência de previsão de maior participação do credor pela Lei da SAF implica em um terreno fértil para a disputa quanto ao cumprimento do RCE e à efetividade da suspensão dos atos de constrição.

Nesse sentido, entende-se que a participação inicial dos credores, no momento da aprovação e da implementação do plano pelo juízo centralizador, teria

---

[13] "Art. 797. Ressalvado o caso de insolvência do devedor, em que tem lugar o concurso universal, realiza-se a execução no interesse do exequente que adquire, pela penhora, o direito de preferência sobre os bens penhorados.

Parágrafo único. Recaindo mais de uma penhora sobre o mesmo bem, cada exequente conservará o seu título de preferência."

[14] DIDIER JR. Fredie. *Curso de direito processual:* execução. 7. ed. rev., ampl. e atual. Salvador: Ed JusPodivm, 2017. p. 66.

[15] TARTUCE. Flávio, *Direito civil 1:* Lei de Introdução e parte geral. 8. ed. Rio de Janeiro: Forense; São Paulo: Método, 2012. p. 102 e 108.

[16] BENJAMIN, Antonio Herman V.; MARQUES, Claudia Lima; BESSA, Leonardo Roscoe. *Manual de direito do consumidor.* 2. ed. rev., atual. e ampl. São Paulo: Editora Revista dos Tribunais, 2009. p. 89-90.

importante papel na diminuição das possíveis impugnações e recursos, de forma a produzir um plano mais próximo do consenso entre os credores e o clube.

Impende asseverar ainda que o princípio de preservação da empresa tem destacado papel na relação entre credores e devedores. No caso dos clubes, como associações civis, o passo em direção à transformação em sociedade empresária aponta tal proteção mais à SAF que ao clube, inclusive pelo fato de que a preservação dos empregos e da renda se daria em maior escala e importância na SAF, eis que fora transferida a ela a principal atividade do clube. Mas não se olvide que a preservação do clube também merece guarida, sendo o futebol entendido como patrimônio cultural por parte da jurisprudência[17], com destacada influência social no Brasil, que importaria inclusive em proteção constitucional pelo art. 216 da CF[18].

O grande desafio do legislador e do Judiciário será harmonizar os interesses e princípios que permitam, ao mesmo tempo, que os clubes e a SAF possam sobreviver e prosperar, respeitando os contratos, a livre-iniciativa e os direitos dos credores.

5.2. Atualização das dívidas pelo RCE

A Lei da SAF estabelece que a partir da consolidação das execuções pelo RCE as dívidas serão corrigidas exclusivamente pela taxa Selic. Com prazos de pagamento tão extensos, o índice de atualização das dívidas passa a ter relevante importância junto aos credores e há, nesse ponto, proeminente diferença entre os créditos trabalhistas e os cíveis. Isso porque a correção dos processos trabalhistas já utiliza a taxa Selic conforme decisão vinculante do Supremo Tribunal Federal[19], enquanto os tribunais cíveis utilizam diferentes índices de atualização.

Quanto à subtração dos juros de mora após a consolidação das execuções no RCE, sob o prisma do credor, novamente nos socorre a comparação com a recuperação judicial, pela qual são incidentes juros de mora até a data do pedido de recuperação judicial, operando-se no ato a novação legal da dívida. Naquele instituto, os credores votam no plano de recuperação e se forma a maioria para aprovação ou não do plano. Não é o que acontece no RCE, pela qual as condições de prazo e pagamento não são consensuais e o credor não necessariamente assentiu com plano.

---

[17] Para Marcos Paulo de Souza Miranda, "algumas práticas desportivas podem ser inseridas entre as formas de expressão do povo brasileiro, como, por exemplo, o futebol", e, para tanto, reporta-se ao acórdão do TRF-1 no Ag.1998.01.00.057324-DF (j. 14.12.1999).

[18] "Art. 216. Constituem patrimônio cultural brasileiro os bens de natureza material e imaterial, tomados individualmente ou em conjunto, portadores de referência à identidade, à ação, à memória dos diferentes grupos formadores da sociedade brasileira, nos quais se incluem:

[19] STF – ADC 58 – Relator Min. Gilmar Mendes – Julgamento em 19.12.2020.

Neste viés, seria ao menos legítimo ao credor se opor à subtração dos juros moratórios após a consolidação das execuções no RCE, eis que a obrigação não foi cumprida pelo clube e não há por parte do credor anuência quanto à suspensão ou postergação do pagamento, seja individualmente ou por decisão da maioria em concurso de credores. É dizer que a ausência de participação na formação do plano de credores do RCE gera no credor a expectativa de poder se opor àquilo que não concordar.

Em outra análise, o estabelecimento da taxa Selic como único índice de atualização das dívidas do RCE poderá alterar disposições contratuais estabelecidas livremente entre o credor e o clube, o que, em analogia ao já citado inciso IV do § 2º do art. 2º da Lei da SAF, buscou-se preservar, na medida em que transferência de direitos e patrimônio dos bens à SAF deve observar os contratos ou outro negócio jurídico.

Acerca da força obrigatória dos contratos, Sílvio de Salvo Venosa[20] esclarece que "ninguém pode alterar unilateralmente o conteúdo do contrato, nem pode o juiz intervir nesse conteúdo. Essa é regra geral". Conclui o autor que as atenuações legais "alteram em parte a substância desse princípio". A observância dos contratos se mostra como pedra fundamental às relações comerciais, fazendo com que a taxa de atualização eleita pelo legislador nem sempre guarde coerência com o que quiseram pactuar as partes.

6. Possibilidade de recuperação judicial aos clubes

A Lei nº 14.193/2021 trouxe importante novidade aos clubes, dispondo expressamente em seu art. 13 que o clube ou a pessoa jurídica original podem se utilizar do instituto da recuperação judicial, nos termos da Lei nº 11.101/2005.

Diante da realidade dos clubes brasileiros, em sua maioria constituídos sob a forma de associações civis, tal prerrogativa permite a eles se valerem do instituto da recuperação judicial como forma de pagamento de seus débitos. Fato é que a previsão expressa na Lei da SAF encerra a discussão sobre a possibilidade ou não do clube, como associação civil, requerer a recuperação judicial.[21]

---

[20] VENOSA, Sílvio de Salvo. *Direito civil*: teoria geral das obrigações e teoria geral dos contratos. 3. ed. São Paulo: Atlas, 2003. p. 376.

[21] BRASIL. Tribunal de Justiça de Santa Catarina. Apelação nº 5024222-97.2021.8.24.0023/SC. Medidas cautelares consubstanciadas na Lei nº 11.101/2005. Figueirense Futebol Clube e Figueirense Futebol Clube Ltda. Relator: Torres Marques. Florianópolis, 18 de março de 2021. Disponível em:https://eprocwebcon.tjsc.jus.br/consulta2g/externo_controlador.php?acao=processo_seleciona_publica&acao_origem=processo_consulta_publica&acao_retorno=processo_consulta_publica&num_processo=50242229720218240023&num_chave=&num_chave_documento=&hash=d7f59658963f38df0c6dbaaf09ba6062. Acesso em 17 fev. 2022.

A esse respeito, importa consignar que em março de 2021, meses antes da vigência da SAF, o Tribunal de Justiça de Santa Catarina entendeu pela legitimidade do Figueirense Futebol Clube, associação civil, para buscar recuperação judicial .

7. Financiamento da SAF

Não por acaso o capítulo destinado à governança antecedeu aquele que trata das formas de financiamento da SAF, sendo o primeiro facilitador do segundo. Uma vez asseguradas as normas de governança e gestão profissional pelas regras da SAF, gerando um ambiente de negócios mais seguro ao investidor, o novo tipo societário permite a captação de recursos por meio antes inacessível aos clubes, qual seja, a emissão de debêntures, sob a denominação de debêntures-fut.

Trata-se a debênture de forma de financiamento das companhias através de emissão de títulos de dívida, que permitem a captação de recursos no mercado. Pela Lei nº 14.193/2021 cabe exclusivamente à SAF a emissão da debênture-fut, e os recursos captados por tal operação devem, obrigatoriamente, ser destinados às atividades típicas da SAF, de forma a vincular sua emissão ao fim que se destina o novo tipo societário.

Impende também observar que a Lei da SAF facultou ao credor a conversão de dívida do clube em ações da SAF ou em títulos por ela emitidos, tal qual o debênture-fut, nos termos do seu art. 20. A possibilidade de emissão do debênture-fut viabiliza o financiamento da SAF, bem como a amortização das dívidas do clube.

8. Considerações finais

A criação da Sociedade Anônima do Futebol pela Lei nº 14.193/2021 representa relevante marco legal para o mercado do futebol brasileiro, permitindo que os clubes tenham a opção de aderir à nova forma societária, com regras de governança e transparência da gestão bem definidas, que tornam mais seguro o ambiente para o recebimento de investimento.

Sob o prisma do credor, interessa o recebimento de investimentos pelo clube para que este consiga saldar seus débitos. Nesse ponto, a Lei da SAF também criou mecanismos de recuperação financeira dos clubes, seja pelo RCE, seja pela recuperação judicial, em louvável tentativa de viabilizar o pagamento das dívidas milionárias dos clubes. Contudo, especialmente quanto ao RCE, a Lei da SAF previu pouca participação do credor, o que deverá ser observado pelo Judiciário quando da regulamentação do RCE e da aplicação da lei.

A nova legislação da SAF se insere no ordenamento brasileiro e deve coexistir e dialogar com outras normas e princípios que também orbitam esse sistema, sendo imperioso preservar os contratos existentes, como atos jurídicos perfeitos e pretéritos e, também, os interesses do credor/exequente, de forma a garantir a efetividade das decisões judiciais como um dos princípios fundamentais da justiça. Diferentemente do desporto em que só um clube é o campeão, o sucesso da SAF culmina no triunfo dos diferentes interessados: o clube, seus credores, a SAF e seus acionistas.

Referências

BENJAMIN, Antonio Herman V.; MARQUES, Claudia Lima; BESSA, Leonardo Roscoe. *Manual de direito do consumidor*. 2. ed. rev., atual. e ampl. São Paulo: Editora Revista dos Tribunais, 2009.

BRASIL. Tribunal de Justiça de Santa Catarina. *Apelação n. 5024222-97.2021.8.24.0023/SC*. Medidas cautelares consubstanciadas na Lei nº 11.101/2005. Figueirense Futebol Clube e Figueirense Futebol Clube Ltda. Relator: Torres Marques. Florianópolis, 18 de março de 2021. Disponível em: https://eprocwebcon.tjsc.jus.br/consulta2g/externo_controlador.php?acao=processo_seleciona_publica&acao_origem=processo_consulta_publica&acao_retorno=processo_consulta_publica&num_processo=50242229720218240023&num_chave=&num_chave_documento=&hash=d7f59658963f38df0c6dbaaf09ba6062.

CASTRO, Rodrigo R. Monteiro (coord.); AMBIEL, Carlos Eduardo; MANSSUR, José Francisco C; BUMACHAR, Juliana; SACRAMONE, Marcelo Barbosa; GAMA, Tácio Lacerda. *Comentários à Lei da Sociedade Anônima do Futebol – Lei nº 14.193/2021*. São Paulo: Quartier Latin, 2021.

CAMPOS FILHO, Moacyr Lobato de. *Falência e recuperação*. Belo Horizonte: Del Rey, 2006.

DIDIER JR., Fredie. *Curso de direito processual*: execução. 7 ed. rev., ampl. E atual. Salvador: Ed JusPodivm, 2017.

PACHECO, Rodrigo. *Justificação do Projeto de Lei nº 5.516, de 2019*. Senado Federal. Disponível em: https://legis.senado.leg.br/sdleg-getter/documento?dm=8025061&ts=1634829035884&disposition=inline.

PERRUCI, Felipe Falcone. *Clube-empresa*: modelo brasileiro para transformação dos clubes de futebol em sociedades empresárias. Belo Horizonte: Editora D'Plácido, 2017.

TARTUCE, Flávio. *Direito civil 1:* Lei de Introdução e parte geral. 8. ed. Rio de Janeiro: Forense; São Paulo: Método, 2012.

VENOSA, Sílvio de Salvo. *Direito civil*: teoria geral das obrigações e teoria geral dos contratos. 3. ed. São Paulo: Atlas, 2003.

Capítulo 8

Estruturação societária nas incorporações imobiliárias

Juliana Fincatti Moreira Santoro

Capítulo 8 - Estruturação societária nas incorporações imobiliárias

Corporate structuring in real estate ventures

***Juliana Fincatti Moreira Santoro*[1]**

Resumo: O objetivo do presente artigo é analisar alguns tipos societários aptos à organização da atividade de incorporação imobiliária, de forma a lhes propiciar proteção do patrimônio destinado ao empreendimento, captação de recursos, regulação das suas relações com terceiros e otimização das atividades com maior segurança. Embora o limite do escopo do presente estudo enseje a breve análise dos institutos jurídicos abordados, extrai-se que diversos tipos e institutos societários podem ser combinados pelo empreendedor imobiliário para maximizar a eficiência e a segurança da sua atividade.

Palavras-chave: Incorporações imobiliárias – Estruturação societária – Proteção – Fomento.

Abstract: The aim of this paper is to present an overview of some corporate types that are suitable for the organization of real estate development activities, in order to provide them with protection of the assets destined to the enterprise, the raising of funds, the regulation of their relations with third parties and the optimization of activities with greater safety. Although the limit of the scope of this study gives rise to a brief analysis of the legal institutes addressed, it is extracted that different types and corporate institutes may be combined by the real estate entrepeneur, to maximize the efficiency and safety of their activity.

Keywords: Real estate ventures – Corporate structuring – Protection – Funding.

[1] Mestre em Direito das Relações Sociais pela Pontifícia Universidade Católica de São Paulo – SP, Brasil. Especialista em Incorporações Imobiliárias pela Universidade SECOVI – São Paulo – SP, Brasil. Especialista em Direito Processual Civil pelo COGEAE – Pontifícia Universidade Católica de São Paulo – SP, Brasil. Graduada em Direito pela Pontifícia Universidade Católica de São Paulo – SP, Brasil. Ex-professora do bacharelado em direito da Faculdade de Direito da Pontifícia Universidade Católica de São Paulo, da Universidade Paulista e da pós-graduação das Faculdades Metropolitanas Unidas. Palestrante na Escola Superior da Advocacia da Ordem dos Advogados do Brasil – Secção São Paulo e em diversas secções da Ordem dos Advogados do Brasil. E-mail: juliana@fssa.com.br .

fomento e organização das incorporações imobiliárias: 4.1. Sociedade em conta de participação; 4.2. Sociedades em comandita simples e por ações; 4.3. Sociedade de propósito específico; 4.4. Consórcio empresarial; 5. Considerações finais; Referências.

1. Introdução

A atividade de incorporação imobiliária é complexa e envolve investimentos vultosos. Sua realização envolve múltiplas atividades técnicas e jurídicas, obrigações inúmeras e de diversas espécies e a concatenação de todos os atores é o grande desafio que trará impactos das mais variadas naturezas ao empreendimento e ao seu resultado (não só imobiliário, mas especialmente financeiro).

Além de buscar formar a área necessária para o empreendimento, nos primeiros passos da atividade o incorporador deverá optar pela estrutura societária que lhe servirá de instrumento de organização e de gestão do negócio.

Com efeito, o planejamento societário da atividade é essencial para o negócio, pois impactará na administração da incorporação, na captação de investimentos, no regime tributário (que refletirá nos custos e no preço), na administração de riscos e responsabilidades dos envolvidos.

No presente estudo buscar-se-á apresentar – sem a pretensão de esgotar o tema – opções de estruturação societária para o desenvolvimento de incorporações imobiliárias, bem como demonstrar a relevância de alguns instrumentos societários para o ramo, dada a amplitude do alcance de tais ferramentas e das respectivas repercussões que podem, como mencionado, afetar as responsabilidades dos atores, impactar na consecução do projeto e no seu resultado econômico.

2. A atividade da incorporação e estruturas societárias

Interessa, como premissa para o presente estudo, a compreensão da expressão incorporação imobiliária, que designa importante campo dos negócios imobiliários.

Conforme o parágrafo único do artigo 28 da Lei nº 4.591/1964, "considera-se incorporação imobiliária a atividade exercida com o intuito de promover e realizar a construção, para alienação total ou parcial, de edificações ou conjunto de edificações compostas de unidades autônomas".

E o artigo 29 da Lei nº 4.591/1964 qualifica como incorporador "a pessoa física ou jurídica, comerciante ou não, que embora não efetuando a construção, compromisse ou efetive a venda de frações ideais de terreno", cumprindo destacar que uma das principais características do incorporador é a coordenação dos trabalhos para levar a termo a incorporação.

A partir desses traços, pode-se conceituar a atividade de incorporação imobiliária como uma atividade de coordenação para a realização de um empreendimento imobiliário, compreendendo a concatenação de diversas atividades (tais como elaboração de projetos técnicos, atividades de construção civil, vendas e corretagem, entre outras), com a finalidade precípua de alienar unidades imobiliárias futuras[2].

Pode-se sintetizar, então, que a incorporação imobiliária é atividade exercida por pessoa natural ou jurídica de organização e gestão de diversas atividades, obtenção de autorizações do Poder Público e captação de investimentos para produção de empreendimento imobiliário a ser construído por si ou por terceiro em que, após o cumprimento das formalidades legais, se estará autorizado a ofertar, prometer à venda e vender imóveis futuros (unidades autônomas e frações ideais de áreas comuns de condomínios).

O exercício da atividade de incorporação prescinde que o próprio incorporador execute a construção propriamente dita. Há incorporadores que atribuem a construção do empreendimento a terceiro e atuam apenas e tão somente na idealização e viabilização técnica e financeira do projeto, para o fim exclusivo de alienar as unidades imobiliárias durante a sua construção.

No entanto, há casos em que o incorporador é o próprio construtor, situação em que concentra em si todos os riscos do negócio, inclusive os riscos técnicos da construção.

No direito brasileiro, até o advento da Lei nº 13.465/2017, a razão da incorporação era o condomínio edilício, porque não havia condomínio de lotes de terreno (todo condomínio especial pressupunha edificação de apartamentos ou casas).

Após a referida lei, passou a ser possível o condomínio de lotes (terrenos), nos termos do art. 1.358-A do Código Civil, de sorte que, atualmente, é também possível a incorporação correlata, sem a edificação de unidades imobiliárias autônomas, pois nesse caso as unidades imobiliárias serão lotes de terra nua.

Em qualquer dos casos, a atividade central do incorporador é a idealização do projeto, o estudo da sua viabilidade técnica e financeira, o planejamento do desenvolvimento do empreendimento, a obtenção de aprovações do Poder

---

[2] De acordo com Ademar Fioranelli e Jersé Rodrigues da Silva, para além da referência à construção, o conceito de incorporação "está intimamente ligado ao de organização e comercialização." (Das incorporações, especificações, instituição e convenção de condomínio. *Direito imobiliário* – Coletânea I. São Paulo: ICA, 1989. p. 53).

Público e, ainda, a mobilização de recursos humanos e materiais para a sua concretização.

Constitui objetivo precípuo comum a todos incorporadores a alienação (ou promessa de alienação) de frações ideais de terreno e respectivas unidades autônomas antes da sua conclusão para, ao final, auferir lucro com a entrega dos imóveis aos adquirentes, devidamente individualizados e registrados no registro imobiliário. Assim, incorporação imobiliária é, indubitavelmente, atividade empresária[3].

Mas, antes de qualquer providência, o empresário que pretende desempenhar a atividade incorporativa deve organizar-se juridicamente. Como dito, o empresário deve estudar as opções societárias disponíveis e, logo de início, estruturar-se para desenvolver com segurança essa complexa atividade que movimenta enorme monta de capital.

Há múltiplas formas de estruturação societária de empresas de incorporação imobiliária, o que se buscará apresentar brevemente neste trabalho, repita-se, sem a pretensão de se abranger todas as possiblidades, não só por conta dos limites do presente artigo, mas, especialmente, porque não há vedação para novos formatos de negócios, desde que sejam lícitos, nos termos do art. 425 do Código Civil.

A criatividade do empresário poderá, portanto, levar a outras estruturações possíveis – desde que lícitas e atentas à boa-fé negocial –, cumprindo lembrar que cada opção poderá gerar reflexos na gestão patrimonial e, portanto, impactar nas relações da incorporadora com terceiros, nas responsabilidades da incorporadora, de seus sócios (ou acionistas), de investidores e em outras dinâmicas do desenvolvimento do empreendimento.

Isso porque, deve-se ter em mente que os tipos societários definem não só as pessoas jurídicas das incorporadoras, mas servem de verdadeiras ferramentas para segregação patrimonial, para definição de responsabilidades na cadeia produtiva, para captação de recursos e regência das relações do incorporador com investidores, ou seja, permeiam diversas etapas do desenvolvimento da incorporação.

Outros aspectos decisivos para a estruturação do negócio são: as formas de obtenção de recursos de investidores; a proteção e a segregação do patrimônio do empreendedor do patrimônio destinado ao desenvolvimento da incorporação (especialmente relevante quando o empreendedor utilizará capital próprio) e a

---

[3] Nas palavras de Melhim Namem Chalhub: "a doutrina é unânime ao qualificar como empresarial a atividade do incorporador, consubstanciando uma atuação profissional de tal complexidade que ensejou a tipificação, pela lei, do negócio jurídico denominado incorporação imobiliária, contemplando, de um lado, a figura do incorporador, a pessoa que empreende e, de outro lado, a figura do adquirente, deixando clara a caracterização do incorporador como empresário." (*Incorporação imobiliária*. 5. ed. Rio de Janeiro: Forense, 2019. p. 20).

questão da delimitação das responsabilidades dos sócios (ou acionistas) e de outros atores (como investidores, por exemplo).

Daí a utilização da expressão "estrutura societária", já que se está diante da concatenação de diversas figuras e instrumentos societários que, combinados em diferentes níveis e etapas da atividade, viabilizam a realização da incorporação imobiliária sob o manto de variadas estruturas empresariais.

3. Estruturas societárias para constituição da incorporadora

Como dito, o empreendedor que se propõe a executar uma incorporação imobiliária deve, em um primeiro momento, providenciar a constituição da pessoa jurídica que será a incorporadora.

Em momento subsequente, o empreendedor imobiliário deverá ter por foco o planejamento do emprego de instrumentos societários e contratuais para viabilizar os seus planos, da forma que melhor otimize os seus objetivos e proteja os interesses dos envolvidos.

Não se quer afastar a possibilidade jurídica de realização da atividade por uma pessoa natural ou por ente despersonalizado, mas as pessoas jurídicas (sob a forma de sociedades empresárias) têm sido predominantemente utilizadas para tal mister, dado o intuito de lucro, o vulto dos investimentos e a complexidade da cadeia de produção necessários.

Para se ter uma noção da amplitude de tais repercussões, na hipótese de realização do empreendimento por uma sociedade de fato (subsumida aos artigos 986 e seguintes do Código Civil), a união informal de duas ou mais pessoas para o desenvolvimento do empreendimento imobiliário acarretaria a responsabilidade pessoal ilimitada e solidária de todos os sócios, o que comprometeria até mesmo o patrimônio pessoal de cada um. Além disso, tal cenário criaria dificuldades para obtenção de recursos para realização do empreendimento e a insegurança jurídica seria generalizada para empreendedor, sócios, construtor (se diverso), investidores, bancos financiadores e adquirentes.

Por tais razões, a sociedade comum ou de fato não se presta ao seguro desenvolvimento da atividade incorporativa.

Não é modelo interessante para o empresário do ramo; a uma, por ser informal e, a duas, por acarretar a responsabilidade pessoal e ilimitada dos sócios, mormente em uma atividade voltada precipuamente à promessa de alienação ou alienação propriamente dita de unidades imobiliárias e frações ideais de áreas comuns de imóveis futuros.

Além da indispensável necessidade de registro da incorporação no registro de imóveis para início das vendas das unidades futuras (sob pena de graves sanções[4]), (atividade complexa que demanda o envolvimento de profissionais e técnicos de diversas áreas), tarefa que pode ser dificultosa no cenário da informalidade de uma sociedade de fato.

Com efeito, a atividade de fornecimento de imóveis por si só já impõe, pela sua própria natureza, riscos que lhe são inerentes, tais como a responsabilidade objetiva perante os adquirentes e consumidores equiparados imposta pelo Código de Defesa do Consumidor, além das garantias legais impostas ao construtor de imóveis[5] sobre a segurança e solidez da edificação, situações essas de responsabilização que, comumente, repercutem em conteúdo econômico de proporções consideráveis.

Daí a imperiosidade de o empreendedor imobiliário adotar estruturas societárias e contratuais que sejam aptas a proteger e segregar o seu próprio patrimônio daquele que destacará para o empreendimento e, ainda, melhor administrar as responsabilidades, os investimentos e os riscos inerentes à atividade empresarial.

A fim de se observar os limites do presente trabalho, serão examinadas somente as características relevantes de alguns tipos societários comumente utilizados em incorporações imobiliárias, por se tratar de formas legais para exercício da atividade econômica de maneira mais segura e organizada.

3.1. Sociedade limitada

A sociedade limitada é formada por dois ou mais sócios, que se reúnem para a consecução de certa atividade econômica. O capital é dividido em quotas e a participação de cada sócio titulariza determinado número de cotas, proporcionais ao capital que o sócio subscreveu.

É, talvez, o tipo societário mais utilizado pelo empresariado brasileiro, não só pela sua manutenção mais simples e menos custosa do que uma sociedade anônima, mas especialmente por haver limitação de responsabilidade do sócio cotista ao montante do capital social subscrito (ou pelo total do capital social, enquanto não houver integralização), nos termos do artigo 1.052 do Código Civil.

Assim, uma vez integralizado o capital pelos sócios, a responsabilidade de cada um fica limitada à sua participação societária, característica bastante interessante para os negócios imobiliários.

Por conseguinte, não havendo fraude ou qualquer causa de desconsidera-

[4] Artigos 65 e 66 da Lei nº 4.591/1964.

[5] Artigo 618 do Código Civil.

ção da personalidade jurídica, os bens particulares dos sócios ficam a salvo de responder por obrigações sociais, de sorte que eventuais credores só poderão atingir o patrimônio da sociedade.

Pode-se também optar por uma sociedade limitada unipessoal, criada pela Lei nº 13.874/2019 ao alterar o § 1º do art. 1.052 do Código Civil, que permite que a sociedade limitada seja constituída por apenas uma pessoa.

Nada impede que a incorporadora seja constituída sob a forma de uma sociedade unipessoal, a depender do porte econômico do projeto ou da desnecessidade de outros sócios para a sua realização.

As sociedades limitadas contam com características e possibilidades importantes para o desenvolvimento de incorporações imobiliárias, tais como Conselho Fiscal e assembleias como órgão deliberativo, a depender do seu porte econômico e da quantidade de sócios.

Não se pode olvidar que as sociedades limitadas permitem a integralização de bens imóveis para formação do seu capital[6], o que pode se revelar opção prática para a inclusão do terreno objeto da incorporação no patrimônio da empresa e a celebração de negócios com terrenistas, por exemplo.

3.2. Sociedade anônima

Regida pela Lei nº 6.404/1976, a sociedade anônima é outra modalidade societária comumente usada para constituição da incorporadora. Também chamada de companhia, é sempre de natureza mercantil, criada e regida por um estatuto social, seu capital é dividido em ações e a responsabilidade de cada acionista é limitada pelo preço de emissão das ações por ele subscritas ou adquiridas.

Há as sociedades anônimas abertas – registradas na CVM – Comissão de Valores Mobiliários – que poderão negociar ações e diversos outros títulos no mercado de capitais e, com isso, captar recursos de investidores, daí tratar-se de opção interessante para grandes incorporadores e para grandes empreendimentos, já que a venda de ações e outros títulos em Bolsas de Valores aportará capital para custear as atividades da sociedade.

Há, ainda, as sociedades anônimas fechadas, que não negociam títulos no mercado de balcão, mas, igualmente, contam com o capital dividido em ações e obtêm seus recursos dos seus acionistas.

A sociedade anônima aberta tem constituição e manutenção mais com-

[6] Bens imóveis podem ser integralizados no capital das sociedades, dispensando-se a escritura pública, conforme permitem os arts. 997, III, do Código Civil, 7º a 9º e 89 da Lei nº 6.404/1976 (aplicável subsidiariamente às sociedades limitadas) e 64 da Lei nº 8.934/1994.

plexas e custosas em comparação à companhia fechada, com maiores exigências legais a observar, tais como a necessidade de publicação de atos e a contratação de auditores externos.

Por se tratar de sociedade apta à negociação de títulos no mercado de capitais, a sociedade anônima aberta sofre fiscalização e regulação pública, já que a oferta de ações e títulos pode afetar a economia popular e há todo um arcabouço de proteção ao público investidor.

Não obstante, as sociedades anônimas são comumente eleitas para constituição de incorporadoras imobiliárias e otimização da captação de recursos, haja vista que esse tipo societário conta com diversos órgãos diretivos disciplinados na Lei nº 6.404/1976 – assembleia geral, conselho de administração, diretoria e conselho fiscal[7]–, o que demonstra sua vocação para lidar com empreendimentos de grande porte e captar investimentos com confiabilidade, por justamente contar com órgãos internos para concretizar as melhores práticas de governança corporativa.

Com isso, as companhias contam com a sistematização de práticas empresariais de gestão mais transparente e comprometida com preceitos éticos, com maior equilíbrio entre companhia e acionistas (inclusive minoritários) e, no caso das sociedades abertas, com maior demonstração de respeito ao mercado.

Por tais razões, grandes incorporadoras acabam realizando grandes projetos sob a constituição de sociedade anônima, em compasso com a demanda de credibilidade que o mercado de consumidores exige, já que o bem ofertado (unidade imobiliária futura) é, na maciça maioria das vezes, apenas um projeto no momento da contratação.

Tal como nas sociedades limitadas, as sociedades anônimas também poderão ter bens imóveis conferidos ao seu patrimônio para integralização de imóveis pelos seus acionistas, devendo ser observadas as formalidades e procedimentos previstos na Lei nº 6.404/1976.

4. Sociedades e instrumentos societários úteis para fomento e organização das incorporações imobiliárias

Neste tópico se examinará alguns tipos societários úteis à concretização de estratégias de captação de investimentos, que poderão ser utilizados de maneira

[7] Maria Helena Diniz assinala a possibilidade de criação de órgãos técnicos no estatuto das companhias, para institucionalização da otimização das suas operações: "Além desses quatro órgãos sociais principais, o seu estatuto poderá conter a previsão de outros órgãos técnicos de assessoria ou de execução, tendo por base a divisão do trabalho, agilidade nas decisões, barateamento nos custos etc., visto que poderá promover sua estruturação da forma que quiser em busca do sucesso do empreendimento." (DINIZ, Maria Helena. *Curso de direito civil brasileiro:* direito de empresa. São Paulo: Saraiva, 2008. v. 8, p. 456).

concomitante à constituição da sociedade incorporadora, para alimentar a sua atividade com os recursos necessários.

Serão analisados, outrossim, alguns institutos do direito societário que são caros para o ramo imobiliário, por contribuírem sobremaneira com a organização da atividade e agregarem qualidades interessantes para o desenvolvimento e a realização do projeto com a segurança e a organização que a complexa atividade exige.

4.1. Sociedade em conta de participação

Regida pelos arts. 991 a 996 do Código Civil, a sociedade em conta de participação é um ente despersonalizado, dispensado de constituição formal ou sob registro, formada por pelo menos duas pessoas e que existe, muitas vezes transitoriamente, para realizar determinado projeto.

Os sócios são categorizados em sócio ostensivo e sócio oculto: o primeiro é o empreendedor, aquele que exerce o objeto social, em nome de quem a sociedade gira, que pratica atos de gestão e é a pessoa responsável perante terceiros, que responde inclusive com o seu próprio patrimônio; o segundo é o investidor, prestador de capital que participa dos resultados sociais, por isso também denominado sócio participante.

Embora seja, em verdade, um contrato de participação e, por isso, dispense maiores formalidades (art. 992 do Código Civil), é altamente recomendável que esse tipo de sociedade seja constituído por instrumento escrito, definindo regras do relacionamento entre sócios e, principalmente, a participação de ambos nos lucros e nas perdas.

Produz efeitos apenas interna corporis (entre os sócios) e não existe juridicamente perante terceiros. Trata-se de sociedade que desponta ao mundo apenas na pessoa do sócio ostensivo, que desenvolve o empreendimento em seu nome, mediante os aportes de capital ou de outros recursos do sócio oculto (participante). A sociedade em conta de participação não tem firma social, sede ou domicílio.

Traço interessante para os negócios é que o sócio investidor (participante), a princípio, não assume direitos e obrigações perante terceiros, exceto se interfira nas relações do sócio ostensivo com terceiros, situação prevista no parágrafo único do art. 993 do Código Civil, em que passará a responder solidária e ilimitadamente com seu patrimônio pessoal. Assim, o sócio participante não responde perante terceiros e não poderá ser demandado por eventual inadimplemento da sociedade que, por ser despersonalizada, também não tem titularidade negocial e capacidade processual[8].

Na prática, a sociedade em conta de participação implicará ao incorpora-

[8] Maria Helena Diniz, com a clareza e a completude que lhe são peculiares, sintetiza os caracteres da sociedade em conta de participação: "Logo, as relações societárias permanecem num círculo fechado, isolando-se do mundo exterior, ao qual só tem acesso o sócio ostensivo. Essa sociedade pode ser constituída sem qualquer

dor imobiliário que tenha a cautela de criar conta contábil segregada para registrar a movimentação de entrada e saída de capital respectiva, de modo que tenha condições de prestar contas ao sócio participante, sempre que necessário, sobre as atividades sociais.

É prática de mercado que o incorporador celebre várias sociedades em conta de participação para um único empreendimento imobiliário – uma para cada investidor que aportará recursos. O contrato deverá prever as regras que regerão as relações entre os sócios, em especial regulamentar a forma de participação do investidor nos resultados do empreendimento.

Os recursos a serem aportados pelos sócios ocultos podem ter diversas naturezas, tais como capital, recursos tecnológicos, know-how, serviços ou outros e muitos investidores apreciam a discrição decorrente da circunstância de participar como sócio oculto do empreendimento imobiliário.

Por outro lado, a celebração da sociedade em conta de participação de maneira paralela também resguarda a sociedade incorporadora de possíveis interferências indesejadas de investidores em geral e de terrenistas na consecução das atividades propriamente ditas do desenvolvimento do empreendimento imobiliário.

Embora dispensadas, o registro de tais sociedades não afastará as suas características principais. Por tais motivos, é largamente usada nos empreendimentos imobiliários como instrumento de fomento, servindo para formalizar as relações do incorporador com seus investidores com segurança jurídica, discrição e, também, propiciar a proteção da incorporadora de indesejáveis interferências.

4.2. Sociedades em comandita simples e por ações

As comanditas simples e por ações são sociedades marcadas por serem compostas de duas categorias de sócios, pois são formadas por sócio administrador (chamado sócio comanditado), obrigatoriamente pessoa física, e por sócio de capital (chamado sócio comanditário)[9]. As simples têm o capital dividido em quotas e são regidas pelos artigos 1.045 a 1.051 do Código Civil e, de outro lado,

---

formalidade, podendo ser provada por todos os meios de direito. O contrato social só produz efeito entre os sócios e, se for registrado, tal assente não conferirá personalidade à sociedade. Havendo sua liquidação, disciplinar-se-á pelas normas do CPC alusivas à prestação de contas.

Em suma, tem por caracteres peculiares: ausência de firma social; inexistência, como pessoa jurídica, perante sócios e terceiros; logo, não pode assumir nenhuma obrigação em seu nome; falta de titularidade negocial e processual; impossibilidade de sujeição à falência e de efetuar requerimento pedindo falência; realização de liquidação no modo estipulado pelo Código de Processo Civil para prestação de contas; regularidade visto que não é sociedade irregular, nem sociedade de fato." (*Curso de direito civil brasileiro: direito de empresa*. São Paulo: Saraiva, 2008. v. 8, p. 175).

[9] Art. 1.045. Na sociedade em comandita simples tomam parte sócios de duas categorias: os comanditados, pessoas físicas, responsáveis solidária e ilimitadamente pelas obrigações sociais; e os comanditários, obrigados somente pelo valor de sua quota.

Parágrafo único. O contrato deve discriminar os comanditados e os comanditários.

as por ações tem o capital dividido em ações e são reguladas pelos artigos 1.090 a 1.092 do Código Civil e disposições da Lei nº 6.404/1976.

As sociedades em comandita simples e por ações servem à captação de investimentos para o desenvolvimento da atividade imobiliária, pois se trata de modalidades societárias em que é possível que o incorporador celebre separadamente um contrato de sociedade com o investidor, em que o incorporador (comanditado) responderá de maneira solidária, subsidiária e ilimitada pelas eventuais perdas ocorridas em sua gestão.

Como o sócio prestador de capital (comanditário) terá sua responsabilidade limitada ao capital subscrito e não tem poder de administração da sociedade, se vier porventura a exercer qualquer ato de gestão, perderá a proteção legal da limitação da sua responsabilidade, nos termos do art. 1.047 do Código Civil[10].

Apesar das sociedades comanditas serem menos usuais no mercado, não se pode menosprezar a sua utilidade para captação de investimentos para os negócios imobiliários, pois oferecem segurança jurídica ao investidor que, na posição de comanditário, não exercerá atos de administração e, nessa medida, é protegido pela responsabilidade limitada ao capital que efetivamente subscreveu.

Outrossim, a responsabilidade subsidiária, solidária e ilimitada do sócio comanditado é perfeitamente administrável, mediante o emprego de estruturas contratuais que isolem e compartimentem os riscos decorrentes da sua contratação com o investidor.

Tal como acontece nas sociedades em conta de participação, as sociedades em comandita resguardam a incorporadora de possíveis interferências de investidores, ao mesmo tempo que viabilizam a formalização jurídica necessária para a obtenção de investimentos com clareza de responsabilidades.

4.3. Sociedade de propósito específico

As sociedades de propósito específico são constituídas com a finalidade exclusiva de realização de um ou mais empreendimentos, que são bem delineados *ab initio*, no objeto social constante dos seus atos constitutivos. São fundadas no parágrafo único do artigo 981 do Código Civil, que dispõe que a atividade da sociedade pode restringir-se à realização de um ou mais negócios determinados.

Cuida-se de sociedade – que pode ser do tipo limitada ou anônima, por exemplo – constituída para a realização de um objeto específico, de modo que a sua atividade será restrita ao cumprimento do seu objeto e a sua existência perdu-

[10] Art. 1.047. Sem prejuízo da faculdade de participar das deliberações da sociedade e de lhe fiscalizar as operações, não pode o comanditário praticar qualquer ato de gestão, nem ter o nome na firma social, sob pena de ficar sujeito às responsabilidades de sócio comanditado.

rará somente pelo prazo necessário para a sua consecução.

Assim, a sociedade de propósito específico não é um tipo societário propriamente dito, mas, sim, uma característica que pode ser atribuída a qualquer tipo de sociedade, cujo objeto seja determinado.

No ramo imobiliário essa característica desponta com notável utilidade para incorporadoras de todos os portes, por propiciar segregação jurídica e contábil de cada empreendimento e evitar a condenável confusão do patrimônio de uma ou mais obras em um único caixa, o que pode causar problemas desastrosos e até mesmo levar o incorporador à falência.

Os sócios ou acionistas têm a clareza e a segurança de que as atividades da empresa serão segregadas de outros projetos e dedicadas exclusivamente ao empreendimento definido no contrato ou estatuto social, de forma a proporcionar segregação do movimento financeiro do empreendimento e objetividade no acompanhamento do cronograma da obra, do plano de negócios e na demonstração dos resultados auferidos. Além disso, facilita a admissão e retirada de investidores, por melhor delimitar ativos e passivos do empreendimento.

Os adquirentes são igualmente beneficiados por essa segregação, que indubitavelmente traz maior credibilidade, transparência e agilidade na execução do empreendimento.

A separação dos ativos e passivos dedicados à consecução do empreendimento imobiliário auxilia sobremaneira na concretização da autossuficiência das incorporações imobiliárias, assim referida nas palavras de Melhim Namem Chalub: "a incorporação, assim, tem estrutura econômico-financeira capaz de lhe propiciar autossustentação, independente de outras fontes de receita"[11].

De idêntico modo, a constituição de uma incorporadora sob a modalidade de sociedade de propósito específico facilita a obtenção de financiamentos e de empréstimos no mercado financeiro, pois tais sociedades não participam de outras empresas e são focadas exclusivamente no empreendimento imobiliário eleito como objeto social.

Isso traz peculiar segurança aos bancos que, ao concederem crédito para obras, têm especial atenção para esse e outros detalhes[12], inclusive porque acom-

---

[11] CHALHUB, Melhim Namem. *Incorporação imobiliária*. 5. ed. Rio de Janeiro: Forense, 2019. p. 98.

[12] Um relevante instrumento jurídico comumente desejado pelos bancos para concessão de crédito para incorporadoras é o patrimônio de afetação, instituto jurídico de segregação patrimonial fundado no artigo 31-A e seguintes da Lei nº 4.591/1964. Por se tratar de instituto que emana do direito imobiliário e não do direito societário, o patrimônio de afetação ficou de fora do escopo do presente trabalho.

panharão o cronograma físico-financeiro da realização do empreendimento e têm a experiência positiva de que sociedades de propósito específico são mais ágeis e organizadas na sua consecução.

4.4. Consórcio empresarial

O consórcio empresarial é modalidade útil à estruturação dos negócios nas incorporações imobiliárias, por reunir várias expertises e otimizar recursos em prol de um objetivo. Cuida-se de uma espécie de associação empresarial transitória, regulada por um contrato, por meio do qual é constituída uma estrutura organizacional, mas preservada a identidade e a autonomia jurídica e empresarial das sociedades consorciadas[13].

Regido pelo art. 278[14] da Lei nº 6.404/1976, é a reunião de duas ou mais sociedades em parceria, sob o mesmo controle ou não, com a finalidade de executar determinado empreendimento.

Conforme o referido dispositivo, o contrato do consórcio definirá as responsabilidades de cada sociedade participante e cada qual responderá exclusivamente pelas suas próprias obrigações, sem presunção de solidariedade, característica que denota vantagem no mercado negocial, por separar bens, definir responsabilidades e elidir o risco da solidariedade legal, cumprindo ressalvar que a responsabilidade solidária permanece quanto às obrigações tributárias federais (art. 1º da Lei nº 12.402/2011), licitações (artigo 15, V, da Lei nº 14.133/2021), relações de consumo (art. 28, § 3º, do Código de Defesa do Consumidor) e, por conta da caracterização de grupo econômico, quanto às questões trabalhistas (art. 2º, § 2º, da Consolidação das Leis do Trabalho).

O § 2º do art. 278 Lei nº 6.404/1976 estipula que a falência de uma das empresas consorciadas não acarretará a extinção do consórcio, o que se revela interessante característica para os negócios imobiliários, eis que o empreendimento objeto da parceria continuará a ser desenvolvido pelas outras contratantes, mesmo que haja a falência de uma das empresas envolvidas. O contrato de consórcio regerá a forma de pagamento dos créditos que eventualmente existirem em favor da consorciada falida.

---

[13] CAMPINHO, Sérgio. *Curso de sociedade anônima.* Rio de Janeiro: Renovar, 2015. p. 512.

[14] Art. 278. As companhias e quaisquer outras sociedades, sob o mesmo controle ou não, podem constituir consórcio para executar determinado empreendimento, observado o disposto neste Capítulo.

§ 1º O consórcio não tem personalidade jurídica e as consorciadas somente se obrigam nas condições previstas no respectivo contrato, respondendo cada uma por suas obrigações, sem presunção de solidariedade.

§ 2º A falência de uma consorciada não se estende às demais, subsistindo o consórcio com as outras contratantes; os créditos que porventura tiver a falida serão apurados e pagos na forma prevista no contrato de consórcio.

O contrato de consórcio deverá obedecer aos requisitos do art. 279[15] da referida lei e ser devidamente arquivado no registro do comércio. No instrumento contratual haverá a atribuição da liderança do consórcio a alguma das empresas consorciadas, a definição do empreendimento que será objeto da parceria empresarial, o seu prazo de duração, os direitos e as obrigações das consorciadas perante si e perante terceiros, as normas de administração, de contabilização e de distribuição dos resultados, entre outros itens, que deverão ser definidos pelas consorciadas antecipadamente.

A empresa designada como líder no contrato de consórcio executará a administração das atividades do acordo de cooperação e agirá em prol dos interesses comuns conforme os termos definidos em contrato. Ficará, também, responsável pela escrituração contábil e pela guarda de livros e documentos das operações.

Cada consorciada poderá negociar previamente as condições contratuais que melhor atendam aos seus objetivos e interesses, além de delimitar bem as responsabilidades dos envolvidos entre si e perante terceiros, sendo deveras interessante para os negócios.

A vigência do consórcio será temporária, ou seja, o consórcio existirá somente até a conclusão de determinado empreendimento e distribuição dos seus respectivos resultados.

Interessante anotar que o consórcio não tem personalidade jurídica própria, o patrimônio pertence a cada uma das consorciadas e, portanto, realizará negócios pelas próprias consorciadas e partilhará os respectivos resultados, nos termos do contrato de cooperação. Todavia, há necessidade de inscrição no Cadastro Nacional das Pessoas Jurídicas (CNPJ) para fins fiscais, por força da Lei nº 12.402/2011, que regula o cumprimento de obrigações tributárias por consórcios que realizarem a contratação de pessoas jurídicas e físicas.

---

[15] Art. 279. O consórcio será constituído mediante contrato aprovado pelo órgão da sociedade competente para autorizar a alienação de bens do ativo não circulante, do qual constarão:
I – a designação do consórcio se houver;
II – o empreendimento que constitua o objeto do consórcio;
III – a duração, endereço e foro;
IV – a definição das obrigações e responsabilidade de cada sociedade consorciada, e das prestações específicas;
V – normas sobre recebimento de receitas e partilha de resultados;
VI – normas sobre administração do consórcio, contabilização, representação das sociedades consorciadas e taxa de administração, se houver;
VII – forma de deliberação sobre assuntos de interesse comum, com o número de votos que cabe a cada consorciado;
VIII – contribuição de cada consorciado para as despesas comuns, se houver.
Parágrafo único. O contrato de consórcio e suas alterações serão arquivados no registro do comércio do lugar da sua sede, devendo a certidão do arquivamento ser publicada.

Por tais características, essa modalidade de *joint venture* é bastante utilizada em incorporações imobiliárias, pois, como dito, reúne competências, maximiza recursos, traz clareza aos papéis dos envolvidos e segurança à dinâmica dos negócios de parceria empresarial.

5. Considerações finais

Ao longo deste breve estudo, foram analisados alguns tipos societários que se afinam e se adequam à atividade de incorporação imobiliária e lhe servem de instrumentos que vão além da mera constituição da sociedade incorporadora.

A atividade da incorporação imobiliária movimenta elevada monta de capital, além de necessitar da atuação coordenada de diversas atividades, de inúmeras naturezas, para a consecução do empreendimento. O empreendedor imobiliário pode utilizar capital próprio e/ou de terceiros, sejam investidores, terrenistas ou instituições financeiras e, em ambos os casos, tem que propiciar segurança jurídica para proteção do patrimônio destinado à realização do empreendimento e para atrair investidores.

A complexidade do cenário e a quantidade de atores demanda a combinação de instrumentos jurídicos em diferentes níveis, para delimitar os bens e o capital destinados ao empreendimento dos demais bens, direitos e obrigações do próprio empreendedor, como forma de minimizar riscos, definir responsabilidades e evitar indesejável confusão patrimonial.

Para além da óbvia obtenção de recursos por meio do aporte de capital de sócios e acionistas, as sociedades limitadas e anônimas apresentam-se como ferramentas relevantes – para não dizer essenciais – para a organização da incorporação imobiliária, por propiciarem a segregação do patrimônio destinado à atividade, a definição de responsabilidades dos sócios e acionistas e regras para distribuição dos resultados.

Além disso, analisou-se que as sociedades em conta de participação e as sociedades comanditas são tipos societários úteis e largamente usados nos empreendimentos imobiliários como instrumento de fomento, servindo para formalizar as relações do incorporador com seus investidores com segurança jurídica, discrição e, também, proteger a incorporadora de indesejáveis interferências de terceiros.

Com o emprego de tais sociedades, combinadas a outros institutos societários[16], as incorporações imobiliárias podem ser executadas com maior eficiência e transparência.

---

[16] E, também, não se pode deixar de mencionar que a instituição do patrimônio de afetação previsto no artigo 31-A da Lei nº 4.591/1964, concomitante ao emprego dos institutos societários aqui examinados, é estratégia de imensa valia para proteger os interesses econômicos e sociais que a atividade imobiliária encerra. Tal como registrado em nota anterior, por se tratar de instituto alheio ao direito societário, não foi analisado no presente estudo.

A caracterização como sociedade de propósito específico eleva sobremaneira a segurança para as atividades da empresa, por conta da clara delimitação do objeto social, para o qual serão direcionados todos os esforços do incorporador. Isso tudo, somado à segregação do movimento financeiro do empreendimento, traz objetividade no acompanhamento do cronograma da obra e apuração dos seus resultados respectivos, o que traz benefícios incontáveis aos investidores e aos consumidores, por impingir maior celeridade à finalização do empreendimento.

A constituição de consórcios empresariais é igualmente instrumento de maximização da eficiência bastante utilizada em incorporações imobiliárias, pois viabiliza a reunião de competências, a otimização de recursos e a melhor definição dos direitos e das obrigações dos envolvidos, sem interferir na autonomia e na independência de cada empresa consorciada, trazendo segurança aos negócios de parceria empresarial.

Sem prejuízo de outros instrumentos e institutos jurídicos aqui não abordados pela singela delimitação do escopo do presente estudo[17], o emprego e a combinação de institutos societários são, portanto, de extrema relevância e utilidade para o desenvolvimento seguro e eficiente de incorporações imobiliárias em todas as suas etapas.

Referências

CAMBLER, Everaldo Augusto. *Responsabilidade civil na incorporação imobiliária.* São Paulo: RT, 1998.

CAMPINHO, Sérgio. *Curso de sociedade anônima.* Rio de Janeiro: Renovar, 2015.

CHALHUB, Melhim Namem. *Incorporação imobiliária.* 5. ed. Rio de Janeiro: Forense, 2019.

DINIZ, Maria Helena. *Curso de direito civil brasileiro: direito de empresa.* São Paulo: Saraiva: 2008. v. 8.

RIZZARDO, Arnaldo. *Condomínio edilício e incorporação imobiliária.* Rio de Janeiro: Forense, 2011.

SOUZA, Martelene Carvalhaes Pereira e. *Patrimônio de afetação, SPE, SCP e consórcio*: estruturação de negócios imobiliários e de construção civil: teoria e prática. São Paulo: Pini, 2014.

[17] Por exemplo, os acordos de acionistas, comumente utilizados em incorporações para regular mais detalhadamente as relações entre sócios e acionistas.

Capítulo 9

A evolução da governança corporativa e do capitalismo consciente no conceito das empresas corretas, reforçando o *compliance* e a sustentabilidade: construindo o ESG

Leonardo Barém Leite

Capítulo 9 - A evolução da governança corporativa e do capitalismo consciente no conceito das empresas corretas, reforçando o *compliance* e a sustentabilidade: construindo o ESG

The evolution of corporate governance and conscious capitalism in the concept of right companies, strengthening compliance *and sustainability: building ESG*

Leonardo Barém Leite [1]

Resumo: Empresas melhores, mais rentáveis e valiosas, que durem mais e que cresçam, precisam ser efetivamente sustentáveis. E essa sustentabilidade precisa ser construída e conquistada. Essa caminhada não é simples, nem fácil, e nem rápida, mas é possível – e há formas eficazes de evoluir nessa direção. A criação de uma cultura de propósito em empresas comprometidas, conscientes, responsáveis e coerentes, que efetivamente queiram colaborar para a oferta de bens e de serviços melhores e mais sustentáveis a seus clientes e consumidores, apoiando seus colaboradores e parceiros, bem como protegendo o meio ambiente, é o tema corporativo da atualidade que abordaremos neste artigo.

Palavras-chave: ESG – Governança corporativa – Sustentabilidade – *Compliance* – Direito societário – Empresas – Negócios.

Abstract: Better, more profitable and valuable companies that last longer and grow need to be effectively productive. And this sustainability needs to be built and conquered. This walk is not simple, neither easy, nor fast, but it is possible and there are effective ways to evolve in that direction. The creation of a culture of purpose union, in committed, aware, responsible and coherent companies,

---

[1] Leonardo Barém Leite é advogado em São Paulo, Sócio Sênior de Almeida Advogados Direito Corporativo, especializado em direito societário e corporativo, com foco em societário, contratos, fusões e aquisições (M&A), *joint ventures*, propriedade intelectual estratégica, projetos especiais, "transações empresariais", governança corporativa, ESG, sustentabilidade e *compliance*. Formado em Direito pela Universidade de São Paulo (São Francisco). Pós-Graduado em Administração, e em Economia de Empresas pela Escola da Administração de Empresas de São Paulo da Fundação Getulio Vargas (EAESP-FGV). Especializado em Direito Empresarial pela Escola Paulista da Magistratura (EPM). Formado em Conselho de Administração, e em Melhores Práticas em Governança Corporativa pelo Instituto Brasileiro de Governança Corporativa (IBGC-SP). Mestre em Jurisprudência Comparada e em Direito Norte-Americano pela New York University School of Law (NYU-Law). Especializado em Gestão de Serviços Jurídicos, e em "Law & Economics" pela Escola de Direito de São Paulo da Fundação Getúlio Vargas (EDESP-FGV). Presidente da Comissão de Direito Societário, Governança Corporativa e ESG da Oab/SP-Pinheiros. E-mail: lleite@almeidalaw.com.br .

that effectively want to collaborate to offer better goods and services and more focused on their customers and consumers, supporting their employees and partners, as well as protecting the environment, is the current corporate theme that we will address in this article.

Keywords: ESG – Corporate Governance – Sustainability – *compliance* – corporate law – Companies – Business.

1. Introdução e contexto atual

Empresas melhores, mais rentáveis e valiosas, que durem mais e que cresçam, precisam ser efetivamente sustentáveis. E essa sustentabilidade precisa ser construída e conquistada.

Essa caminhada não é simples, nem fácil e nem rápida, mas é possível e há formas eficazes de evoluir nessa direção.

A criação de uma cultura de propósito e de união, em empresas comprometidas, conscientes, responsáveis e coerentes, que efetivamente queiram colaborar para a oferta de bens e de serviços melhores e mais sustentáveis a seus clientes e consumidores, apoiando seus colaboradores e parceiros, bem como protegendo o meio ambiente, é o tema corporativo da atualidade.

Esse enorme movimento global pela sustentabilidade, que estimula e cobra das empresas novas posturas, é mais uma oportunidade do que um complicador. Felizmente muitas organizações já perceberam isso e estão se ajustando à nova realidade.

As empresas sabem que os cenários mudam, que os contextos mudam o tempo todo, que tudo tem risco e custo, que precisam se ajustar permanentemente. E esse novo risco de imagem e de reputação, que pode custar a sobrevivência das organizações, precisa ser enfrentado.

Uma das maneiras mais modernas de se conceber os movimentos empresariais é a que admite que no universo corporativo o risco é não apenas presente, como necessário, pois sem risco não há negócio, não há lucro.

Cientes de que os riscos existem, e que são necessários (muitas vezes, quanto maior o risco maior a expectativa de retorno), a grande questão é conhecer, estimar e aprender a lidar com eles – exercendo a gestão do risco.

Esse é, também, um dos principais papéis do advogado corporativo: conhecer e gerir riscos. E apoiar a empresa e o cliente em suas atividades, com sua experiência e conhecimento, ofertando o máximo possível em segurança jurídica e viabilização de negócios.

No contexto de governança corporativa, *compliance*, jurídico e sustentabilidade, muitas empresas contam, atualmente, com uma área de Gestão de Riscos, também conhecida pela siga GRC (Governança, Riscos e *Compliance* para muitos, ou Gestão de Riscos e *Compliance* para outros). Nesse cenário, um dos pilares é conhecer o risco, bem como o apetite ao risco de cada negócio e de cada empresa – pois variam muito! E o outro é a mitigação de riscos e a redução de danos.

O risco zero não existe, mas é necessário conhecê-lo e mitigá-lo, tanto quanto possível.

Essa área é fundamental, e precisa estar presente em empresas que percebam a importância de organizar e de estruturar, minimamente, as suas operações e as suas atividades – especialmente na construção da sustentabilidade.

Empresas novas/nascentes, muitas da área de tecnologia, em especial as chamadas *startups*, que são concebidas, em grande medida, para crescer muito, e rapidamente, por vezes não dão o devido valor, cuidado e mesmo atenção à organização mínima, nem aos fluxos organizados, aos controles, aos critérios para tomada de decisão, à governança corporativa e à mitigação de riscos, por exemplo.

Infelizmente, e por diversas razões, ainda se vê muitos investidores, executivos, empresários e até consultores, que de certa forma focam apenas no crescimento e na busca do lucro, dedicando todos os recursos, inclusive tempo e atenção, ao crescimento. E a experiência mostra que nesse modelo, quanto mais se cresce (dessa forma e sem cuidado), maior o risco.

Muitas vezes, inclusive, o risco cresce tanto, assim como a quantidade de eventuais multas, processos e outros, que acaba sendo comum que a maioria das empresas que atuam dessa forma pouco sobreviva. Um dos motivos da altíssima mortalidade de empresas jovens no Brasil é justamente o excesso de improviso e de arrojo (onde não é possível).

Se as empresas precisam e gostam dos riscos, e sabem que são inerentes à sua atividade, e ao mesmo tempo querem e precisam vender e crescer, a questão é quais riscos correr e em que medida (que quantidade) correr; do que se constata o "apetite" de cada organização, que seja mais arrojada, ou mais conservadora e cautelosa.

Sabe-se que esse abuso da informalidade, da falta de cuidados e de organização, e até de excesso de automação, mesmo no começo da operação, não é o certo a fazer nesse sentido, uma vez que o risco e o apetite variam mesmo, mas deve haver limites. E sabe-se, também, que é preciso tomar diversos cuidados para que o risco não supere a expectativa de retorno ou mesmo de sobrevivência do negócio.

E, nessa linha, pouco ajuda se apenas uma ou outra pessoa, ou área, ocupar-se dos riscos e das cautelas, pois é necessário que a empresa (como um todo) siga certos critérios, organize suas atividades, tome certos cuidados, e que nela exista a cultura do risco adequado, em todas as suas atitudes, decisões e movimentos.

Vemos empresas que são fruto de grandes ideias, cheias de energia, mas que pouco se organizam, abusam da informalidade, seja do ponto de vista societário, ao escolher os sócios e organizar a sociedade, seja na falta de cuidados com a proteção de marcas, de tecnologia, de domínios, da própria ideia e até do negócio – sem contar parcerias arriscadas, e pouco conhecidas, formalizadas e organizadas.

A falta de conhecimento ou de experiência, a falta de orientação ou a falsa impressão de que organização mínima torna a empresa pesada, burocrática, lenta e cara, bem como que pode esperar, geram, depois, grandes sustos; e até o fim do sonho.

Cuidados são, portanto, supernecessários a todos os negócios e a todas as organizações, de todos os tamanhos, portes, idades, segmentos, estilos e jeitos, nem que seja, de início, com os pontos principais e mais estruturais.

Vemos casos de empresas que se dispõem a atuar em atividades reguladas e/ou controladas, sem sequer conhecer os requisitos, os cuidados, as licenças e as autorizações necessárias, bem como as principais normas aplicáveis.

Da correta concepção societária, passando pelo seu tipo, pela adequada escolha dos sócios e dos parceiros, e pela adoção de documentos societários alinhados ao caso concreto, à elaboração do modelo e do plano de negócios, o conceito de segurança e de sustentabilidade precisam estar presentes. É a forma certa de operar.

O mundo corporativo contemporâneo já entendeu que as organizações precisam buscar a rentabilidade e o lucro, mas que igualmente precisam ter propósito e precisam construir um legado. Ou seja, é preciso encontrar um certo equilíbrio.

Esses conceitos vêm se aproximando e integram pilares como missão, visão e valores, planejamento estratégico, responsabilidade social da pessoa jurídica, responsabilidade socioambiental, sustentabilidade empresarial plena, e tantos outros.

Se até há alguns anos, algumas pessoas acreditavam que as organizações precisassem escolher entre o crescimento e o lucro ou uma atuação mais consciente, coerente e responsável, assim como entre os resultados financeiros e uma atuação mais "ideológica", agora sabemos que "o caminho" é unir todos esses pontos – em empresas melhores (mais fortes e mais saudáveis).

Os principais pilares, nesse sentido, são atualmente conhecidos como capitalismo consciente, governança corporativa, integridade, *compliance* e sustentabilidade – temas que abordaremos ao longo deste texto.

No Direito Empresarial, e com ainda mais força na Advocacia Corporativa, conceitos, práticas, aspectos e temas jurídicos mesclam-se com o universo corporativo, a economia, a gestão, o planejamento estratégico, o "law & economics", e outros, aproximando o pensamento/a mentalidade, a postura, a visão e a linguagem das empresas, das de seus principais agentes.

Em função dessa aproximação e da nova visão da advocacia de negócios (especialmente ao longo dos anos 2000), temas que do ponto de vista do operador do direito seriam mais "focados" em direito societário ou comercial, por exemplo, ampliam-se para englobar outras áreas do conhecimento, reforçando a importância e o valor das parcerias entre advogados corporativos, empresários, investidores, executivos, consultores e pessoas ligadas às empresas de forma geral.

O foco maior, nesse contexto, é a empresa, o ambiente de negócios saudável e rentável, que por vezes demanda visões efetivamente complexas e multidisciplinares.

Conversar, lidar e trabalhar com esse público centrado em negócios e em resultados, ensina-nos a sermos menos técnicos e puristas em várias situações, a abordar alguns temas de forma muito mais empresarial e prática do que apenas jurídica, a considerarmos outros tipos de cenários e de resultados, a termos uma nova visão de custo x benefício, e vários outros pontos e ajustes de mentalidade (que vão além do jurídico tradicional), ajudando muito na comunicação e na compreensão das questões práticas – gerando resultados melhores.

Nesse cenário, este breve artigo aborda, justamente, ainda que rapidamente, alguns dos principais temas do mundo corporativo na atualidade, que integra e congrega conceitos de várias áreas do conhecimento, na construção de empresas mais fortes, sólidas, ágeis, rentáveis, inovadoras e sustentáveis. O tema da sustentabilidade empresarial plena, como hoje entendido.

Por essa razão, além de conceitos puramente jurídicos, comentaremos, também, questões, conceitos e aspectos de áreas que, nas empresas e na advocacia corporativa, se aproximam, especialmente na construção da citada sustentabilidade plena, quais sejam, o direito societário, o direito comercial, a governança corporativa, o *compliance* e o ESG; mas que permeiam todas as demais áreas, por exemplo, as que lidam com o universo ambiental, trabalhista e tantas outras.

Estudamos, e aqui reproduzimos, pois, questões ligadas às empresas e à construção da sustentabilidade, da maneira como o universo corporativo atualmente as entende; ampliando a visão puramente jurídica do tema.

Nessa linha, consideremos que no jargão jurídico costumamos destacar duas categorias de pessoa, as naturais e as jurídicas, esta última, em termos socioeconômicos, também denominamos empresas. E é sobre empresas que aqui discorreremos!

Empresas são organismos, são organizações destinadas a produzir e/ou comercializar bens/produtos e a prestar serviços, conforme o seu objeto social, respeitando sua função social. E, socialmente devem, ainda, melhorar a vida das pessoas, criar empregos e pagar tributos.

Para seus donos (investidores/empreendedores), naturalmente essa organização é um investimento, que deve ser remunerado, gerando receita e lucro.

Temos ainda que, no mundo capitalista, empresas devem crescer e prosperar, o que demanda excelência em gestão, capacidade de financiamento, conhecimento do negócio, segurança jurídica e estratégia, entre vários outros aspectos importantes.

A realidade nos mostra, porém, que conhecermos os conceitos jurídicos, assim como os ligados à administração de empresas e à economia, estudarmos os mercados, termos boas ideias, e mesmo termos talento e contarmos com consultorias, não basta. Não é suficiente para garantir a sobrevivência e o sucesso. Muitos desses temas, inclusive, "envelhecem" e precisam ser ressignificados.

Um dos objetivos deste breve artigo é justamente ajudar o leitor/empreendedor/investidor/empresário a considerar a importância de alguns outros conceitos (adicionais) que cada vez mais ganham corpo e demonstram o seu valor, somando esforços com os pontos já conhecidos e tradicionais.

A questão não é propriamente nova, mas como tendência global vem ganhando mais força nos últimos anos.

Abordamos, assim, uma visão multidisciplinar muito próxima da realidade interna das empresas, que integra o dia a dia corporativo, com o cuidado de se evitar certezas ou verdades absolutas, que funcionam em alguns casos, mas não em outros.

Empresários experientes sabem, por exemplo, que não há "receita de bolo", pois as maiores oportunidades de criar e de inovar, e de com seu negócio ganhar dinheiro, estão justamente no fazer de outra forma.

É ousando, mudando, ajustando, que cada um procura diferenciar o seu negócio da concorrência, destacando-se e, se possível, ganhando mais dinheiro.

O conjunto ideal de aspectos, de itens e de conceitos a considerar para a empresa que certamente dará certo não existe, pois diversos fatores imponderáveis, e que mudam ao longo do tempo, afetam o cenário aqui abordado, e variam conforme o seguimento, o mercado, o local, a cultura, o momento etc.

Mesmo que fizessem tudo certo, nem todas as empresas sobreviveriam (como de fato não sobrevivem), mas certamente as que melhor estudassem os pontos principais, e tomassem mais cuidado, fazendo o certo desde o começo, teriam mais chances de prosperar. É que se propõe!

Dessa forma, o que justamente se faz com este texto é transitar na linha do fazer o certo, é chamar atenção do leitor e das empresas para questões relativamente novas em termos históricos, que de um lado são até intuitivas, e que sempre foram importantes, mas que de outro ainda precisam ser mais bem entendidas por muita gente, e que valem para todas as empresas independentemente do porte, da idade, do negócio, do segmento, do mercado, e do local, pois integram o conceito de sustentabilidade.

Muito do que neste artigo abordaremos tem alcance mundial, mas em alguns pontos daremos maior destaque à realidade de nossos país, que em vários aspectos é muito específica.

O Brasil, por exemplo, é uma terra de empreendedores, por vocação, por tradição, por cultura e por necessidade, e tem um povo extremamente otimista e trabalhador, mas que sofre, como muitos outros, da triste e altíssima mortalidade empresarial – por muitos fatores.

Algumas estatísticas e estudos apontam que empreender por aqui é mais desafiador, pelo chamado Risco Brasil, pela insegurança jurídica, pelo excesso de Estado na economia, pela enorme burocracia, pela carga e a complexidade tributárias, pelas questões trabalhistas, pelo custo do dinheiro, ou mesmo pela baixa escolaridade de grande parte da população, pelo tamanho do território e a falta de infraestrutura, entre outros – fatores que aumentam riscos, custos, prazos e, em seu conjunto, dificultam o ambiente de negócios. Mas, mesmo assim, é uma terra de oportunidades, com área e população enormes, recursos naturais, povo empreendedor e trabalhador e instituições estáveis e fortes.

Tanto o nosso País tem negócios e empresas que se destacam que muitos são centenários, e tantos outros já são multinacionais.

Dessa forma, ainda que empreender no Brasil seja de fato mais complexo, e desafiador, em muitos casos o retorno/lucro é, também, bem maior do que em outros países, e temos empresas de todos os portes e estilos, das tradicionais e centenárias, às novíssimas *startups*, das microempresas às *corporations*, que ajudam a fazer de nós uma das maiores economias do globo e alvo de boa parte dos principais investimentos e grupos empresariais do Planeta.

E por qual razão algumas empresas duram e outras não, umas crescem e outras não, tanto aqui quanto em outros países?

Sabe-se que muitas empresas que têm tudo para durar, e que até começam super bem, vivem pouco. E é importante que se estude, e que se descubra, o que pode ajudar, ao menos algumas delas, a prosperar. Ou seja, temos que aprender para podermos melhorar.

Empresas precisam ser criadas da forma correta – com a ajuda de advogados especializados, que apoiarão, inclusive, na identificação do melhor tipo societário, na redação e na negociação dos documentos de constituição, a obter as devidas licenças e autorizações –, respeitando a lei e a regulação aplicável, precisam de ótimos e criativos estudos prévios que indiquem probabilidade de sucesso, tem que contar com o apoio de contadores e dos demais consultores necessários ao negócio, precisam de um estudo de viabilidade, de financiamento e de muito trabalho – entre outros fatores.

Por razões culturais, econômicas ou mesmo desconhecimento, a maioria das empresas, infelizmente, ainda não conta com esse apoio inicial organizado e estruturado, que ajuda muitíssimo a começar da forma correta – o que é uma pena, e precisa melhorar.

Mas existem mais questões a considerar, e são justamente algumas delas que aqui estamos proposital e repetidamente mencionando, para que o leitor naturalmente perceba a sua importância.

Alguns desses fatores, que aqui abordaremos, são ligados à organização empresarial e ao seu fortalecimento à integridade, à ética, à imagem e à reputação ao *compliance* e a busca e a construção da sustentabilidade efetiva e plena (o ESG).

A sustentabilidade corporativa plena começa pelo aspecto econômico, pois não existe sustentabilidade em empresas que "estejam quebrando", mas é preciso construir empresas muito mais fortes e robustas, consistentes e conscientes, na linha que chamamos de E-ESG.

Em linguagem simples e informal, costumamos afirmar que tais conceitos (ética, integridade, *compliance*, governança corporativa, e sustentabilidade) são "primos", que se complementam, e que precisam estar alinhados nas organizações, em um permanente apoio recíproco, sem que, porém, se confundam ou substituam – integrando a cultura, o jeito e a alma da empresa.

Tais pontos são tão básicos que precisam integrar o próprio conceito e o modelo a organização, fazendo parte de seu *business plan* e do seu planejamento estratégico, participando do célebre tripé de missão, visão e valores.

Escolher a sustentabilidade impacta planos e projetos, decisões, investimentos, prazos, fornecedores, e até modelo de negócio, de forma que precisa ser pensada e implementada para valer.

Defendemos, assim, que é do conjunto de aspectos, conceitos e fatores aqui elencados, se bem entendidos e efetivamente aplicados (somados, é claro, a condições favoráveis no tempo e no espaço, inclusive em termos legais, econômicos, geopolíticos e outros), que se pretende construir um cenário mais positivo e mais promissor para as empresas sustentáveis.

Ao redor do globo, uma quantidade enorme de empreendimentos/empresas é criada diariamente e, infeliz e historicamente, um número pequeno sobrevive e chega a crescer. E sabemos que um dos fatores-chave é o dinamismo, aliado à rapidez e à agilidade, inclusive de adaptação (no melhor estilo de Darwin).

As razões de sucesso/crescimento ou de fracasso de cada uma variam muito, inclusive no tempo e no espaço, mas já se sabe que conceber bons produtos/serviços, criar um bom plano de negócios, ter uma boa estratégia e identificar um bom nicho, ser correto e trabalhador, obter financiamento inicial adequado e criar um bom mix de marketing, são questões necessárias, mas que podem não ser suficientes.

A maioria das empresas dura pouco! Vamos mudar isso?

A preocupação permanente com a organização, com a integridade e com a sustentabilidade precisa "entrar" efetivamente no modelo de negócio das organizações, juntando-se ao que já se aprendeu em termos de concepção e de gestão empresarial.

E temos que saber que fazer as coisas corretas não é simplesmente seguir a lei (isso não é diferencial, mas, sim, "obrigação"), sendo preciso ir bem além.

A cultura da sustentabilidade prega, inclusive, que não se espere pelo Estado e nem pelas Certificadoras para efetuar os ajustes de melhoria no negócio, pois grande parte desse tema precisa integrar a própria estratégia e a cultura da organização.

Aguardar pelo governo costuma demorar, e as leis muitas vezes têm disposições muito pequenas/baixas, que em geral são insuficientes, especialmente no tocante à proteção efetiva do meio ambiente.

Ou seja, apenas seguir a lei é pouco – inclusive pelo simples fato de que todas as empresas precisam respeitar as leis, o que em si não passa, portanto, de obrigação, e não agrega valor, não sendo um diferencial propriamente determinante.

"Fazer o certo" é seguir a lei, mas é ir além dela, fazendo ainda melhor do que os outros (que também seguem a lei), mesmo que não seja obrigatório – sendo esse o início de uma cultura de gerar valor de forma adicional ao mínimo.

Esse ponto é extremamente importante para o mundo jurídico, que também precisará evoluir para considerar que nem sempre apenas seguir os ditames mínimos da legislação é a melhor prática no conceito de empresas conscientes e sustentáveis.

Essa mudança de postura, que visa uma melhor mentalidade empresarial, efetivamente mais moderna e engajada, mais consciente, gera inovação mais genuína, gera mais engajamento e respeito dos colaboradores, dos parceiros e dos clientes, gera mais apoio da sociedade em geral – e precisa ser reconhecida e estimulada.

Precisamos de empresas mais modernas de fato, e não apenas digitais ou automatizadas (até mesmo por já ser uma questão tão difundida, que em breve também deixará de ser um grande diferencial).

Nas últimas décadas alguns empresários (a nosso ver erroneamente) confundiram inovação e criatividade, conceitos básicos e fundamentais às organizações, com a mera automação ou o uso de tecnologia. E vários deles acreditavam que "migrar para o ambiente digital" seria uma efetiva inovação.

Hoje se sabe que inovação é bem mais ampla e profunda do que apenas automação de rotinas ou internet, e, também, que a construção de resultados maiores e melhores, e mais sustentáveis, demanda muito mais do que apenas reduzir custos.

Isso porque, na maioria dos negócios, a tecnologia e a automação são de fato necessárias, sendo até ferramentas fundamentais em muitos casos, mas que com o negócio em si não se confundem. E que aos poucos vão deixando de ser um efetivo diferencial à medida que os concorrentes também seguem esse caminho.

Em outras palavras, a experiência tem mostrado que o efetivo modelo de negócio não pode ser confundido com a mera automação, ou mesmo com o simples fato de se adaptar um determinado produto ou serviço para a internet, para um aplicativo, para um sistema/software, ou até um algoritmo. E que a busca pela redução de custos tem limites.

Pensar dessa forma seria, atualmente, o mesmo que acreditar que oferecer aos colaboradores a possibilidade do teletrabalho/trabalho remoto ou mesmo do sistema híbrido seja um grande diferencial. Não é, pois é apenas a nova realidade.

Todos os profissionais ligados ao universo corporativo estão precisando entender que vivemos um novo tempo e uma nova realidade empresarial, que precisa melhorar e evoluir sim, mas partindo de novas premissas. E que as empresas precisam ter um propósito, inclusive para conquistar e manter colaboradores, parceiros e clientes.

Uma empresa melhor precisa cuidar melhor de seus colaboradores, pensar efetivamente no consumidor, respeitar e ajudar o meio ambiente, seguir as leis e cuidar para que seus parceiros também as sigam, escolher melhor os terceirizados e com eles construir uma realidade de efetiva parceria, gerar menos lixo, poluir menos etc.

E essa consciência precisa geral, consistente e coerente, pois não basta que seja aplicada em poucos temas ou de vez em quando, sendo preciso que seja de fato o modelo e a cultura da organização.

Temos que considerar, ainda, a questão dos parceiros, fornecedores e terceirizados, pois a empresa consciente e sustentável precisa cuidar de toda a cadeia de seu negócio.

O ponto da terceirização é importante em termos, também, jurídicos, pois é importante que as empresas responsáveis entendam que passar algumas tarefas para que outras pessoas ou empresas as desempenhem, não encerra a questão, pois de alguma forma (mesmo que num sentido mais amplo) toda a cadeia produtiva é conectada – sem contar com conceitos jurídicos como a responsabilidade social da empresa e as culpas (*in elegendo e in vigilando*), assim como a negligência.

As terceirizações são positivas em muitos casos, e amparadas pela legislação, mas não devem ser vistas como mero apoio para a tentativa de se transferir responsabilidades, uma vez que empresas melhores precisam, também, terceirizar melhor, exigir treinamentos e posturas melhores de suas parceiras.

A terceirização de tarefas (e não de responsabilidades) precisa ser mais bem pensada e a calculada, para que siga novos e melhores critérios, envolvendo parcerias melhores e mais sustentáveis.

Em outra linha, em parte já abordada aqui, a proteção das pessoas e do meio ambiente precisa ir bem além de simplesmente seguir a lei, pois sabemos que diversas leis são insuficientes, e que se apenas seguir a lei fosse o determinante para a efetiva proteção do Planeta não mais teríamos tantos problemas ambientais e sociais.

Temos, portanto, que ir além, e juntos construir um novo tempo empresarial, em uma nova consciência corporativa, que justamente considere mais aspectos e fatores em seu desenho de negócio.

A efetiva composição de inovação e de criatividade que se propõe atualmente demanda modelos de negócios e empresas melhores e mais fortes, que busquem a sustentabilidade da própria instituição, bem como dos produtos e dos serviços, e ainda de seus parceiros e do entorno – e da maneira correta.

A ideia é que as empresas conscientes ajudem a melhorar o Planeta, de forma que apenas um ou outro ponto não basta.

Nesse contexto, se agora vivemos a fase da Industria 4.0, em que questões como inteligência artificial, internet e tantos outros aspectos dominam cursos, congressos, seminários e livros, precisamos considerar, também, o momento histórico e social em que vivemos; e de certa forma rediscutir, também, o que seja evolução, desenvolvimento, modernização e progresso.

Por muito tempo a errônea visão do progresso a qualquer custo ajudou a gerar, por exemplo, um planeta com tantos problemas ambientais e sociais – e que agora precisamos corrigir.

Será mesmo que desenvolvimento e progresso é concretar o Planeta inteiro, entupir as cidades de veículos, destruir os mares e as matas e segregar ainda mais as pessoas, em um ambiente descontrolado, com mais e mais desastres naturais e poluição plena?

A sociedade em geral quer sim produtos e serviços melhores, mais modernos, e se possível mais baratos, mas não mais a qualquer custo e sem limites.

O novo conceito de equilíbrio precisa ser construído!

A sociedade precisa das empresas, dos empregos, dos tributos, dos produtos/serviços, mas quer também empresas éticas e integras, que sejam sustentáveis, que se preocupem com as leis e as normas em vigor, mas que sigam além do mínimo, que sejam efetivamente responsáveis, conscientes, consistentes, coerentes e comprometidas, que cuidem das pessoas e do meio ambiente, que incluam a sustentabilidade no modelo de negócio, e que, portanto, tenham um maior, novo e melhor papel no Planeta.

Ao longo destas poucas páginas abordaremos, dessa forma, alguns conceitos (que consideramos primos, como já mencionamos) que entendemos ser (em seu conjunto) fundamentais para o fortalecimento das organizações e para a construção da sustentabilidade plena, notadamente, a governança corporativa, o *compliance* e o ESG.

E frisamos, ainda, que essa nova mentalidade e postura empresarial não é modismo, não é passageira, e não pode ser encarada como aumento de custos e de burocracia, não podendo, ainda, ser implementada "apenas em alguns aspectos", e nem ser usada como mera peça publicitária ou de marketing.

Trata-se de uma evolução social e empresarial, que combate, inclusive, o *greenwashing* e o ESG *washing*.

Iniciaremos, assim, tal abordagem, retomando alguns conceitos – históricos, econômicos, empresariais, jurídicos e sociais – para o que convidamos o leitor e com ele contamos para ajudar a difundir esse pensamento.

Sabemos que o Mundo Corporativo é tão complexo quanto diverso, e que está sempre descobrindo e construindo novas pautas, como já se viu com temas superimportantes (de outras épocas) como reengenharia, *downsizing*, terceirização, globalização, e tantos outros – que por vezes chegam para ficar, e em outros casos, após algum tempo, passam.

O foco permanente em resultados começa a ser ampliado, para considerar o que se quer, e o que se espera das empresas, o que elas produzem, o que elas fazem, o que elas entregam, o que elas nos oferecem, como atuam e o que deixam como legado.

Percebamos, portanto, que diversos conceitos já mudaram e evoluíram, como a questão de que toda empresa precisa gerar resultados, uma vez que por muito tempo esse termo foi reduzido a aspectos apenas financeiros. O que é um grande erro, pois não basta.

Ainda que algumas organizações gerem dinheiro, até muito dinheiro, em alguns momentos, a depender de como se gerou tais resultados, com o tempo se pagará o preço pelos abusos, seja ele na forma de multas e de contingências, de processos, de perda de mercado, de prejuízos, de perdas de pessoas, de poluição, de perda de reputação, de dano à imagem, da perda da credibilidade e dos clientes, perda de autorizações e concessões, ou outros.

Felizmente, agora já se percebeu que a geração de resultados (entre os quais os financeiros) precisa ser vista como um objetivo permanente, sustentável e amplo, que necessita considerar diversas outras questões. E, especialmente, precisa ser muito mais do que apenas reduzir custos, cortar pessoas, terceirizar e automatizar.

Tanto isso é verdade que agora já se tem investidores extremamente comprometidos com o ESG, e organizações que já revisaram seus modelos e planos de negócios, além das famosas metas dos executivos, para considerar, também, diversos outros aspectos.

Note-se, assim, que mesmo os investidores, nos mercados mais sólidos e sofisticados, inclusive fundos de investimentos, estão mudando e evoluindo.

Estamos, portanto, revisitando alguns conceitos empresariais, econômicos e até jurídicos, inseridos em um novo contexto.

Empresas são, em linguagem bem simples e simplista, como de certa forma mencionamos acima, um conjunto de atores e fatores que ofertam à sociedade produtos e serviços, e que no sistema capitalista são por tais atividades remuneradas, gerando ainda empregos e pagando tributos.

Tratamos, assim, de organizações que impactam e que são impactadas, por toda a sociedade, todo o planeta, todo o meio ambiente, em maior ou em menor escala, e que, assim como os demais temas da vida contemporânea, vêm sendo constantemente abordados, pensados e repensados – idealmente buscando uma certa evolução.

Empresas buscam melhorias, para si e para os seus processos, para os seus fluxos, para os seus projetos, para os seus executivos e os seus investidores, para os seus colaboradores e para os seus clientes e consumidores.

A grande aposta corporativa dos últimos anos, e que esperamos que realmente seja uma questão (daqui para a frente) permanente, é mais moderna e avançada do que antes se percebia, ao incluir a luta pela construção da sustentabilidade plena. E passa muito pelo que a empresa efetivamente faz e como ela efetivamente é.

Essa nova etapa do desenvolvimento econômico, empresarial e mundial procura conhecer mais as empresas, sabendo como realmente são, no que de fato acreditam e quais são os seus efetivos valores.

O maior e principal bem/ativo de uma empresa não é o seu conjunto de máquinas ou de fábricas, nem o valor de suas patentes ou marcas, é a sua imagem, a sua reputação – que leva anos para ser construída, mas que pode ser jogada ao chão em segundos se dela não cuidarmos.

Nesse contexto, o *compliance*, a governança corporativa e o ESG vêm ganhando destaque e espaço ao comporem um “mix de ferramentas” e de programas que ajudam sobremaneira a fortalecer o que as empresas têm de bom, pois são pilares da perenidade e são expoentes de um mundo mais exigente e ciente de que precisa mudar e melhorar.

A sociedade (clientes, consumidores) quer sim alimentos, mas que sejam produzidos de forma correta, sem o emprego de agrotóxicos, sem custarem desmatamento e queimadas, sem a poluição de terras, rios, lagos e mares; quer sim móveis e moradias, mas igualmente que não custem desmatamento e queimadas, e que não gerem poluição (de todas as formas); quer mobilidade, mas de forma responsável; quer equipamentos e máquinas, mas que não se tornem obsoletos em pouco tempo; quer casas, mas que não custem a destruição da arquitetura, a história e a cultura das cidades, que não sejam construídas à custa de desmatamento e da descaracterização dos bairros; quer roupas, mas que sejam produzidas por pessoas bem tratadas e remuneradas, com tecidos corretos e que não se baseiem na obsolescência acelerada e exagerada, que apenas fomenta o consumismo; quer empresas fortes e prósperas, mas não às custas de negociatas, enganação ou corrupção etc.

A sustentabilidade que se pretende que seja doravante construída (pois não será conquistada por inércia e não "cairá do céu") e que seja plena, é mais ampla do antes se pensava, abrangendo todos os aspectos envolvidos, e que considera muito mais do que apenas retorno financeiro, do que apenas tecnologia, do que apenas automação, do que apenas redução de custos, do que apenas mais produção e mais consumo. E depende de todos nós!

As empresas querem sim ganhar dinheiro, e isso é correto e é ótimo, mas precisam agora encontrar uma maneira melhor de chegar a esse objetivo. E é uma luta mundial, de todos!

Essa esperada nova conquista da humanidade, que pretende rediscutir o que seja moderno, o que seja evolução e o que seja progresso, vem sendo construída (ao menos) desde meados do século XX, mas tomou uma magnitude ainda maior ao longo da segunda década dos anos 2000.

Desde a criação da Organização das Nações Unidas (ONU), no pós-guerra, por exemplo, diversas iniciativas, como os ODS, o Pacto Global, as COPs, e eventos emblemáticos, como a Rio/Eco 92, vêm ocorrendo, assim como alguns grupos de países vêm realizando reuniões e firmando acordos. Mas é pouco!

Essas iniciativas anteriores foram, e são, muito importantes, mas a prova de sua insuficiência é a o estado atual do Planeta, que segue sendo atacado e destruído, bem como da humanidade que segue extremamente desigual em termos de condições e de oportunidades.

O aumento da frequência, da magnitude e da amplitude dos desastres ambientais e das mudanças climáticas é um exemplo de que a humanidade foi longe demais, e que agora precisa, rapidamente, agir para corrigir.

Os Países/Estados têm o seu papel, como indutores de comportamentos, ao determinar posturas através da lei, mas sabemos que têm feito pouco, de forma que agora todos estamos sendo chamados a agir, sociedade civil em geral, profissionais, consumidores, empresários, funcionários etc. Todos temos que ajudar!

E os papéis e as posturas, assim como as decisões de todos precisam ser revisitados e melhorados constantemente – em evolução contínua.

O papel das empresas está sendo repensado e rediscutido, mais ou menos em paralelo ao que vem ocorrendo com o do Estado, no mundo todo, uma vez que esse binômio vem construindo (ou destruindo) tudo o que temos à nossa volta, em maior ou em menor escala – há séculos. E precisa evoluir.

Tanto a história mundial quanto a economia estão em constante movimento e, acreditamos, em evolução, de forma que também o Direito precisa acompanhar esse dinamismo.

De forma geral e no Estado Democrático de Direito, ainda que de forma específica em cada país, e seguindo suas próprias instituições e sistemas, o Direito surge para pacificar e organizar a sociedade, refletindo em normas o que chamamos de "pensamento médio" daquela sociedade, naquele local e naquele momento. E, assim, precisa evoluir para um novo conceito e um novo papel do Direito no século XXI.

Embora saibamos que o Direito tem diversas fontes e que, no caso brasileiro, sigamos o sistema codificado, derivado de nossas origens romano-germânicas, o que se espera é que todo o arcabouço jurídico oriente a sociedade, e nela as empresas, dialogando, também, com os demais países. Ou seja, que entre as fontes atuais, consideremos, também, esse novo clamor social mundial pela sustentabilidade.

Dessa forma, ao abordarmos o universo corporativo, em um mundo bastante globalizado, temos que considerar questões locais e mundiais, nacionais e internacionais, sociais e ambientais, que refletem um certo momento; e que tanto influenciam quanto são influenciadas pelo que ocorre ao redor do globo. E juntos criarmos um novo ambiente, inclusive legal e regulatório, que seja de fato comprometido com a sustentabilidade.

Tanto empresas nacionais quanto estrangeiras, privadas e públicas, em toda parte, têm suas questões específicas, suas peculiaridades, seja por conta de seu segmento e área de atuação, seja pelo modelo de negócios e de financiamento, ou ainda por fatores igualmente importantes como idade, momento, localização, cultura etc., que precisam ser, agora, consideradas de forma mais moderna.

Assim, ao abordarmos o tema aqui proposto, temos que considerar ao longo deste breve artigo tanto questões brasileiras quanto setoriais, tanto regionais quanto internacionais, e ainda diversos movimentos corporativos.

Na mesma linha, alguns aspectos aqui lembrados serão típica e especificamente jurídicos, ao passo que outros terão componentes históricos, sociais, internacionais, corporativos, econômicos, sociológicos, estratégicos, comportamentais, antropológicos, ambientais, culturais, entre outros.

No campo jurídico nacional, sabemos que nossa Lei Maior, a Constituição Federal de 1988, dispõe sobre a liberdade econômica, em sistema capitalista de livre-iniciativa, mas, igualmente, que a mesma Constituição e o conjunto de normas infraconstitucionais vigentes (direta e indiretamente, inclusive através das normas editadas pelas agências reguladoras e demais autoridades) estabelecem um grande número de regras, detalhando bastante os caminhos e os passos a serem seguidos pelos empreendedores.

Se de um lado o brasileiro é, sabidamente, um dos povos mais empreendedores do planeta, que aplica toda a sua criatividade a serviço de suas atividades econômicas, de outro é, também, um dos que mais precisam seguir regras e normas, sendo regulado para praticamente tudo o que pretenda fazer, pois o Estado, de uma forma ou de outra, tem sido bastante detalhista nas regulamentações da economia e das atividades empresariais.

Outra característica bastante brasileira, que se não é exclusiva de nosso país, certamente é bem mais acentuada por aqui do que em outros pontos do Planeta, é a existência das crises, sejam elas financeiras e econômicas, políticas, sociais, sanitárias ou outras, o que nos torna empreendedores, seja por vocação, seja por necessidade.

Ainda no tocante ao modelo empresarial, precisaremos discutir e rediscutir o que são e para o que servem as empresas, assim como as maneiras como elas podem e devem operar, quais são os parâmetros e os limites a serem observados, e o próprio conceito de custo e de investimento.

A sociedade desenvolvida atual já não consegue conviver com os padrões (agora antiquados) de consumo desenfreado, com a cultura ao consumismo e à obsolescência forçada e exagerada, e nem com a produção "a qualquer custo", que justificava a devastação da flora e da fauna, do ar e as águas etc.

O foco agora pretendido é o que propõe um novo conceito e um novo modelo de empresas, que sejam sustentáveis e responsáveis, amparadas por pilares como o capitalismo consciente, o capitalismo de *stakeholder*, o capitalismo sustentável, a empresa cidadã e tantos outros, que também se apoiam nas melhores práticas da governança corporativa, no *compliance* e na própria sustentabilidade plena, chegando ao que hoje chamamos de ESG (ou E-ESG).

Essa nova mentalidade corporativa, deve ocupar-se de construir a consciência e a coerência, na cultura da empresa, de forma prática, real, efetiva, englobando todas as atitudes, todas as decisões, todos os movimentos, de todos – sob pena de não haver sustentabilidade real e, por vezes, apenas parcial.

2. Do capitalismo selvagem ao capitalismo consciente, responsável e sustentável

Conceitos como capitalismo, socialismo, comunismo e outros "ismos" correlatos são muito mais econômicos (e até políticos e sociais) do que propriamente jurídicos, mas todos impactam as nossas vidas, a maneira como vivemos e (logicamente) as empresas. E, dessa forma, ainda que um tanto rápida e superficialmente, precisaremos abordar um pouco desses temas para explicar ao leitor a nossa linha de raciocínio e visão do foco central deste breve texto.

Por razões evidentes, nosso estudo se concentra na iniciativa privada, na livre-iniciativa e no chamado liberalismo e, tanto quanto possível, no Brasil, de maneira que focaremos no sistema capitalista, sob alguns de seus principais aspectos.

Se o capitalismo é baseado na livre-iniciativa e no conceito de que o setor privado assume todos os riscos, fica com parte dos lucros e remunera a força de trabalho e o próprio Estado, precisamos admitir que é graças à iniciativa privada que, no nosso sistema, temos bens e serviços a nosso dispor.

O Estado (especialmente no Brasil) é muito forte, pesado e presente, mas muito do que temos e usamos em nossas vidas é fruto desse sistema baseado no setor produtivo. E, no nosso caso, esse "estado" mais atrapalha do que ajuda, tanto as empresas quanto o País de forma geral.

E, se rediscutimos o próprio papel desse ente, que precisa ser menor, mais leve, menos presente, mesmo distorcido e menos caro, temos que discutir, também, quem, de que forma e regulado por quem, assumirá as questões e as áreas em que o governo não tem condições de atuar. Ou seja, rediscutir o papel do estado implica rediscutir, também, o das empresas.

A relação público x privada é bastante complexa no Brasil e, de certa forma, tradicionalmente não funciona bem, pois o que é feito pelo governo, em regra, tem baixa qualidade, custa muito mais caro e é insuficiente, e o que é feito pela iniciativa privada por vezes é caro demais e nem sempre agrada o consumidor.,

Alocar a produção e a oferta de bens e serviços ao estado ou às empresas, por si só, não resolve a questão da qualidade e dos preços, pois nem sempre um ou outro é sempre bom ou ruim. A questão é mais ampla e profunda do que isso.

No capitalismo, espera-se que as empresas cuidem (em complemento ao que faz o Estado) do dia a dia da sociedade, sendo por isso remuneradas, e que essa própria sociedade seja protegida de eventuais abusos, por legislação e atuação fiscalizatória adequadas. O estado tem, portanto, um papel no capitalismo, mesmo que não atue diretamente no que se cede às empresas. Se por aqui tem sido assim, ou não, pode ser uma questão de opinião de cada um, mas é claro que precisa melhorar.

As empresas não "operam no vácuo", tendo o seu papel como um dos motores da economia, fornecem bens e produtos, geram empregos, pagam tributos, e se remuneram (inclusive ao capital) com seus lucros, mas precisam, também, atuar em seu aspecto e função social. Essa equação pressupõe boa governança corporativa, equilibrando aos "*stakeholders*", mas inclui, também, o cuidado com as externalidades produzidas e os impactos na sociedade, nas pessoas, no meio ambiente etc (chegando aos "*no-holders*").

Como toda atividade econômica gera impactos, é preciso muito cuidado para que se consiga reduzir impactos negativos, ampliar os impactos positivos, neutralizar externalidades prejudiciais às pessoas e ao Planeta, dentre outros aspectos.

O Estado, em maior ou em menor escala, e a depender do local e do momento histórico, pode ajudar ou atrapalhar bastante, mas é dele que vêm a regulação e os limites do que as empresas podem fazer e de como devem atuar.

Em certa medida, o caos social e ambiental em que vivemos é fruto de concepções e posturas, estatais e empresariais antigas, que precisam melhorar – e em alguns casos precisam ser totalmente reformuladas.

Se o conceito de empresa comporta várias definições, e sua origem tem várias hipóteses, destacaremos uma das mais aceitas quando abordamos as empresas no conceito mais moderno, qual seja, o trazido pela Companhia das Índias, que, em meados do 2º milênio, custeou e realizou grade parte do que foi feito na época dos descobrimentos e da exploração das colônias.

O sistema não foi propriamente criado nesse período, mas por uma razão metodológica e de simplificação, consideraremos como foco deste breve trabalho a fase desde então de nossa evolução, passando depois pela revolução industrial com a chegada do vapor e da industrialização, a automação, a chegada do petróleo, a corrida espacial, a internet e as demais fases que conhecemos, chegando à indústria 4.0 e à construção da sustentabilidade que aqui defendemos.

O corte proposto será ainda mais radical e curto, começando nossa abordagem no final da 2ª Grande Guerra, em 1945.

Em um corte histórico bastante simples e curto, como já mencionamos, costumamos sustentar que em meio aos escombros de boa parte do mundo, que tinha sido muito afetado com a Guerra Mundial, o foco central era o da reconstrução. E para tanto, muito dinheiro e muitos esforços foram empregados no desenvolvimento ainda mais forte das empresas.

Assim como já tinha ocorrido em outros tempos, com os antigos reinados, os Estados não tinham condições de bancar a reconstrução mundial sozinhos, precisando implementar certas parcerias com os grandes investidores, permitindo, inclusive, que alguns abusos, que já naquele momento não mais deveriam ocorrer e não mais deveriam ser permitidos, seguissem "a todo vapor".

E justamente o vapor (sobretudo vindo do uso do carvão) tornou-se parte do problema que agora precisamos equacionar.

Países mais pobres e considerados, do ponto de vista econômico, menos desenvolvidos, passaram a ser vistos como fornecedores de mão de obra barata, por vezes sem nenhum cuidado ou proteção aos trabalhadores.

Pelos mesmos motivos, vários desses mesmos países eram, também, pouco conscientes da necessidade de proteger o meio ambiente.

A combinação desses fatores contribuiu, e muito, para que em várias partes do globo fossem criados centros de desrespeito ao meio ambiente e aos direitos humanos, gerando enormes distorções do que seja desenvolvimento.

Em muitos casos, também, os governos locais criaram campanhas e sistemas de atração de investimentos externos, com uma série de incentivos, tanto fiscais quanto de geração de demanda.

No caso brasileiro, por exemplo, muita gente defende que o modelo de atração da indústria automobilística tenha sido orientado para apenas um lado da equação da sustentabilidade.

Se de um lado a chegada e o desenvolvimento desse setor gerou empregos, de outro a quantidade de incentivos fiscais e a destruição das ferrovias (e dos bondes – no caso urbano), como parte de um projeto de geração de demanda e de mercados através do modelo rodoviário e sobre rodas, não apenas fez com o que o Brasil se tornasse um dos principais polos para as montadoras e a indústria de autopeças, mas também gerou uma dependência talvez exagerada do modelo automotor.

Adicionalmente, o permanente incentivo ao uso dos veículos automotores por si só já constitui um "gargalo" no combate à emissão de carbono e ao aquecimento global; sem contar a própria qualidade do ar.

Outro aspecto relevante pode ser observado no tocante à mineração, que no caso brasileiro foi igualmente incentivada, e que nem sempre contou com o devido cuidado do ponto de vista ambiental (sem considerar o garimpo que por si só é mais um problema a ser enfrentado); de forma que atualmente todos sabem do quanto será preciso ajustar esse modelo, para que se consiga maior sustentabilidade na operação.

E, na mesma linha, temos ainda, no Brasil, a questão do agronegócio e da indústria da madeira, que demoraram a considerar os aspectos ambientais, seja pelo desmatamento, seja pelas queimadas, ou ainda de outras questões que impactam o verde, a fauna, os rios etc.

Ou seja, por diversas razões, por inciativas das empresas e/ou dos governos (em todas as esferas e países), a humanidade exagerou ao considerar e estimular um modelo antiquado de desenvolvimento, que não incluía a sustentabilidade.

Assim, infelizmente e por razões basicamente econômicas, antigos erros e abusos já cometidos pela Europa foram permitidos, e em alguns casos até incentivados, nas Américas, na Ásia, na África e em toda parte.

Em termos econômicos, aquele modelo então chamado de "capitalismo selvagem", considerava a empresa a organização que proporcionava e ofertava à sociedade bens e serviços, gerando também empregos e pagando impostos ao Estado, sem considerar a sustentabilidade como um valor. E, ainda, o objetivo maior do ponto de vista do investidor/empreendedor era o próprio retorno (lucro), privilegiando o capitalismo de "stockholder".

Sabemos, agora, em função de diversas distorções, erros e equívocos do passado, justificados em seu momento histórico ou não, que foram ignorados os necessários limites para a exploração do meio ambiente, para a poluição e a devastação do solo e das águas, dos rios e dos mares, do ar e do Planeta como um todo, além de ter sido estimulado ou tolerado o descaminho que permitia desmatamento, queimadas, produção de lixo, estimulo ao consumo, e, na sequência, ao uso exagerado de combustíveis fósseis, bem como derivados do petróleo.

Alguns estudos e cientistas já acreditam que tenhamos, como humanidade e como Planeta, "ido longe demais" e que não se consiga mais deter a nossa própria destruição, ao passo que outros ainda preferem acreditar que é possível, ao menos, retardar a destruição se encararmos os problemas de frente e com seriedade.

Aos que se preocupam com o tema, muitos pontos são considerados importantes, das ações dos estados e dos blocos econômicos às ações de cada indivíduo, mas é inegável que a iniciativa privada está inserida no processo.

Temos que considerar, também, que embora poucas, algumas empresas já perceberam que não existem e nem operam no vácuo, e que suas atividades impactam pessoas, comunidades, outras empresas e o próprio Planeta.

Tais empresas, "em regra", são geridas por empresários mais conscientes e comprometidos com a sustentabilidade, e acreditam em um modelo econômico capitalista mais moderno, também chamado de capitalismo consciente ou de *stakeholder*.

Seja por idealismo e convicção, ou por pressão social ou de outras empresas, ou ainda pela percepção de que seja o caminho correto, felizmente algumas empresas descobriram que não há forma correta de se fazer (ou de seguir fazendo) o errado, razão pela qual correções de rota e alterações de políticas, modelos de negócios e atitudes são necessárias e urgentes.

Essa nova consciência empresarial, aliada ao aumento da percepção do papel das empresas na sociedade, tem sido impactada por consumidores, por organizações não governamentais, pela mídia e pela própria opinião pública, ajudando na construção de um "estilo" corporativo mais adequado ao mundo contemporâneo.

Todo esse contexto, felizmente em transformação e em evolução, rediscute os conceitos de progresso e de modernidade, de inovação e de evolução, dialogando com a sustentabilidade e com conceitos fundamentais, como a ética e a integridade, a responsabilidade corporativa (inclusive em seus aspectos socioambientais), a governança corporativa e o *compliance*.

Provavelmente, os erros e os abusos do passado tenham sido necessários em algum momento, pois não se tinha consciência de que haveria um custo e um preço a ser pago por todos nós (no presente), e não se percebia que as pessoas e o Planeta precisam ser efetivamente "cuidados", mas se (agora) sabemos que a humanidade e o empresariado foram "longe demais", e esticaram demais a corda, gerando impactos e danos tremendos, não cuidando o suficiente das pessoas e do meio ambiente, temos que assumir outras posturas.

Agora sabemos, por exemplo, que toda ação tem suas consequências, e que diversos impactos negativos precisam ser agora compensados, reparados, ao menos tanto quanto ainda seja possível.

A sociedade, e com ela o universo corporativo, precisa agir com consciência, responsabilidade, comprometimento e coerência; para que se consiga "mudar a realidade". Temos que agir, e rapidamente, para que se entenda que pessoas precisam ter seus direitos humanos e sociais respeitados, em todo o Globo, e que a natureza (fauna e flora, solo e ar, rios e oceano etc) precisam que a ajudemos a sobreviver.

Esse novo capitalismo, considerado mais moderno, responsável, e adequado ao mundo contemporâneo, é chamado de consciente, de *stakeholder* e/ou sustentável.

Temos, assim, uma base, inclusive conceitual e histórica, para entender o momento atual, e suas tendências, que devem ajudar as empresas a fazer suas escolhas e apostas, bem como a melhorar seus processos.

3. Um pouco sobre a governança corporativa

O conceito da governança corporativa e de suas melhores práticas já está bastante sedimentado, embora ainda exista uma grande quantidade de empresas que siga modelos de gestão e de atuação mais antiquados e ainda que persista uma visão ultrapassada de que sua aplicação seria cara, burocrática ou adequada apenas a empresas enormes.

O atual momento de maturidade do mundo corporativo, em termos gerais, é positivo, mas temos que nos lembrar de que o conceito da própria governança ainda é relativamente recente, e que de início foi considerado como excessivamente inovador e disruptivo, uma vez que destoava do que mais se praticava nas empresas até então.

Até meados do século XX a gestão das empresas seguiu padrões mais ou menos semelhantes, sendo muitos deles baseados em "grandes modelos" de organização e até de organograma, que, em regra, repetiam e perpetuavam o estilo um tanto autoritário e focado na figura do chefe ou do dono.

A identificação de uma data específica para a criação da governança corporativa seria um desafio, pois assim como tantos outros temas, trata-se de uma certa evolução do modelo de gestão empresarial, ao longo de um processo que contou com vários momentos e marcos, mas talvez o mais aceito seja considerar o célebre Relatório Cadbury, elaborado no Reino Unido, divulgado nos anos 1980, que identificou a razão de algumas empresas, por vezes do mesmo porte, segmento, local e idade, valerem mais, lucrarem mais e serem mais estáveis do que outras.

Esse estudo identificou pontos importantes, mais ou menos comuns às melhores empresas, que com o tempo tornaram-se pilares do que se passou a chamar de governança corporativa, como transparência, organização, valorização equilibrada entre os *stakeholders*, *accountability* e prestação de contas, equidade, organização de fluxos e de controles, gestão e propriedade como conceitos distintos e complementares e responsabilidade corporativa.

Esses chamados pilares, por vezes agrupados em conceitos mais amplos que se interrelacionam e complementam, são, também, por vezes, ajustados sob o tipo da organização, variando em alguns aspectos conforme sejam, por exemplo, empresas abertas/listadas, ou fechadas, ou familiares, ou públicas/estatais, ou fundações, entre outras.

A depender da organização, do porte, do modelo de financiamento e de capital, e também, em certa medida, da própria legislação aplicável, devemos incluir, ainda, comitês (como de auditoria), conselhos (como os de administração e fiscal), auditoria independente e outras estruturas de controle e de apoio, por exemplo, para que se reduzam as chances de haver abusos, favorecimentos, tomada de decisão sem o respeito a fluxos, alçadas e normas, conflitos de interesse etc.

No caso brasileiro, um dos principais centros de estudos e de difusão das melhores práticas de governança corporativa tem sido o Instituto Brasileiro de Governança Corporativa (IBGC), que inclusive realiza estudos e cursos, ministra treinamentos, mantém comitês e comissões temáticas, promove eventos, palestras, debates, consultas e seminários, edita cadernos e guias, e atua fortemente em termos de *advocacy*. Neste caso, cumpre, inclusive, destacar, que a 6ª edição do Guia de Melhores Práticas, totalmente reformulado, e lançado em agosto de 2023, passou a ser programático e inclui a sustentabilidade, e os pilares ESG como integrantes da boa governança.

Se considerarmos, entre esses, quatro dos principais pontos centrais da boa governança corporativa, podemos, por exemplo, identificar:

1. *Equidade*: equidade aqui entendida como a igualdade no tratamento e nas oportunidades para cada integrante ou grupo, dentro de uma empresa, na qual se busca garantir a isonomia, conferindo maior justiça às relações internas e externas de um negócio/de uma organização. Um dos exemplos da busca pela equidade é o modelo do novo mercado, no qual se defende ações com voto e com o mesmo "poder" (cada ação um voto).

2. *Transparência*: a boa governança busca evitar, também, temas secretos ou não divulgados, entendendo que a gestão de uma organização deva ser baseada na transparência, proporcionando igual acesso às informações relevantes, a todos os *stakeholders*. Essa postura ajuda na construção de relações de maior segurança e confiança entre todos, inclusive para a sociedade em geral e os investidores.

3. *Prestação de contas*: a prestação de contas "conversa" com a transparência e baseia-se, também, na responsabilidade de todos e de cada um, tanto *stakeholders* quanto potenciais investidores, que devem ter acesso às prestações de contas da organização em todos os aspectos e em todos os seus movimentos, sobre o próprio negócio e seus riscos.

4. *Responsabilidade corporativa*: as organizações precisam adicionar ao antigo modelo de ofertar bens e serviços à sociedade, gerar empregos, pagar tributos e gerar lucro para os investidores ("acionistas"), mais pontos que derivam de sua responsabilidade, inclusive socioambiental, incluindo, entre outros, a qualidade dos produtos produzidos/comercializados, e serviços prestados, a satisfação do cliente/consumidor, a influência (se possível positiva) exercida na sociedade, entre outros.

Em outras e mais simples palavras, a boa governança corporativa busca a construção de um modelo de gestão mais organizado e mais técnico, menos dependente do estilo e das atuações de apenas uma pessoa, como foco, ainda, em um maior equilíbrio entre os chamados *stakeholders*.

Nesse sentido, podemos, inclusive, considerar como uma evolução do antigo foco no "stockholder" para uma ampliação e um certo equilíbrio, passando (como já dissemos) a privilegiar o conjunto de *stakeholders*.

A depender da organização, de seu modelo de capital, de gestão e de outras peculiaridades, a estrutura dedicada à boa governança pode ser menor ou maior, contar com equipes e orçamentos próprios, programas mais ou menos complexos, estruturados e até sofisticados, *softwares*/sistemas, consultorias externas etc.

Um dos pontos sempre reforçados é a necessidade de se manter a coerência e a busca da melhoria contínua, com treinamentos constantes e evolução do programa, envolvendo toda a organização e respeitando a cultura e o momento, contando, inclusive, com a secretaria da governança (mais modernamente também chamada de CGO – Chief Governance Officer), que atua como guardião da boa governança.

Em termos históricos, muitos relacionam a governança corporativa aos célebres escândalos corporativos da virada do milênio (como os casos da Enron, Tyco e Worldcom), que de certa forma geraram reação legislativa em muitos países, inclusive nos Estados Unidos da América, que editaram a famosa Lei Sarbanes-Oxley (também conhecida como SarbOx ou SOX).

Essa legislação, além de superimportante nos EUA, teve diversos outros efeitos positivos, sendo um modelo ou exemplo para outros países, além de influenciar direta (e indiretamente) organizações em muitos outros países, uma vez que seu alcance inclui as atividades das organizações sediadas nos Estados Unidos, que operem em outros países, e, também, organizações sediadas em outros países, mas que tenham operações no ou com os EUA.

No caso brasileiro, em alguma medida, tanto a legislação societária foi sendo melhorada e adaptada para incluir vários dos conceitos da boa governança, como a Comissão de Valores Mobiliários (CVM), a Bolsa de Valores (atual B3) e outras, editaram normas no mesmo sentido.

Reitera-se que no caso de governança corporativa, assim como nos casos do *compliance* e do ESG, não se fala em projetos, mas, sim, em programas, pois envolvem a cultura e o modelo de negócios, de forma que são e precisam ser perenes, permanentes – e com melhoria contínua.

Adicionalmente, todos precisam necessariamente de apoio do top management e demandam consistência e coerência, seriedade, treinamento constante e evolução.

E mais do que apoio, é preciso perceber, na prática, o exemplo e a importância do tema como integrante da cultura e do próprio jeito de agir da organização.

4. Um pouco sobre o *compliance*

Assim como comentamos no caso da governança, o *compliance* (também chamado de integridade, conformidade, programa de ética – entro outros sinônimos) baseia-se no que podemos chamar de fazer as coisas certas, do jeito certo.

Um dos conceitos mais difundidos nesse tema é o que nos ensina que não há uma forma certa de se fazer a coisa errada, de forma que essa correção de atitudes é o caminho correto e é o que se precisa seguir.

E, na mesma linha, as empresas éticas e integras, que se preocupam com a segurança jurídica e com a sua imagem e reputação, precisam atuar, também, de forma sistêmica, influenciando seus parceiros e o segmento em que atuam.

Sabe-se que as empresas não operam no vácuo, sendo impactadas por e impactando umas às outras e também à coletividade, e que "não existe forma correta de se fazer coisas erradas".

O conceito de conformidade nos remete, quase que automaticamente, à necessidade de normas e de parâmetros, em relação ao que as condutas estarão ou não conformes.

Dessa forma, temos que o *compliance* baseia-se em leis e em normas, e em muitos casos na regulação aplicável e nas melhores práticas do mercado, que devem ser seguidas por todos, mas baseia-se, também, nas determinações internas de cada empresa, conforme o negócio, o segmento e a própria cultura.

As pessoas, em geral, não fazem as coisas erradas por necessariamente quererem agir mal, mas por uma combinação de fatores, como desconhecimento, oportunidades, necessidades e falta de orientação ou de exemplo – além da falta de fiscalização e de sanção em alguns casos.

O *compliance* necessita, portanto, de um sistema de normas (que começam na lei) externas e internas, de um adequado mapeamento de todas as atividades, fluxos e sistemas, de mecanismos de treinamento e de difusão da cultura positiva, além de fiscalização, controles, canais de denúncias, sanções etc.

Existem, atualmente, muitas leis e normas a serem seguidas, nacionais e internacionais, bem como determinações e pactos que derivam de organismos aos quais as empresas se unem voluntariamente, além de diversos tipos de certificações, sem contar as práticas locais e de cada segmento e o benchmark, todos buscando a melhoria contínua do programa.

De um lado, todo esse tema deveria ser natural e autoexplicativo, até intuitivo, especialmente em organizações que contem com o exemplo e com a cultura vinda do topo, mas de outro, temos que considerar, também, o papel do Estado como indutor de posturas e de comportamentos, razão pela qual algumas pessoas costumam questionar sobre a origem, quando e como nasceu, bem como por que se começou a abordar o *compliance*.

Nesse sentido, ainda que também não seja possível estabelecer um único fato, ato, dia ou momento que fosse identificado como a origem do *compliance*, por tratar-se de um processo evolutivo e complexo, alguns costumam ligar a sua origem a episódios norte-americanos como o *watergate* e o FCPA (*Foreign Corruption Practice Act*), que realmente integram o contexto, mas que se somam a movimentos da OCDE (Organização dos Países Desenvolvidos), o Pacto Global (da ONU), legislações igualmente importantes e de outros países como o *UK Bribary Act* e o *Japan Act*, respectivamente, e as bases das legislações anticorrupção do Reino Unido e do Japão.

Para alguns, um dos primeiros grandes expoentes da história do *compliance* e que ajudou a construir o conceito de *to comply* como estar conforme a (o que nos remete à necessidade dos parâmetros e dos paradigmas) teria sido o célebre escândalo de *Watergate*, relacionado à "espionagem política" em Washington/DC, em 1977.

Embora todos saibamos que a corrupção não nasceu ali, esse episódio é considerado um dos grandes marcos e uma das origens do *compliance* como conceito de construção de integridade, de postura ética e correta.

Diversos desses movimentos e legislações passaram a inspirar a criação de metodologias e de parâmetros, certificações e todo um sistema que procura difundir e melhoras as práticas empresariais, para que os negócios sejam melhores, mais corretos e íntegros.

Ainda que em um breve artigo não se pretenda esgotar os temas aqui tratados, temos que incluir alguns pontos básicos e chave, como o alcance, a influência e o impacto de cada uma dessas leis, em seus países e no mundo.

O sistema norte-americano, por exemplo, tem um enorme impacto em termos mundiais, pois além de se aplicar a um dos maiores, mais ricos, poderosos e influentes países do planeta, e de ser aplicável a muitas das principais empresas, ainda alcança tanto as empresas norte-americanas em suas atuações em outros países, quanto empresas sediadas em outros países mais que tenham subsidiárias nos Estados Unidos, ou que tenham valores mobiliários cotados naquele pais, e ainda (em determinadas condições) empresas e países que com as empresas norte-americanas se relacionem.

Nesse sentido e apenas para simplificar, tanto o FCPA (que se ocupa justamente da corrupção internacional e é uma das bases do *compliance*) quanto a *Lei Sarbanes-Oxley*, são normas norte-americanas, mas que afetam sobremaneira empresas no mundo todo.

Tais normas têm, ainda, o condão de inspirar legislações nacionais em outros países, que de alguma forma se inspirem na legislação de países que criaram leis consideradas "boas", antes dos demais.

Em função disso, é comum que se diga que a base do *compliance* mundial tenha sido criada com a combinação das legislações dos Estados Unidos da América, do Reino Unido e do Japão, além de contar com normas concebidas no âmbito da OCDE e do Pacto Global.

O próprio Brasil, que apenas bem tardiamente editou seu pacote legislativo de combate à corrupção, em grande medida o fez em função de pressões internacionais e da sociedade em geral, inclusive e notadamente da já mencionada OCDE.

O *compliance* como tal, chegou ao nosso país na virada do milênio, em certa medida no movimento que se seguiu aos grandes escândalos corporativos norte-americanos, que demonstraram a fragilidade do sistema de controles, inclusive no caso de organizações que contavam com a auditoria de empresas tradicionais, capazes e renomadas.

Gigantes como Enron, Tyco e Worldcom, entre muitas outras, em diversos países, cometeram faltas gravíssimas, e, seja por falta de controles, de normas e de auditorias, seja pela conivência ou outros motivos, o universo corporativo percebeu que precisava mudar e melhorar.

Esse choque de realidade e a "queda do manto" de que empresas grandes, tradicionais, famosas, ricas e auditadas, sediadas em países desenvolvidos e ricos, eram necessariamente corretas, gerou movimentos legislativos e corporativos importantes, tanto no campo da governança corporativa quanto do *compliance*, que como dizemos são conceitos que caminham juntos em grande medida.

No Brasil, portanto, percebemos que naquele momento mundial e corporativo, do início do século XXI, começamos (também por influência dos movimentos das empresas estrangeiras que de alguma forma operavam no, ou com o, Brasil) a conhecer com mais profundidade e a trabalhar com esses conceitos.

Mas de início não havia uma legislação específica, nem que efetivamente amparasse a governança corporativa e nem o *compliance*, o que fazia com que as empresas que com esses conceitos e programas se ocupassem, o fizessem por pressão de suas matrizes ou parceiras comerciais ou, ainda, por influência da legislação de outros países.

A década de 2010 mudou radicalmente essa situação por aqui, tanto pelo próprio amadurecimento dos mercados e da sociedade empresarial brasileira, quanto por pressões internacionais, além de episódios tristes e complexos de grande corrupção no Brasil, que geraram, inclusive, célebres (assim como polêmicas, complexas e controversas) operações policiais.

Nesse contexto, por razões locais e internacionais, nosso País promulgou a Legislação Anticorrupção, que deu um novo grande impulso ao tema.

Ainda que o *compliance* seja muito mais amplo e maior do que apenas a questão da corrupção de autoridades, um grande aspecto a ser considerado foi o fato da legislação estabelecer que as organizações que tivessem programas de *compliance* efetivos (termo que comporta interpretações e que nem sempre é preciso), poderiam utilizar esse fato como atenuante em caso de processos e de procedimentos, com eventual redução de sanções.

Dessa forma, os programas (e não projetos, pois são permanentes e demandam melhoria contínua) passaram a ser ainda maiores, melhores, mais robustos e mais conhecidos e disseminados entre as empresas.

Em termos jurídicos, há diversos pontos a elencar, entre os quais destacamos um dos grandes desafios para as organizações, qual seja, onde e como organizar essa área, por exemplo, em relação ao seu lugar no organograma, o report, a autoridade e a autonomia, e mesmo o seu relacionamento com outros setores, como o departamento jurídico.

Esse ponto é até hoje muito complexo e polêmico, pois em algumas empresas, e por diversas razões, as duas áreas (por vezes as três, ao incluir também a governança corporativa) são agrupadas sob o mesmo grande guarda-chuva.

Naturalmente, o melhor é o que funcionar na empresa, variando bastante de caso para caso, havendo prós e contras em cada modelo, uma vez que há exemplos de bom funcionamento das áreas de forma conjunta, mas há, também, o risco de perda de foco, de eficiência, ou até de conflitos de interesses.

Uma das frases bastante conhecidas nesse mercado ensina que *compliance* e jurídico podem caminhar juntos, mas o grau de proximidade precisa ser muito bem pensado, uma vez que o *compliance* protege a empresa, ao passo que o jurídico a defende. Ou seja, o *compliance* estabelece normas, procedimentos, fluxos e posturas que tendem a evitar que os problemas apareçam, atuando antes, ao passo que o jurídico, apesar de também ter fortíssimo papel preventivo, ocupa-se, também, de defender a organização quando necessário.

De toda forma e seja qual for o modelo escolhido, é importante que as áreas convivam em harmonia, pois na prática atuarão juntas em várias questões, inclusive em casos de denúncias e de investigações, bem como em processos (inclusive judiciais).

Um ponto a se evitar é que as áreas sejam agrupadas por mera economia de recursos, uma vez que o acúmulo de muitas funções, na mesma equipe, tende a não funcionar bem, por perda de foco, por eventual conflito e por falta de recursos (de pessoas a tempo, de dinheiro/orçamento a prioridades).

Esse breve resumo de alguns pontos do *compliance* pode ajudar o leitor a entender a razão e a importância desse pilar atuar fortemente (em conjunto com os demais que aqui abordamos) na construção da sustentabilidade das organizações.

E, na mesma linha, é importante que se diga, e que se saiba, que o ponto de partida para que se comece um bom programa de *compliance* é a Governança Corporativa, notadamente em suas melhores práticas.

Por essas razões, reiteramos que o binômio governança corporativa e *compliance*, que precisam caminhar bastante juntos, é pilar importante e fundamental na construção da sustentabilidade plena, e é do amadurecimento desses programas, em cada organização, que se busca a sua evolução, preparando o alicerce para o ESG.

E tanto isso é verdade que grande parte do ESG se ocupa das questões externas à organização em si, ao englobar o seu efeito de impacto e de multiplicação, ao apoiar e a induzir práticas e comportamentos, de todo o seu entorno, empresarial, ambiental e social.

É assim que o foco da organização no lucro antes e acima de tudo, e a qualquer preço, com vistas a privilegiar apenas o stockholder, evoluiu, com a governança corporativa a englobar e a equalizar os *stakeholders*, e com o ESG e a construção da sustentabilidade plena, evolui ainda mais, chegando a focar nos no *holders* (na sociedade em geral, no Planeta todo, mesmo que com conexão indireta).

5. O ESG como evolução da governança corporativa

Um dos principais pilares do ESG é justamente o "G" (a governança corporativa), mas este não se confunde com aquela que o integra, sendo, inclusive, visto como evolução.

As melhores práticas de governança corporativa, como se sabe, e aqui já brevemente abordamos, constituem mecanismos, fluxos, programas e controles que buscam construir empresas mais sólidas e mais fortes, através, também, de um melhor equilíbrio entre os *stakeholders* (evoluindo, pois, do modelo mais antigo e "reinante" até meados do século XX, que privilegiava "apenas" o stockholder). Foi uma evolução.

A evolução existiu sim, e segue sendo superimportante, mas ainda era centrada na operação direta da organização e em suas relações diretas, sendo também chamada de governança corporativa para dentro.

A grande questão é que agora justifica-se uma segunda evolução, que leve em conta fatores e aspectos mais amplos, que considerem os impactos das operações das empresas no tocante à sociedade como um todo, ao Planeta, à humanidade, incluindo direitos difusos e evolução da cultura, incluindo-se, assim, os no *holders* (ou seja, também os que não têm relação direta com a empresa/organização, mas que de alguma forma, ainda que indiretamente, são por ela afetados e impactados).

Nessa linha, o ESG tem sido chamado por alguns de governança corporativa ampliada e para fora, ou ainda de mais evoluída e moderna, ao incluir os efeitos externos e indiretos (cobrindo todos os impactos da atividade empresarial/econômica), por exemplo, através de toda a cadeia de negócios e de valor (produtiva), como fornecedores e clientes, parceiros, terceirizados, efeitos indiretos, distribuidores etc.

O trinômio meio ambiente, direitos humanos e sociais, e governança corporativa, que nos remetem ao ESG (e que quando o inserimos no conceito da sustentabilidade empresarial plena, considerando, também, o aspecto econômico, chegamos ao E-ESG, como mencionamos anteriormente), considera, portanto, os pilares da correção e da consciência empresarial, da integridade, da idoneidade e do compromisso em fazer as coisas corretamente.

Demanda-se atualmente das empresas que não apenas visem ao lucro ou ao retorno financeiro dos investimentos, e nem mesmo que sigam "apenas" ofertando bens e serviços ao mercado, e criando empregos e pagando tributos, mas que sejam conscientes e coerentes, cientes de seus impactos, sociais e ambientais, internos e externos, diretos e indiretos.

Em outras palavras, agora consideramos fundamental que as empresas produzam resultados (sem perder a perspectiva dos lucros), mas de forma responsável e consciente, preocupando-se com "outros resultados" além dos meramente financeiros. E que se comprometam também como o "como" realizam suas atividades e chegam ao lucro, avaliando-se o "custo" ambiental, humano e social envolvido nos processos.

E que efetivamente conheçam seus impactos externos, de todos os tipos, buscando maneiras concretas de reduzir ou neutralizar tais externalidades negativas.

Essa consciência exige que as organizações incluam em seus modelos de negócios, e em sua matriz de risco, bem como em seus processos de tomada de decisão, o ESG – e toda a gama de respeito às pessoas e ao meio ambiente, incluindo o cuidado com os holders, conforme aplicável em cada caso

A depender a empresa e do segmento, bem como do local, haverá casos em que serão necessários alguns ajustes, ao passo que em outros podem ser urgentes efetivas reformulações até mesmo dos modelos de negócios.

O que antes se considerava e aplicava nas organizações no tocante às melhores práticas de governança corporativa e de *compliance*, passou a ser ampliado, para alcançar, também, o externo, e inclusive o indireto, razão pela qual se trata de evolução (e ampliação).

Esse "chamado" social e mundial que vivemos, é a pauta corporativa da atualidade, que crescerá muitíssimo nos próximos anos, e em breve será tão difundido, em todos os negócios, que as empresas que não tiverem aproveitado esta primeira fase para organizar seus programas de ESG, e de adequação de seus modelos de negócios, precisam correr muito mais, gastar muito mais, e passar por rupturas bem mais profundas.

O que hoje ainda é um tanto voluntário e ligado á consciência e ao compromisso com a sustentabilidade, logo passará a ser obrigatório, e fato de sobrevivência das organizações.

6. O E-ESG como síntese da sustentabilidade plena

O corolário de todo o movimento e o conceito pela sustentabilidade é a integração de todos os pilares e de todos os conceitos, através da percepção de que as empresas, assim como a humanidade e o Planeta, precisam buscar e construir a sustentabilidade de forma total, não bastando apenas um ou outro aspecto.

Assim, um ponto extremamente importante no tocante ao ESG e à sustentabilidade é a busca de sua plenitude, ou seja, a defesa de um novo modelo corporativo, que congregue os principais pilares da boa governança corporativa, direitos humanos e sociais e meio ambiente, mas que seja, também, sustentável em termos econômicos, razão pela qual passamos a denominar essa versão ainda mais ampla de E-ESG (sigla que resume aspectos de governança social, meio ambiente e econômico).

O conceito de sustentabilidade plena considera a amplitude dela, em todos os seus aspectos, mas também no tempo, ou seja, a plenitude demanda pilares tão fortes quanto o necessário para que as bases resistam a ventos e tempestades tão comuns no universo corporativo, inclusive crises de todos os tipos.

Trata-se, também, do principal exemplo até hoje construído de interação total entre todos os agentes, tanto corporativos quanto econômicos, e mesmo ambientais, pois todos são considerados, e todos têm o seu papel.

Se o meio ambiente apenas reage ao ser tão desprezado e maltratado, os investidores, os colaboradores, os parceiros comerciais e os clientes/consumidores, têm voz e tomam decisões que por sua vez afetam as organizações, ao decidir com quem se relacionar e de que forma.

O Estado tem o seu papel, inclusive como guardião de cada país, em todos os seus aspectos, do povo à fauna e à flora, bem como o meio ambiente em geral, e aos poucos, através de seus agentes e agências, por pressões internas e internacionais, induzindo e combatendo comportamentos e atitudes das organizações, mas é das empresas que se espera maior consciência e seriedade nesse campo.

A questão é relevante, pois o que se pretende é o aumento da consciência e da responsabilidade das organizações, que devem ter mais cuidado com suas decisões, suas atitudes e seus movimentos, notadamente cuidando mais e melhor dos impactos que geram, tanto nas pessoas quanto no meio ambiente, mas de forma efetivamente sustentável.

A cultura ESG, ao contrário do que alguns, infelizmente, ainda parecem acreditar ou ao menos defender, não é, e não pode ser modismo, não é não pode ser mera peça de marketing e nem integrar movimentos de meros *greenwashing* e/ou *esgwashing*, tratando-se de um novo modelo de negócios, uma nova prática corporativa, mais adequada, mais moderna, mais evoluída e mais sustentável.

E, naturalmente, não acaba com e não substitui pilares já estabelecidos, como a oferta à sociedade em geral de produtos e serviços de boa qualidade, geração de empregos, pagamento de tributos etc., de forma que é claro que precisa incluir aspectos econômicos e a busca de resultados.

O que muda é a necessidade urgente de tomada de consciência para que se inclua a sustentabilidade, que precisa integrar o planejamento estratégico, o orçamento, as diretrizes, os modelos de negócios, as metas, as parcerias e as terceirizações, os investimentos etc.

O equívoco que muitas organizações cometeram, tanto no capitalismo sem limite e a qualquer custo/preço (inclusive "à custa" de direitos humanos e sociais e do meio ambiente") quanto na crença de que inovação e modernidade se resumiriam a tecnologia ou a automação, ou ainda a aplicativos, atuação no mundo digital e *softwares*, precisa ser corrigido.

Inovação real e efetiva é mais do que isso, sendo necessário rever e de fato modernizar o modelo de negócios.

As empresas podem e devem sim gerar resultados e lucros, o capital precisa ser remunerado, os investidores devem obter retorno, sendo apenas necessário que o foco seja o equilíbrio e a sustentabilidade plena.

Grande parte do universo corporativo já percebeu esse movimento, assim como a sua grandeza e a sua urgência, e felizmente já se vê de investidores a financiadores, de segmentos de listagem em bolsas de valores a certificadoras, de autoridades do mercado de capitais (e de *securities*) aos grandes organismos internacionais, bem como representantes de setores e de segmentos empresariais, comprometidos e atuantes nesse sentido.

A grande mudança, que consideramos evolução, em um processo que já vinha evoluindo ao menos desde meados do século XX, veio da constatação de que documentos e iniciativas como o Pacto Global, a definição dos ODS, a Rio e a Eco-92, as COPs, a Declaração dos Direitos Humanos e tantos outros, precisavam "sair do papel" e chegar à prática corporativa urgentemente.

Um dos grandes exemplos ocorreu, por exemplo, no final de 2021, quando o "Binômio", Reunião do G-20 em Roma, seguida da COP 26 em Glasgow, demonstrou a magnitude dessas questões e o seu impacto no mundo todo.

Em grande medida os resultados práticos das citadas "conferências/reuniões" foram fraquíssimos, havendo mais discurso do que decisão e atitude, e ainda bastante resistência de diversos países, mas certamente serviu para demonstrar que a sustentabilidade plena é o tema mundial da atualidade.

O mundo percebeu que tanto em termos de meio ambiente quanto no tocante às pessoas, o estrago "já foi long"e demais, e precisa parar imediatamente, além de ser necessário que se implemente uma enormidade de ações corretivas práticas.

Dessa forma, o que antes já foi idealismo ou optativo, tornou-se urgente, geral e praticamente obrigatório, uma vez que mesmo as questões que não venham a ser reguladas de forma legislativa e impositiva, tendem a ser fortalecidas pelas decisões dos investidores, dos parceiros comerciais, dos colaboradores e dos clientes/consumidores.

Empresas que demorarem a perceber esse contexto, e a agir, tendem a não ser sustentáveis e a encolher, sendo que muitas desaparecerão.

As maneiras de se lidar com a questão e de incentivar e desincentivar práticas são muitas, da pressão popular interna e externa aos movimentos de investidores e financiadores, bem como pela escolha dos clientes, mas internamente um movimento importante tem sido a ampliação da cesta de fatores que integram a avaliação (e o bônus) dos executivos, ao deixar o velho modelo de avaliação por metas apenas financeiras, que agora se mesclam com metas de sustentabilidade, baseadas em ações concretas.

Grande parte dos resultados práticos já são verificados nos relatórios de sustentabilidade, que estão sendo reforçados, e mais bem organizados, inclusive com forte movimento de agências reguladoras e de autoridades (CVM, Bacen e outras autoridades, por exemplo), para que sejam mais amplos e completos, passando a efetivamente demonstrar aos mercados, também, as ações realmente práticas e efetivas no campo da sustentabilidade.

Na mesma linha, engana-se muito quem ainda acredita que tanto o *compliance* quanto a governança corporativa e o ESG pautam-se, apenas, por legislações e normas, uma vez que são fatores de integridade, de sustentabilidade, de redução de riscos, de fortalecimento de negócios e de empresas, e de prosperidade.

Em outras palavras, o conceito E-ESG nos recorda que cumprir a legislação é o mínimo que se espera de todos, inclusive por ser obrigatório, de maneira que o que se pretende é demonstrar que chegou o momento de "ir além da lei", fazer "mais do que a lei determina"; de forma um tanto voluntária de início, mas que já se torna condição de sobrevivência em muitos casos por pressões de investidores, financiadores, autoridades, mídia, opinião pública, consciência de colaboradores, parceiros e clientes, consumidores finais etc.

Muito brevemente, quem não tiver implementado seu programa (que precisa ser elaborado caso a caso) de sustentabilidade empresarial plena (o E-ESG) certamente será "sufocado" por novas normas, por pressões de seus parceiros, e até mesmo por exigências do mercado.

7. A necessidade e a urgência da inclusão da sustentabilidade como pilar dos modelos econômicos e de negócios

Um dos pontos mais urgentes e mais importantes a destacar, notadamente para o público empresarial, é que a inovação e a criatividade precisam ir muito além da mera tecnologia, bem como da automação, e mesmo da migração de algumas atividades para o ambiente digital, pois todas essas questões são importantes, mas a empresa somente será inovadora e sustentável, se (e quando) tanto a inovação quanto a sustentabilidade fizerem parte efetivamente integrante do modelo de negócios e do próprio negócio.

A questão da sustentabilidade passar a ser figura central da organização e do próprio modelo de negócios se faz urgente e fundamental, pois, infelizmente, ainda existem empresas e executivos que têm dificuldade em entender que sistemas, fluxos, controles, cuidados com o Planeta e com as pessoas, respeito às normas e conduta de integridade, não são custos, não são extras, não são mera burocracia e nem sequer são opcionais.

Iniciativas e atitudes esparsas e isoladas, ainda que boas, estão longe de serem suficientes, e não geram cultura e nem melhoria dos processos e das tomadas de decisão, não integrando a mentalidade da organização, e nem sendo conscientes, consistentes e coerentes.

A pressão dos parceiros, de alguns investidores mais comprometidos e conscientes e especialmente dos clientes/consumidores, além do aumento da conscientização geral, e o início de ações de autoridades e de reguladores, locais e internacionais, está crescendo, e já mostra mesmo aos mais resistentes e presos a modelos antiquados, que a sustentabilidade é necessária – e precisa ser plena.

O grande desafio, portanto, é que esse tema saia do lugar eventual/excepcional, e mesmo de uma área à parte, e conquiste a pauta central das decisões e dos caminhos da empresa, em movimento efetivamente de melhoria, de evolução e de inovação.

Outro ponto central e já aqui abordado, é a nova percepção do que seja efetivamente progresso, evolução, desenvolvimento e inovação, pois todos esses conceitos, de forma geral, envelheceram e precisam ser rediscutidos e repensados.

A visão antiga levou justamente diversas empresas a equívocos enormes, que custaram boa parte dos desastres ambientais, climáticos, sociais, humanos e sanitários que despontaram nas situações críticas que agora a humanidade precisa tentar neutralizar e reverter.

Ademais, infelizmente ainda há empresas e empresários que não se deram conta de que as empresas não operam no vácuo e que não reconhecem a sua responsabilidade, por vezes jogando a culpa apenas no Estado, e em outras vezes abusando da terceirização e tentando eximir-se de suas responsabilidades e culpas.

E, ainda um ponto importante, e igualmente antiquado e equivocado, que gerou bastante confusão nos últimos anos, qual seja, o papel da tecnologia e da automação nos negócios, uma vez que em função de sua crescente utilização na vida geral, muitos empresários confundiram a ferramenta com a inovação, ou o ambiente com a inovação. Dessa forma, muita gente acreditou que automatizar, usar *softwares*/sistemas e robôs, assim como aplicativos, e mesmo a migração para a nuvem, para o digital ou para o eletrônico, fosse sinônimo de inovação.

Em diversos casos, essa melhoria do uso de ferramentas e o aspecto da redução de custos, pode mesmo ser um diferencial passageiro, mas se o modelo de negócios não for efetivamente novo e criativo, realmente inovador, e incluir a sustentabilidade, pouco valerá ao longo do tempo.

Nessa linha, a reação das empresas precisa ser rápida, sob pena de que para muitas, seja tarde demais.

8. A governança corporativa, o *compliance* e o ESG como aliados, e construtores de um novo universo corporativo

Unindo-se, pois, os pilares aqui abordados e seus efeitos e impactos, resgatamos o conceito de que a sustentabilidade empresarial plena, demonstrada pelo ESG (e pelo E-ESG) não é modismo, não é peça publicitária, não pode ser confundida como *greenwashing*/*esgwashing* e em breve deixará de ser voluntária.

Já se sabe que a sociedade está mudando rapidamente e que além dos investidores, dos executivos e dos instrumentos de financiamento, assim como além dos governos e dos órgãos reguladores, os próprios mercados estão evoluindo e cobrando posturas e movimentos efetivamente sustentáveis.

O respeito aos direitos humanos e sociais, o cuidado e a responsabilidade com o meio ambiente e com todo o Planeta, bem como as melhores práticas em governança corporativa e em *compliance*, já não são propriamente diferenciais e nem optativos, migrando rapidamente para a escala da sobrevivência.

Torna-se importante recordar, neste momento, que o grande patrimônio das organizações é, em verdade, a sua imagem, a sua credibilidade, de forma que os danos que se corre por ignorar o E-ESG serão tão grandes, que a maioria dos negócios que se negarem a dar a devida atenção desde já, tendem a não resistir.

Em outras palavras, rapidamente veremos que as empresas que eventualmente não queiram, ou que demorem muito para se adaptar à nova realidade, tenderão a desaparecer, pois além das normas/leis, seus parceiros de negócios exigirão essa evolução, assim como os seus colaboradores e seus clientes/consumidores.

Organizações que, por falhas graves em governança, integridade, *compliance* e ESG forem objetos de grandes demandas, escândalos, processos e multas, e de revoltas de parceiros, colaboradores e/ou clientes, dificilmente conseguirão sobreviver.

Marcas consideradas integras, responsáveis e sustentáveis, ao contrário, serão cada vez mais fortes- e atrairão cada vez mais parceiros, colaboradores, investidores e clientes/consumidores, ao passo que as demais tenderão a estagnar e aos poucos (ou não, pois a velocidade tem sido bastante alta) a diminuir e até a desaparecer.

Esses pontos principais já ditam movimentos de investidores e de executivos, bem como de financiadores e de parceiros comerciais, que tanto em suas decisões do dia a dia quanto em operações de *mergers* & *acquisitions* já privilegiam as empresas melhores e mais sustentáveis.

Em muitos casos a decisão leva inclusive a desconsiderar esta ou aquela empresa ou projeto, por falta de sustentabilidade mínima, e em outros o pedágio é pago no *valuation*, mas em todas as situações e movimentos a amplitude e o detalhamento dos critérios de *compliance*, governança corporativa, sustentabilidade e ESG nas *due diligences* já são pacíficos e inegociáveis.

De outro lado, ainda um ponto que muito dialoga com a nova visão da sustentabilidade é o que leva em conta a necessidade de se valorizar e cuidar das relações, mesmo em situações de conflito, o que nos remete à constatação de que nem sempre o recurso ao processo judicial seja a melhor opção ou a mais sustentável.

O universo corporativo, assim como a própria vida de todos, é permeado de conflitos, construtivos ou não, positivos ou não, que precisam ser geridos. Fazem parte da realidade.

Nos relacionamentos internos ou externos das organizações, conflitos surgirão, em contratos, em condutas e assim por diante, e empresários mais experientes sabem que sempre que possível o melhor caminho é a negociação.

Nos casos em que a negociação não seja suficiente, e que o conflito não seja efetivamente equacionado, é importante que o conceito da sustentabilidade plena entre em cena, e considere que antes do contencioso (com seus custos, etapas, burocracias e lentidão; e com o condão de destruir relacionamentos, por vezes preciosos), sejam tentadas as formas alternativas de solução de controvérsias (ADRs), como a conciliação, a mediação e a arbitragem.

Cada um desses modelos tem suas características próprias e específicas, sendo necessário que se avalie com muito cuidado e em cada caso a melhor alternativa, sendo inviável acreditar que seja sempre a mesma.

Tais maneiras de lidar com conflitos e controvérsias tem prós e contras, e se adequam a um ou outro caso, mas é necessário saber que em vários exemplos será melhor, mais rápido, mais barato e sustentável para as empresas. E, além disso, em muitos casos ajuda a tentar manter/salvar/preservar relações e evita perda de energia desnecessária.

Por ideologia, por apelo à sustentabilidade, por redução de custos e de prazos, ou mesmo pela percepção de que muitas vezes os conflitos ocorrem entre parceiros que continuarão se relacionando (por exemplo, no caso de fornecedores quase ou totalmente exclusivos ou chave), é importante avaliar com cuidado e atenção se a melhor alternativa é mesmo o processo judicial.

Nesse momento é importante contar com apoio jurídico especializado, desde o início das operações e dos relacionamentos, uma vez que na maioria dos casos, a previsão do recurso aos ADRs precisa ser combinada desde o contrato original.

Vemos, assim, que o tema da sustentabilidade plena é enorme e complexo, importante e urgente, presente em todo o universo corporativo, que todos precisamos conhecer, entender e aprender. E todos, em todas as áreas corporativas e em todos os ramos do direito, temos que defender, pois é assim que se deve lidar com a nova realidade.

Empresas precisam de boas ideias, de empreendedorismo, de dinheiro, de pessoas capazes e preparadas, de apoios, de recursos dos mais diversos, de tecnologia e de tantos outros fatores de sucesso, mas igualmente de bons consultores e profissionais, que estejam atentos aos movimentos e às tendências, para poderem realmente ajudar o cliente.

A Advocacia Corporativa moderna vai muito além do conhecimento da lei, e mesmo do direito, sendo preciso que se conheça de fato o ambiente corporativo e que se consiga de fato ajudar a construir empresas melhores, mais sustentáveis, mais rentáveis e mais valiosas.

Percebamos, assim, que o momento é importante e complexo, que nos apresenta desafios, mas também oportunidades, e que se relaciona com todos nós, pois em nossas decisões e atitudes, no trabalho, na sociedade, na família e na vida pessoal estaremos ajudando, ou atrapalhando, a construção da sustentabilidade plena.

9. Considerações Finais

A conclusão à qual se chega com a rápida análise dos principais pilares e fatores atuais que apoiam a construção da sustentabilidade empresarial plena é que já não é suficiente para as organizações a percepção de oportunidades, a identificação de necessidades dos consumidores e mesmo a atuação em nichos, sendo necessário que a inovação e a criatividade sejam entendidas em sua concepção mais profunda.

Muitos empreendedores passaram a confundir inovação com a mera automação, outros focaram apenas na questão do custo, deixando a qualidade e a própria sustentabilidade de canto.

A inovação real, da maneira como agora o mundo corporativo a compreende, precisa integrar o modelo de negócio, para que seja realmente inovador e criativo, e não mais se ampare num pequeno ajuste em apenas um aspecto.

Os mercados são cada vez mais desafiadores e competitivos, cada vez mais dinâmicos, e com riscos cada vez mais altos, o que demanda análises mais cuidadosas e uma nova relação com o risco.

Como vimos, a concepção de negócios, empreendimentos e empresas como organizações que sejam criadas para durar, e para crescer, preferencialmente conquistando resultados, e lucros cada vez maiores e mais sustentáveis, passa por uma "revolução", inclusive de onde se pode e onde não se pode cortar custos de forma desmedida e até exagerada.

A preocupação com a integridade, com a boa governança, com a ética e com o *compliance*, com os direitos humanos e os sociais, com a inclusão, com o respeito às pessoas e ao meio ambiente – em todos os seus aspectos e não apenas neste ou naquele –, de forma constante, demanda ajustes profundos.

Espera-se que as empresas de hoje, e as de amanhã, sejam mais conscientes e mais responsáveis, que cuidem dos *stockholders*, mas também dos *stakeholders* e dos no *holders*, que pratiquem o capitalismo consciente, o capitalismo de *stakeholder*, que sejam coerentes com suas escolhas e práticas – em tudo.

Essas empresas tenderão a atrair mais e melhores investimentos e investidores, mais comprometidos, conquistar colaboradores e parceiros igualmente mais conscientes e engajados, que queiram fazer o certo, que também valorizem a governança corporativa, a sustentabilidade e o *compliance*, que juntos queiram construir uma prática de ESG efetiva!

Das questões relativas ao direito societário, aos critérios e às formas de se escolher parceiros e de se elaborar e negociar contratos, dos métodos de valuation e da profundidade e a amplitude das due diligences, aos critérios de terceirização, das formas de se lidar e equacionar controvérsias à maneira de se lidar com o contencioso e as multas, da relação com o meio ambiente às questões regulatórias e governamentais, das práticas trabalhistas à maneira de se lidar com energia, água, madeira, solo, ar, fauna e flora, e todo o contexto do meio ambiente e do Planeta – tudo está sendo e precisa ser revisto.

Os consumidores e a sociedade estão e precisam mesmo estar mais atentos, e passar a incluir as análises da sustentabilidade das empresas, assim como dos produtos e serviços, e das práticas internas, nas suas decisões de compra e fidelidade (ou não) às marcas.

Com esse novo cenário e contexto, espera-se uma nova percepção por parte do empresariado, do papel dos advogados corporativos e dos principais consultores em negócios, que precisarão ser cada vez mais próximos e parceiros, cada vez mais preparados e conhecer cada vez mais cada empresa, cada negócio, cada segmento e cada cultura.

E dessa nova percepção de parceria e de valor, espera-se a construção de relacionamentos mais fortes e firmes, com a participação desses profissionais de forma ainda mais presente nas organizações.

Acredita-se que conceitos como progresso, evolução, inovação, desenvolvimento, controle de custos, sejam igualmente rediscutidos, para que "conversem" com a necessidade da construção da sustentabilidade empresarial plena.

Referências

BRAGA, Ricardo Fabel; FABEL, Luciana Machado Teixeira; REZENDE, Elcio Nacur. O greenwashing e a responsabilidade civil: a importância da ética empresarial como alicerce à função socioambiental das organizações. *Revista de Direito do Consumidor*, São Paulo, v. 142, p. 285-305, jul.-ago. 2022.

DONAGGIO, Angela. O papel das lideranças para uma abordagem ESG nas empresas no século XXI. In: NASCIMENTO, Juliana Oliveira (coord.). ESG: o cisne verde e o capitalismo de stakeholder - A tríade regenerativa do futuro global. 2. ed. São Paulo: Ed. RT, 2023.

FRANCO, Isabel; GIEREMEK, Rogeria. ESG e o programa de *compliance*. In: NASCIMENTO, Juliana Oliveira (coord.). ESG: o cisne verde e o capitalismo de stakeholder - A tríade regenerativa do futuro global. 2. ed. São Paulo: Ed. RT, 2023.

GOTO, Reynaldo; MELO, Larissa Gonçalves de. Critérios ESG nas avaliações de *compliance*. In: NASCIMENTO, Juliana Oliveira (coord.). ESG: o cisne verde e o capitalismo de stakeholder - A tríade regenerativa do futuro global. 2. ed. São Paulo: Ed. RT, 2023.

LEITE, Leonardo Barém. E-ESG: a evolução da governança corporativa, nas empresas e na sociedade em geral: o impacto e a evolução da boa governança, das questões sociais e ambientais nas empresas, e o envolvimento da advocacia corporativa nessa nova mentalidade de negócios. In: FRAZÃO, Ana; CASTRO, Rodrigo R. Monteiro de; CAMPINHO, Sérgio Campinho (org.). *Direito empresarial e suas interfaces*: homenagem a Fábio Ulhoa Coelho. São Paulo: Ed. Quartier Latin, 2022. v. I, p. 299-336.

NASCIMENTO, Juliana Oliveira. ESG vivo: a nova jornada da globalização pela transformação do capitalismo regenerativo e de *stakeholder* no mundo dos negócios. In: NASCIMENTO, Juliana Oliveira (coord.). ESG: o cisne verde e o capitalismo de stakeholder - A tríade regenerativa do futuro global. 2. ed. São Paulo: Ed. RT, 2023.

NOGUEIRA, Elton Pupo. análise econômica do direito e eficiência ambiental, social e de governança (ESG) nas empresas. *Revista de Análise Econômica do Direito,* São Paulo v. 3, jan.-jun. 2022.

ZENKNER, Marcelo. Sistemas de integridade como ferramentas de inclusão das políticas ESG no âmbito corporativo. In: NASCIMENTO, Juliana Oliveira (coord.). ESG: o cisne verde e o capitalismo de stakeholder - A tríade regenerativa do futuro global. 2. ed. São Paulo: Ed. RT, 2023.

Capítulo 10

Termo de Ajustamento de Conduta: impacto financeiro nas sociedades empresariais

Luciana Hernández Quintana

Capítulo 10 - Termo de Ajustamento de Conduta: impacto financeiro nas sociedades empresariais

Adjustment Term of Conduct: financial impact in business companies

Luciana Hernández Quintana [1]

Resumo: A busca das soluções consensuais é uma tendência forte nos departamentos jurídicos das empresas, em especial, multinacionais, visto que os custos que envolvem as discussões judiciais são excessivos, impactando orçamento, resultados e algumas vezes o bem maior: a reputação da sociedade empresarial. O Termo de Ajustamento de Conduta é instrumento importante que, para além de estabelecer premissas e preservar direitos, pode evitar litígios custosos e morosos. Apesar disso, em alguns casos – como no Termo de Ajustamento de Conduta Preventivo – as corporações não têm a necessária segurança jurídica, vez que se o objeto do acordo envolver direitos de partes hipossuficientes qualquer composição pode ser levada a juízo para discussão e nova negociação. Não se trata de criticar a garantia do acesso à justiça, nem mesmo ordenamentos importantes, como a Lei nº 8.078/1990 (Código de Defesa do Consumidor) ou mesmo o Decreto-Lei nº 5.452/1943 (Consolidação das Leis do Trabalho), que representam avanço na proteção de direitos individuais e coletivos. Ao contrário, o próprio Código de Defesa do Consumidor incluiu o § 6º do artigo 5º da Lei nº 7.347/1985 (Lei da Ação Civil Pública), indicando o Termo de Ajustamento de Conduta como instrumento capaz de solucionar conflitos, com força de título executivo, sem ser preciso ajuizamento de ação. Contudo, alguns compromissos envolvendo direitos coletivos e celebrados extrajudicialmente são levados a juízo e desconsiderados ou ignorados nas discussões judiciais, revelando verdadeira insegurança jurídica e causando impacto financeiro para as empresas que anuíram ao compromisso com uma autoridade.

Palavras-chave: Termo de Ajustamento de Conduta – Impacto financeiro – Desjudicialização – Eficiência – Segurança jurídica.

Abstract: The search for consensual solutions is a strong trend in legal departments of companies, especially multinationals, since the costs involved in legal discussions are excessive, impacting budget, results and sometimes the greatest

[1] Especialista em Direito Marítimo pela FGVRJ. Especialista em Contratos Empresariais pela FGVSP. Especialista Direito Civil pela UTP-PR. Graduada em Direito pela UNIMES – Universidade Metropolitana de Santos. Advogada. E-mail: lucianahquintana@icloud.com .

asset: reputation of the business companies. Adjustment Term of Conduct is an important tool to, in addition to establishing premises and preserving rights, can avoid costly and time-consuming litigation. Despite that, in some cases – as, exemplifying, Preventive Adjustment Term of Conduct – corporations do not have the necessary legal certainty, since if the subject of agreement involves the rights of weak parties any composition can be brought to court for discussion and new negotiation. Is not about criticizing the guarantee of access to justice here, not even important regulations such as No. Law 8.078/90 (Consumer Defense Code) or even Decree-Law No. 5.452/43 (Consolidation of Labor Laws) which represent advances in protection of individual and collective rights. Contrary to, the Consumer Defense Code has incorporated paragraph 6 of article 5 of law No. 7.347/85 (Disciplines Public Civil Action), indicating instrument capable of resolving conflicts, with the force of an enforceable title, without the need to file an action to then sign the Conduct Adjustment Term. However, some commitments involving collective rights and signed extrajudicially are taken to court and disregarded or ignored in legal discussions, revealing real legal uncertainty, and causing financial impact for companies that agreed to the commitment with an authority.

Keywords: Adjustment term of Conduct – Financial impact – Litigation lessening – Efficiency – Legal certainty.

1. Introdução

A dinâmica das relações, sociais e empresariais, refletem períodos históricos, e o Direito se amolda na medida em que o Estado e a sociedade se transformam e evoluem.

O desenvolvimento, no entanto, não pode ser aceito se em detrimento do meio ambiente ou com práticas não sustentáveis, a exemplo do que ocorreu na cidade de Cubatão – Estado de São Paulo, que era chamada de "Vale da Morte" e, nos anos 1980, recebeu da Organização Mundial de Saúde o título de "A cidade mais poluída do mundo", consequência do desrespeito absoluto ao meio ambiente nas décadas anteriores. Como bem descreve Couto em sua obra, ao explicar o fenômeno do município de Cubatão – que de cidade do interior exportadora de bananas se tornou uma das maiores cidades industriais do Brasil –, "a industrialização brasileira foi tratada pelo Estado como de 'interesse nacional', acima de tudo e de todos, não respeitando o direito individual de ninguém"[2].

Se por um lado havia inércia do Estado em relação à preservação do meio ambiente e forte apoio para o crescimento das empresas que geravam riqueza, de outro, as indústrias – nacionais e estrangeiras lá estabelecidas - não tinham políticas de preservação e sustentabilidade. No meio desse caminho, havia a população vislumbrando melhor condição de vida e emprego.

De fato, por muito tempo, a fumaça despejada pelas indústrias era sinônimo de progresso e orgulho, mas na medida em que os casos graves de intoxicação e mortes avançaram houve forte pressão popular e da imprensa para que medidas fossem tomadas.

A própria CETESB – Companhia Ambiental do Estado de São Paulo, criada em 1968, previu a necessidade de medidas emergenciais e lançou, em 1983, o chamado "Programa de Controle e Recuperação da Qualidade Ambiental de Cubatão", tendo as seguintes premissas: (i) controlar as fontes de poluição ambiental; (ii) desenvolver estudos, pesquisas e atividades para obtenção de um quadro mais preciso da problemática ambiental; e (iii) conscientizar as entidades e instituições da comunidade local quanto ao problema, suas dimensões e consequências[3].

Em 1985 foi editada a Lei da Ação Civil Pública (Lei nº 7.347/1985), disciplinando a responsabilidade pelos danos causados ao meio ambiente, ao consumidor, a bens e direitos de valor artístico, estético, histórico, turístico e paisagístico.

Já no ano seguinte à edição da lei, o Ministério Público de São Paulo – em conjunto com a extinta entidade Oikos – União dos Defensores da Terra – ajuizou ação civil pública de responsabilidade por danos causados ao meio ambiente contra mais de duas dezenas de empresas sediadas em Cubatão. Somente em 2017, 31 anos após o ajuizamento da ação e várias tentativas infrutíferas de acordo, foi publicada a sentença para condenar solidariamente todas as empresas a

---

[2] COUTO, Joaquim Miguel. *Industrialização, meio ambiente e pobreza:* o caso do município de Cubatão/SP. Maringá: Eduem, 2012. p. 190.

[3] SAVASTANO NETO; Aruntho (Coord.). *CETESB*: 50 anos de história e estórias. São Paulo: CETESB, 2018. p. 30. Disponível em: https://cetesb.sp.gov.br/wp-content/uploads/2018/12/Livro-CETESB-50-anos.pdf. Acesso em: 14 jul. 2023.

[4] "Ante ao exposto, e mais o que dos autos consta, JULGO PROCEDENTE a presente ação para condenar todas as empresas que figuram no polo passivo desta ação, de forma solidária, a pagar indenização a ser apurada por ocasião da liquidação de sentença, que deve corresponder ao custo integral necessário para a completa recomposição do complexo ecológico atingido até a data da perícia a ser realizada e que deverá ser custeada pelas empresas rés, de modo a que readquira, qualitativa e quantitativamente, os atributos anteriores ao início do processo à reparação total dos danos, necessariamente:

a) restauração da cobertura vegetal primitiva, incluindo:

pagar indenização correspondente ao custo integral necessário para a completa recomposição do complexo ecológico atingido[4].

Conforme sítio eletrônico do Tribunal de Justiça de São Paulo, em 31 de janeiro de 2022, passados quase 36 anos de litígio, as partes se compuseram, tendo a decisão de homologação de acordo consignado que:

> Após alongado processamento e em demonstração de boa fé e maturidade, as partes chegaram a uma composição que traz maior benefício ao ambiente e à sociedade que a continuidade do litígio, satisfazendo os interesses aqui discutidos. O tribunal cumprimenta as partes pelo resultado alcançado.[5]

O Código de Processo Civil (Lei nº 13.105/2015) reforça, em seu artigo 3º, § 2º, a necessidade em se promover a solução consensual de conflitos, destacando em seu § 3º que os métodos de solução consensual devem ser estimulados por todos: juízes, advogados, defensores públicos e membros do Ministério Público[6]. No entanto, como bem lembrado por Ferreira, não se trata de inovação, já que a Constituição de 1824 determinava a necessidade da conciliação prévia antes de se iniciar qualquer processo: "Art. 161. Sem se fazer constar, que se tem intentado o meio da reconciliação, não se começará processo algum"[7].

Nesse cenário legislativo e olhando para o passado, representado por caso ambiental emblemático de mais de três décadas de discussão até se chegar a um acordo, o que se percebe é que termo de ajustamento de conduta – preventivo ou não – se revela importante instrumento que, para além da eficiência e efetividade, evita custos desnecessários. Não cabe aqui fazer juízo de mérito nem especulações sobre as razões pelas quais as partes envolvidas não chegaram a um acordo via termo de ajustamento de conduta anteriormente, mas indaga-se se, ao olhar para o passado, as partes não teriam empenhado maiores esforços para a

---

a.1) a descontaminação do solo;
a.2) a estabilização das encostas;
a.3) o restabelecimento do equilíbrio da rede de drenagem natural;
a.4) a revegetação com espécies nativas e típicas da Mata Atlântica, obedecendo o fluxograma racional.
b) reintrodução das espécies endêmicas de todos os gêneros da fauna silvestre.
c) desassoreamento dos cursos d'água comprometidos." (Autos n. 0000025-24.1986.8.26.0157, 2ª Vara Cível de Cubatão/SP).

[5] Disponível em: https: //esaj.tjsp.jus.br/cposg / search.do;jsessionid = 7BC0C8C9BB56BCF-062C0DFF254D3ADAE.cposg6?conversationId=&paginaConsulta=0&cbPesquisa=NUMPROC&numeroDigitoAnoUnificado=0000025-24.1986&foroNumeroUnificado=0157&dePesquisaNuUnificado=0000025-24.1986.8.26.0157&dePesquisaNuUnificado=UNIFICADO&dePesquisa=&tipoNuProcesso=UNIFICADO#?cdDocumento=172. Acesso ao e-SAJ em: 14 jul. 2023.

[6] "Art. 3º. (...) § 2º. O Estado promoverá, sempre que possível, a solução consensual dos conflitos. § 3º. A conciliação, a mediação e outros métodos de solução consensual de conflitos deverão ser estimulados por juízes, advogados, defensores públicos e membros do Ministério Púbico, inclusive no curso do processo judicial."

[7] FERREIRA, Diogo Ribeiro. Manual do termo de ajustamento de conduta: doutrina, jurisprudência e legislação. Belo Horizonte: Del Rey, 2018. p. 17.

celebração de compromisso.

2. A responsabilidade corporativa

A crise climática, a perda de biodiversidade, o consumo consciente e melhores condições de trabalho constituem preocupação global e, como destacado por Mannrich: "As empresas acabaram assumindo protagonismo nesse processo, por acreditarem ser possível conciliar lucratividade sem prejuízo do progresso sustentável"[8]. O autor segue explicando que a sigla ESG – *Environmental, Social and Governance* – que trata das questões ambientais, sociais e de governança – representa o conjunto de valores que as empresas devem buscar para melhorar suas relações com o meio ambiente, empregados, terceiros, acionistas, consumidores e a própria sociedade[9].

O mundo mudou, a forma de comunicar mudou, assim como as relações de trabalho que abrangem a forma remota e o comércio – agora também eletrônico – também não são as mesmas.

A preocupação com a Governança Ambiental, Social e Corporativa para muitas empresas é a própria razão da atividade. Em se tratando de embarcações de turismo, por exemplo, segundo a CLIA Brasil – Cruise Lines International Association Brasil, Associação Brasileira que representa as empresas de cruzeiro, essas estão na vanguarda no que se refere ao desenvolvimento de práticas ambientais responsáveis, servindo de exemplo para a indústria naval. Conforme o texto divulgado em seu sítio eletrônico, há confirmação de que a indústria de cruzeiros investiu mais de 23,5 bilhões de dólares em navios com novas tecnologias e combustíveis limpos[10].

O compromisso da indústria de cruzeiro vai além da redução da taxa de emissão de carbono, pois existe investimento em sistemas que capturam e reciclam calor, pinturas especiais nos cascos que reduzem o consumo de combustível, tecnologia de ponta a bordo para a reciclagem de materiais, proibição de uso de plásticos descartáveis etc.[11]

Os navios de cruzeiros dependem, portanto, da qualidade do mar e do ar.

---

[8] MANNRICH, Nelson. Direito do trabalho e sustentabilidade: a sigla ESG (Environmental, Social and Governance) na perspectiva da responsabilidade social corporativa. In: MANNRICH, Nelson (Org.). *Relações de trabalho e desafios da tecnologia em ambiente pós-pandemia*. Leme: Mizuno, 2021. p. 27.

[9] MANNRICH, Nelson. Direito do trabalho e sustentabilidade: a sigla ESG (Environmental, Social and Governance) na perspectiva da responsabilidade social corporativa. In: MANNRICH, Nelson (Org.). Relações de trabalho e desafios da tecnologia em ambiente pós-pandemia. Leme: Mizuno, 2021. p. 24.

[10] Disponível em: https://abremar.com.br/sustentabilidade. Acesso em: 14 jul. 2023.

[11] Disponível em: https://abremar.com.br/sustentabilidade. Acesso em: 14 jul. 2023.

No entanto, isso não se basta, pois, é necessário contar com tripulação engajada e alinhada aos regulamentos e às políticas internas.

Nos últimos anos, a indústria de cruzeiros vem crescendo de maneira expressiva no mundo todo: tanto em mercados já consolidados – como Europa e Estados Unidos – quanto em países sem a mesma tradição – como Austrália e China.

Esse crescimento gera impactos importantes, tanto do ponto de vista econômico quanto da geração de empregos dentro e fora dos navios. Conforme o estudo de perfil e impactos econômicos no Brasil realizado pela FGV – Fundação Getulio Vargas sobre Cruzeiros Marítimos e divulgado pela CLIA-Brasil, a temporada brasileira de cruzeiro 2019/2020 – dados anteriores à pandemia de Covid-19 que assolou o mundo, em especial o turismo e o setor de cruzeiros marítimos – contou com 8 navios e 7.869 tripulantes de diversas nacionalidades[12].

De acordo com o referido estudo, durante a temporada brasileira 2019/2020 foram gerados 33.765 postos de trabalho na economia brasileira, sendo que 2.188 são tripulantes dos navios e 31.577 são empregos diversos, na forma direta, indireta ou induzida, o que demonstra a importância do setor na economia.

Com a retomada dos cruzeiros marítimos, após a pandemia de Covid-19, a indústria no mercado brasileiro contou, na temporada 2021/2022 – conforme último estudo da CLIA-Brasil divulgado até a data de fechamento desse artigo –, com 5 navios e ofertou 193.9927 leitos – já considerando a capacidade reduzida de 75% – e 6.534 tripulantes[13]. Ao final da temporada 2021/2022, foram gerados 22.235 postos de trabalho, considerando 1.223 tripulantes a bordo das embarcações e 21.112 empregos diversos[14].

A nível global, segundo informações da CLIA-International divulgadas em 2020 – antes da pandemia que atingiu o setor –, as empresas de cruzeiro associadas estavam prestes a atingir o número de 225.000 tripulantes embarcados em navios no mundo[15].

A referida associação, conforme pesquisas realizadas, traz números extremamente favoráveis: (i) os associados apoiam e cumprem a Convenção Internacional de Trabalho Marítimo; (ii) a indústria de cruzeiro oferece progressão de carreira e

[12] *Cruzeiros marítimos:* estudo de perfil e impactos econômicos no Brasil: temporada 2019-2020. Rio de Janeiro: FGV; São Paulo: Cruise Lines International Association, 2020. p. 27. Disponível em: https://abremar.com.br/wp-content/uploads/2020/09/CLIA-Brasil-Estudo-de-Perfil-e-Impactos-Econ%C3%B4micos-de-Cruzeiros-Mar%C3%ADtimos-no-Brasil-%E2%80%93-Temporada-2019-2020_.pdf. Acesso em: 14 jul. 2023.

[13] *Cruzeiros marítimos:* estudo de perfil e impactos econômicos no Brasil: temporada 2021-2022. Rio de Janeiro: FGV; São Paulo: Cruise Lines International Association, 2022. p. 27. Disponível em: https://abremar.com.br/wp-content/uploads/CLIA2022_V.FINAL04_WEB.COMPACT.pdf. Acesso em: 14 jul. 2023.

[14] *Cruzeiros marítimos:* estudo de perfil e impactos econômicos no Brasil: temporada 2021-2022. Rio de Janeiro: FGV; São Paulo: Cruise Lines International Association, 2022. p. 34. Disponível em: https://abremar.com.br/wp-content/uploads/CLIA2022_V.FINAL04_WEB.COMPACT.pdf. Acesso em: 14 jul. 2023.

[15] Disponível em: https://cruising.org/-/media/Facts-and-Resources/CLIA_Crewmember-Workforce-Factsheet_June-2020_Global. Acesso em: 14 jul. 2023.

oportunidade de viajar pelo mundo; (iii) o índice de satisfação no trabalho é superior a 80%; e (iv) para cada vaga disponível, são registrados até 100 candidatos.

Apesar dos números favoráveis e crescimento mundial, o número de navios com destino ao Brasil foi sendo reduzido a cada temporada em razão dos elevados custos e pela insegurança jurídica. Segundo os números da CLIA-Brasil, na temporada de cruzeiros 2004/2005 havia 6 navios de cruzeiros, sendo que a cada ano mais navios chegavam para a temporada até atingir o pico de 20 embarcações na temporada 2010/2011.

Contudo, os custos elevados, a infraestrutura disponível e a incerteza jurídica causada pelas demandas trabalhistas foram alguns motivos que deixaram o Brasil menos competitivo com outros países, sendo que empresas estrangeiras já deixaram de trazer seus navios ao Brasil e, aquelas que aqui continuam vindo, trazem menos navios ou deixam de aumentar a quantidade de embarcações para a temporada brasileira. Nesse cenário, é possível afirmar que brasileiros tenham menos chances ao disputarem vagas de trabalho com tripulantes de outras nacionalidades.

Na temporada 2019/2020 – antes da pandemia de Covid-19 – apenas 8 navios operaram na costa brasileira[16]. Após a retomada do setor em 2021/2022, 5 navios realizaram cruzeiros, limitados a portos brasileiros, não realizando cruzeiros para outros países da América do Sul, conforme protocolos sanitários em vigor à época.

Se a indústria já vinha sendo afetada pelos elevados custos, riscos e insegurança jurídica, a pandemia de Covid-19 agravou a situação, pois a indústria de turismo, particularmente o setor de cruzeiro marítimo, foi mais afetado com a parada de todos os navios por um longo período.

Gradualmente a atividade foi sendo retomada, inclusive no Brasil, com protocolos extremamente seguros que superam qualquer outro setor, reforçando a responsabilidade da indústria e o compromisso que a sociedade espera, conforme a natureza da atividade.

2. Termo de Ajustamento de Conduta

O surgimento do Termo de Ajustamento de Conduta, como explica Nery, sobreveio da busca por meios alternativos de proteção de direitos transindividuais e foi "pensado para complementar a atividade jurisdicional nos casos em que a solução negociada se revele mais apropriada e, por que não, mais eficiente"[17]. Afirma o autor que a característica é justamente a intenção das partes em nego-

[16] *Cruzeiros marítimos*: estudo de perfil e impactos econômicos no Brasil: temporada 2019-2020. Rio de Janeiro: FGV; São Paulo: Cruise Lines International Association, 2020. p. 24. Disponível em: https://abremar.com.br/wp-content/uploads/2020/09/CLIA-Brasil-Estudo-de-Perfil-e-Impactos-Econ%C3%B4micos-de-Cruzeiros-Mar%C3%ADtimos-no-Brasil-%E2%80%93-Temporada-2019-2020_.pdf. Acesso em: 22 fev. 2022.

[17] NERY, Ana Luiza. *Teoria geral do termo de ajustamento de conduta*. São Paulo: Ed. Revista dos Tribunais, 2017. p. 40.

[18] NERY, Ana Luiza. *Teoria geral do termo de ajustamento de conduta*. São Paulo: Ed. Revista dos Tribunais, 2017. p. 186.

ciar direitos e obrigações em suas atividades a fim de alcançar a melhor efetividade de tutela dos direitos transindividuais.[18]

Nas palavras de Santos,[19] a origem, apesar de outra terminologia – Termo de Compromisso (TC) – encontra-se na legislação dos Estados-membros e na Lei nº 6.385, de 7 de dezembro de 1976, que dispõe sobre mercado de valores mobiliários. Segue explicando que a Lei nº 6.938, de 31 de agosto de 1981, que trata da Política Nacional do Meio Ambiente, tratou da possibilidade de termo de ajustamento de conduta, mas ainda sob a terminologia antiga – Termo de Compromisso.

Somente em 1985, como se disse anteriormente, é que de forma mais completa surgiu Lei da Ação Civil Pública (Lei nº 7.347/1985), abrangendo a possibilidade de Termo de Ajustamento de Conduta não apenas em razão da responsabilidade pelos danos causados ao meio ambiente, mas também ao consumidor, a bens e direitos de valor artístico, estético, histórico, turístico e paisagístico.

A primeira ideia que se tem ao falar de Termo de Ajustamento de Conduta é justamente acordo para corrigir ações. Ocorre que o Termo de Ajustamento de Conduta também pode ser utilizado de maneira preventiva, ou seja, sem que qualquer ato precise ser corrigido, e se revela instrumento importantíssimo para estabelecer premissas, preservar direitos e, igualmente, evitar litígios custosos e morosos. Assim, melhor a definição de Ferreira como: "O TAC seria uma conciliação em direitos coletivos na forma da lei"[20].

Atualmente existe forte iniciativa nos âmbitos Federal e Estadual em chamar as empresas para celebrarem termos de ajustamento de conduta nos mais diversos assuntos: publicidade infantil[21], preservação de direitos de pessoas com deficiência[22], até o mais recente envolvendo comércio eletrônico[23], o que demonstra verdadeiro avanço do poder público e da iniciativa privada para evitar ou solucionar conflitos, confiando na eficácia desse instrumento.

Como explica Nery, o termo de ajustamento de conduta "tem eficácia expandida, podendo ser 'ultra partes' ou 'erga omnes', conforme a matéria tratada

---

[19] SANTOS, Jerônimo Jesus dos. *Termo de ajustamento de conduta*. Rio de Janeiro: Editora Jurídica do Rio de Janeiro, 2005. p. 5-6.

[20] FERREIRA, Diogo Ribeiro. *Manual do termo de ajustamento de conduta*: doutrina, jurisprudência e legislação. Belo Horizonte: Del Rey, 2018. p. 18.

[21] NERY, Ana Luiza. *Teoria geral do termo de ajustamento de conduta*. São Paulo: Ed. Revista dos Tribunais, 2017. p. 361 a 363.

[22] NERY, Ana Luiza. *Teoria geral do termo de ajustamento de conduta*. São Paulo: Ed. Revista dos Tribunais, 2017. p. 358 a 361

[23] NERY, Ana Luiza. *Teoria geral do termo de ajustamento de conduta*. São Paulo: Ed. Revista dos Tribunais, 2017. p. 363 a 368.

[24] NERY, Ana Luiza. *Teoria geral do termo de ajustamento de conduta*. São Paulo: Ed. Revista dos Tribunais, 2017. p. 196.

na transação híbrida. Do contrário, ele não se prestaria a assegurar a proteção do bem difuso ou coletivo tutelado por meio da transação"[24].

Ao concluir pela importância e pelo alcance, Santos destaca que o Termo de Ajustamento de Conduta é consagrado constitucionalmente e tutela os direitos e interesses difusos e coletivos, concluindo que ele

> oferece a possibilidade de uma composição perfeita desses direitos metaindividuais, na medida em que possui o potencial preventivo da ocorrência ou da consolidação de danos causados a esses direitos, bem como figura na aplicação negociada da norma jurídica típica da sociedade em que vivemos[25].

Sendo o compromisso de ajustamento de conduta um ato previsto em lei, celebrado com autoridade competente e preenchidos os demais requisitos de validade, estariam as partes envolvidas e os sujeitos abrangidos por esse termo protegidos por regras claras, distanciando-se do risco de decisões judiciais conflitantes, além da redução da sobrecarga do Judiciário e, consequentemente, elevados custos assumidos para a defesa de um mesmo assunto.

Portanto, além da eficácia, a busca pela maior eficiência traz benefícios enormes a todos aqueles que se dispõem a evitar litígios desnecessários, sendo que esse deveria ser também o olhar do Judiciário.

2.1. Do Termo de Ajustamento de Conduta na indústria de cruzeiro marítimo

O navio de cruzeiro é uma verdadeira cidade flutuante em que o trabalho é realizado a bordo de embarcação, vinculada à bandeira de determinado país, que percorre diversos países em curto espaço de tempo. Ilustrando melhor a situação, podemos dizer que um navio de cruzeiro com capacidade aproximada para 4.300 passageiros tem em torno de 1.400 tripulantes representados por ao menos 40 nacionalidades. Nesse contexto, é incabível que a lei seja aplicável conforme a nacionalidade do empregado. A essência da atividade requer uniformização, aplicando-se as mesmas leis a todos que fazem parte daquele universo, concedendo os mesmos direitos, independentemente da nacionalidade do empregado.

Existem convenções ratificadas pelo Brasil sobre o tema, a saber: (i) Convenção das Nações Unidas sobre o Direito do Mar – promulgada pelo revogado Decreto nº 99.165, de 12 de março de 1990, e novamente declarada sua entrada em vigor pelo Decreto nº 1.530, de 22 de junho de 1995 e (ii) Convenção de Direito Internacional Privado (Código de Bustamante) promulgada pelo Decreto nº 18.871, de 13 de agosto de 1929[26].

Apesar das referidas convenções, por volta de 2003 começaram as primei-

[25] SANTOS, Jerônimo Jesus dos. *Termo de ajustamento de conduta*. Rio de Janeiro: Editora Jurídica do Rio de Janeiro, 2005. p. 11.

[26] Disponível em: http://www.planalto.gov.br/ccivil_03/decreto/2001/D3832.htm. Acesso em: 21 fev. 2022.

ras discussões sobre o trabalho realizado a bordo dos navios de cruzeiros. Nessas discussões a ideia de regulamentação sobre o tema – novamente apesar das convenções internacionais – começou a ganhar corpo.

Foi então que nesse contexto o Ministério Público do Trabalho entendeu pela necessidade de convidar o setor de cruzeiros a assinar termos de ajustamento de conduta que contemplam situações não reguladas por leis ordinárias, mas que se encontram protegidas por Convenções Internacionais, incluindo aquelas ainda não incorporadas ao ordenamento jurídico pátrio.

O artigo 876 Consolidação das Leis do Trabalho – Decreto-Lei nº 5.452, de 1º de maio de 1943 – foi editado pela Lei nº 9.958, de 12 de janeiro de 2000, de modo que o Termo de Ajustamento de Conduta celebrado com o Ministério Público do Trabalho foi incluído no rol de documentos passíveis de execução, revelando a verdadeira importância do tema, bem como do próprio Ministério Público do Trabalho e seus representantes[27].

O Conselho Nacional de Imigração – CNIG editou a Resolução Normativa nº 71/2006, afirmando, em seu artigo 8º, que somente os brasileiros recrutados para trabalhar apenas durante a temporada brasileira é que deverão ter o contrato vinculado à legislação brasileira. A referida Resolução nº 71/2006 foi revogada em 2017 pela também revogada Resolução nº 05, mas tinha sido mantida a referida regra no artigo 7º. Essa última resolução foi substituída pela vigente Resolução nº 43/2020, que manteve referida regra inalterada em seu art. 6º.

Como bem explica Gadotti[28] sobre a discussão histórica envolvendo essa atividade, muito embora a CLT – Consolidação das Leis do Trabalho tenha seção própria dedicada aos marítimos, não há regulamentação específica para a categoria especial de trabalhadores em navios de cruzeiros. A autora segue explicando a importância em ter sido iniciado – no fim do ano de 2003 – discussão sobre o tema que culminaria em negociação entre representantes dos armadores, o MPT – Ministério Público do Trabalho e o MTE – Ministério do Trabalho e Emprego e que desaguaram em um primeiro Termo de Ajustamento de Conduta assinado em 2005 e sucessivas revisões até o último compromisso celebrado em 28 de novembro de 2016[29].

---

[27] Art. 876. As decisões passadas em julgado ou das quais não tenha havido recurso com efeito suspensivo; os acordos, quando não cumpridos; os termos de ajuste de conduta firmados perante o Ministério Público do Trabalho e os termos de conciliação firmados perante as Comissões de Conciliação Prévia serão executada pela forma estabelecida neste capítulo. (Disponível em: http://www.planalto.gov.br/ccivil_03/decreto-lei/del5452.htm. Acesso em: 14 jul. 2023).

[28] GADOTTI, Maria Lúcia Menezes. *Convenção nº 186 da OIT (MLC 2006)* – Aplicabilidade aos Tripulantes Brasileiros Contratados para Trabalhar em Navios de Cruzeiros Marítimos. *Revista Direto Aduaneiro, Marítimo e Portuário*. São Paulo, Edição Especial n.º 63, jul.-ago. 2021. p. 147.

[29] Termo de Ajustamento de Conduta celebrado entre Ministério Público do Trabalho, Associação Brasileira de Cruzeiros Marítimos – CLIA Brasil e empresas estrangeiras. do?consulta=Consultar&conscsjt=&numeroTst=287&digitoTst=55&anoTst=2010&orgaoTst=5&tribunalTst=02&varaTst=0446&submit=Consultar. Acesso em: 14 jul. 2023.

O fato de ter havido sucessivas renegociações ao longo dos anos não retira a importância, a validade e a eficácia do instrumento. Sobre isso, como explica Nery:

> A renegociação do compromisso de ajustamento se configura nova transação, e, portanto, é legítimo que novas obrigações possam ser pactuadas entre as partes, desde que se mantenha o propósito do compromisso: o alcance da melhor solução (negociada) para a proteção ou reparação do bem de natureza transindividual[30].

Os termos de ajustamento de conduta assinados seguiram o mesmo princípio: definir e distinguir os contratos de trabalho a bordo de navios de cruzeiro conforme o território da prestação dos serviços. Em resumo, muito embora as embarcações sejam internacionais, arvorando bandeira estrangeira, percorrem diversos países. Assim, de um modo bastante geral, definiu-se como contrato nacional de trabalho a bordo sob a Consolidação das Leis do Trabalho aquele contratado para ser realizado exclusivamente no Brasil. Já os contratos integralmente executados fora do Brasil ou parcialmente no Brasil (mistos) estão sob as leis internacionais.

Até o fechamento deste artigo, verifica-se que o mais recente Termo de Ajustamento de Conduta celebrado em 2016 para o trabalho de tripulantes em navios de cruzeiros que venham ao Brasil faz referência expressa à Convenção Internacional de Trabalho Marítimo – CTM 2006 (*Maritime Labor Convention – MLC 2006*), sendo que referida convenção internacional foi aprovada no Congresso Nacional por meio do Decreto-Legislativo nº 65, de 17 de dezembro de 2019, tendo sido ratificada pelo Brasil em 7 de maio de 2020 e incorporada ao ordenamento jurídico brasileiro em 7 de maio de 2021, após a promulgação do Decreto nº 10.671, de 9 de abril de 2019, ou seja, quase cinco anos após a assinatura do último compromisso firmado.

Apesar da assinatura do Termo de Ajustamento de Conduta voltado ao trabalho de tripulantes em navios de cruzeiros entre as empresas de cruzeiros que operam no Brasil e o Ministério Público do Trabalho – esse representado pela CONATPA – Coordenadoria Nacional de Trabalho Portuário e Aquaviário e pela Procuradoria Geral do Trabalho – nem todos os Tribunais brasileiros o reconhecem nas ações individuais de trabalho a fim de afastar a aplicação da legislação nacional, de modo que lhe retira eficiência, sobrecarrega o Judiciário, gera custos e revela verdadeira insegurança jurídica para as empresas aqui estabelecidas.

O grande problema que a indústria de cruzeiro enfrenta nas discussões judiciais diz respeito ao fato de que os Termos de Ajustamento de Conduta vigentes, bem como a Convenção Internacional – CTM 2006, acabam sendo des-

---

[30] NERY, Ana Luiza. *Teoria geral do termo de ajustamento de conduta.* São Paulo: Ed. Revista dos Tribunais, 2017. p. 203

considerados. Em relação à Convenção sobre o Trabalho Marítimo – CTM 2006 o fundamento nas decisões judiciais proferidas – todas relacionadas a contratos exclusivamente internacionais ou mistos firmados antes da ratificação pelo Brasil – era de que não estava ainda integrada no ordenamento jurídico brasileiro porque não ratificada.

As primeiras discussões judiciais sobre o tema surgiram em meados de 2006 e, passados mais de 15 anos, o setor de cruzeiros reúne centenas de casos espalhados nos diversos tribunais brasileiros, sobrecarregando o Judiciário e afetando sensivelmente a indústria que contribui para a geração de empregos e oferece condições muito superiores àquelas presentes no território nacional, já que o tripulante conhece diversos países e recebe seu salário em moeda estrangeira.

Em parecer não publicado emitido por Manus[31] e vídeo aula apresentada em 10 de setembro de 2014, no Encontro Setorial de Cruzeiros Marítimos sobre trabalho a bordo[32]– aproximadamente 7 anos antes da ratificação da Convenção Internacional sobre Trabalho Marítimo –sobre a contratação de tripulantes brasileiros para laborarem em navios de cruzeiro, foi afirmado ser evidente a melhor situação contratual prevista pelo contrato internacional diante da disciplina nacional do contrato individual de trabalho. Continua afirmando que "não privilegiar situações contratuais mais benéficas, ainda que de natureza internacional, constitui postura xenófoba, que ofende o princípio da norma mais benéfica, acima referido".

Muito embora pela regra da norma mais favorável a CTM 2006/MLC 2006 poderia já estar sendo aplicada, somando-se ao fato de o Termo de Ajustamento de Conduta celebrado com o Ministério Público do Trabalho deveria estar sendo recepcionado pelos tribunais nas reclamações individuais ajuizadas, essa situação não está pacificada.

Sobre a não aplicação do Termo de Ajustamento de Conduta nas reclamatórias individuais movidas por tripulantes, trata-se de difícil explicação, posto que apesar de abordado nas defesas apresentadas, ele muitas vezes não é tratado na decisão e, mesmo sendo objeto de embargos declaratórios, a ausência de abordagem dificulta a análise pelos tribunais superiores.

Ora, como explicado por Santos, "a mera conduta na propositura do TAC exige uma verdadeira mudança de mentalidade, significa romper com dogmas e

---

[31] MANUS, Pedro Paulo Teixeira. *Parecer não publicado para a empresa MSC Crociere a respeito da contratação de tripulantes para embarcações de cruzeiros marítimos*. 2014. p. 24.

[32] Nesse sentido: https: //www.mercadoeeventos.com.br /noticias/cruzeiros/clia-abremar-reune-50-convidados-em-encontro-setorial. Acesso em 14 de jul. 2023.

tradições, em prol da instrumentalidade do processo[33]".

Ao que tudo indica, de modo geral existe desconhecimento do tema e falsa ideia de que a lei nacional seria mais benéfica do que a internacional. O Tribunal Superior do Trabalho vem enfrentando o tema em suas diversas turmas, mas não há entendimento pacificado. A 8ª Turma, por exemplo, decidiu acertadamente pela aplicação da lei internacional em contrato celebrado por empresa estrangeira com brasileiro a bordo de navio. Muito embora não tenha expressamente decidido também pelo Termo de Ajustamento de Conduta assinado pela empresa, transcreveu o acórdão do Tribunal Regional do Trabalho que considerou o compromisso da empresa com o Ministério Público do Trabalho em aplicar a lei nacional apenas aos brasileiros admitidos para trabalhar exclusivamente em viagens nacionais[34].

Mais recentemente a 4ª Turma do Tribunal Superior do Trabalho reformou decisão do Tribunal Regional do Trabalho da 13ª Região para reconhecer – em discussão envolvendo trabalho realizado em navio de bandeira estrangeira que percorreu águas nacionais e internacionais – a aplicação da lei do pavilhão conforme artigo 281 do Código de Bustamante, concluindo que a legislação brasileira não é aplicável ao trabalhador brasileiro[35].

Como foi dito anteriormente, a Convenção Internacional de Trabalho Marítimo – CTM 2006 foi ratificada pelo Brasil em 2021. A pandemia da Covid-19 paralisou os navios de cruzeiros em março de 2020, sendo que gradualmente, a partir de agosto de 2021, ocorreu a retomada nos diversos países e, no Brasil, a reinício aconteceu apenas em novembro de 2021. Nesse período, milhares de tripulantes – incluindo brasileiros – aguardaram ansiosos pela retomada das atividades e da possibilidade de reembarcarem.

Dessa feita, o que o setor espera é que os Tribunais no país reavaliem entendimentos anteriores sobre a contratação de brasileiros para trabalharem a bordo de navios de cruzeiros e pacifiquem o tema, reconhecendo a validade do contrato internacional e a aplicação das leis internacionais e convenções de maneira uniforme, independentemente da nacionalidade do tripulante.

---

[33] SANTOS, Jerônimo Jesus dos. *Termo de ajustamento de conduta*. Rio de Janeiro: Editora Jurídica do Rio de Janeiro, 2005. p. 3.

[34] Nesse sentido, Acórdão em Autos de Processo no TST: RR-287-55.2010.5.02.0446. Disponível em https://consultaprocessual.tst.jus.br/consultaProcessual/consultaTstNumUnica.do?consulta=Consultar&conscsjt=&numeroTst=287&digitoTst=55&anoTst=2010&orgaoTst=5&tribunalTst=02&varaTst=0446&submit=Consultar. Acesso em: 14 jul. 2023.

[35] Nesse sentido Acórdão em Autos de Processo no TST: ARR-114-42.2019.5.13.0015. Disponível em https://consultaprocessual.tst.jus.br/consultaProcessual/consultaTstNumUnica.do?consulta=Consultar&conscsjt=&numeroTst=114&digitoTst=42&anoTst=2019&orgaoTst=5&tribunalTst=13&varaTst=0015&submit=Consultar. Acesso em: 22 fev. 2022.

4. Considerações finais

A busca pela autocomposição é a melhor forma de resolver conflitos diminuindo as despesas corporativas, os custos aos cofres públicos e a incerteza do resultado de uma ação judicial. Historicamente temos exemplos de situações que, embora complexas, ao longo do tempo se revelaram extremamente custosas, como o emblemático caso ambiental no município de Cubatão, no Estado de São Paulo. Apesar de ter havido composição nesse caso a que se faz referência, ela somente veio após quase quatro décadas, certamente a muito custo.

A evolução do direito e dos operadores abriu caminho para que muitas situações fossem objeto de Termo de Ajustamento de Conduta.

Apesar da evolução, a indústria de cruzeiro, que se dispôs a celebrar sucessivos compromissos com o Ministério Público do Trabalho a fim de pacificar o tema, evitar discussão desnecessária e custos em processos judiciais, tem encontrado resistência nas ações judiciais. Em que pese a assinatura do compromisso, ano após anos, mais reclamações trabalhistas individuais são ajuizadas e, em muitos casos, o compromisso celebrado nem sequer é considerado pelo Poder Judiciário. Atualmente, são centenas de ações em discussão envolvendo as principais empresas que vêm ao país.

Essa incerteza e os custos elevados são motivos que deixam o Brasil menos competitivo com outros países, sendo que empresas já deixaram de operar no país, e aquelas que aqui permanecem trazem menos embarcações ou mantém a quantidade de navios para a temporada brasileira. Essa situação em nada se relaciona com os efeitos da pandemia da Covid-19. O fato é que, diante do risco e da insegurança jurídica, é possível que brasileiros tenham menos chances ao disputarem vagas de trabalho com tripulantes de outras nacionalidades.

Não se pode negar que o Termo de Ajustamento de Conduta se revela essencial para desafogar o Judiciário, reduzir o passivo e os custos na administração do contencioso.

Então, mantendo essa consciência, aliada a políticas públicas de proteção, leis fortes e um Ministério Público atuante, temos um caminho bom para a celebração de Termo de Ajustamento de Conduta que não deve ser desconsiderado pela Justiça.

Referências

COUTO, Joaquim Miguel. *Industrialização, meio ambiente e pobreza:* o caso do município de Cubatão/SP. Maringá: Eduem, 2012.

CRUZEIROS *marítimos*: estudo de perfil e impactos econômicos no Brasil: temporada 2019-2020. Rio de Janeiro: FGV; São Paulo: Cruise Lines International Association, 2020. Disponível em: https://abremar.com.br/wp-content/uploads/2020/09/CLIA--Brasil-Estudo-de-Perfil-e-Impactos-Econ%C3%B4micos-de-Cruzeiros-Mar%C3%ADtimos-no-Brasil-%E2%80%93-Temporada-2019-2020_.pdf. Acesso em: 14 jul. 2023.

CRUZEIROS *marítimos*: estudo de perfil e impactos econômicos no Brasil: temporada 2021-2022. Rio de Janeiro: FGV; São Paulo: Cruise Lines International Association, 2022. Disponível em: https://abremar.com.br/wp-content/uploads/CLIA2022_V.FINAL04_WEB.COMPACT.pdf. Acesso em: 14 jul. 2023.

FERREIRA, Diogo Ribeiro. *Manual do termo de ajustamento de conduta:* doutrina, jurisprudência e legislação. Belo Horizonte: Del Rey, 2018.

GADOTTI, Maria Lúcia Menezes. *Convenção nº 186 da OIT (MLC 2006)* – Aplicabilidade aos Tripulantes Brasileiros Contratados para Trabalhar em Navios de Cruzeiros Marítimos. Revista Direto Aduaneiro, Marítimo e Portuário, São Paulo, Edição Especial n.º 63, jul.-ago. 2021.

MANNRICH, Nelson. Direito do trabalho e sustentabilidade: a sigla ESG (Environmental, Social and Governance) na perspectiva da responsabilidade social corporativa. In: MANNRICH, Nelson (Org.). *Relações de trabalho e desafios da tecnologia em ambiente pós-pandemia.* Leme: Mizuno, 2021.

MANUS, Pedro Paulo Teixeira. *Parecer para a empresa MSC Crociere a respeito da contratação de tripulantes para embarcações de cruzeiros marítimos.* 2014.

NERY, Ana Luiza. *Teoria geral do termo de ajustamento de conduta.* São Paulo: Ed. Revista dos Tribunais, 2017.

SANTOS, Jerônimo Jesus dos. *Termo de ajustamento de conduta.* Rio de Janeiro: Editora Jurídica do Rio de Janeiro, 2005.

SAVASTANO NETO; Aruntho (Coord.). *CETESB: 50 anos de história e estórias.* São Paulo: CETESB, 2018. p. 30. Disponível em: https://cetesb.sp.gov.br/wp-content/uploads/2018/12/Livro-CETESB-50-anos.pdf. Acesso em: 14 jul. 2023.

Capítulo 11

Capital virtual: a volatilidade da tendência de mercado dos criptoativos na integralização de capital social com criptomoedas

Márcio Mello Chaves

Mario Baldir Rodrigues Filho

Capítulo 11 - Capital virtual: a volatilidade da tendência de mercado dos criptoativos na integralização de capital social com criptomoedas

Virtual capital: the volatility of the crypto market tendency in the cryptocurrency corporate capital pay-up

Márcio Mello Chaves[1]
Mario Baldir Rodrigues Filho[2]

Resumo: Ante a popularização no uso de criptomoedas, o Departamento Nacional de Registro Empresarial e Integração ("DREI") reconheceu a possibilidade de integralização do capital social com tais ativos, no Ofício Circular SEI nº 4081/2020/ME. No entanto, diante da recente regulamentação vinda pela Lei das Criptomoedas (Lei nº14.478/2022) e da grande volatilidade do mercado de criptoativos como se explorará no presente artigo, é necessário avaliar os prós e contras dessa estratégia.

Palavras-chave: Capital social – Direito Societário – Direito Digital – Criptomoedas – Lei das Criptomoedas – Regulamentação – Departamento de Registro Empresarial e Integração – DREI.

Abstract: In face of the growing popularization of cryptocurrency use, the Integration and Commercial Registry Agency ("DREI") recognized the possibility of paying-up corporate capital with such assets, issuing the Circular Office SEI

[1] Márcio Mello Chaves é advogado e sócio de Direito Digital do Almeida Advogados. Professor e coordenador em cursos relacionados ao tema, incluindo os MBAs em Privacidade e Proteção de Dados Pessoais, em Governance. Risks and Compliance e do Curso de Formação de Conselheiros do Centro de Estudos em Direito e Negócios CEDIN, do LL.M. em Direito, Inovação e Tecnologia da Faculdade de Direito da Fundação Getúlio Vargas – FGV-Rio, do MBA em Inovação e Direito Digital e Privacidade e Proteção de Dados da FIA, e do MBA em Segurança da Informação da UNA. Master of Laws (LL.M.) in Intellectual Property pela Universitá degli Studi di Torino – UNITO e World Intellectual Property Organization Academy – WIPO Academy. Bacharel em Direito com ênfase em direito empresarial pela Faculdade de Direito Milton Campos. E-mail: mmchaves@almeidalaw.com.br .

[2] Mario Baldir Rodrigues Filho é advogado de Direito Digital do Almeida Advogados, engenheiro eletrônico com 20 anos de experiência profissional atuando nas áreas de tecnologia e telecomunicações no Brasil e na América Latina, é pós-graduado em Privacidade e Proteção de Dados pelo Centro de Estudos em Direito e Negócios CEDIN, em Direito Tributário pela Escola Paulista de Direito (EPD), Direito Processual Civil pela Universidade Dom Bosco, Engenharia de Segurança do Trabalho pela Universidade Cruzeiro do Sul, Gestão Empresarial, pela ESPM, Direito Digital pela EBRADI/UNA. Bacharel em Direito e Engenharia Eletrônica pela Universidade São Judas. E-mail: mrf@almeidalaw.com.br .

4081/2020/ME. However, considering the recent regulation from the Cryptocurrency Law (Law No. 14478/2022) and the high volatility of the crypto market as will be explored in this article, it is necessary to evaluate the pros and cons of this strategy.

Keywords: Corporate capital – Corporate Law – Cryptocurrencies – Digital Law – Crypto Law – Regulation – Integration and Commercial Registry Agency – DREI.

Sumário: 1. Introdução; 2. Criptomoedas; 3. Capital social: 3.1. Integralização de capital social utilizando bens; 3.2. Integralização de capital social com criptomoedas; 4. A regulamentação das criptomoedas no país e a consequência da volatilidade; 5. Considerações finais; Referências.

1. Introdução

Desde a primeira citação em um artigo na lista de discussão técnica especializada em criptografia do que seria considerada a primeira moeda digital descentralizada do mundo – o Bitcoin[3] – no não tão longínquo ano de 2009, o assunto criptomoedas tem repercussão exponencial globalmente.

Exemplos não faltam: em 2021, a Tesla, gigante do ramo de equipamentos elétricos cuja montadora sozinha vale mais que parte das maiores montadoras do mundo, comprou US$ 1,5 bilhão em Bitcoins, tendo declarado, ainda, que futuramente poderá aceitar essa criptomoeda como meio de pagamento[4]. No mesmo caminho, em março de 2022, o Carrefour divulgou seu plano para contar com caixas eletrônicos da Coin Cloud instalados em algumas de suas unidades para que os consumidores possam operar com criptomoedas[5]. A empresa americana MicroStrategy, que fornece softwares voltados para a inteligência negocial, é considerada pioneira ao adotar o Bitcoin como seu principal ativo de reserva, comprando o equivalente a quase $ 2.8 bilhões da moeda[6].

A novidade não é restrita à iniciativa privada: está em El Salvador o mais

---

[3] NAKAMOTO, Satoshi. *Bitcoin P2P e-cash paper*. Disponível em: https://t.ly/NPMIJ. Acesso em: 25 abr. 2022, às 11 h03.

[4] FLACH, Natália. Tesla compra US$ 1,5 bi em bitcoin e estuda aceitar a criptomoeda como pagamento. *CNN Brasil*, 8 fev. 2021. Disponível em: https://t.ly/QSJGr. Acesso em: 11 abr. 2022, às 11h10.

[5] VALOR INVESTE. *Carrefour terá caixas eletrônicos para operações com criptos e saque em dinheiro*. Disponível em: https://t.ly/PtTNB. Acesso em: 11 abr. 2022, às 11h17.

[6] GRAVES, Stephens; PHILIPS, Daniel. *The 10 Public companies with the biggest bitcoin portfolios*. Disponível em: https://t.ly/yf38G. Acesso em: 9 ago. 2022, às 14h44.

significante case na administração pública, que em setembro de 2021 adotou o Bitcoin como moeda legal, ao lado do dólar americano[7]. O *National Bureau of Economic Research* (NBER), uma *non-profit* americana voltada para pesquisa econômica[8], em um estudo publicado em abril de 2022, apontou que cerca de 20% das empresas no país aderiram ao conceito e passaram a aceitar Bitcoins como moeda de pagamento.

No Brasil não tem sido diferente. De acordo com a Receita Federal, os contribuintes comunicaram ao órgão um total de R$ 200,7 bilhões em operações com criptomoedas em 2021, valor esse que é maior que o dobro do declarado em 2020[9].

Ante a crescente onda de uso de criptomoedas, o Departamento Nacional de Registro Empresarial e Integração ("DREI") foi questionado sobre a possibilidade de integralização do capital social com tais ativos. Aproveitando o cenário otimista com relação às criptomoedas, o DREI publicou o Ofício Circular SEI nº 4081/2020/ME ("Ofício")[10], validando tal integralização, mostrando-se alinhado com a tendência de popularização dos criptoativos no país.

Mas em velocidade ainda maior do que de sua subida, os criptoativos foram alvo de imensas desvalorizações[11]. O Bitcoin, criptomoeda mais conhecida no mundo, sofreu quedas que chegaram a retirar-lhe quase 80% de seu valor desde seu ponto de maior valorização, quando beirou os 70 mil dólares, e seu ponto mais baixo, em que ficou próximo dos 15 mil dólares. Tais desvalorizações têm como culpados as movimentações da própria correção do mercado, a influência das mudanças no cenário macroeconômico, com os preços de ativos de empresas de tecnologia, inflação e aumento dos juros[12], e regulatório com as aprovações de leis versando sobre as criptomoedas, inclusive no Brasil, com a entrada em vigor da Lei das Criptomoedas.

---

[7] ESPOSITO, Antony; RENTERIA, Nelson. El Salvador se torna o primeiro país a adotar bitcoins como moeda oficial. *CNN Brasil*, 7 set. 2021. Disponível em: https://t.ly/wJUIp.. Acesso em: 9 ago. 2022, às 13h29.

[8] ALVAREZ, E. Fernando; ARGENTE, David; VAN PATTEN, Diana. *Are cryptocurrencies currencies? Bitcoin as legal tender in El Salvador*. Disponível em: https://t.ly/UrV2I. Acesso: 9 ago. 2022, às 13h43.

[9] AMATO, Fábio. Operações com criptomoedas mais que dobram e atingem R$ 200,7 bilhões em 2021, diz Receita. *G1*, 17 fev. 2022. Disponível em: https://t.ly/nn7rE. Acesso em: 11 abr. de 2022, às 11h03.

[10] DREI. *Ofício Circular SEI nº 4.081/2020/ME*. Disponível em: https://www.gov.br/economia/pt-br/assuntos/drei/legislacao/arquivos/OfcioCircular4081criptomoedas.pdf. Acesso em: 27 jul. 2023, às 11h50.

[11] MONEY TIMES. *Bitcoin (BTC) ruma para 2023 com desvalorização de 65%*; duas criptos performaram mais de 85% em 2022. Disponível em: https://www.moneytimes.com.br/bitcoin-btc-ruma-para-2023-com-desvalorizacao-de-65-duas-criptos-performaram-mais-de-85-em-2022. Acesso em: 21 jul. de 2023, às 17h32.

[12] ESTADO DE SÃO PAULO. *Queda do bitcoin*: o que desvaloriza uma criptomoeda? Disponível em: https://einvestidor.estadao.com.br/criptomoedas/queda-bitcoin-o-que-desvaloriza-criptomoedas. Acesso em: 21 jul. de 2023, às 17h27.

Por fim, soma-se aos responsáveis pelas volatilidades dos criptoativos os usos ilícitos, a exemplo daqueles utilizados em esquemas piramidais (*cryptoponzi*). Os *cryptoponzis* consistem em um esquema fraudulento que, em tese, atrai investidores por sua rentabilidade em pouco tempo. Para pagar os investidores, os organizadores do esquema piramidal impulsionam a entrada de novos investidores, sem necessariamente haver, de fato, o investimento no fundo, o que causa o colapso desse esquema fraudulento quando não há mais a entrada de novos investidores. Um caso famoso de *cryptoponzi* é do grupo 18K Ronaldinho, que, em virtude dos danos causados aos adquirentes da criptomoeda do grupo, que prometia rendimentos de 2% ao dia, fez com que o ex-jogador de futebol, Ronaldinho Gaúcho, virasse réu em ação civil coletiva com pedido no valor de R$ 300 milhões[13].

Diante desse cenário de incertezas, deve-se avaliar os prós e os contras da utilização de criptomoedas na integralização de capital social, para permitir uma melhor orientação para os empresários que optarem, ou que até mesmo já optaram, por tal estratégia, em especial diante das consequências da desvalorização desses ativos de grande volatilidade.

Antes de adentrarmos na análise do Ofício e nos reflexos trazidos pela desvalorização de criptomoedas utilizadas na integralização de capital social, é importante recapitular alguns conceitos fundamentais presentes nas normas aplicáveis.

2. Criptomoedas

Atualmente existem mais de 22 mil diferentes tipos de criptomoedas que podem ser transacionadas, sendo as mais populares o Bitcoin (BTC), Ethereum (ETH), Tether (USDT), Ripple (XRP) e Litecoin (LTC), e um valor total de mercado que ultrapassa 1 trilhão de dólares[14]. Sua origem se deu em 2008 com um white paper publicado por um pseudônimo denominado Satoshi Nakamoto[15], que propôs um sistema de pagamento ponto a ponto a fim de descentralizar a negociação das mãos das instituições financeiras, com a vantagem de ser baseado na criptografia cuja natureza do modelo eletrônico conforme ele se estabeleceu independe tanto de um intermediário como da

[13] GREGORIO, Rafael. Ronaldinho Gaúcho vira réu em ação que pede R$ 300 milhões por pirâmide de criptomoedas. *Valor Investe*, 14 fev. 2020. Disponível em: https://t.ly/fUZFO. Acesso em: 15 abr. 2022, às 12h31.

[14] FORBES. *Different Types of Cryptocurrencies*. Disponível em: https://t.ly/-Em9g. Acesso em 24 jul. 2023, às 10h41.

[15] NAKAMOTO, Satoshi. *Bitcoin*: um sistema de dinheiro eletrónico ponto-a-ponto. Disponível em: https://t.ly/i6jmC. Acesso em: 21 jul. de 2023, às 17h27.

confiança nesse intermediário, e argumenta:

> O que é necessário é um sistema eletrónico (*sic*) de pagamento baseado em prova criptográfica e não em confiança, permitindo a duas partes interessadas transacionar diretamente sem a necessidade de uma terceira parte de confiança. Transações de reversão computacionalmente impraticável protegeriam os vendedores da fraude, e mecanismos de garantia podem ser facilmente implementados para proteger compradores. Neste trabalho, propomos uma solução para o problema do gasto duplo usando um servidor distribuído ponto-a-ponto de marcas temporais para gerar prova computacional da ordem cronológica das transações. O sistema é seguro enquanto os nós honestos controlarem coletivamente mais capacidade de processamento que qualquer grupo coodenado (*sic*) de nós atacantes.

Ao contrário da moeda física ou eletrônica, a criptomoeda consiste em ativo digital denominado na própria unidade de conta e não é emitida por nenhuma autoridade governamental, com sua integridade assegurada pela criptografia e pelo consenso distribuído em rede, isto é, aquele que deseja efetuar um pagamento com uma criptomoeda assina a transação equivalente com uma chave e essa transação é publicada na rede. Após confirmada, a transação se torna irreversível. A depender da tecnologia empregada pela criptomoeda, essa transação pode ocorrer em segundos.

Essas transações ficam registradas em livros-razão, conhecidos como *DLT* (*distributed ledger technology*). Um exemplo de *DLT* é o *blockchain*, que registra a transação e a mineração[16] de algumas criptomoedas, como o Bitcoin. No caso do *blockchain*, ele atua como um banco de dados público (*ledger*), no qual há o registro de cada operação efetuada, que não pode ser apagada. De acordo com António Garcia Rolo[17]:

> A tecnologia *blockchain*, que serve de base à Bitcoin e a uma maioria apreciável dos criptoativos, é uma tecnologia de registo, tratamento e armazenamento eletrônico descentralizados de dados, sem registo central ou responsável único pelos dados introduzidos e armazenados no sistema, tendo antes por base a distribuição da responsabilidade pelos respetivos participantes.

A mineração de criptomoedas é feita por meio de um computador que executará o software referente à criptomoeda em questão. Ao fazer isso, o dispositivo é responsável por validar e armazenar todas as transações que ocorreram no *blockchain*. Em termos simples, o node faz a conservação de todas as transações que ocorreram na *blockchain*. De tal forma, toda vez que uma transação é efetuada, ela é automaticamente transmitida de node a node, atualizando au-

---

[16] A mineração consiste no processo de criação de novas unidades de determinada criptomoeda, utilizando-se de um sistema de consenso distribuído, que protege a neutralidade da rede, bem como modificação de blocos antigos.

[17] ROLO, António Garcia. *Criptoativo*: conceito, modalidades, regime e distinção de figuras afins. p. 4. Disponível em: https://t.ly/oX_kA. Acesso em: 18 jul. 2022, às 11h56.

tomaticamente a base de dados. Em tal sentido, Narayanan[18] dispõe acerca da tecnologia *blockchain*:

> Não há mais a necessidade de servidores confiáveis; em vez disso, os eventos são registrados por uma coleção de nodes não confiáveis chamados "mineradores". Cada minerador mantém um registro dos blocos, em vez de ter que confiar em usuários regulares para fazer isso. Qualquer pessoa pode se tornar um minerador resolvendo quebra-cabeças computacionais para criar blocos.

A operacionalização das transações é garantida por uma carteira virtual (wallet), vinculada ao titular por meio de um código pseudonimizado, o que pode dificultar sua rastreabilidade[19]. O titular possui uma chave pública, que é associada às suas transações, e uma chave privada, utilizada para acessar a carteira e transacionar as moedas[20].

O livro-razão registra cada operação de maneira cronológica e amplamente acessível, garantindo, de tal forma, a auditabilidade (e irreversibilidade) das transações. Cada transação é diretamente ligada à outra e um usuário só poderá reaver uma transação se a parte receptora assim o fizer. De tal forma, é responsabilidade de cada usuário garantir a segurança de suas carteiras.

Alexandre Fernandes de Moraes explica de forma didática a tecnologia *blockchain*[21]:

> Temos que imaginar o *Blockchain* como um grande banco de dados distribuído que permite, no caso do Bitcoin, registrar transações em blocos que podem ser acessíveis por diferentes servidores. Como o *Blockchain* é distribuído, não existe um nó controlador ou um ponto central que controla as transações.
>
> Isso facilita em muito o uso para o Bitcoin, porque o objetivo é que não haja uma instituição financeira para intermediar um pagamento. O pagamento pode pela criptomoeda ser realizado diretamente entre o comprador e o vendedor sem, portanto, nenhum intermediário, como um banco ou mesmo uma operadora de cartão de crédito.
>
> A ideia do *Blockchain* é que o usuário inicie sua transação usando sua assinatura digital. Em seguida, usuários transmitem essa transação para os nós. Um ou mais nós começam a validar a transação. Após a transação ser validada, ela é registrada em um bloco. E esses blocos são constantemente enviados pela rede aos outros nós encadeando com outros blocos já existentes, pelo protocolo do *Blockchain*.
>
> O *Blockchain* faz uso, portanto, das seguintes tecnologias criptográficas que vamos detalhar neste capítulo: Chaves públicas e privadas; Funções de hashing; Assinatura digital.

---

[18] NARAYANAN, Arvind et al. *Bitcoin and cryptocurrency technologies*: a comprehensive introduction. Princeton University Press, 2016.

[19] PRATHAP, Madana. *Bitcoin does not make payments anonymous* – just really hard to trace. *Business Insider*, 24 dez. 2021. Disponível em: https://t.ly/Bujd6. Acesso em: 9 out. 2022, às 14h00.

[20] COMISSÃO DE VALORES IMOBILIÁRIOS. *Criptoativos*. Série Alertas. Disponível em: https://t.ly/G5flPAcesso em: 9 out. 2022 às 14h00.

[21] MORAES, Alexandre Fernandes de. *Bitcoin e Blockchain*: a revolução das moedas digitais. São Paulo: Saraiva, 2021. p. 16.

No caso do Bitcoin, o registro no *blockchain* é feito pelos mineradores, que fornecem o suporte online necessário para o processamento do referido registro em troca de novas unidades de criptomoedas. Alexandre Fernandes de Moraes sintetiza o funcionamento da mineração como[22]:

> O processo de mineração consiste em utilizar capacidade de processamento (CPU) e memória para resolver um problema matemático necessário para a criação de blocos do Bitcoin e outras criptomoedas. Normalmente, o algoritmo de mineração envolve as seguintes tarefas: aguardar a espera de transações e verificar se as assinaturas digitais são corretas, ou seja, se recalcula o hash e compara o hash encriptado para verificar se o resultado é o mesmo (como na figura 2.4 do capítulo anterior); manter o *Blockchain*, começar a perguntar a outros nós a respeito do histórico dos blocos, aguardar a espera de novos blocos e validar a transação e o "nonce" (já apresentado no capítulo anterior); caso receba dados para começar a minerar e criar um bloco, deve começar a agrupar as transações que estendem o último bloco. Cada transação deve ser validada;
>
> 1. Quando se termina de minerar um bloco, este deve ser validado por outros nós na rede. Apenas blocos validados são aceitos na cadeia do *Blockchain*. Portanto, é preciso haver um consenso para que seu bloco seja aceito;
>
> 2. Quando o bloco minerado é aceito por um consenso, o minerador recebe um prêmio, normalmente conhecido como tarifa da transação. A ideia dessa tarifa é remunerar o minerador para pagar o custo de energia e o investimento em equipamentos. Geralmente, a mineração costuma dar por volta de 1% ao mês de lucro, tudo depende do nível de dificuldade que se encontra a rede.

O *blockchain* é efetuado em blocos com uma hash (código matemático que representa os dados enviados). Esse sistema permite não só a neutralidade, mas a segurança de que os blocos antigos não serão modificados. Explica António Garcia Rolo[23]:

> A *blockchain* funciona como uma rede *peer-to-peer*, no âmbito da qual vários "pares" (*peers*), ou participantes, validam novos "blocos", ou registos, introduzidos no sistema, cada um desses blocos contendo o registo de um certo número de transações. Uma *blockchain* concreta será, pois, o conjunto desses blocos ou um livro de registos descentralizado. Estes blocos são um registo público, acessível a todos os utilizadores. Os novos registos, uma vez validados pelos restantes participantes (de todas as transações já feitas no sistema) têm força vinculativa para os restantes. Assim, a transferência de A para B é transmitida para toda a rede e incluída na *blockchain* através de uma verificação, feita por todos os utilizadores da rede, de tal transação face às transações passadas, para confirmar se a mesma unidade já foi transferida ou não. Sendo validada, a titularidade das unidades da criptomoeda relevantes é transmitida conforme a transação registada. Tal validação funciona por consenso e compatibilidade entre os vários registos.

Uma das grandes vantagens das criptomoedas é a possibilidade de enviar ou receber qualquer valor instantaneamente em qualquer lugar, de maneira se-

---

[22] MORAES, Alexandre Fernandes de. *Bitcoin e Blockchain*: a revolução das moedas digitais. São Paulo: Saraiva, 2021. p. 24.

[23] ROLO, António Garcia. *Criptoativo*: conceito, modalidades, regime e distinção de figuras afins. p. 5. Disponível em: https://t.ly/oX_kA. Acesso em: 18 jul. 2022, às 11h56.

gura[24]. Isso significa a possibilidade de diversificar o segmento de seus investimentos a nível mundial de maneira facilitada. Esse é um aspecto muito positivo trazido pelas criptomoedas[25], uma vez que outras tecnologias, como o PIX, têm limite de atuação no âmbito nacional.

3. Capital social

O capital social consiste na definição, pelos sócios ou acionistas, do valor mínimo necessário para a constituição da sociedade mercantil. De acordo com Amador Paes de Almeida[26], o capital social é "(...) o fundo originário constituído para a base das operações, não se confundindo com o patrimônio da sociedade, que é a soma de bens, o acervo que compreende inclusive o próprio capital social."

O capital social pode ser dividido em quotas ou ações, a depender do tipo societário com o qual nos deparamos. Na sociedade limitada, o capital social é dividido em quotas, e na sociedade anônima, em ações. Como ensina Amador Paes de Almeida[27],

> Quota significa parte ou porção fixa e determinada de alguma coisa. Representa, no âmbito mercantil, a parcela de um sócio na sociedade empresária. É, pois, o contingente com o qual o sócio contribui para a formação da sociedade. Assim, enquanto nas sociedades anônimas as frações do capital são denominadas ações, na sociedade limitada denominam-se quotas. Em que pese esse traço comum do ponto de vista econômica, ambas se distinguem sobremaneira, não havendo como confundi-las. As ações, além de constituírem documentos atributivos da qualidade de sócios, são (à exceção da ação escritural introduzida pela Lei nº 6.404/1976) também títulos de crédito.

A constituição das sociedades mercantis implica, portanto, na alocação de capital dos sócios – seja em bens ou em dinheiro – para a sociedade, segregando, dessa forma, os patrimônios de um e de outro. A decisão de alocar patrimônio particular para a sociedade é o ato de subscrição. "A subscrição do capital social realiza-se pela redação e assinatura do contrato social"[28].

De acordo com Silvio Sande e André Neiva[29],

---

[24] Destaca-se que as ferramentas utilizadas para que a transação ocorra contêm diversas camadas de segurança, mas o uso de medidas adicionais de segurança em sua carteira pelo usuário é indispensável.

[25] BITCOIN. *Bitcoin para pessoas*. Disponível em: https://t.ly/zjMus. Acesso em: 11 de abr. de 2022, às 13h38.

[26] ALMEIDA, Amador Paes de. *Manual das sociedades comerciais:* direito de empresa. 22 ed. São Paulo: Saraiva Jur, 2018. p. 166.

[27] Idem.

[28] FERNANDES, Edison Carlos; RIDOLFO NETO, Arthur. *Contabilidade aplicada ao direito*. São Paulo: Saraiva, 2014 (Série GVLAW). p. 81.

[29] NEIVA, André; SANDE, Silvio. *Contabilidade geral e avançada*. 1. ed. Rio de Janeiro: Método, 2021. p. 333.

> Chama-se capital nominal, capital social ou capital subscrito o valor que os sócios se comprometeram a aportar na entidade. O capital social é formado pelo capital inicial investido pelos empresários, inclusive os investimentos adicionais, integralizados em dinheiro ou bens, bem como os acréscimos decorrentes de lucros gerados na atividade da empresa e outras reservas (como reservas de capital).

Por sua vez, o ato de efetivamente transferir o patrimônio dos sócios para a sociedade é a integralização. Ainda de acordo com André Neiva e Silvio Sande:

> É o total efetivamente entregue pelos acionistas ou sócios das entidades, que pode ser igual ao capital nominal ou subscrito, se os subscritores já o integralizaram. Pelo art. 182 da Lei das S.A., temos que "a conta do capital social discriminará o montante subscrito e, por dedução, a parcela ainda não realizada[30].

Como citado, é facultada aos sócios ou acionistas a integralização em bens ou em espécie:

> Já sua integralização pode se dar em dinheiro, em bens e em direitos (artigo 7º da LSA), sendo vedada a prestação de serviços (artigo 1.055, § 2º, do Código Civil), exceto para as sociedades simples (artigo 997, V, do Código Civil). Em quaisquer dessas situações, o capital social comporá a primeira conta contábil do patrimônio líquido da empresa[31].

Destaca-se que, no caso da sociedade empresária limitada e da sociedade por ações, a responsabilidade dos sócios ou acionistas está limitada ao capital social.

Por esse motivo o capital social é a garantia dos demais contratantes da pessoa jurídica, devendo ser suficiente para suportar todas as obrigações assumidas pela empresa. Portanto, nos termos da legislação comercial, os sócios respondem solidariamente pela parcela do capital social que tenha sido subscrito, mas não integralizado (artigo 1.052 do Código Civil)[32].

O capital social subscrito e não integralizado será refletido nas demonstrações contábeis.

Essa informação é importante para os demais contratantes da empresa, para efeito de, eventualmente, executar outro sócio, de maneira solidária, até o limite do capital social subscrito, se necessário para cumprir as obrigações assumidas para com esse credor em particular[33].

---

[30] NEIVA, André; SANDE, Silvio. *Contabilidade geral e avançada*. 1. ed. Rio de Janeiro: Método, 2021. p. 334.

[31] FERNANDES, Edison Carlos; RIDOLFO NETO, Arthur. *Contabilidade aplicada ao direito*. São Paulo: Saraiva, 2014 (Série GVLAW). p. 81-82.

[32] FERNANDES, Edison Carlos; RIDOLFO NETO, Arthur. *Contabilidade aplicada ao direito*. São Paulo: Saraiva, 2014 (Série GVLAW). p. 83.

[33] Idem.

[34] NEIVA, André; SANDE, Silvio. *Contabilidade geral e avançada*. 1. ed. Rio de Janeiro: Método, 2021. p. 335.

Por sua vez, há ainda o capital a integralizar, que consiste na:

(...) diferença entre o capital social (subscrito) e o capital integralizado (realizado). Ocorre quando os acionistas/sócios ainda não realizaram em moeda ou em bens o capital que subscreveu. Após a subscrição, a realização do capital deve ocorrer dentro do prazo previsto no estatuto ou boletim de subscrição, podendo, em caso de descumprimento do prazo, ser o subscritor responsabilizado[34].

Assim, a integralização de capital social pode se dar em momento posterior à subscrição de capital, tanto na constituição da empresa quanto no seu aumento de capital social.

Apesar de obrigatório estar expresso em moeda corrente nacional, o capital social a ser integralizado pelos sócios ou acionistas poderá sê-lo em dinheiro, créditos ou bens[35].

3.1. Integralização de capital social utilizando bens

De acordo com Fábio Ulhoa Coelho[36],

> qualquer bem, corpóreo ou incorpóreo (registro de marca, patente etc.), móvel ou imóvel, pode ser usado para a integralização do capital social da companhia. O bem transfere-se a título de propriedade, salvo estipulação diversa (usufruto, por exemplo), e a responsabilidade do subscritor equipara-se, outrossim, à do vendedor.

Quando falarmos em Sociedades Anônimas, a lei exige, na integralização de capital em bens, o laudo de avaliação, que deverá ser feito por três peritos ou por empresa especializada, nomeados em Assembleia Geral dos subscritores. Os avaliadores devem apresentar o laudo fundamentado, indicando a metodologia aplicada, os critérios de avaliação e dos elementos de comparação adotados, acompanhado dos documentos relativos ao(s) bem(ns) avaliado(s), nos termos do art. 8º da Lei nº 6.404/1976 ("Lei das Sociedades Anônimas" ou "LSA")[37].

---

[35] Código Civil, "Art. 997. (...) III – capital da sociedade, expresso em moeda corrente, podendo compreender qualquer espécie de bens, suscetíveis de avaliação pecuniária."

LSA, "Art. 7º O capital social poderá ser formado com contribuições em dinheiro ou em qualquer espécie de bens suscetíveis de avaliação em dinheiro."

[36] COELHO, Fábio Ulhoa. *Manual de direito comercial:* direito de empresa. São Paulo: Saraiva, 26ª ed., 2014, p. 234.

[37] LSA, "Art. 8º A avaliação dos bens será feita por 3 (três) peritos ou por empresa especializada, nomeados em assembléia-geral dos subscritores, convocada pela imprensa e presidida por um dos fundadores, instalando-se em primeira convocação com a presença de subscritores que representem metade, pelo menos, do capital social, e em segunda convocação com qualquer número.

§ 1º Os peritos ou a empresa avaliadora deverão apresentar laudo fundamentado, com a indicação dos critérios de avaliação e dos elementos de comparação adotados e instruído com os documentos relativos aos bens avaliados, e estarão presentes à assembléia que conhecer do laudo, a fim de prestarem as informações que lhes forem solicitadas.

§ 2º Se o subscritor aceitar o valor aprovado pela assembléia, os bens incorporar-se-ão ao patrimônio da companhia, competindo aos primeiros diretores cumprir as formalidades necessárias à respectiva transmissão.

Nesse caso, o art. 8º da Lei das Sociedades Anônimas, explicado por Amador Paes de Almeida, traz um relativo processo burocrático para a empresa[38]:

> Apresentado o laudo de avaliação, que conterá, necessariamente, a indicação dos critérios de avaliação e dos elementos de comparação adotados, mister se faz a aprovação tanto da assembleia que conhecer do laudo quanto do subscritor, sem o que se tornará sem efeito o projeto de constituição da companhia.
>
> Tais bens não poderão, de forma alguma, ser incorporados ao patrimônio da empresa por valor acima do que lhes tiver dado o subscritor. Outrossim, respondem os peritos avaliadores e o subscritor pelas perdas e danos decorrentes da avaliação, independentemente da ação penal cabível.
>
> Inexistindo qualquer impugnação, os bens transferem-se à propriedade da companhia, valendo a certidão de seus atos constitutivos, passada pela Junta Comercial, como título hábil para a transferência por transcrição no registro público competente, dispensando-se, por conseguinte, a escritura pública.

Para as sociedades empresárias ou simples a lei não exige a avaliação pericial de bens entregues pelos sócios para integralização de capital subscrito nessas empresas, respondendo os sócios solidariamente pelo valor estimativo daqueles, até o prazo de cinco anos[39]. Nas sociedades limitadas, o valor dos bens incorporados ao capital social é convencionado entre os sócios, cabendo recorrer à avaliação pericial em caso de haver divergência entre eles quanto ao valor a ser atribuído aos bens subscritos.

Considerada a necessidade de ser estabelecido o valor do bem para todos os tipos de sociedades, diferindo quanto aos requisitos legais para tal estabelecimento, importa aos sócios a decisão do DREI visto que, em tese, as criptomoedas, por serem classificadas como bens móveis, precisariam ser avaliadas por peritos e ter seu valor convertido em Reais. No entanto, dada as características tecnológicas associadas a esse bem móvel já apresentadas neste artigo, o Ofício dispensa a intervenção de terceiros, sejam peritos ou instituições financeiras, para conversão das criptomoedas.

---

§ 3º Se a assembléia não aprovar a avaliação, ou o subscritor não aceitar a avaliação aprovada, ficará sem efeito o projeto de constituição da companhia.

§ 4º Os bens não poderão ser incorporados ao patrimônio da companhia por valor acima do que lhes tiver dado o subscritor.

§ 5º Aplica-se à assembléia referida neste artigo o disposto nos §§ 1º e 2º do artigo 115.

§ 6º Os avaliadores e o subscritor responderão perante a companhia, os acionistas e terceiros, pelos danos que lhes causarem por culpa ou dolo na avaliação dos bens, sem prejuízo da responsabilidade penal em que tenham incorrido; no caso de bens em condomínio, a responsabilidade dos subscritores é solidária."

[38] ALMEIDA, Amador Paes de. *Manual das sociedades comerciais: direito de empresa.* 22a. ed. São Paulo: Saraiva Jur, 2018. p. 234.

[39] Código Civil, "Art. 1.055. O capital social divide-se em quotas, iguais ou desiguais, cabendo uma ou diversas a cada sócio.

§ 1º Pela exata estimação de bens conferidos ao capital social respondem solidariamente todos os sócios, até o prazo de cinco anos da data do registro da sociedade."

Esse seria o caso, por exemplo, de uma *startup* brasileira que queira receber um aporte de capital estrangeiro e utilize parte desse investimento para aumentar seu capital social, a fim de participar de uma licitação. No cenário tradicional isso envolveria custos, tempo e burocracia, uma vez que o valor em moeda estrangeira deveria, por intermédio de uma instituição financeira, ser convertido em Reais, para somente então ocorrerem os procedimentos societários necessários. Com o uso de criptomoeda, por sua vez, isso seria facilitado, já que não há o envolvimento de instituições financeiras como intermediárias, tampouco a necessidade de conversão do valor do ativo.

3.2. Integralização de capital social com criptomoedas

Seguindo essa lógica, e usando o exemplo dado no início, seria possível que um investidor estrangeiro enviasse capital para uma companhia brasileira sem a necessidade de ter que fazer a remessa e a conversão do capital por meio de um banco como intermediador. Para que se possa investir em uma empresa, é necessário comprometer-se a entregar o dinheiro ou os bens relacionados ao valor que se pretende investir, que é o ato de subscrição do capital social[40-41]. A integralização do capital social nada mais é do que o cumprimento dessa obrigação. Ou seja, a integralização é a entrega do dinheiro ou dos bens para a composição do capital social.

Antes da disseminação das criptomoedas, a questão da integralização do capital social era um assunto relativamente consolidado. Contudo, a popularização das moedas criptográficas fez com que surgisse o questionamento sobre a possibilidade de investir em empresas no Brasil por meio de criptomoedas.

Diante disso, o DREI, pelo Ofício citado, utilizou-se do conceito da Receita Federal para determinar que as criptomoedas são bens incorpóreos que contêm valor e que são negociáveis[42]. Nesse sentido, o DREI entende que não há vedação legal quanto à integralização de capital social em criptomoedas. Ao contrário, o DREI considera que é possível o ato aqui referido porque é admissível integralizar qualquer espécie de bens[43], sendo as moedas criptográficas uma delas.

---

[40] Código Civil, art. 997, III e IV.

[41] LSA, art. 7º.

[42] Instrução Normativa RFB nº 1.888/2019, "Art. 5º Para fins do disposto nesta Instrução Normativa, considera-se: I – criptoativo: a representação digital de valor denominada em sua própria unidade de conta, cujo preço pode ser expresso em moeda soberana local ou estrangeira, transacionado eletronicamente com a utilização de criptografia e de tecnologias de registros distribuídos, que pode ser utilizado como forma de investimento, instrumento de transferência de valores ou acesso a serviços, e que não constitui moeda de curso legal".

[43] V. notas de rodapé 9 e 10.

Logo, diante da ausência de vedação legal, o que foi inclusive entendido pelo referido Ofício, é possível a integralização de capital social com criptomoedas, sem a necessidade de formalidades especiais, devendo as Juntas Comerciais observarem apenas as regras para a integralização de bens móveis[44].

4. A regulamentação das criptomoedas no país e as consequências da volatilidade

O mercado de criptomoedas foi recentemente regulamentado no Brasil, com a entrada em vigor da Lei nº 14.478/2022, conhecida como o Marco Legal das Criptomoedas, e sua posterior regulamentação, através do Decreto nº 11.563/2023.

Entre os necessários avanços trazidos pela regulamentação estão a própria definição de "ativos virtuais", afastando seu enquadramento como "ativos representativos de valores mobiliários sujeitos ao regime da Lei nº 6.385, de 7 de dezembro de 1976, e não altera nenhuma competência da Comissão de Valores Mobiliários", e definindo-os em seu artigo 3º como:

> (...) a representação digital de valor que pode ser negociada ou transferida por meios eletrônicos e utilizada para realização de pagamentos ou com propósito de investimento, não incluídos:
>
> I – moeda nacional e moedas estrangeiras;
>
> II – moeda eletrônica, nos termos da Lei nº 12.865, de 9 de outubro de 2013;
>
> III – instrumentos que provejam ao seu titular acesso a produtos ou serviços especificados ou a benefício proveniente desses produtos ou serviços, a exemplo de pontos e recompensas de programas de fidelidade; e
>
> IV – representações de ativos cuja emissão, escrituração, negociação ou liquidação esteja prevista em lei ou regulamento, a exemplo de valores mobiliários e de ativos financeiros.

Ainda, com o intuito de punir os esquemas-pirâmide, a tão esperada regulamentação dos criptoativos inclusive reconheceu a necessidade de criar o tipo penal "Fraude com a utilização de ativos virtuais, valores mobiliários ou ativos financeiros", inserindo o art. 171-A no Código Penal:

> Organizar, gerir, ofertar ou distribuir carteiras ou intermediar operações que envolvam ativos virtuais, valores mobiliários ou quaisquer ativos financeiros com o fim de obter vantagem ilícita, em prejuízo alheio, induzindo ou mantendo alguém em erro, mediante artifício, ardil ou qualquer outro meio fraudulento. Pena - reclusão, de 4 (quatro) a 8 (oito) anos, e multa.

E o § 4º no Art. 12 da Lei nº 9.613/1998:

"A pena será aumentada de 1/3 (um terço) a 2/3 (dois terços) se os crimes definidos nesta Lei forem cometidos de forma reiterada, por intermédio de organização criminosa ou por meio da utilização de ativo virtual."

---

[44] LSA, arts. 8º e ss.

Embora ainda em formato orientativo e não regulatório, e antes mesmo da publicação da Lei dos Criptoativos, a CVM manifestou-se, por meio do Parecer de Orientação nº 40 de outubro de 2022, no qual consolida o entendimento da Autarquia sobre as normas aplicáveis aos criptoativos que forem considerados valores mobiliários, definindo os criptoativos como "ativos representados digitalmente, protegidos por criptografia, que podem ser objeto de transações executadas e armazenadas por meio de tecnologias de registro distribuído (*Distributed Ledger Technologies – DLTs*), usualmente representados por *tokens*, que são títulos digitais intangíveis". E trouxe ainda o enquadramento dos *tokens*, seguindo uma abordagem funcional, entre as categorias: (i) *Token* de Pagamento (*cryptocurrency ou payment token*): que busca replicar as funções de moeda, notadamente de unidade de conta, meio de troca e reserva de valor; (ii) *Token* de Utilidade (*utility token*): utilizado para adquirir ou acessar determinados produtos ou serviços; e (iii) *Token* referenciado a Ativo (*asset-backed token*): que representa um ou mais ativos, tangíveis ou intangíveis, a exemplo dos *security tokens*, das *stablecoins*, dos *non-fungible tokens* (*NFTs*) e dos demais ativos objeto de operações de "tokenização".

Em seu parecer, a CVM esclareceu ainda que

> o token referenciado a ativo pode ou não ser um valor mobiliário, e as categorias não são exclusivas ou estanques, de modo que um único criptoativo pode se enquadrar em uma ou mais categorias, a depender das funções que desempenha e dos direitos a ele associados[44].

Não obstante os necessários esclarecimentos quanto às definições e classificações presentes tanto no Parecer CVM quanto no Marco Legal das Criptomoedas, tanto o legislador quanto os órgãos reguladores deixaram de endereçar as possíveis consequências decorrentes da volatilidade das criptomoedas, sobretudo quando utilizados em operações para integralização de capital social que possuíam valor substancialmente maior no período de alta, considerando seu atual valor de mercado.

Apesar do desafio, a autorização do uso de criptomoedas como bem móvel válido para a subscrição e integralização de capital social nas sociedades empresariais mostrou seus primeiros resultados rapidamente. Em janeiro de 2021, a Dynasty Global Investments, uma plataforma de investimentos em token fundada na Suíça, integralizou seu capital social no Brasil fazendo uso de seus tokens D¥N, transferindo 3.136 D¥N, o equivalente a pouco mais de R$ 1 milhão para o início de suas operações no país. A *startup* buscou o Brasil para operacionalizar seu negócio, a "tokenização" de imóveis[46]. Deste

[45] CVM. *CVM divulga Parecer de Orientação sobre criptoativos e o mercado de valores mobiliários*. Disponível em: https://www.gov.br/cvm/pt-br/assuntos/noticias/cvm-divulga-parecer-de-orientacao-sobre-criptoativos-e-o-mercado-de-valores-mobiliarios. Acesso em: 21 jul. 2023, às 18h23.

modo não necessitou passar pelo oneroso e burocrático processo que teria caso adotasse a subscrição e integralização de capital social fazendo uso de moeda estrangeira.

Mais recentemente, em março de 2023, a empresa Top Mídia Tecnologia Ltda. adotou essa estratégia para elevar seu capital social, utilizando o ativo virtual denominado "moeda oficial das Rotas do Garimpo – RDGCoin", após aprovado pela Junta Comercial do Paraná (JUCEPAR)[47]. O valor integralizado totalizou R$ 5 milhões, 100% usando a criptomoeda, integralizada ao capital social ao valor de US$ 6,55 por cada unidade.

Uma vez que o uso de criptomoedas para a subscrição e integralização de capital social tornou-se uma realidade com benefícios perceptíveis na redução de burocracias e de custos, um desafio apontou no horizonte quando as criptomoedas enfrentaram oscilações que impactaram severamente seu valor.

Ao que nos parece, a consequência imediata da desvalorização dos criptoativos utilizados na integralização de capital social deve acompanhar a própria desvalorização dos bens utilizados para tal finalidade, seguindo os critérios contábeis comuns. Tal posicionamento é inclusive apoiado pelo Comitê de Pronunciamentos Contábeis em seu Pronunciamento CPC 27 que versa sobre ativo imobilizado[48].

Assim, a desvalorização dos criptoativos utilizados na integralização de capital social traria como consequência a redução do capital social para compatibilizar com os novos valores de mercado, ou ainda a complementação dos valores integralizados para compatibilizar com o atual valor de mercado, por meio de novos depósitos nos montantes necessários para atingir-se o total do capital social. Independentemente do formato utilizado, os custos operacionais de se fazer tais alterações, principalmente na curta frequência que seria compatível com a volatilidade dos criptoativos, poderia ser um desestímulo à utilização dessa forma de composição do capital social de uma empresa.

5. Considerações finais

Antecipando a tão esperada regulamentação das criptomoedas, o Ofício representou um importante avanço no que diz respeito aos investimentos no

---

[46] BLOCKNEWS. *Dynasty Global integraliza capital social com criptomoeda para operar no Brasil.* Disponível em: https://t.ly/mzqM2. Acesso em: 27 jul 2023, às 12h15.

[47] ROTAS DO GARIMPO. *Empresa é a primeira do PR a aumentar capital com criptomoeda.* Disponível em: https://t.ly/Wt2WZ. Acesso em: 25 jul. 2023, às 10h30.

[48] COMITÊ DE PRONUNCIAMENTOS CONTÁBEIS. *Pronunciamento CPC 27* – Ativo Imobilizado. Disponível em: https: https://t.ly/QhtYO. Acesso em: 24 jul. 2023, às 11h10.

Brasil. Isso porque possibilitou, antes mesmo da referida regulamentação, mais uma forma de aporte de capital para as empresas brasileiras, fomentando, inclusive, o investimento estrangeiro no País.

No entanto, àqueles que pretendem fazer operações com criptomoedas, recomenda-se a adoção de medidas de segurança relacionadas à carteira. Além disso, como bem apontado pela CVM[49], as criptomoedas podem facilitar, direta ou indiretamente, operações ilegais, como lavagem de dinheiro e operações fraudulentas. Sendo assim, segue-se a recomendação da CVM no sentido de realizar as operações por meio de *Exchanges* e verificar, por meio de diligências, se a criptomoeda é ou não fraudulenta.

Outro ponto de atenção para aqueles que fizeram uso das criptomoedas na integralização de capital social é a variação de preço que elas podem sofrer. Assim como ações, o valor da criptomoeda pode sofrer alterações em razão do mercado, podendo sofrer súbitas valorizações ou desvalorizações.

No caso da desvalorização, é importante atentar-se ao fato de que se já estiver integralizada no capital social deverá ser formalizada, mediante o ato societário adequado, a redução proporcional do capital. Isso implica na elaboração dos documentos contábeis necessários para comprovar o prejuízo irreparável ao capital, bem como na diminuição do valor proporcional das quotas[50], no caso de sociedade limitada, ou na suspensão dos direitos correspondentes às ações cujos certificados tenham sido emitidos, até que sejam apresentados à companhia para substituição[51], na hipótese de sociedade anônima.

Assim como se vê no mercado, as tendências seguem a própria volatilidade dos criptoativos: se em um momento de grande valorização esse tipo de investimento em empresas se torna cada vez mais comum, em momentos de queda pode afastar esse tipo de investimento.

Portanto, para que o aporte de capital em criptomoedas seja feito de maneira segura, recomenda-se o estudo da criptomoeda em que se pretende investir, bem como a avaliação jurídica dos riscos que traria sobre o capital social da empresa, em especial quanto aos esforços necessários para as devidas correções diante das desvalorizações.

---

[49] Ofício Circular nº 11/2018/CVM/SIN.

[50] Código Civil, art. 1.083.

[51] Lei das Sociedades Anônimas, art. 173, § 2º.

Referências

ALMEIDA, Amador Paes de. *Manual das sociedades comerciais*: direito de empresa. 22. ed. São Paulo: Saraiva Jur, 2018.

ALVAREZ, E. Fernando; ARGENTE, David; VAN PATTEN, Diana. *Are cryptocurrencies currencies?* Bitcoin as legal tender in El Salvador. Disponível em: https://t.ly/UrV2I. Acesso: 03 jul. 2023, às 14:44.

AMATO, Fábio. Operações com criptomoedas mais que dobram e atingem R$ 200,7 bilhões em 2021, diz Receita. *G1*, 17 fev. 2022. Disponível em: https://t.ly/nn7rE. Acesso em: 03 jul. 2023, às 14:44.

BITCOIN. *Bitcoin para pessoas*. Disponível em: https://t.ly/zjMus. Acesso em: 03 jul. 2023, às 14:44.

BLOCKNEWS. *Dynasty Global integraliza capital social com criptomoeda para operar no Brasil.* Disponível em: https://t.ly/mzqM2. Acesso em 27 jul. 2023, às 12h15.

BRASIL. *Departamento Nacional de Registro Empresarial e Integração*. Ofício Circular SEI nº 4.081/2020/ME. Disponível em: https://t.ly/5F9Tw. Acesso em: 03 jul. 2023, às 14:44.

BRASIL. *Lei nº 6.404/76*. Dispõe sobre as Sociedades por Ações. Disponível em: https://t.ly/tEe-c. Acesso em: 03 jul. 2023, às 14:44.

BRASIL. *Lei 9.613/98*. Dispõe sobre os crimes de "lavagem" ou ocultação de bens, direitos e valores; a prevenção da utilização do sistema financeiro para os ilícitos previstos na Lei; cria o Conselho de Controle de Atividades Financeiras – COAF, e dá outras providências. Disponível em: https://t.ly/xD2Fz. Acesso em: 03 jul. 2023, às 14:44.

BRASIL. *Lei nº 10.406/2002*. Institui o Código Civil. Disponível em: http://www.planalto.gov.br/ccivil_03/leis/2002/l10406compilada.htm. Acesso em: 03 jul. 2023, às 14:44.

BRASIL. *Projeto de Lei nº 3.825/2019*. Disciplina os serviços referentes a operações realizadas com criptoativos em plataformas eletrônicas de negociação. Disponível em: https://t.ly/OePsA. Acesso em: 03 jul. 2023, às 14:44.

BRASIL. *Projeto de Lei nº 4.401/2021*. Dispõe sobre a inclusão das moedas virtuais e programas de milhagem aéreas na definição de "arranjos de pagamento" sob a supervisão do Banco Central. Disponível em: https://t.ly/gfO7E. Acesso em: 03 jul. 2023, às 14:44.

BRASIL. *Lei nº 14.478/2022*. Marco Legal das Criptomoedas. Disponível em: https://t.ly/xh9fi. Acesso em: 03 jul. 2023, às 14:44.

BRASIL. *Decreto nº 11.563/2023*. Regulamenta a Lei 14478/2022. para estabelecer competências ao Banco Central do Brasil. Disponível em: https://t.ly/WMuf7. Acesso em: 03 jul. 2023, às 14:44.

COELHO, Fábio Ulhoa. *Manual de direito comercial*: direito de empresa. 26. ed. São Paulo: Saraiva, 2014.

COMISSÃO DE VALORES IMOBILIÁRIOS. *Criptoativos*. Série Alertas. Disponível em: https://t.ly/G5flP. Acesso em: 03 jul. 2023, às 14:44.

COMITÊ DE PRONUNCIAMENTOS CONTÁBEIS. *Pronunciamento CPC 27* – Ativo Imobilizado. Disponível em: https://t.ly/QhtYO. Acesso em: 24 jul. 2023, às 11h10.

ESPOSITO, Antony; RENTERIA, Nelson. El Salvador se torna o primeiro país a adotar bitcoins como moeda oficial. *CNN Brasil*, 7 set. 2021. Disponível em: https://t.ly/wJUIp. Acesso em: 03 jul. 2023, às 14:44.

FERNANDES, Edison Carlos; RIDOLFO NETO, Arthur. *Contabilidade aplicada ao direito*. São Paulo: Saraiva, 2014 (Série GVLAW).

FLACH, Natália. Tesla compra US$ 1,5 bi em bitcoin e estuda aceitar a criptomoeda como pagamento. *CNN Brasil*, 8 fev. 2021. Disponível em: https://t.ly/QSJGr. Acesso em: 03 jul. 2023, às 14:44.

FORBES. Different Types of Cryptocurrencies. Disponível em: https://t.ly/-Em9g. Acesso em 24 jul. 2023, às 10h41.

GRAVES, Stephens; PHILIPS, Daniel. *The 10 Public companies with the biggest bitcoin portfolios*. Disponível em: https://t.ly/yf38G. Acesso em: 03 jul. 2023, às 14:44.

GREGORIO, Rafael. Ronaldinho Gaúcho vira réu em ação que pede R$ 300 milhões por pirâmide de criptomoedas. *Valor Investe*, 14 fev. 2020. Disponível em: https://t.ly/fUZFO. Acesso em: 03 jul. 2023, às 14:44.

MARTINES, Fernando. Senado dá mais um passo para votar de projeto de lei das criptomoedas. *Portal do Bitcoin*, 7 abr. 2022. Disponível em: https://t.ly/Ac9T8. Acesso em: 03 jul. 2023, às 14:44.

MORAES, Alexandre Fernandes de. *Bitcoin e Blockchain*: a revolução das moedas digitais. São Paulo: Saraiva, 2021.

NAKAMOTO, Satoshi. *Bitcoin*: um sistema de dinheiro eletrónico ponto-a-ponto. Disponível em: https://t.ly/i6jmC. Acesso em: 03 jul. 2023, às 14:44.

NAKAMOTO, Satoshi. *Bitcoin P2P e-cash paper*. Disponível em: https://t.ly/NPMlJ. Acesso em: 03 jul. 2023, às 14:44.

NARAYANAN Arvind et al. *Bitcoin and cryptocurrency technologies*: a comprehensive introduction. Princeton University Press, 2016.

NEIVA, André; SANDE, Silvio. *Contabilidade geral e avançada*. 1. ed. Rio de Janeiro: Método, 2021

PRATHAP, Madana. Bitcoin does not make payments anonymous – just really hard to trace. *Business Insider*, 24 dez. 2021. Disponível em: https://t.ly/Bujd6. Acesso em: 03 jul. 2023, às 14:44.

ROLO, António Garcia. *Criptoativo*: conceito, modalidades, regime e distinção de figuras afins. Disponível em: https://t.ly/oX_kA. Acesso em: 03 jul. 2023, às 14:44.

ROTAS DO GARIMPO. *Empresa é a primeira do PR a aumentar capital com criptomoeda*. Disponível em: https://t.ly/Wt2WZ. Acesso em: 25 jul. 2023, às 10h30.

TOLOTTI, Rodrigo. "Trabalhamos para uma regulação não invasiva dos criptoativos", diz novo presidente da CVM. *InfoMoney*, 8 ago. 2022. Disponível em: https://t.ly/9F6oR. Acesso em: 03 jul. 2023, às 14:44.

VALOR INVESTE. *Carrefour terá caixas eletrônicos para operações com criptos e saque em dinheiro*. Disponível em: https://t.ly/PtTNB. Acesso em: 03 jul. 2023, às 14:44.

ZANATTA, Pedro. Regulamentação do mercado de criptomoedas deve trazer segurança, dizem analistas. *CNN Brasil*, Disponível em: https://t.ly/qt7zv. Acesso em: 03 jul. 2023, às 14:44.

Capítulo 12

A utilização da arbitragem para resolução de conflitos envolvendo questões de Direitos Humanos: análise crítica de uma quimera

Rodrigo Bernardes Dias

Capítulo 12 - A utilização da arbitragem para resolução de conflitos envolvendo questões de Direitos Humanos: análise crítica de uma quimera

The use of arbitration in Human Rights conflicts: critical analysis of a chimera

Rodrigo Bernardes Dias [1]

Resumo: O presente artigo objetiva fazer uma análise crítica da possível utilização subsidiária da arbitragem como método para resolução de conflitos envolvendo questões de Direitos Humanos, manifestando-se sobre os vários questionamentos fundamentais invocados acerca de sua adequação e legitimidade para compor os interesses envolvidos de maneira satisfatória.

Palavras-chave: Arbitragem – Direitos Humanos – Ética empresarial – Meios alternativos de resoluções de conflito.

Abstract: This article aims a critical analysis of the possible use of arbitration, as subsidiary mechanism, in conflicts involving human rights issues, considering the various fundamental questions raised about its suitability and legitimacy.

Keywords: Arbitration – Human Rights – Business ethics – Alternative means of conflict resolution.

---

[1] Advogado da União. Doutor em Direito do Estado pela USP. LL.M. em Arbitragem Internacional pela Universidade de Paris – Panthéon-Assas. LL.M. em Estudos Legais Internacionais pela Universidade de Georgetown. Mestre em Direito Político e Econômico pela Universidade Mackenzie. E-mail: rods.rods@yahoo.com.br .

1. Direitos Humanos e ética empresarial

A questão do comportamento ético na atividade econômica/empresarial/corporativa, devido à sua importância, natureza e amplitude, é matéria complexa e multifacetada, razão pela qual é preocupação perene, renovada a cada geração, de acordo com os desafios apresentados.

Atualmente, inúmeros conceitos ainda em desenvolvimento, relacionados entre si, envolvendo a boa governança ambiental, social e corporativa têm sido o foco de atenção nos mais diversos quadrantes, incluindo a academia, os Estados, os atores econômicos e a sociedade civil.

As razões para tanto são óbvias, uma vez que a história denota que a exploração da atividade econômica, que se confunde em grande parte, para o bem ou mal, com o próprio desenvolvimento humano, foi responsável por terríveis violações aos Direitos Humanos, que vão da escravidão à exploração irresponsável do meio ambiente (basta falarmos nas tragédias Brumadinho e Mariana), da manipulação dos mercados a desastres envolvendo a contaminação e morte de milhares de pessoas, como em Bopal e Minamata.

A verdade é que, há muito, a maior parte das tradições religiosas contêm noções éticas aplicáveis aos negócios, em especial com relação à honestidade (na tradição judaico-cristã, por exemplo, algumas constam nos dez mandamentos) e, no decorrer dos séculos, nossos maiores filósofos, como Aristóteles, São Tomás de Aquino, Martinho Lutero, Locke e Marx debruçaram-se sobre questões envolvendo o que hodiernamente compreendemos como afeitas à atividade econômica e aos Direitos Humanos.[2]

Entretanto, foi a partir da década de 1970 que a ética empresarial emergiu como uma área acadêmica,[3] passando a ser questão amplamente discutida em razão de duas tendências distintas.

A primeira delas é a aceleração do desenvolvimento econômico e tecnológico iniciado com Revolução Industrial que consolidou o processo de formação do capitalismo moderno, permitindo a criação das condições materiais da sociedade contemporânea, cada vez mais globalizada, interdependente e complexa, na qual a atividade econômica está mais que nunca presente em nossas vidas de formas difíceis de compreender e controlar.

---

[2] Os Direitos Humanos, por evidente, abrangem os direitos relativos a um meio ambiente limpo, saudável e sustentável, conforme já reconhecido pela doutrina e pela ONU (Resolução nº 76-300, de 28.07.22), especialmente porque os impactos ambientais dos negócios podem resultar em graves consequências ao bem-estar e à saúde individual e coletiva.

[3] DE GEORGE, Richard T. A History of Business Ethics. *Markkula Center for Applied Ethics at Santa Clara University*. 2015. Disponível em: https://www.scu.edu/ethics/focus-areas/business-ethics/resources/a-history-of-business-ethics. Acesso em: 10 jun. 2023.

O impacto das atividades econômicas, em particular das empresas transnacionais, levantou uma série de novas questões devido ao enorme poder de tais organizações, diante de sua influência cada vez maior sobre os Estados, os trabalhadores e o meio ambiente, bem como a velocidade e a extensão de suas atividades que, por evidente, geram muitos resultados econômicos positivos, mas também grandes impactos negativos.[4]

A segunda é o surgimento e o fortalecimento de um sistema universal de proteção dos Direitos Humanos em resposta às atrocidades ocorridas na Segunda Guerra Mundial, no âmbito das Nações Unidas, por meio da criação de um arcabouço normativo, bem como o estabelecimento de órgãos e mecanismos para sua proteção sob tutela da sociedade internacional, que encontram crescente eco nas esferas regionais e nacionais.

Nesse contexto, as duas tendências paralelas se intersectam em vários aspectos e as últimas décadas testemunharam o surgimento de um intenso movimento objetivando ampliar a proteção e a responsabilização pelas violações dos Direitos Humanos para além dos Estados, de maneira a incluir as empresas e outros atores econômicos privados.

Embora ainda em construção, tal posicionamento encontra sua justificação na visão expansiva da concepção de Direitos Humanos, que passaram a ser compreendidos como uma questão não apenas relativa às relações dos Estados com os indivíduos (eficácia vertical), mas também afeita às relações privadas, incluindo aquelas de conteúdo econômico (eficácia horizontal), vinculando assim diversos atores privados, como as empresas.

Questiona-se, assim, em última instância, de quem é a responsabilidade de proteção dos Direitos Humanos com base nas expectativas sociais existentes em nosso atual estágio de conscientização e desenvolvimento ético coletivo e, em resposta, uma série de iniciativas foram adotadas objetivando a construção de um consenso acerca do padrão global mínimo de proteção dos Direitos Humanos pela atividade empresarial.

Aqui, cabe esclarecer que as questões envolvendo a atividade empresarial e os Direito Humanos são a mais importante interface entre o Direito, a Economia, a Ética e a Política, razão pela qual se trata de fenômeno complexo e difuso cujo desenvolvimento enfrenta obstáculos, relutâncias e incoerências, restando muito a ser desenvolvido, tanto do ponto de vista prático

---

[4] BRENKERT, George G. Business Ethics and Human Rights: An Overview. *Business and Human Rights Journal*, v. 1(2), p. 277-306, 2016. Disponível em: https://www.cambridge.org/core/journals/business-and-human-rights-journal/article/business-ethics-and-human-rights-an-overview/4E12322863D6BA2B17871B03EDA9BBB9. Acesso em: 10 jun. 2023.

quanto teórico, ainda mais considerando a magnitude dos interesses envolvidos e o poder dos atores afetados.[5]

Assim, uma das dificuldades de sua análise pelos juristas é que se trata de uma realidade que extrapola em muito a seara do Direito e, por ser questão eminentemente multidisciplinar, as análises predominantemente jurídicas se mostram inadequadas e insuficientes, diante da impossibilidade de compreender e limitar a realidade aos conceitos, parâmetros e métodos adotados.

Nas últimas décadas, em nível global, a ONU vem capitaneando uma série de iniciativas no âmbito da atividade empresarial e dos Direitos Humanos (incluindo a responsabilização de atores não estatais atuantes na esfera econômica por abusos praticados por meio de suas atividades), acompanhada por intensos debates (e embates) envolvendo a Academia, os Estados e a sociedade civil.

Por evidente, não se trata de uma tarefa fácil – já que encontra muita resistência dos que exercem a atividade empresarial, uma vez que podem vir a ser usadas como fundamento de criação de obrigações indesejadas (e mesmo servirem de base para eventual litigância) – mas a sociedade internacional vem conseguido, ainda que lentamente, progredir na construção de um consenso mínimo acerca de um equilíbrio entre os vários direitos envolvidos.

Essa longa marcha teórico-político-jurídica alcançou um ponto alto com a adoção do paradigma "Proteger, Respeitar e Reparar", firmado nos Princípios Orientadores da ONU para Empresas e Direitos Humanos lançados em 2011, baseado em três pilares: (i) a obrigação dos Estados em proteger os Direitos Humanos; (ii) a responsabilidade das empresas em respeitar os Direitos Humanos (i.e., cumprir as leis aplicáveis à matéria) e; (iii) a necessidade de que os direitos e as obrigações sejam providos de recursos adequados e eficazes, em caso de descumprimento. Apesar de não criar novas obrigações, o documento faz referência às disposições já existentes no direito internacional dos direitos humanos e o modo como os atores envolvidos devem atuar para concretizar a observância.[6]

Nesse contexto, a obrigação de respeitar significa que as empresas devem se abster de infringir os Direitos Humanos de terceiros e enfrentar os impactos negativos nos quais tenham algum envolvimento, o que inclui tanto as próprias

---

[5] BRENKERT, George G. Business Ethics and Human Rights: An Overview. *Business and Human Rights Journal*. Cambridge University Press, v. 1(2), p. 277-306, 2016. Disponível em: https://www.cambridge.org/core/journals/business-and-human-rights-journal/article/business-ethics-and-human-rights-an-overview/4E12322863D6BA2B17871B03EDA9BBB9. Acesso em: 10 jun. 2023.

[6] CARVALHO, Bruna Rabêlo. *As regras de Haia sobre Arbitragem de Direitos Humanos e Empresas:* um contributo para a solução de conflitos entre empresas transnacionais e vítimas de violações de direitos humanos? Dissertação (Mestrado em Ciências Jurídicas) – Universidade Federal da Paraíba, João Pessoa, 2021. Disponível em: https://repositorio.ufpb.br/jspui/bitstream/123456789/22543/1/BrunaRab%c3%aaloCarvalho_Dissert.pdf. Acesso em: 10 jun. 2023.

atividades para as quais esses entes contribuam quanto aquelas relacionadas com operações, produtos ou serviços prestados por suas relações comerciais, inclusive quando não tenham contribuído para gerá-los, assim como a obrigatoriedade de obedecer a regulamentação estatal em cada local de atuação, devendo agir com diligência para evitar infringir os direitos dos indivíduos e impactos adversos de sua atuação, bem como ofertar instrumentos de reparação acessíveis às vítimas.

Tais princípios, que articulam e clarificam a responsabilidades das empresas no tocante aos Direitos Humanos, são apenas um marco inicial de referência, provendo a fundação básica sobre a qual as boas práticas poderão ser construídas futuramente, e não resolvem, *per se*, os problemas ligados à sua efetiva implementação, diante do complexo desafio normativo (que ainda demanda solução) referente à regulação da atuação empresarial, em especial das corporações multinacionais (também referidas como empresas transnacionais).

As atividades das empresas transnacionais são influenciadas por três sistemas regulatórios simultâneos. O primeiro deles normativo e de natureza pública, existente em nível internacional e nacional; um segundo de governança civil, que deriva dos mecanismos que a sociedade civil tem de influenciar e intervir na atividade empresarial e; um terceiro, composto de regras de governança corporativa voluntariamente adotadas pelas empresas, sendo que, muito embora tais sistemas possam se reforçar e complementar, estão longe de serem alinhados, apresentando enormes deficiências e fraquezas.[7]

Quanto ao sistema normativo público, no âmbito internacional, enfrentamos o problema da insuficiência/ineficiência regulatória diante do caráter de soft law das normas existentes e também pela ausência de personalidade internacional de tais entidades, que não possuem legitimação processual perante os tradicionais fóruns internacionais. No plano nacional, por sua vez, as dificuldades derivam do fato de que as empresas transnacionais atuam concomitantemente em várias jurisdições, de maneira que suas atividades ultrapassam a ordem jurídica estatal, não sendo possível que apenas um Estado consiga reger tais atividades em sua totalidade, uma vez que são exercidas globalmente.

Tal estado de coisas resulta, necessariamente, na existência de diversos vácuos normativos, uma vez que a autoridade dos Estados é definida por suas fronteiras geográficas e existem incoerências sistêmicas tanto no tocante à internalização da legislação internacional como acerca da projeção do sistema jurídico nacional para além de suas fronteiras, o que, evidentemente, é levado em conta

[7] RUGGIE, John Gerad. *Regulating Multinationals*: The UN Guiding Principles, Civil Society, and International Leglaization. Harvard Kennedy School, 2015. Disponível em: https://www.hks.harvard.edu/sites/default/files/centers/mrcbg/files/RPP_2015_04_Ruggie.pdf. Acesso em: 10 jun. 2023.

pelas empresas transnacionais para evitar sua responsabilização, mediante a alocação estratégica de suas operações.[8]

Como se isso não bastasse, temos que considerar também a questão relativa ao poder de tais instituições, que colocam as soberanias estatais em xeque e influenciam para definir as agendas políticas dos Estados e das organizações internacionais, nem sempre levando em conta a proteção dos Direitos Humanos.[9]

Ademais, a par das dificuldades de regulamentação, os Estados ainda buscam as melhores alternativas procedimentais/processuais para lidar com as consequências adversas da atuação econômica de tais atores, em especial porque os instrumentos legais tradicionalmente utilizados se mostram muitas vezes ineficientes, em particular no contexto de disputas transnacionais.[10]

Por sua vez, a morosidade do Poder Judiciário e sua inadequação para lidar de forma efetiva com problemas tão complexos também estimulam a busca por métodos alternativos mais eficientes para a resolução dos conflitos existentes.

2. A arbitragem como meio alternativo de solução de conflitos envolvendo Direitos Humanos: promessas e desafios

Diante desse cenário precário, e observando a adoção voluntária, a disseminação e a efetividade da arbitragem como um método de solução de conflitos pela comunidade empresarial, tem encontrado eco a ideia da utilização da arbitragem como alternativa subsidiária para a solução de conflitos envolvendo as atividades econômicas das empresas transnacionais e violações de Direitos Humanos, tendo sido afirmado por Cherie Blair que arbitragem é sempre uma possível resposta quando as cortes se denotam disfuncionais, corruptas, politicamente influenciáveis e não estão suficientemente qualificadas.[11]

A questão, por evidente, é nova, polêmica e tem encontrado defensores e detratores em igual número, gerando discussões acerca da suposta irreconciabi-

---

[8] BACKER Larry Catá. Regulating Multinational Corporations — Trends, Challenges and Opportunities *Brown Journal of World Affairs*, v. XXII, n. I, Fall/Winter 2015. Disponível em: https://papers.ssrn.com/sol3/papers.cfm?abstract_id=2652800. Acesso em 10 jun. 2023.

[9] BARZA, Eugênia Cristina Nilsen Ribeiro; GUIMARÃES, Marcelo Cesar. Atuação empresarial transnacional: conceito, formas de atuação, efeitos e perspectivas para a regulamentação. *Revista Acadêmica da Faculdade de Direito do Recife*, v. 87, n. 2, jul.-dez 2015. Disponível em: https://periodicos.ufpe.br/revistas/ACADEMICA/article/view/1672. Acesso em: 10 jun. 2023.

[10] SACHS, Lisa; JOHNSON, Lise; CORDES; Kaitlin; COLEMAN, Jesse GUVEN, Brooke. *The Business and Human Rights Arbitration Rule Project:* Falling Short of its Access to Justice Objectives. Columbia Center on Sstainable Investment. 2019. Disponível em: https://ssrn.com/abstract=3726036. Acesso em: 10 jun. 2023.

[11] BLAIR, Cherie. *International Arbitration and Human Rights:* Exciting Opportunity or Existential Threat? *International Arbitration Law Review*, 2021. Disponível em: https://omniastrategy.com/wp-content/uploads/Cherie-Blair-CBE-KC-International-Arbitration-Human-Rights-Exciting-Opportunity-or-Existential-Threat.pdf. Acesso em: 10 jun. 2023.

lidade dos institutos envolvidos, situação tida por muitos como um verdadeiro anátema, razão pela qual, de forma provocativa, o título deste artigo traz referência a ela como uma quimera (criatura mitológica composta de cabeça de leão, corpo de cabra e cauda de serpente, termo que significa também a combinação heterogênea ou incongruente de elementos diversos).

Seus defensores apontam várias vantagens potencialmente engendradas pela arbitragem, entre as quais: (i) eficiência e agilidade, já que é mais célere e flexível que o procedimento jurisdicional tradicional, podendo melhor se adaptar às características particulares do conflito que se objetiva resolver, bem como pelo fato de que a sentença arbitral não é recorrível; (ii) julgamentos materialmente mais adequados, diante da maior capacidade técnica/especialidade dos árbitros, o que é particularmente relevante nas questões de Direitos Humanos, normalmente complexas e sofisticadas, demandando especialização multidisciplinar; (iii) neutralidade dos árbitros (em especial em países nos quais a falta de independência do Poder Judiciário é um problema); (iv) possibilidade de execução das sentenças em diversos países por meio da utilização da Convenção de Nova York.

Por sua vez, os que abordam a proposta com ceticismo consideram não ser a arbitragem instituto criado para a solução de conflitos relativos aos Direitos Humanos, já que historicamente foi desenvolvido com o objetivo de resolver conflitos privados, sendo realmente indiscutível que a ordem legal arbitral autônoma, como atualmente concebida, é baseada nas premissas de que: (i) existe uma sociedade comerciantes/empresários (*societas mercatorum*) caracterizada pela sua atividade econômica; (ii) que tal sociedade se sujeita a regras específicas (*lex mercatória*); e que (iii) o juiz natural das disputas entre seus membros seria(m) o(s) árbitro(s);[12] razões pelas quase se fundamenta na autonomia da vontade.

Consequentemente, sua utilização na resolução de conflitos envolvendo Direitos Humanos encontra uma série de obstáculos, implicando em vários questionamentos acerca de sua aptidão para compor os interesses envolvidos de maneira satisfatória e apropriada.

A primeira questão fundamental a ser considerada diz respeito à legitimidade dos tribunais arbitrais, que ordinariamente não teriam competência para resolver questões dessa espécie, em especial porque as normas relativas aos Direitos Humanos não foram concebidas para serem por eles aplicadas e também porque as empresas não subscreveram muitos dos documentos internacionais que poderiam servir de base legal para a solução de tais conflitos.

---

[12] ROMERO, Eduardo Silva. Les « fictions juridiques » dans le langage du droit français de l'arbitrage international. *Revue de l'arbitrage*, Paris, v. 2021, n. 2, p. 343-372, 2021. Disponível em: https://kluwerlawonline.com/journalarticle/Revue+de+l%E2%80%99arbitrage/2021.2/REVU2021016. Acesso em: 10 jun. 2023.

A primeira consideração que fazemos acerca de tais questionamentos é de caráter extrajurídico e pragmático e se refere à real efetividade da arbitragem, pois entendemos que a legitimidade de sua utilização se fundamentará no sucesso (ou não) de sua aplicação e na produção de resultados satisfatórios. Em outras palavras, somente a experiência que demonstrará se, de fato, as partes envolvidas serão mais bem atendidas pela arbitragem (cabe ressaltar que não se trata de verificar quais partes seriam mais beneficiadas, mas se o procedimento arbitral, *per se*, realmente se constituí um instrumento útil como alternativa para a solução de tais conflitos e se as vantagens apontadas como a ele inerentes realmente serão concretizadas).

A segunda consideração cabível, e desta feita de caráter jurídico, refere-se ao entendimento de que os Direitos Humanos e a ética na atividade empresarial estão se tornando cada vez mais indissociáveis, a ponto de ser lícito afirmar que a proteção de tais direitos progressivamente está passando a ser parte integrante de quaisquer relações jurídicas privadas.

Tal estado de coisas evidentemente implica em consequências legais, entre elas o fato de que a arbitragem não pode ignorar tal tendência, sendo uma expectativa natural que utilize cada vez mais a legislação relativa ao Direitos Humanos (inclusive para efeitos de interpretação das responsabilidades assumidas na seara empresarial), em resposta a um cenário de maior conscientização ética global.

Um segundo questionamento fundamental que se coloca diz respeito à adequação da arbitragem, uma vez que os instrumentos procedimentais tradicionalmente por ela adotados não são adaptados para a solução de conflitos envolvendo a proteção dos Direitos Humanos,[13] sendo a mentalidade tradicional dos árbitros que atuam na área ligada a questões empresariais e comerciais.

Em resposta, pode ser argumentado que é a própria flexibilidade do procedimento arbitral (e, portanto, sua adaptabilidade) que permitirá sua utilização em situações novas, adequando-se às peculiaridades de cada caso, lembrando, por fim, que tanto a legislação das atividades econômicas internacionais como a dos Direitos Humanos têm em comum uma vocação claramente universalista que poderá facilitar sua aplicação globalmente, o que torna a adaptação dos árbitros a tais considerações algo não apenas possível, mas desejável.

Outra questão normalmente levantada faz referência à arbitrabilidade dos Direitos Humanos, normalmente considerados indisponíveis, não se aplicando a eles o princípio da autonomia da vontade, que serve de base de sustentação da opção pela via arbitral. Entretanto, entendemos que eventuais restrições na dis-

---

[13] DRUMMOND, Ana Beatriz C. É possível utilizar a arbitragem para a proteção dos direitos humanos? *FGV Blog de Arbitragem*. 2021. Disponível em: https://www.fgvblogdearbitragem.com.br/post/%C3%A9-poss%C3%ADvel-utilizar-a-arbitragem-para-a-prote%C3%A7%C3%A3o-dos-direitos-humanos. Acesso em: 10 jun. 2023.

posição de tais direitos não é intrínseca ao conceito, mas tem caráter normativo e que, desde que observados determinados limites quanto às condições e interpretação do consentimento, podem ser objeto de atos de disposição.[14] No tocante à arbitragem, entendemos que ela deva ser restrita àqueles direitos diretamente ligados à possibilidade de transformação pecuniária e à possibilidade de autonomia das partes, não se aplicando a casos em que existam questões de interesse público que, por sua natureza, a tornem inaplicável.

Mas talvez a questão mais delicada quando se fala em arbitragem envolvendo Direitos Humanos seja a existência de um desequilíbrio de poder entre as partes envolvidas, já que as empresas transacionais têm capacidade econômica muito superior do que os indivíduos que tiveram seus direitos violados.

Tal fato engendra uma série de desafios, em especial no sentido de garantir a independência e a imparcialidade dos árbitros bem como garantir no âmbito do procedimento arbitral a igualdade entre as partes, pois a hipossuficiência pode levar a prejuízos na defesa, distorcendo os resultados da arbitragem, razão pela qual é importante a criação de mecanismos de financiamento (inclusive por terceiros[15]) que permitam às partes se enfrentarem em condições de paridade.

Na ausência de tais mecanismos, há o risco de arbitragens serem usadas como instrumento de fraude, a um tempo legitimando o comportamento empresarial, pela aparência da utilização de um meio legítimo de solução de conflitos, mas sem a aplicação das consequências cabíveis. Se isso ocorrer, além de não proteger efetivamente os direitos das vítimas, elas ficariam duplamente expostas a uma situação de desvantagem, em especial por que não poderiam mais reclamar seus direitos por outros meios, o que daria um caráter sistêmico a tal injustiça, exacerbando tais desigualdade.[16]

Diante de tal risco, entendemos ser imprescindível um alto grau de transparência de tais procedimentos, o que se opõe ao princípio da confidencialidade normalmente observado na arbitragem como um de seus principais atrativos, e que se justifica em parte, uma vez que as empresas podem ter receio de que o procedimento arbitral venha a ser utilizado como uma oportunidade midiática

---

[14] MARTEL, Letícia de Campos Melo. Indisponibilidade de direitos fundamentais: conceito lacônico, consequências duvidosas. *Revista do Ministério Público do Rio de Janeiro*, n. 51, p. 141-174, jan.-mar. 2014. Disponível em: https://www.mprj.mp.br/documents/20184/2554325/Leticia_de_Campos_Velho_Martel.pdf. Acesso em: 10 jun. 2023.

[15] BLAIR, Cherie. *International Arbitration and Human Rights:* Exciting Opportunity or Existential Threat? *International Arbitration Law Review, 2021*. Disponível em: https://omniastrategy.com/wp-content/uploads/Cherie-Blair-CBE-KC-International-Arbitration-Human-Rights-Exciting-Opportunity-or-Existential-Threat.pdf. Acesso em: 10 jun. 2023.

[16] SACHS, Lisa; JOHNSON, Lise; CORDES; Kaitlin; COLEMAN, Jesse GUVEN, Brooke. *The Business and Human Rights Arbitration Rule Project:* Falling Short of its Access to Justice Objectives. Columbia Center on Sstainable Investment. 2019. Disponível em: https://ssrn.com/abstract=3726036. Acesso em: 10 jun. 2023.

para tentar impor acordos mais vantajosos por meio da manipulação da opinião pública, que, como sabemos, nem sempre é lógica ou racional.

Outra questão que se põe é que a formação do polo ativo da arbitragem envolvendo Direitos Humanos, que ocorrerá necessariamente *ex post facto*, uma vez que, quando há uma violação, não existe um contrato de arbitragem firmado. Haverá necessidade, portanto, de entendimentos e negociação prévia entre as partes, para que as vítimas possam, de forma informada e independente, concordar com a adesão ao procedimento arbitral, sendo muito importante o esclarecimento dos exatos riscos e vantagens que esse procedimento enseja para cada uma das partes envolvidas.

Importante, igualmente, esclarecer que, no tocante à formação do polo ativo de tais arbitragens, nos filiamos ao posicionamento favorável quanto à possibilidade da utilização da arbitragem coletiva como método de resolução de conflitos de natureza transindividual, em especial no contexto de preocupação em assegurar os interesses metaindividuais ou transindividuais diante na complexidade das sociedades atuais.[17]

Nesse sentido, especialmente no Brasil, as regras de legitimação ativa aplicáveis às ações coletivas existentes no ordenamento jurídico nacional podem servir de guia no tocante à representação das partes em um procedimento arbitral, assim como ensina Tucci:

> Tenho convicção de que a análise pormenorizada e conjugada dos sistemas de tutela coletiva e arbitral demonstra que a viabilidade da arbitragem coletiva no Brasil tem como pressuposto a previsão legal de substituição processual de uma coletividade pelos entes que detêm legitimidade extraordinária.[18]

Por fim, outra questão que merece reflexão se refere a eventuais dificuldades quanto ao reconhecimento das sentenças arbitrais estrangeiras em matéria de Direitos Humanos, uma vez que a Convenção de Nova York autoriza que os Estados limitem a aplicação do tratado às decisões estrangeiras que envolvam relações especificamente comerciais, assim definidas na respectiva legislação nacional, o que poderia limitar, em alguns casos, o escopo de aplicação da arbitragem, sob o argumento de que elas iriam contra algum interesse público relevante.[19]

---

[17] FONSECA, Leonardo Rodrigo Siqueira da. A aplicabilidade da arbitragem para resolução de conflitos coletivos de direitos difusos, com ênfase no acesso à justiça e na máxima amplitude da tutela jurisdicional coletiva. *Revista Científica Multidisciplinar Núcleo do Conhecimento*, ano. 07, ed. 06, v. 02, 2022. Disponível em: https://www.nucleodoconhecimento.com.br/lei/conflitos-coletivos. Acesso em: 10 jun. 2023.

[18] TUCCI, Rogério Cruz e. Considerações para a plena admissibilidade da tutela arbitral coletiva. *Conjur*, 2021. Disponível em: https://www.conjur.com.br/2021-abr-27/paradoxo-corte-consideracoes-plena-admissibilidade-tutela-arbitral-coletiva. Acesso em: 10 jun. 2023.

[19] GUEDES, Henrique Leon Farias Guedes. Arbitragem e direitos humanos em outro conto da Haia. Os impactos das regras da Haia para arbitragem envolvendo empresas e direitos humanos. *Jota*, 2019. Disponível em: https://www.jota.info/opiniao-e-analise/artigos/arbitragem-e-direitos-humanos-em-outro-conto-da-haia-05122019. Acesso em: 10 jun. 2023.

3. As regras de Haia sobre arbitragem e Direitos Humanos: a criação de um novo paradigma

Enquanto tentamos encontrar soluções para as questões referidas nos itens acima, alguns tentam avançar a ideia, contribuindo para a criação de um novo paradigma e, nesse contexto, deve ser entendida a proposta das Regras de Haia sobre Arbitragem e Direitos Humanos (Regras de Haia), que pretendem incorporar novas perspectivas à instrução e ao julgamento dos casos envolvendo a atividade empresarial e os Direitos Humanos.

São elas o resultado da iniciativa privada de uma equipe diversificada de profissionais e acadêmicos internacionais capitaneada pelo *Center for International Legal Cooperation,* organização sediada em Haia, que tem como objetivo a cooperação legal internacional.

Têm, portanto, natureza procedimental que serve como guia, sugerindo respostas a potenciais desequilíbrios de poder que possam comprometer a representação efetiva das partes, muitas vezes incentivando um papel mais proativo por parte do tribunal arbitral.

Assim, as Regras de Haia foram elaboradas com base nas Regras para Arbitragem da Comissão das Nações Unidas para o Direito Comercial Internacional (de 2013) com alterações para, em breve resumo, refletir:

(i) as características particulares das disputas relativas aos impactos das atividades empresariais;

(ii) a possível necessidade de medidas especiais para lidar com as circunstâncias de afetados pelos impactos das atividades de negócios sobre direitos humanos;

(iii) a possível desigualdade de poderes que pode surgir nas disputas regidas por elas; (iv) o interesse público envolvido na resolução dessas demandas, que, entre outras coisas, exige um nível elevado de transparência dos procedimentos e oportunidade de participação de terceiros interessados e do próprio Estado;

(v) a importância de ter árbitros com expertise apropriada para essas disputas e sujeitos a parâmetros elevados de conduta;

(vi) a possível necessidade de o tribunal arbitral criar mecanismos especiais para a produção de provas e a proteção das testemunhas.[20]

---

[20] CENTER FOR INTERNATIONAL LEGAL COOPERATION. The Hague Rules on Business and Human Rights. Haia, 2019. Disponível em: https://www.cilc.nl/cms/wp-content/uploads/2019/12/The-Hague-Rules-on-Business-and-Human-Rights- Arbitration_CILC-digital-version.pdf. Acesso em: 10 jun. 2023.

4. Considerações finais

O objetivo final é estabelecer a arbitragem como um mecanismo subsidiário de solução das questões envolvendo a atividade empresarial e os Direitos Humanos, e espera-se que sejam aceitas pelas empresas transnacionais como uma prova do seu compromisso com o respeito de tais direitos.

Contudo, é compreensível a resistência e a relutância em aderir à arbitragem, porque ao introduzir conceitos de direitos humanos nessa equação, criamos uma imprevisibilidade com resultados difíceis de aquilatar, razão por que alguns temem que as boas intenções não nos protejam de consequências inesperadas,[21] bem como de que existe um real risco de que esse mecanismo cause mais dano do que promova o acesso à justiça.[22]

Ninguém pode negar, contudo, que a arbitragem floresceu em sociedades culturalmente avançadas que tradicionalmente respeitam os Direitos Humanos,[23] de forma que ideia de que ela possa trazer alguma contribuição é natural, razão pela qual tal iniciativa deve ser saudada.

A palavra quimera tem duas acepções distintas: uma que invoca um monstro, como já descrito, e outra que se refere a um sonho ou uma esperança. Diante de tantas promessas e riscos, é seguro afirmar que há um longo caminho a ser percorrido, e gostaríamos de ter o poder dos antigos oráculos gregos para poder vaticinar em qual direção a ideia irá se desenvolver.

No presente momento, temos apenas a necessidade de respeito ao imperativo ético e político de obediência aos Direitos Humanos, que não pode ser ignorado.

Equilibrar os complexos interesses envolvidos e ao mesmo tempo manter a arbitragem como uma forma atrativa de solução de controvérsias é, portanto, um desafio para os próximos anos.

---

[21] BLAIR, Cherie. International Arbitration and Human Rights: *Exciting Opportunity or Existential Threat? International Arbitration Law Review*, 2021. Disponível em: https://omniastrategy.com/wp-content/uploads/Cherie-Blair-CBE-KC-International-Arbitration-Human-Rights-Exciting-Opportunity-or-Existential-Threat.pdf. Acesso em: 10 jun. 2023.

[22] SACHS, Lisa; JOHNSON, Lise; CORDES; Kaitlin; COLEMAN, Jesse GUVEN, Brooke. *The Business and Human Rights Arbitration Rule Project*: Falling Short of its Access to Justice Objectives. *Columbia Center on Sstainable Investment*, 2019. Disponível em: https://ssrn.com/abstract=3726036.Acesso em 10 jun. 2023.

[23] YEUM, June. Aligning Human Riths in Business with Inte national Commercial Arbitral Rules. *Kluber Arbitration Blog*, 2021. Disponível em: https://arbitrationblog.kluwerarbitration.com/2021/10/09/aligning-human-rights-in-business-with-international-commercial-arbitral-rules. Acesso em: 10 jun. 2023.

Referências

BACKER, Larry Catá. Regulating Multinational Corporations — Trends, Challenges and Opportunities. *Brown Journal of World Affairs*, v. XXII, n I, Fall/Winter 2015. Disponível em: https://papers.ssrn.com/sol3/papers.cfm?abstract_id=2652800. Acesso em: 10 jun. 2023.

BARZA, Eugênia Cristina Nilsen Ribeiro; GUIMARÃES, Marcelo Cesar. Atuação empresarial transnacional: conceito, formas de atuação, efeitos e perspectivas para a regulamentação. *Revista Acadêmica da Faculdade de Direito do Recife,* v. 87, n. 2, jul.-dez. 2015. Disponível em: https://periodicos.ufpe.br/revistas/ACADEMICA/article/view/1672. Acesso em: 10 jun. 2023.

BLAIR, Cherie. International Arbitration and Human Rights: Exciting Opportunity or Existential Threat? *International Arbitration Law Review,* 2021. Disponível em: https://omniastrategy.com/wp-content/uploads/Cherie-Blair-CBE-KC-International-Arbitration-Human-Rights-Exciting-Opportunity-or-Existential-Threat.pdf. Acesso em: 10 jun. 2023.

BRENKERT, George G. Business Ethics and Human Rights: An Overview. *Business and Human Rights Journal,* v. 1(2), p. 277-306, 2016. Disponível em: https://www.cambridge.org/core/journals/business-and-human-rights-journal/article/business-ethics-and-human-rights-an-overview/4E12322863D6BA2B17871B03EDA9BBB9. Acesso em: 10 jun. 2023.

CARVALHO, Bruna Rabêlo. *As regras de Haia sobre Arbitragem de Direitos Humanos e Empresas:* um contributo para a solução de conflitos entre empresas transnacionais e vítimas de violações de direitos humanos? Dissertação (Mestrado em Ciências Jurídicas) – Universidade Federal da Paraíba, João Pessoa, 2021. Disponível em: https://repositorio.ufpb.br/jspui/bitstream/123456789/22543/1/BrunaRab%c3%aaloCarvalho_Dissert.pdf. Acesso em: 10 jun. 2023.

CENTER FOR INTERNATIONAL LEGAL COOPERATION. *The Hague Rules on Business and Human Rights.* Haia, 2019. Disponível em: https://www.cilc.nl/cms/wp-content/uploads/2019/12/The-Hague-Rules-on-Business-and-Human-Rights- Arbitration_CILC-digital-version.pdf. Acesso em: 10 jun. 2023.

DE GEORGE, Richard T. *A History of Business Ethics.* Markkula Center for Applied Ethics at Santa Clara University, 2015. Disponível em: https://www.scu.edu/ethics/focus-areas/business-ethics/resources/a-history-of-business-ethics. Acesso em: 10 jun. 2023.

DRUMMOND, Ana Beatriz C. É possível utilizar a arbitragem para a proteção dos direitos humanos? *FGV Blog de Arbitragem*, 2021. Disponível em: https://www.fgvblogdearbitragem.com.br/post/%C3%A9-poss%C3%ADvel-utilizar-a-arbitragem-para-a-prote%C3%A7%C3%A3o-dos-direitos-humanos. Acesso em: 10 jun. 2023.

FONSECA, Leonardo Rodrigo Siqueira da. A aplicabilidade da arbitragem para resolução de conflitos coletivos de direitos difusos, com ênfase no acesso à justiça e na máxima amplitude da tutela jurisdicional coletiva. *Revista Científica Multidisciplinar Núcleo do Conhecimento,* ano. 07, ed. 06, v. 02, 2022. Disponível em: https://www.nucleodoconhecimento.com.br/lei/conflitos-coletivos. Acesso em: 10 jun. 2023.

GUEDES, Henrique Leon Farias. *Arbitragem e direitos humanos em outro conto da Haia* : Os impactos das regras da Haia para arbitragem envolvendo empresas e direitos humanos. JOTA: 2019. Disponível em: <https://www.jota.info/opiniao-e-analise/artigos/arbitragem-e-direitos-humanos-em-outro-conto-da-haia-05122019> Acesso em: 10 jun. 2023.

MARTEL, Letícia de Campos Melo. Indisponibilidade de direitos fundamentais: conceito lacônico, consequências duvidosas. *Revista do Ministério Público do Rio de Janeiro*, n. 51, p. 141-174, jan.-mar. 2014 Disponível em: https://www.mprj.mp.br/documents/20184/2554325/Leticia_de_Campos_Velho_Martel.pdf. Acesso em: 10 jun. 2023.

ONU. *The Corporate Responsibility to Respect Human Rights*: An Interpretive Guide. Office of the High Comissioner for Human Rights, 2012. Disponível em: https://www.ohchr.org/sites/default/files/Documents/publications/hr.puB.12.2_en.pdf. Acesso em: 10 jun. 2023.

ROMERO, Eduardo Silva. Les « fictions juridiques » dans le langage du droit français de l'arbitrage international. *Revue de l'arbitrage*, Paris, v. 2021, n. 2, p. 343-372, 2021. Disponível em: https://kluwerlawonline.com/journalarticle/Revue+de+l%E2%80%99arbitrage/2021.2/REVU2021016. Acesso em: 10 jun. 2023.

RUGGIE, John Gerad. *Regulating Multinationals*: The UN Guiding Principles, Civil Society, and International Leglaization. Harvard Kennedy School, 2015. Disponível em: https://www.hks.harvard.edu/sites/default/files/centers/mrcbg/files/RPP_2015_04_Ruggie.pdf. Acesso em: 10 jun. 2023.

SACHS, Lisa; JOHNSON, Lise; CORDES; Kaitlin; COLEMAN, Jesse GUVEN, Brooke. *The Business and Human Rights Arbitration Rule Project:* Falling Short of its Access to Justice Objectives. Columbia Center on Sstainable Investment, 2019. Disponível em: https://ssrn.com/abstract=3726036. Acesso em: 10 jun. 2023.

TUCCI, Rogério Cruz e. Considerações para a plena admissibilidade da tutela arbitral coletiva. *Conjur*, 2021. Disponível em: https://www.conjur.com.br/2021-abr-27/paradoxo-corte-consideracoes-plena-admissibilidade-tutela-arbitral-coletiva. Acesso em: 10 jun. 2023.

YEUM, June. Aligning Human Riths in Business with International Commercial Arbitral Rules. *Kluber Arbitration Blog,* 2021. Disponível em: https://arbitrationblog.kluwerarbitration.com/2021/10/09/aligning -human-rights-in-business-with-international-commercial-arbitral-rules. Acesso em: 10 jun. 2023.

Capítulo 13

A mediação como alternativa para a resolução de disputas nas recuperações judiciais

Tarcisio José Moreira Júnior

Capítulo 13 - A mediação como alternativa para a resolução de disputas nas recuperações judiciais

Mediation as an alternative for dispute resolution in judicial reorganizations

Tarcisio José Moreira Júnior [1]

Resumo: O presente artigo tem por objetivo analisar a utilização do instituto da mediação, enquanto método alternativo de resolução de conflitos, nos processos de recuperação judicial, com amparo na Lei de Falências Brasileira (Lei nº 11.101/2005). Já muito consagrada no Brasil e muito aplicada em diferentes espécies de disputas, a mediação vem assumindo crescente relevância também nos processos recuperacionais, a ponto de ser expressamente consagrada pela Lei nº 11.101/2005, após alterações promovidas pela Lei nº 14.112, de 2020. No presente artigo, serão inicialmente explorados os aspectos principais ligados à mediação e a evolução do instituto no Brasil. Posteriormente, será destrinchado o uso da mediação nas recuperações judiciais, por meio da avaliação das previsões legais aplicáveis e da apresentação de processos recuperacionais relevantes nos quais a mediação foi admitida e aplicada.

Palavras-chave: Mediação – Recuperação judicial – Lei nº 11.101/2005 – Métodos autocompositivos de resolução de conflitos.

Abstract: This article analyzes the use of mediation, as an alternative method for the resolution of disputes, in Judicial Reorganization proceedings filed before the Brazilian Courts, based on Brazil's Bankruptcy Act (Statute nº 11.101/2005). Mediation is already well recognized in Brazil and widely applied in different types of disputes and has obtained increasing relevance in reorganization proceedings, to the point of being expressly mentioned in Statute nº 11.101/2005, as amended by Statute nº 14.112/2020. This article initially explores the main aspects related to mediation and the regulation and the evolution of the institute in Brazil. Subsequently, the article discusses the use of mediation in Judicial Reorganization Proceedings, through a review of applicable legal provisions and the presentation of relevant reorganization proceedings in which mediation were admitted and applied.

[1] Pós-Graduado (LL.M.) em Direito Corporativo pelo Instituto Brasileiro de Mercado de Capitais de Minas Gerais (IBMEC/MG). Bacharel em Direito pela Faculdade de Direito Milton Campos, de Nova Lima/MG. Advogado do Almeida Advogados, Belo Horizonte, Minas Gerais, Brasil. E-mail: tjjunior@almeidalaw.com.br .

Keywords: Mediation – Judicial recovery – Statute 11.101/2005 – Self-compositional methods of conflict resolution.

Sumário: 1. Introdução; 2. Noções básicas sobre a mediação; 3. A evolução da mediação no ordenamento jurídico brasileiro; 4. A consagração da mediação nas recuperações judiciais pela Lei nº 14.112/2020; 5. Casos práticos relevantes ligados ao uso da mediação em processos de recuperação judicial; 6. Considerações finais; Referências.

1. Introdução

Torna-se vez mais evidente e notável, no Brasil e em todo o mundo, o desenvolvimento dos chamados mecanismos de autocomposição, entre os quais se enquadram a mediação e a conciliação.

Os indicados institutos, pautados pela busca de um livre acordo entre as partes envolvidas em um conflito, estão inequivocamente em voga, ganhando papel de destaque na esfera judicial e extrajudicial.

A evolução de tais métodos de resolução de conflitos aparentemente faz parte de um movimento impulsionado possivelmente em resposta a problemas muito enfrentados na esfera contenciosa, a exemplo da atual sobrecarga dos tribunais, a desconfiança das partes quanto à capacidade técnica dos Tribunais de avaliar satisfatoriamente determinadas demandas muito específicas e complexas, além dos custos elevados envolvidos em discussões judiciais.

Em um panorama no qual a escolha pela submissão de conflitos ao Poder Judiciário não é capaz de garantir, em determinados casos, a obtenção de decisões céleres e pouco custosas, torna-se absolutamente lógica a busca por tais métodos alternativos, que são guiados pela livre escolha das partes e dotados de cunho sigiloso.

Justamente nesse viés, a mediação e a conciliação vêm sendo cada vez mais difundidas por meio de normas específicas, cartilhas, manuais e materiais de divulgação dos Tribunais e das autoridades.

Prova desse fenômeno é que o ordenamento jurídico recente traz normas cada vez mais amplas e robustas acerca dos procedimentos conciliatários e mediatórios. Em se tratando especificamente da mediação, foi não só objeto de previsões diversas no Código de Processo Civil atual (Lei nº 13.105/2015) e de uma lei própria nos últimos anos (Lei nº 13.140/2015), como também foi expressamente acolhida para processos falimentares e de recuperação judicial, por meio de alteração promovida no ano de 2020 à Lei de Falências pátria (Lei nº 11.101/2005).

Com o intuito de compreender a dimensão desse papel que tem assumido a mediação nos conflitos empresariais e, mais especificamente, nas recuperações judiciais, torna-se valioso um exercício voltado à exploração das características principais do instituto, bem como um entendimento acerca das previsões legais que o amparam de modo geral e em situações de insolvência empresaria, além de casos práticos no qual foi acolhido e se mostrou capaz de trazer resultados positivos às recuperandas e aos credores.

2. Noções básicas sobre a mediação

A mediação pode ser definida como um mecanismo alternativo e voluntário de resolução de disputas, por meio do qual um determinado conflito é voluntariamente levado pelas partes à avaliação de um terceiro imparcial, buscando alternativas para um acordo razoável, que atenda satisfatoriamente aos interesses divergentes envolvidos.

Conceituando em palavras distintas o instituto da mediação, a Lei Brasileira de Mediações (Lei nº 13.140/2015) o define, no seu art. 1º, parágrafo único, como "a atividade técnica exercida por terceiro imparcial sem poder decisório, que, escolhido ou aceito pelas partes, as auxilia e estimula a identificar ou desenvolver soluções consensuais para a controvérsia".

Buscando lidar de forma ainda mais didática com os contornos do instituto, o Conselho Nacional de Justiça sustenta que a mediação pode ser definida, basicamente, como um processo de negociação que conta com a facilitação ou a catalisação de terceiro, na figura do mediador.

Enquanto um dos chamados mecanismos de autocomposição, a mediação tem como um de seus maiores pilares justamente o princípio da autonomia da vontade das partes.

Como consequência dessa consagração da autonomia privada, encontram-se sempre sujeitos ao livre desejo dos litigantes os pontos principais da mediação, passando-se pela sua instauração e continuidade, além da escolha das regras ligadas à sua condução.

Em outras palavras, a aplicação da autonomia da vontade na mediação resulta na total liberdade das partes para dar ou não início ao procedimento mediatório, definir seus contornos principais, além de suspendê-lo ou interrompê-lo em qualquer estágio, bem como celebrar ou não um acordo que satisfaça aos interesses envolvidos.

Na prática, nenhuma das partes está vinculada a qualquer aspecto da mediação, até que celebrado um eventual acordo vinculante sobre a matéria do litígio.

Visando a melhor esclarecer esse papel ímpar da liberdade das partes para a medição, são valiosas as lições de Adolfo Braga Neto:[2]

> Dentre os elementos essenciais da mediação de conflitos, a autonomia das vontades possui um protagonismo multo relevante, senão o mais relevante, pois o caráter voluntário da mediação constitui-se de grande mola propulsora da atividade. Este elemento garante o poder das pessoas em optar pelo processo, ao conhecê-lo. Em outras palavras, só existirá o processo se as pessoas efetivamente queiram fazer dele parte e, para tanto, é fundamental que conheçam seus objetivos, seu dinamismo, bem como seu alcance e limitações. Da mesma maneira, este mesmo elemento proporciona às pessoas, ao longo do processo, gerir o conflito conforme suas vontades a partir das regras por elas mesmas estabelecidas. Neste aspecto, convêm destacar que também se inclui, no âmbito deste princípio consagrado no Direito Contratual, a vontade das pessoas em levar para a mediação os temas que desejam serem solucionados. E, de igual maneira, a elas também cabe tomar as decisões que consideram pertinentes durante e após o processo. Com base nas observações acima, conclui-se que a mediação de conflitos não possui qualquer caráter ou qualquer elemento de natureza impositiva.

Outros princípios característicos da mediação dizem respeito à oralidade, à informalidade, à isonomia das partes, à imparcialidade do mediador e à confidencialidade das discussões conduzidas.

Entre tais aspectos, entende-se que o sujeito a maior destaque é, sem dúvidas, aquele referente ao sigilo.

Com efeito, é a garantia da confidencialidade do procedimento de mediação que confere às partes a confiança necessária para se debruçarem sobre cada detalhe de seu conflito em busca de uma composição, sem riscos de eventuais impactos que uma divulgação do conflito poderia gerar perante terceiros.

A esse respeito, são valiosas as lições do Conselho Nacional de Justiça, em seu Manual de Mediação Judicial:[3]

> Em regra, pode-se afirmar que a eficiência do mediador está relacionada à confiança que as partes depositam nele e à segurança de que alguns pontos debatidos em mediação não poderão ser utilizados como prova em um processo judicial. Sem poder coercitivo sobre as partes, o mediador depende da melhora da comunicação (se não de uma verdadeira construção de confiança) entre os disputantes. Portanto, a disposição de se expressar com franqueza é essencial à eficácia do processo, isso porque para que as partes possam se comunicar com maior liberdade há de ser garantido o sigilo profissional, para evitar o uso dessas informações em um ulterior julgamento.

No ordenamento brasileiro, tamanho foi o cuidado do legislador ao tratar do sigilo das mediações, que optou por dedicar a tal aspecto uma seção específica da Lei nº 13.140, de 26 de junho de 2015. A legislação, em resumo, determina

---

[2] BRAGA NETO, Adolfo. Mediação de conflitos: conceito e técnicas. *In:* SALLES, Carlos Alberto de; LORENCINI, Marco Antônio Garcia Lopes; SILVA, Paulo Eduardo Alves da (Coord.). *Negociação, mediação, conciliação e arbitragem:* curso de métodos adequados de solução de controvérsias. Rio de Janeiro: Forense, 2021. p. 154.

[3] CONSELHO NACIONAL DE JUSTIÇA. *Manual de Mediação Judicial.* 2016. Disponível em: https://t.ly/0XO5O. Acesso em: 16 out. 2022.

expressamente que as informações do procedimento mediatório devem ser guardadas de terceiros por todos os envolvidos, incluindo-se prepostos, advogados, assessores técnicos, além das próprias partes e mediadores.

O zelo do legislador, a bem da verdade, foi muito além da simples fixação de um dever abstrato de sigilo, dedicando-se também a todo um detalhamento expresso dos aspectos que devem ser guardados pela confidencialidade, entre os quais as manifestações e opiniões das partes, as sugestões promessas e propostas, o reconhecimento de fatos e os documentos preparados para os fins do procedimento.

De modo não menos importante, a legislação criou até mesmo um compromisso de sigilo individual do mediador com cada um dos envolvidos no conflito, definindo que o profissional responsável por conduzir a mediação não poderá revelar a uma das partes quaisquer informações que receba em sessão privada com a parte contrária, salvo se obtida autorização expressa para tanto.

Como se denota, a legislação pátria buscou resguardar as partes de forma ampla quanto à questão sempre crítica da preservação de informações, com o claro objetivo de reduzir qualquer sentimento de desconfiança que possa surgir quanto aos limites e à eficácia da obrigação de sigilo.

Passadas as questões principiológicas, aspecto adicional também merecedor de discussão diz respeito aos meandros da atuação do mediador e os requisitos para o cargo.

No que tange primeiramente aos limites da atuação do mediador, esclarece-se que o ocupante do posto não possui, em nenhuma escala, prerrogativas ou atribuições de cunho decisório em relação ao conflito que lhe é submetido. Em termos práticos, o papel do mediador está adstrito a uma facilitação das negociações de um conflito, por meio da busca do entendimento e do consenso.

Em segundo lugar, adentrando especificamente à capacitação necessária para o cargo de mediador, ressalta-se que é a Lei de Mediação a responsável por prevê-la, havendo distinções para as hipóteses de mediação judicial e extrajudicial.

Para o caso do mediador extrajudicial, os únicos requisitos trazidos pela Lei nº 13.140/2015, em seu art. 9º, são de que o mediador seja pessoa de confiança das partes envolvidas e, para além disso, seja profissional capacitado para conduzir a mediação, independentemente de integrar qualquer tipo de conselho, entidade de classe ou associação.

Já para as hipóteses da mediação judicial, há exigências mais rígidas dispostas no pelo art. 11 da Lei nº 13.140/2015, no sentido de que o cargo seja ocupado apenas por indivíduos legalmente capazes, graduados há pelo menos dois anos em curso de ensino superior de instituição reconhecida pelo Ministério da Educação e que tenham obtido capacitação em escola ou instituição de formação de mediadores, reconhecida pela Escola Nacional de Formação e Aperfeiçoamento de Magistrados – ENFAM ou pelos tribunais, além de atenderem a eventuais requisitos adicionais estabelecidos pelo Conselho Nacional da Justiça em conjunto com o Ministério da Justiça.

Ainda dentro do âmbito da atuação do mediador, pontos adicionais dignos de nota dizem respeito ao fato de tal profissional estar legalmente sujeito às mesmas hipóteses de impedimento e suspeição aplicadas aos Juízes – *devendo informar qualquer fator ou circunstância que possa suscitar dúvida justificada em relação à sua imparcialidade* – e igualmente ser impedido de representar, assessorar ou patrocinar qualquer parte pelo prazo de um ano após o encerramento do término da última audiência de mediação em que atuou, além de ser impedido de figurar como árbitro ou testemunha em qualquer processo judicial ou arbitral pertinentes ao conflito em que tenha atuado.

Por fim, um fator não menos importante acerca dos aspectos principais da mediação passa pela exploração das diferenças entre tal instituto e a conciliação. Para sanar qualquer questão daí decorrente, considera-se suficiente a transcrição das lições de Antônio Carlos de Araújo Cintra, Cândido Rangel Dinamarco e Ada Pellegrini Grinover a respeito:[4]

> A mediação assemelha-se à conciliação: os interessados utilizam a intermediação de um terceiro, particular, para chegarem à pacificação de seu conflito. Distingue-se dela somente porque a conciliação busca sobretudo o acordo entre as partes, enquanto a mediação objetiva trabalhar o conflito, surgindo o acordo como mera consequência. Trata-se mais de uma diferença de método, mas o resultado acaba sendo o mesmo.

Entendendo-se, a partir das considerações acima, estarem devidamente explorados todos os aspectos mais preponderantes da mediação, passa-se à exposição de breve histórico do uso do instituto no Brasil.

3. A evolução da mediação no ordenamento jurídico brasileiro

A mediação é um instituto milenar, havendo registros de sua utilização desde os tempos muito remotos na história humana. Tamanha a bagagem histórica do instituto, que Fernanda Tartuce e Diego Falleck[5] afirmam ser possível cogitar que o seu surgimento tenha se dado em tempos anteriores até mesmo ao surgimento da história escrita da humanidade, a despeito de determinados autores defenderem a sua origem a partir da Bíblia.

---

[4] CINTRA, Antonio Carlos de Araújo; GRINOVER, Ada Pellegrini; DINAMARCO, Cândido Rangel. *Teoria geral do processo*. 28. ed. rev. e atual. São Paulo: Ed. Malheiros, 2012. p. 36.

[5] FALECK, Diego; TARTUCE, Fernanda. *Introdução histórica e modelos de mediação*. Disponível em: https://t.ly/yIpDM. Acesso em: 10 out. 2022.

Naturalmente, como qualquer instituto de uso tão longínquo, a mediação sofreu adequações e ganhou relevância variável no cenário mundial ao longo dos tempos, de acordo com os princípios, práticas e aspectos políticos que norteavam a sociedade a cada época.

Embora se reconheça a relevância didática que poderia ter uma exploração de todo o histórico do instituto, entende-se que tal analise não caberia para os fins do presente artigo, devido à sua complexidade.

Para os presentes propósitos, é suficiente a exploração do surgimento e avanço da mediação no passado mais recente no Brasil, até que alcançada sua consagração em matéria de recuperações judiciais e falência.

O interesse mais abrangente em território nacional pela mediação veio a partir da década de 1990, em um fenômeno que se estendeu também aos demais países da América Latina.

Adolfo Braga Neto[6] explica que os primeiros passos da mediação no território nacional se deram principalmente com a apresentação do instituto em cursos e palestras ministrados, principalmente, por especialistas estrangeiros, em maior parte da Argentina ou dos Estados Unidos da América.

O mesmo autor esclarece, ainda, que o advento da Lei nº 9.307/1996 (responsável por trazer novas regras às arbitragens no cenário nacional) trouxe um fenômeno de abertura de inúmeras câmaras arbitrais, que também passaram a oferecer serviços de mediação, muito embora ainda não houvesse regulação específica para tal procedimento no Brasil.

Após tal avanço inicial ainda informal, foi observado um início de acolhimento do instituto da mediação por regras esparsas da legislação brasileira, especialmente na seara trabalhista.

Como exemplos, a Lei nº 10.101/2000 – voltada à regulação da participação dos trabalhadores nos lucros ou resultados da empresa –, bem como a Lei nº 10.192/2001 – voltada à estipulação de medidas complementares ao Plano Real, incluindo-se a fixação de regras acerca de salários –, trouxeram regras específicas prevendo a possibilidade de mediação como um mecanismo de resolução de conflitos.

De toda forma, o primeiro passo mais relevante para o acolhimento efetivo da mediação no território nacional veio somente em 2010, por meio da Resolução nº 125 do Conselho Nacional de Justiça. Embora não dotada de natureza legislativa, tal Resolução foi responsável por prever um amplo programa nacional

---

[6] BRAGA NETO, op. cit., pág. 160.

com o objetivo de promover a autocomposição, estabelecendo uma série de medidas para o uso efetivo da mediação e da conciliação na esfera judicial.

Foram necessários mais cinco anos após a referida atuação do Conselho Nacional de Justiça para que o legislador viesse a efetivamente aprovar um regramento próprio e mais amplo voltado ao instituto da mediação no Brasil, que resultou na edição e na promulgação da Lei nº 13.140/2015.

Com efeito, a nova lei consistiu no legítimo marco civil para a mediação no território nacional, instituindo regras abrangentes e princípios que consolidaram o uso do procedimento mediatório nas esferas judicial e extrajudicial.

A partir daí, o próprio Código de Processo Civil de 2015 (Lei nº 13.105/2015), que entrou em vigor pouco depois, igualmente cuidou de complementar e sedimentar a regulamentação das atividades de mediadores e conciliadores.

Pouco tempo após a edição das normas gerais de mediação acima indicadas, os legisladores, o judiciário e os operadores do direito não tardaram a cogitar o uso do instituto da mediação também em matérias de insolvência, falência, recuperações judiciais e extrajudiciais.

Prova disso é que a I Jornada de Prevenção e Solução Extrajudicial de Litígios, conduzida sob a coordenação-geral do Ministro Luis Felipe Salomão, tratou expressa e detalhadamente do tema da mediação em processos recuperacionais já em 2016. Como fruto dessa avaliação, foi expedido o Enunciado nº 45 do CFJ[7], de acordo com o qual "a mediação e conciliação são compatíveis com a recuperação judicial, a extrajudicial e a falência do empresário e da sociedade empresária, bem como em casos de superendividamento, observadas as restrições legais".

De modo ainda mais importante, o Conselho Nacional de Justiça editou a Recomendação nº 58, de 22 de outubro de 2019, também ligada à mediação e à conciliação nos processos falimentares e recuperacionais.

Tal Resolução teve relevância ímpar, muito bem elucidada por Giovanna Vieira Portugal Macedo e Jéssica Malucelli Barbosa:[8]

> A Recomendação nº 58/2019 do CNJ foi a primeira a direcionar o incentivo ao uso da mediação para processos de falência e recuperação judicial, algo que, a princípio, poderia ser extraído diretamente do Código de Processo Civil, juntamente com a Lei de Medição, mas que foi confirmado pela recomendação referida.

A importância da recomendação está não somente no seu incentivo ao uso do instituto, mas também no fato de apresentar orientações acerca dos limites e conteúdo do objeto de negociação.

---

[7] Enunciado disponível em: https://www.cjf.jus.br/enunciados/enunciado/900.

[8] MACEDO, Giovanna Vieira Portugal; BARBOSA, Jéssica Malucelli. Mediação, recuperação judicial e falência. *In*: MONTEIRO, Andre Luis; VERÇOSA, Fabiane; FONSECA, Geraldo (COORD.). *Arbitragem, mediação, falência e recuperação:* resolução de disputas na empresa em crise. São Paulo: Thomson Reuters Brasil, 2022. p. 45.

A redação original do art. 1º da Recomendação nº 58/2019 já era categórico, trazendo uma recomendação expressa aos Juízes responsáveis pelo processamento e julgamento dos processos de recuperação empresarial e falências, no seguinte sentido:

> Art. 1º Recomendar a todos os magistrados responsáveis pelo processamento e julgamento dos processos de recuperação empresarial e falências, de varas especializadas ou não, que promovam, sempre que possível, nos termos da Lei nº 13.105/2015 e da Lei nº 13.140/2015, o uso da mediação, de forma a auxiliar a resolução de todo e qualquer conflito entre o empresário/sociedade, em recuperação ou falidos, e seus credores, fornecedores, sócios, acionistas e terceiros interessados no processo.

Para além de tal premissa principal, os demais dispositivos da Recomendação, ainda em sua redação original, também já trouxeram balizas complementares sobre a condução da atividade mediadora nos processos recuperacionais e hipóteses nas quais é sugerida a sua aplicação.[9]

Possivelmente movido pelo importante paradigma instituído pelo Conselho Nacional de Justiça, o legislador não tardou a positivar o uso da mediação nas recuperações judiciais, por meio de alterações trazidas à Lei de Falências e Recuperações Judiciais pela Lei nº 14.112/2020, que passam a ser adiante debatidas.

4. A consagração da mediação nas recuperações judiciais pela Lei nº 14.112/2020

A Lei de Falências e Recuperações (Lei nº 11.101/2005) é a normativa responsável por regulamentar, no ordenamento brasileiro, os instrumentos aplicáveis a empresas em situação de crise financeira e insolvência.

Para os fins da legislação, a falência pode ser definida como instituto voltado à liquidação de empresas insolventes e consideradas inviáveis. A recuperação judicial e a recuperação extrajudicial, por sua vez, correspondem a instrumentos que visam a garantir que empresas em crise possam assegurar, simultaneamente, a continuidade de suas atividades e a satisfação das dívidas com seus credores. No caso específico da recuperação judicial, que é objeto do presente artigo, seu propósito é expressamente delimitado no art. 47 da própria Lei nº11.101/2005.[10]

Ao final do ano de 2020, quando superados quinze anos do início da vigência da legislação, foi publicada a Lei nº 14.112/2020, que basicamente reformulou o regime até então aplicável às falências e recuperações judiciais, trazendo

[9] Cumpre destacar que a Recomendação nº 58/2019 chegou a ser atualizada no ano de 2021, por meio de posterior Recomendação nº 112/2021 também do Conselho Nacional de Justiça. Contudo, a atualização promovida não trouxe qualquer impacto às premissas principais acima destacadas.

[10] Art. 47. A recuperação judicial tem por objetivo viabilizar a superação da situação de crise econômico-financeira do devedor, a fim de permitir a manutenção da fonte produtora, do emprego dos trabalhadores e dos interesses dos credores, promovendo, assim, a preservação da empresa, sua função social e o estímulo à atividade econômica.

alterações relevantes com base em toda uma bagagem jurisprudencial, doutrinária e prática já existentes.

Apenas a título de exemplo, a legislação mais recente trouxe para as recuperações judiciais novas normas sobre a possibilidade de apresentação de planos alternativos de recuperação pelos próprios credores – *quando rejeitado aquele plano original da recuperanda* –, além de regras que abriram hipóteses de prorrogação ou antecipação do chamado *stay period*, que corresponde ao período de suspensão das execuções judiciais durante a recuperação judicial.

As regras ilustradas acima, somadas a muitas outras, visaram nitidamente a instituir mecanismos inéditos que pudessem contribuir para o alcance do objetivo legal da retomada das empresas, sem perder de vista a proteção de interesse dos credores.

Não por acaso, a inserção das inovações no ordenamento brasileiro pela Lei nº 14.112/2020 veio justamente em momento de maior gravidade da pandemia da Covid-19 e uma severa crise financeira mundial, quando esperado um aumento dos pedidos de recuperação judicial e necessário um aparato ainda mais robusto com o intuito de garantir o melhor desfecho aos processos.

Considera-se que, justamente sob tal prisma, o legislador optou por também abarcar à normativa legal a possibilidade expressa de as partes dos processos de recuperação ou falimentares adotarem a mediação e a conciliação para resolução de disputas, em reforço aos termos da Recomendação nº 58/2019 do Conselho Nacional de Justiça. Ao comentar as alterações da Lei nº 14.112/2020, Fábio Ulhoa Coelho destaca que:

> a mediação é a grande aposta da Reforma de 2020 para a redução da quantidade de processos de recuperação judicial, a eliminação de conflitos, parciais (com alguns credores) ou paralelos (questões societárias, por exemplo) e o aumento do apoio dos credores ao plano do devedor. [11]

De modo geral, a nova legislação conferiu bom realce à matéria, destinando à mediação e à conciliação uma seção específica da Lei nº 11.101/2005 (Seção II-A), dotada de quatro dispositivos específicos de grande relevância (arts. 20-A a 20-D).

O primeiro aspecto de destaque trazido pela nova legislação no art. 20-A, corresponde a um incentivo à mediação e à conciliação em qualquer momento processual dos processos de falência ou recuperação. A lei resumidamente prevê que os institutos devem ser consagrados não só na instância inicial, mas inclusive na fase recursal em segundo grau de jurisdição e nos Tribunais Superiores. As

---

[11] COELHO, Fábio Ulhoa. *Comentários à Lei de Falências e de Recuperação de Empresas.* 15. ed. São Paulo: Thomson Reuters Brasil, 2021. p. 96.

normas legais, na verdade, vão além quanto ao momento da possível aplicação da mediação, autorizando-a também em caráter antecedente ao próprio processo.

Merece relevo, nesse ponto, o fato de que a simples instauração da mediação ou da conciliação durante o processo de recuperação judicial não resulta necessariamente na suspensão dos prazos legalmente previstos na lei, como aqueles ligados à prática de atos processuais ou ao período de sobrestamento de execuções contra o devedor, o chamado *stay period*. A eventual suspensão de prazos, a bem da verdade, depende de acordo entre as partes do processo recuperacional ou uma determinação do juiz responsável, conforme previsto no próprio art. 20-A da lei.

Um segundo aspecto trazido pelas normas legais mais recentes, constante do art. 20-B da Lei nº 11.101/2005, corresponde à listagem de hipóteses específicas nas quais é reputada viável a instauração de procedimento conciliatório ou de mediação.

O dispositivo legal supramencionado detalha expressamente ser possível a mediação e conciliação nas hipóteses abaixo:

> Art. 20-B. Serão admitidas conciliações e mediações antecedentes ou incidentais aos processos de recuperação judicial, notadamente:
>
> I – nas fases pré-processual e processual de disputas entre os sócios e acionistas de sociedade em dificuldade ou em recuperação judicial, bem como nos litígios que envolverem credores não sujeitos à recuperação judicial, nos termos dos §§ 3º e 4º do art. 49 desta Lei, ou credores extraconcursais;
>
> II – em conflitos que envolverem concessionárias ou permissionárias de serviços públicos em recuperação judicial e órgãos reguladores ou entes públicos municipais, distritais, estaduais ou federais;
>
> III – na hipótese de haver créditos extraconcursais contra empresas em recuperação judicial durante período de vigência de estado de calamidade pública, a fim de permitir a continuidade da prestação de serviços essenciais;
>
> IV – na hipótese de negociação de dívidas e respectivas formas de pagamento entre a empresa em dificuldade e seus credores, em caráter antecedente ao ajuizamento de pedido de recuperação judicial.

Em análise mais detida ao rol acima, entende-se que a sua natureza não pode ser interpretada como exaustiva, mas meramente exemplificativa, não tendo o condão de restringir outras hipóteses de uso de mediação nos processos de recuperação judicial.

Em corroboração a tal entendimento, há de se notar que a Resolução nº 58 do CNJ (conforme adaptada pela posterior Resolução nº 112/2021) traz situações distintas como passíveis de saneamento pela via da mediação ou conciliação, abaixo listadas:

> Art. 2º A mediação pode ser implementada nas seguintes hipóteses, entre outras:
>
> I – nos incidentes de verificação de crédito, permitindo que devedor e credores cheguem a um acordo quanto ao valor do crédito e escolham um dos critérios

> legalmente aceitos para atribuição de valores aos bens gravados com direito real de garantia, otimizando o trabalho do Poder Judiciário e conferindo celeridade à elaboração do Quadro Geral de Credores;
>
> II – para auxiliar na negociação de um plano de recuperação judicial, aumentando suas chances de aprovação pela Assembleia Geral de Credores sem a necessidade de sucessivas suspensões da assembleia;
>
> III – para solucionar disputas entre os sócios/acionistas do devedor;
>
> IV – em casos de concessionárias/permissionárias de serviços públicos e órgãos reguladores, para pactuar acerca da participação dos entes reguladores no processo; e
>
> V – nas diversas situações que envolvam credores não sujeitos à recuperação, nos termos do § 3º do art. 49 da Lei nº 11.101/2005, ou demais credores extraconcursais.
>
> Parágrafo único. O acordo obtido por meio de mediação não dispensa a deliberação por Assembleia Geral de Credores nas hipóteses exigidas por lei, nem afasta o controle de legalidade a ser exercido pelo(a) magistrado(a) por ocasião da respectiva homologação.

Uma terceira regra inovadora trazida pela lei, sendo talvez aquela de maior destaque e potencial de aplicação no cenário, é aquela do § 1º do art. 20-B, atrelado ao inciso IV da mesma norma, que versa especificamente sobre possibilidade de a empresa em dificuldade valer-se de uma tutela cautelar antecedente, anterior à propositura de uma recuperação judicial, para ver instalada uma mediação preliminar com seus credores, mediante o benefício da suspensão das execuções judiciais em seu desfavor por prazo de até 60 (sessenta) dias.

Em termos práticos, o que fez o legislador ao prever tal hipótese foi estimular a mediação como uma medida de possível fôlego e/ou resolução de impasses para o devedor, apta a adiar ou mesmo evitar uma quase sempre indesejada recuperação judicial. Para tanto, abraçou-se a figura de um *stay period* anterior ao processo recuperacional, válido durante um período máximo razoável, que garante que o devedor, de um lado, possa negociar sem a ameaça dos atos constritivos referentes ao processo de execução, e os credores, por outro lado, possam discutir abertamente seus créditos sem o risco de serem levados a um concurso de credores, com a eventual imposição de um plano de recuperação que não atenda aos seus melhores interesses.

Para que a devedora faça jus à sobredita medida cautelar, a norma do § 1º do art. 20-B da Lei nº 11.101 exige apenas que a empresa em dificuldade demonstre atender aos requisitos legais para requerer a recuperação judicial – *ou seja, que a devedora apresente em juízo os documentos listados pelo art. 48 da Lei nº 11.101/2005*, bem como que se comprove, no ato da propositura da ação judicial, a prévia solicitação de abertura do procedimento de mediação perante ao Centro Judiciário de Solução de Conflitos e Cidadania (Cejusc) correspondente ao tribunal local competente ou à câmara especializada.

Uma observação interessante é que as normas aplicáveis a essa cautelar não exigem que a empresa em dificuldade instaure a mediação com todos os seus credores, de forma indistinta, para que adquira a prerrogativa de suspensão de suas execuções pelo prazo legal de 60 (sessenta) dias.

Logo, é plenamente possível argumentar-se que a empresa em dificuldade tem a prerrogativa legal de abranger na mediação vinculada à cautelar apenas os seus credores considerados mais estratégicos, sem que haja prejuízo ao benefício da suspensão de todas as execuções existentes contra a devedora, inclusive aquelas movidas por credores não eleitos para o procedimento mediatório. Entende-se que essa interpretação do texto legal encontra pleno amparo no aparente ideal do legislador de garantir a preservação ao patrimônio da devedora contra quaisquer constrições durante o prazo de 60 (sessenta) dias da mediação, garantindo sua sobrevivência e foco nas negociações. Tal entendimento é compartilhado pelo doutrinador Pedro Rebelo Bertolini, em artigo no qual traz uma crítica ao Enunciado nº 6, expedido pelo 1º Congresso do Fórum Nacional de Recuperação Empresarial e Falências (Fonaref), que apresenta posicionamento em sentido contrário.

Nas palavras do autor, não há sentido em criar-se óbice para que a empresa devedora seja resguardada com o benefício da suspensão de todas as execuções quando opta por convidar somente alguns de seus credores para a mesa de mediação, em especial porque uma eventual composição com um grupo estratégico poderia ser mais suficiente a evitar uma recuperação judicial que afete todos os credores. Sob outra ótica, entende ser um contrassenso que o devedor tenha margem para definir quais execuções sejam objeto de suspensão. Permita-se trazer abaixo um dos principais argumentos invocados pelo doutrinador a respeito da questão:[12]

> É inconcebível que o devedor, ao definir quem será convidado para a conciliação ou mediação, tenha a prerrogativa de escolher os credores cujas execuções serão suspensas, coisa que lembra as condições puramente potestativas, vedadas pelo nosso ordenamento por se sujeitarem ao arbítrio exclusivo de uma das partes (Código Civil, artigo 122). Ademais, tal segregação parece contrariar a recente decisão do Superior Tribunal de Justiça (STJ) no sentido de que mesmo os credores que não tiverem os seus créditos habilitados (seja por não terem sido relacionados pelo devedor, seja por não terem promovido a competente habilitação) ainda assim se sujeitam aos efeitos da recuperação judicial (EDcl no Resp n. 1.851.692-RS, rel. Min. Luis Felipe Salomão, j. 24.05.2022).

Como nota final sobre esse procedimento cautelar antecedente estabelecido pelo art. 20-B da Lei nº 11.101, merece atenção o fato de a lei estabelecer que, caso restem frustradas as negociações na mediação preliminar e haja posterior pedido de recuperação judicial do devedor, a empresa em recuperação terá de-

[12] BORTOLINI, Pedro Rebello. A necessária revisão do Enunciado 6 do Fonaref. *Jota*, 29 mar. 2023. Disponível em: https://t.ly/dl9q1. Acesso em: 29 jun. 2023.

duzido todo aquele período de até 60 (sessenta) dias durante o qual manteve as rodadas de negociações antecedentes, pela via do procedimento mediatório, do seu *stay period* referente ao próprio procedimento recuperacional.

Por fim, uma quarta regra não menos importante trazida pelas alterações legais é aquela englobada pelo art. 20-C da Lei nº 11.101/2005, que fixa que qualquer acordo obtido por meio de conciliação ou mediação antecedente ou incidental deve ser sempre homologado pelo juiz competente pela condução do processo de recuperação judicial ou falência, para fins de validação da transação.

O ponto mais interessante a se notar sobre essa última norma é que ela abre margem para uma retomada de direitos e prerrogativas do credor, caso o acordo de mediação ou conciliação acabe frustrado em um determinado prazo após a sua homologação. Segundo o parágrafo único do art. 20-C, caso o devedor requeira a recuperação judicial ou extrajudicial em até 360 (trezentos e sessenta) dias do acordo firmado, o credor terá reconstituídos seus direitos e garantias nas condições originais – *deduzidos apenas os valores que tenham sido eventualmente pagos e ressalvados os atos validamente praticados no âmbito dos procedimentos negociais de mediação e conciliação.*

Um questionamento final que poderia surgir sobre a necessidade de homologação do acordo celebrado em mediação é se ela, de alguma forma, seria contrária ao princípio da confidencialidade que rege as mediações. A resposta para a doutrina especializada é negativa, como destacam Giovanna Vieira Portugal Macedo e Jéssica Malucelli Barbosa:[13]

> Na visão da maioria dos doutrinadores, não há conflito entre o teor do artigo 20-C da Lei nº 11.101/2005 e o princípio da confidencialidade, uma vez que apenas ao final do procedimento eventual composição será submetida a homologação judicial, justamente a fim de preservar também os princípios brasileiros da legislação falimentar, quais sejam, do par conditio creditorum, manutenção da função social da empresa, entre outros.

Pois bem. Como se depreende das observações acima, a Lei nº 14.112/2020 criou um sólido aparato normativo que, somado às demais previsões legais e aos termos da Recomendação nº 58/2019 do Conselho Nacional de Justiça, possibilitam um uso amplo das mediações e das conciliações para questões substanciais ligadas a matéria falimentar ou recuperacional.

Como fruto dessa difusão de normas ligadas à mediação, o uso do instituto se mostrou crescente em casos de inequívoca relevância, merecendo ser avaliados alguns exemplos de destaque adiante.

---

[13] MACEDO; BARBOSA, op. cit., p. 48.

5. Casos práticos relevantes ligados ao uso da mediação em processos de recuperação judicial

A experimentação das mediações em processos relevantes de recuperação judicial teve início anos antes do advento da Lei nº14.112/2020 e/ou da Recomendação nº 58/2019 do Conselho Nacional de Justiça.

Um caso que abriu portas à mediação em momento pretérito à legislação estudada referiu-se à notória Recuperação Judicial da Oi S.A., distribuída à 7ª Vara Empresarial da Comarca do Rio de Janeiro no ano de 2016 e autuada sob o nº 0203711-65.2016.8.19.0001.

O processo recuperacional em questão é um dos maiores da história do Brasil, envolvendo mais de 50.000 credores e um passivo de R$ 65.382.611.780,34.

No ano de 2017, já durante o andamento do processo, foi deferida a realização de mediação extrajudicial entre a recuperanda e determinados credores, que acabou posteriormente alcunhada de Programa para Acordo com Credores do Grupo Oi.

O procedimento foi conduzido de forma online e voltado a credores com créditos de até R$ 50.000,00, versando sobre a possibilidade de pagamento antecipado de tais créditos pela recuperanda.

De acordo com informações divulgadas à época, foram atendidos mais de 20.000 credores no procedimento mediatório e celebrados pelo menos 5.000 acordos envolvendo créditos de volumes superiores a R$ 68.000.000,00.[14]

Enquanto um crítico à eficácia da mediação nos processos recuperacionais, Fábio Ulhoa entende que tal procedimento não representou um procedimento mediatório, embora assim denominado. Nas palavras do autor:[15]

> No sempre lembrado caso da recuperação judicial do Grupo Oi, o que se chamou de mediação foi, na verdade, um procedimento de pagamentos antecipados. A Oi fez uma oferta pública: "pago agora 90% do seu crédito, limitado a R$ 50.000,00, desde que você dê sua concordância com essa forma de reestruturação de parte do meu passivo, quando for o momento de votar o plano de recuperação judicial na AGC". Não há nada de "mediação" nesse procedimento, a despeito de ele ter se revelado extremamente útil aos propósitos da recuperação judicial e bastante justo com os destinatários da oferta pública.

Independentemente de quaisquer controvérsias a respeito da natureza do procedimento, fato é que ele incentivou o crescimento do instituto da mediação em

---

[14] RECUPERAÇÃO judicial: Oi já firmou mais de 5 mil acordos num volume de R$ 68 milhões. *Convergência Digital*, 2017. Disponível em: https://t.ly/ExMpO. Acesso em: 10 out. 2022.

[15] COELHO, op. cit., p. 96.

matéria de insolvência e recuperação, provavelmente contribuindo para a edição das normas que são avaliadas nos capítulos anteriores e seu uso em demais casos.

Comprovando-se sua eficácia, no próprio Caso Oi houve novas experiências posteriores de mediação, a última delas bastante recente e ainda em estágio inicial, tendo por objeto uma discussão entre a Oi e a Tim, Vivo e Claro a respeito de valores com a venda da Oi Móvel no curso da recuperação judicial.[16]

Outro caso célebre e de grande relevo que acabou abarcando procedimento de mediação foi a Recuperação Judicial da Livraria Saraiva, proposta em 2018 perante a 2ª Vara de Falências e Recuperações Judiciais de São Paulo, autuada sob o nº 11964-14.2018.8.26.0100.

Os contornos dessa mediação são muito bem detalhados por Ana Lívia Carvalho Silva, nos seguintes termos:

> Noutra senda, com relação ao processo de recuperação judicial da Livraria Saraiva, o Juízo da 2ª Vara de Falências e Recuperações Judiciais do TJSP estabeleceu a iniciação de um procedimento de mediação preventiva, sendo a primeira fase até a apresentação do plano de recuperação judicial e a segunda fase até a Assembleia Geral de Credores.
>
> Com isso, foi possível o ajuste do plano de recuperação judicial antes de sua deliberação em assembleia, acolhendo as necessidades dos credores nos termos dos interesses de cada uma das classes, sem deixar de avaliar a realidade financeira da empresa, o que impacta não apenas na aprovação, ou não, de um Plano de Recuperação Judicial, como também na construção de um caminho viável e fatível, fortalecendo a ideia de união entre os players, imprimindo maior credibilidade, transparência e efetividade a todo o dinamismo do processo, com resultados positivos inicialmente após o encerramento, momento em que a empresa e seus credores permanecerão no mercado.[17]

Como último exemplo mais recente e de igual importância ligado ao uso de mediações para processos recuperacionais, tem-se o caso da recuperação judicial da Samarco Mineração. Tal processo específico é dotado de certo pioneirismo, já que se trata de um dos primeiros casos de maior relevo já distribuídos sob a égide da Lei nº 14.112/2020.

Protocolado em de abril de 2021, o pedido de Recuperação Judicial da Samarco foi distribuído ao Juízo da 2ª Vara Empresarial da Comarca de Belo Horizonte/MG e autuado sob o nº 5046520-86.2021.8.14.0024. O montante dos créditos sujeitos a recuperação, segundo a petição inicial Samarco, foi de R$ 50.568.466,82.

---

[16] SANTANA, Ivone. Juiz indica mediador para conflito entre Oi versus Vivo, Tim e Claro. *Valor Econômico*, São Paulo, 05 out. 2022. Disponível em: https://t.ly/dQqmZ. Acesso em: 10 out. 2022.

[17] SILVA, Ana Lívia Carvalho. O papel da mediação em processos de insolvência empresarial. In: MONTEIRO, Andre Luis; VERÇOSA, Fabiane; FONSECA, Geraldo (Coord.). *Arbitragem, mediação, falência e recuperação*: resolução de disputas na empresa em crise. São Paulo: Thomson Reuters Brasil, 2022. p. 61-62.

A instauração da mediação, nesse caso, ocorreu em julho de 2022, entre a Samarco, suas acionistas e 13 credores financeiros com créditos de maior relevância. O procedimento mediatório foi iniciado em um cenário inédito no País, no qual houvera a rejeição do plano de recuperação originalmente apresentado pela recuperanda e a posterior apresentação de planos alternativos por determinados credores, nos moldes do novo regramento estabelecido pela Lei nº 14.112/2020.

O objeto definido para a mediação foi a discussão de um eventual plano de reestruturação financeira da Samarco que atendesse, ao mesmo tempo, à companhia e aos credores mais estratégicos, versando sobre todos os aspectos de maior relevo da recuperação.

A mediação foi conduzida pelo prazo de 60 (sessenta) dias, com a realização de uma primeira sessão pública e posteriores discussões sigilosas entre as partes envolvidas. Contudo, foi encerrada sem acordo entra as Partes, prosseguindo-se a recuperação judicial.

Apesar dessa tentativa inicialmente frustrada de negociações, uma nova rodada foi aberta entre a Samarco e o mesmo grupo de credores financeiros em meados de 2023, mas já sob a forma de uma conciliação, conduzida no Tribunal de Justiça de Minas Gerais, sob a liderança do Desembargador Moacyr Lobato, enquanto relator de recursos referentes ao processo de Recuperação Judicial na segunda instância.

Nessa segunda rodada, a negociação conduzida possibilitou à Samarco e seus credores a celebração de um acordo para a apresentação de um plano conjunto de recuperação judicial, a ser levado ao crivo dos demais credores.

Segundo informações do Tribunal de Justiça de Minas Gerais, a conciliação alcançada foi, até então, a maior já realizada no Brasil em relação a processos de recuperação judicial.[18]

Para além dos casos acima, obviamente já houve inúmeros outros processos nos quais a mediação vem sendo aplicada para fins recuperacionais, de forma exitosa ou não, os quais podem ser localizados por meio de simples pesquisa doutrinária ou em repositórios públicos.

Como atestam os exemplos trazidos, mediação e conciliação encontram um terreno fértil no cenário nacional em matéria de empresas em dificuldade, com ampla margem para evolução futura, principalmente porque muito recente sua aplicação para tais fins.

---

[18] TJMG realiza conciliação histórica e viabiliza acordo no âmbito de Recuperação Judicial. Tribunal de Justiça de Minas Gerais, 2023. Disponível em:https://t.ly/pzMWq. Acesso em: 14 jul. 2023.

6. Considerações finais

Como amplamente demonstrado no presente artigo, embora a aplicação da mediação no cenário nacional ainda se demonstre deveras recente, tal instituto vem assumindo um papel de maior relevância com alguma rapidez.

Com a positivação do uso da mediação por meio de normas processuais em 2015, houve instantâneo incentivo de sua aplicação quanto a matérias diversas, incluindo-se no terreno empresarial e de insolvência.

Com o passo além dado pelas recomendações do Conselho Nacional de Justiça sobre o uso da mediação em processos recuperacionais, a criação de normas específicas para a matéria também pela Lei nº 14.112/2020 e o uso efetivo do instituto em recuperações judiciais de grande relevância e publicidade no Brasil, espera-se que haja uma evolução ainda mais acentuada da mediação em matéria empresarial no futuro.

Sem dúvidas, a experiência da mediação gerará frutos a todos os envolvidos em conflitos recuperacionais, principalmente se provada exitosa à medida em que aplicada, ao passo que privilegiará uma cultura colaborativa e voltada à composição amigável de conflitos entre as partes, em detrimento daquela prática belicosa muitas vezes presenciada e criticada no cenário nacional.

Referências

BORTOLINI, Pedro Rebello. A necessária revisão do Enunciado 6 do Fonaref. *Jota*, 29 mar. 2023. Disponível em: https://t.ly/dl9q1. Acesso em: 29 jun. 2023.

CINTRA, Antônio Carlos de Araújo; GRINOVER, Ada Pellegrini; DINAMARCO, Cândido Rangel. *Teoria geral do processo*. 28. ed. rev. e atual. São Paulo: Ed. Malheiros, 2012.

COELHO, Fábio Ulhoa. *Comentários à Lei de Falências e de Recuperação de empresas*. 15. ed. São Paulo: Thomson Reuters Brasil, 2021.

CONSELHO NACIONAL DE JUSTIÇA. *Manual de Mediação Judicial*. 2016. Disponível em: https://t.ly/0XO5O. Acesso em: 16 out. 2022.

FALECK, Diego; TARTUCE, Fernanda. *Introdução histórica e modelos de mediação*. Disponível em: https://t.ly/yIpDM. Acesso em: 10 out. 2022.

MONTEIRO, Andre Luis; VERÇOSA, Fabiane; FONSECA, Geraldo (Coord.). *Arbitragem, mediação, falência e recuperação*: resolução de disputas na empresa em crise. São Paulo: Thomson Reuters Brasil, 2022.

RECUPERAÇÃO judicial: Oi já firmou mais de 5 mil acordos num volume de R$ 68 milhões. Convergência Digital, 2017. Disponível em: https://t.ly/ExMpO. Acesso em: 10 out. 2022.

SALLES, Carlos Alberto de; LORENCINI, Marco Antônio Garcia Lopes; SILVA, Paulo Eduardo Alves da (coord.). *Negociação, mediação, conciliação e arbitragem*: curso de métodos adequados de solução de controvérsias. Rio de Janeiro: Editora Forense, 2021.

SANTANA, Ivone. Juiz indica mediador para conflito entre Oi versus Vivo, Tim e Claro. *Valor Econômico*, São Paulo, 05 out. 2022. Disponível em: https://t.ly/dQqmZ. Acesso em: 10 out. 2022.

SILVA, Ana Lívia Carvalho. O papel da mediação em processos de insolvência empresarial. In: MONTEIRO, Andre Luis; VERÇOSA, Fabiane; FONSECA, Geraldo (Coord.). *Arbitragem, mediação, falência e recuperação*: resolução de disputas na empresa em crise. São Paulo: Thomson Reuters Brasil, 2022.

TJMG realiza conciliação histórica e viabiliza acordo no âmbito de Recuperação Judicial. Tribunal de Justiça de Minas Gerais, 2023. Disponível em: https://t.ly/pzMWq. Acesso em: 14 jul. 2023.

Capítulo 14

Forced arbitration in Brazil and its systematic shortchanging of minority shareholders: the case study of Petrobras

David Andrew Taylor

Capítulo 14 - Forced arbitration in Brazil and its systematic shortchanging of minority shareholders: the case study of Petrobras

Arbitragem forçada no Brasil e seu prejuízo sistemático de acionistas minoritários: o estudo de caso da Petrobras

David Andrew Taylor[1]

Abstract: Brazilian corporations law establishes that an arbitration clause in a corporation's bylaws necessarily binds all shareholders. Also, Brazilian stock exchange regulation submits all disputes between special segment-listed large--sized companies and their shareholders to mandatory statutory arbitration as an "enhanced corporate governance standard" implementation. However, in practical situations, such forced arbitration entirely undermines the ability of the Brazilian investor to meritoriously prosecute company malfeasance and to seek compensation through possible class action. The case of Petrobras is a prime example of such a situation, involving a shareholder referendum that limited shareholder actions only to the arbitration forum and was upheld in Brazilian court. Consequently, Petrobras cannot be subject to shareholder class action in Brazil. The Petrobras *class action* settlement in the United States courts was a huge financial settlement of historical significance. Brazilian investors that invested in the Petrobras American Depository Receipt instruments, subject to United States law, were able to join the class action litigation against Petrobras in the United States legal system and they received compensation. In complete contrast, Brazilian Petrobras investors without these United States securities had no class action legal recourse in Brazil. This situation brings out the fundamental legal question of the shareholder's right to sue and of equal justice under Brazilian law relating to the crucial role of shareholder class action litigation – not yet properly understood and developed in Brazil – in the disclosure and deterrence of corporate misconduct as well as for monetary relief for inflicted financial damage due to fraud and criminal conduct.

Keywords: Brazil – Class action – Shareholders – Forced arbitration.

[1] Partner, Almeida Advogados, Brazil. Juris Doctor Degree, Seton Hall University School of Law (Newark, New Jersey, U.S.A.). Master's Degree in English Literature, Graduate School of Arts and Sciences, Columbia University (New York, New York, U.S.A.). Bachelor's Degree in English Literature, Rutgers College, Rutgers University (New Brunswick, New Jersey, U.S.A.). E-mail: dataylor@almeidalaw.com.br .

Resumo: A Lei das Sociedades Anônimas brasileira estabelece que uma cláusula arbitral no estatuto de uma corporação necessariamente vincula todos os acionistas. E a regulamentação da bolsa brasileira submete todas as disputas entre empresas listadas em segmentos especiais de grande porte e seus acionistas à arbitragem estatutária obrigatória como implementação "padrão de governança corporativa aprimorado". Em situações práticas, porém, tal arbitragem forçada mina a capacidade do investidor brasileiro de processar meritoriamente a má conduta da empresa e ser compensado por ação coletiva. O caso da Petrobras é um exemplo paradigmático de tal situação, envolvendo um referendo de acionistas que restringiu os processos dos acionistas ao foro arbitral e foi mantida na Justiça brasileira. Consequentemente, a Petrobras não pode ser objeto de ação coletiva de acionistas no Brasil. O acordo da class action da Petrobras nos tribunais dos Estados Unidos foi um acordo financeiro grande e significativamente histórico. Os investidores brasileiros que investiram em instrumentos Petrobras American Depository Receipt, sujeitos à legislação norte-americana, puderam ingressar na class action contra a Petrobras no ordenamento jurídico norte-americano e receberam indenização. Em total contraste, os investidores brasileiros sem esses títulos dos Estados Unidos não tiveram nenhum recurso legal de ação coletiva no Brasil. Essa situação traz à tona a questão jurídica fundamental do direito do acionista de processar e justiça equitativa sob a lei brasileira relacionado ao papel crucial do litígio de ação coletiva de acionistas – ainda não devidamente compreendido e desenvolvido no Brasil – no que diz respeito à divulgação e dissuasão de má conduta corporativa, bem como de compensação monetária por danos financeiros infligidos devido a fraude e conduta criminosa.

Palavras-chave: Brasil – Ação coletiva – Acionistas – Arbitragem forçada.

1. Introduction

Brazilian corporations law establishes that an arbitration clause in a corporation's bylaws is binding on all shareholders. Also, Brazilian stock exchange regulation submits all disputes between large-sized companies that are special segment listed and their shareholders to mandatory statutory arbitration as an "enhanced corporate governance standard" implementation. However, in practical situations, such forced arbitration (private, confidential, and otherwise easily susceptible to corporate manipulation to escape accountability) undermines the ability of the Brazilian investor to meritoriously prosecute company malfeasance and to seek compensation – because of its direct circumvention of any possible class action relief.

The case of Petrobras is a prime example of such a situation, having a shareholder referendum that limited shareholder actions only to the arbitration forum. The validity of the referendum was upheld in Brazilian court. Consequently, Petrobras cannot be subject to shareholder class action in Brazil.

In re Petrobras Securities Litigation was a large-sized and historically important class action settlement in the U.S. courts. Brazilian investors in the Petrobras American Depository Receipt ("ADR") instruments, subject to U.S. law, were able to join the class action litigation against Petrobras in the U.S. legal system and they received compensation.

On the other hand, in complete contrast, Brazilian investors without ADRs – those with Petrobras shares bought on the Brazilian stock exchange that were subject to Brazilian securities law – and who were likewise financially harmed and defrauded by a proven corrupt and criminal management in Petrobras (a hitherto totally respected major Brazilian company) had no class action legal recourse in Brazil.

This situation brings out the fundamental legal question of the shareholder's right to sue and of equal justice under Brazilian law relating to the crucial role of shareholder class action litigation (not yet properly understood and developed in Brazil) in the disclosure and deterrence of corporate misconduct as well as for monetary relief for financial fraud and criminal actions.

Unlike in the Unites States (where the shareholder right to bring a securities class action lawsuit is a considered fundamental one and where it is regularly implemented with considerable efficiency and effectiveness for purposes of investment preservation and protection via the policing and deterrence of corporate misconduct) in Brazil, contrastingly, the systematic imposition of forced arbitration entirely deprives the Brazilian stock exchange special segment-listed company shareholder from litigating securities fraud violation in court. Also, even if applicable, the present provisions of the Brazilian collective actions law, distinct from those of the U.S. class action law, are notably deficient, most significantly with respect to affected party claim definition and settlement and award determination and distribution. As is readily apparent, the redressing of this present situation in Brazil – with the U.S. securities fraud class action mechanism as the model – is regrettably but a work in progress of only future promise.

2. Relevant Background on the Impact of Forced Arbitration on Minority Shareholders in Brazil

Arbitration is a means of conflict resolution that is typically employed relative to domestic and international commercial disputes, principally for reason of its shorter time to decision rendering and solution than courts of law. Arbitration is now quite readily employed in Brazil, despite having encountered strong Brazilian Federal Supreme Court resistance against it for its foreclosing of the constitutional right of access to the judicial system for conflict resolution. As will be elaborated upon in this chapter, arbitration is entirely inappropriate and unworkable for Brazilian B3-listed special segment company minority shareholder collective rights dispute resolution, due to the enforced nature of corporate bylaws and, relatedly, the problematic issue of confidentiality in its proceedings.

As has often been observed, with the increase in Brazil's international competitiveness, directly related to its technological advancement and economic growth – in large part due to its ample oil & gas acreage and reserves and accompanying foreign investment – arbitration rapidly expanded in the country because many commercial transactions invariably resulted in arbitration agreement between the parties.[2] Consequently, the Arbitration Law (Federal Law No. 9.307 of 1996) was drafted in 1996, in part inspired by the 1958 Convention on the Recognition and Enforcement of Foreign Arbitral Awards (the New York Convention) and the 1985 Model Law on International Commercial Arbitration of UNICITRAL (the United Nations Commission on International Trade Law)[368].

Subsequently, the constitutionality of the Arbitration Law was called into question by the Brazilian Federal Supreme Court, which determined that Article 7 of the Arbitration Law (compelling specific performance of the arbitration clause in the case of an unwilling party) violated Article 5, XXXV of the 1988

[2] See, for example, CORRIE, Clint A. International Commercial Arbitration in Brazil. Comparative Law Yearbook of International Business, *Wolters Kluwer Law & Business*, v. 35, 2013. p. 116. Available at: https://law-store.wolterskluwer.com/s/product/comparative-law-yearbook-international-business-2013-vol-35/01t0f00000J3ajPAAR. Accessed on: Jul. 5, 2023.

[3] Id.

(current) Brazilian Federal Constitution guaranteeing the individual right to sue and defend in the courts.[4] The Arbitration Law was only affirmed as being constitutional in 2001, after which time the use of commercial contract arbitration clauses in Brazil grew considerably.[5] The Brazilian Arbitration Committee was formed that same year and in 2002 the Brazilian Congress ratified the New York Convention, described as providing "key milestones in making Brazil a more arbitration-friendly jurisdiction."[6]

Relative to the insertion of arbitration into Brazilian corporate shareholder dispute resolution, Article 109 of the Brazilian Corporations Law (Federal Law No. 6.404 of 1976) was amended by Federal Law No. 10.303 of 2001 to establish that disputes between shareholders and the corporation or between minority and controlling shareholders can be resolved via arbitration.[7] In 2015, Federal Law No. 13.129 of 2015 further amended the Brazilian Corporations Law and amended the Arbitration Law to establish that a quorum resolution-approved corporation bylaw arbitration clause or "arbitral convention" inclusion would become binding on all shareholders.[8]

This binding aspect is also required by the BM&FBOVESPA São Paulo Stock Exchange (now B3), which expressly promoted "enhanced corporate governance standard" implementation by (at the end of year 2000) creating voluntary adherence corporate governance rules in special listing segments for its traded companies. This implementation included its Novo Mercado, Nível 1, and Nível 2 special listing segment regulation,[9] in which the Nível 2 regulation

---

[4] Id. at p. 117. See also infra note 40.

[5] Id.

[6] Id.

[7] The Brazilian Corporations Law, Article 109, ¶ 3: "The corporation's bylaws may establish under its terms that any disputes between its shareholders and the corporation, or between its majority and minority shareholders, may be resolved by arbitration." (BRAZIL. Law No. 6.404 of December 15, 1976. Referring to Brazilian Corporations. Official Gazette of the Union: Section 1, Brasília, DF, Supplement, p. 1, Dec. 17, 1976. Available at: https://www2.camara.leg.br/legin/fed/lei/1970-1979/lei-6404-15-dezembro-1976-368447-publicacaooriginal-1-pl.html. Accessed on: Jul. 5, 2023).

[8] The Arbitration Law, Article 136-A: "The approval of the insertion of arbitration agreement into a corporation´s bylaws, based on the quorum established in Article 136, binds all shareholders [....]" (BRAZIL. Law No. 13.129 of May 26, 2015. Referring to the amending of Law No. 9.307 of September 23, 1996, and Law No. 6.404 of December 15, 1976, to expand the application of arbitration establish provision with respect to the choice of arbiters when parties look to the arbitration chamber, the interruption of the statute of limitations time period by the arbitration chamber, the granting of precautionary and urgent injunctions in cases of arbitration, the arbitration award and sentence, and the revocation of the provisions of Law No. 9.307 of September 23, 1996. Official Gazette of the Union: Section 1, Brasília, DF, p. 1, May. 27, 2015. Available at: https://www2.camara.leg.br/legin/fed/lei/2015/lei-13129-26-maio-2015-780858-publicacaooriginal-147040-pl.html. Accessed on: Jul. 5, 2023.).

[9] The enhanced governance requirements can be succinctly summarized as follows: Novo Mercado (directed principally at IPOs) - Only shares with voting rights can be issued; Nível 1 – Minimum 25% capital free float, broad spectrum public offering, insider and controlling shareholder trading disclosure, improved financial information

determines that the adhering listed company, its shareholders, management, and fiscal council members are subject to arbitration (relative to corporate and capital markets issues) by B3's 2000-instituted Market Arbitration Chamber and its rules – via the adoption by the company of arbitration clause provision in its bylaws.[10]

The reason expressed for this B3 corporate governance requirement is stated to be corporate shareholder protection, in that "the Brazilian justice system not only operates very slowly, but it also has very few trial courts that specialize in corporate issues," a "factor that makes investors uncertain about the enforceability of their rights" and which uncertainty "clearly [ ] contribute[s] to lowering the value of those companies listed in the special segments."[11] The expertise of its Market Arbitration Chamber Board of Directors-appointed arbitrator panel is then cited to bolster this justification as well as its operational autonomy and assured source of funding.[12]

Although Brazilian publicly held company corporate governance self-regulation through B3 special segment listing adherence can be in some respects considered laudable and generally effective, the use of forced arbitration in this context is undeniably questionable and should be challenged and not allowed. There are much-recognized aspects to this arbitration context that are, in fact, very limiting and devastatingly prejudicial to minority shareholders with respect to the protection of their rights relative to preserving the capital market investment that they made in the company.

(quarterly, consolidated, audit) disclosure, shareholder agreement and stock option plan disclosure, and annual corporate event calendaring; Nível 2 – Board of Director 2-year mandates, U.S. GAAP/IAS annual balance sheet conformity, minority shareholder tag-along rights, preferred shareholder voting rights in the case of merger/acquisition/spin-off or contract execution with other companies of the same group, Economic Value tender offer Nível 2 delisting, Bovespa (B3) Market Arbitration Chamber panel determination for conflict resolution purposes. See CHAVEZ, Gonzalo A.; SILVA, Ana Cristina. Brazil's Experiment with Corporate Governance. *Journal of Applied Corporate Finance*, v. 21, p. 38 (Table 1), 2009. Available at https://www.researchgate.net/publication/46541015_Brazil's_Experiment_with_Corporate_Governance/link/5a391f77a6fdcc565c6ed17a/download. Accessed on: Jul. 5, 2023. See also B3, Comparative Listing of Segments, which, in addition, identifies and details the Bovespa Mais and Bovespa Mais Nível 2 listing segment variations. Available at: https://www.b3.com.br/data/files/95/92/CE/E1/4C8EE5109A67ACE5790D8AA8/Comparative%20list%20of%20segments.pdf. Accessed on: Jul. 5, 2023.

[10] See, for example, the language of Section 4 of B3 regulation Nível 2 Corporate Governance (2019). Available at: https://www.b3.com.br/data/files/1B/B5/A5/87/46E3861012FFCD76AC094EA8/Regulamento%20de%20Listagem%20do%20N%C3%ADvel%202%20(San%C3%A7%C3%B5es%202019).pdf. Accessed on: Jul. 5, 2023.

[11] SANTANA, Maria Helena, et al. Novo Mercado and Its Followers: Case Studies in Corporate Governance Reform. International Finance Corporation (IFC), *Global Corporate Governance Forum Focus* 5, Washington, D.C., 2008. p. 15. Available at: https://www.academia.edu/57450107/Novo_Mercado_and_Its_Followers_Case_Studies_in_Corporate_Governance_Reform. Accessed on: Jul. 5, 2023.

[12] Id. at p. 16.

[13] LIPTON, David A. Mandatory Securities Industry Arbitration: The Problems and the Solution. *Maryland*

3. The Inappropriateness of the Arbitration Forum and the Example of Petrobras

The applicability of arbitration through B3 special segment listing adherence –intended to foster heightened corporate capital market rule compliance – was formally implemented for the stated purpose of protecting the minority shareholder. The reality of said adoption, however, is forced arbitration, which is entirely detrimental to protecting minority shareholder rights considering that the right to seek redress in the courts is a foremost and principal legal right.

Quoting a former chair of The Financial Industry Regulatory Authority, Inc. (FINRA), the primary regulatory body for the U.S. broker-dealer industry, there are considerable drawbacks to the arbitration process that are typically cited as "of concern" to "the legal and investment communities," which include:

> (1) the limited ability of parties [in] arbitration to appeal the findings of the arbitrators [in arbitration, as opposed to litigation, a defendant may not appeal on an interlocutory basis and, if unsuccessful, may not appeal from a final judgment. In litigation, as opposed to arbitration, questions of law are reviewed de novo as well as questions of fact for clear error], (2) the limited discovery methods available in arbitration [when] compared to those available in litigation, (3) the absence of a reported, reasoned decision in arbitration [arbitrators need not give reasons for their awards and the record of proceedings need not be complete], (4) the absence of a rule of precedent or stare decisis in arbitration [arbitrators need not be instructed in the law], (5) the lack of guidance as to the administration of multiparty controversies, (6) the degree of control effected by the securities industry self-regulatory organizations with respect to the make-up of the typical arbitration panel, (7) uncertainties regarding the standards for admissibility of evidence [arbitrators are not bound by rules of evidence and, as an example, witnesses need not be sworn], (8) the relative infrequency of punitive damage awards, and (9) the collateral estoppel impact of arbitration on subsequent litigation and vice versa.[13]

To add to this list of concerns, and also relating to the particularities of the Brazilian jurisdiction,[14] is that arbitration proceedings are closed and conducted in secret. Although the Arbitration Law does not impose confidentiality, the arbitral rules of the B3 Market Arbitration Chamber require that arbitration proceedings be confidential, that "all parties, arbitrators and members of the Arbitration Chamber shall refrain from disclosing any information relating to such proceedings [...]."[15]

Law Review, v. 48, p. 882-883, 1989. Available at: https://digitalcommons.law.umaryland.edu/cgi/viewcontent.cgi?article=2754&context=mlr. Accessed on: Jul. 5, 2023.

[14] The only real standout exception in overlap here as between the U.S. and Brazil jurisdictions relates to item 8 to the list of concerns (observing the typical absence of punitive damages award in the arbitration context). Punitive damages award is not available in Brazil at all. See infra note 61 and accompanying text.

[15] See B3. *Rules of the Market Arbitration Chamber*. The Brazilian Arbitration Committee, Rules of the Market Arbitration Chamber (effective Oct. 26, 2011). Available at: https://cbar.org.br/site/wp-content/uploads/2019/01/bovespa-regulation.pdf. Accessed on: Jul. 5, 2023.

[16] In the United States, a proposed (putative) class action is first filed in which a plaintiff represents itself and

The reality of the arbitration forum is that shareholders that would otherwise be able to look to the courts for redress and corporate accountability are subjected to having their disputes heard by arbitrators in secret proceedings that, among other things, do not adhere to legal precedent or publish opinions showing cause for the reasoning behind their decisions, decisions that are unappealable and that are in all likelihood completely company biased.

In the United States, class action shareholder litigation in the courts is a highly effective means of enforcing corporate governance. In addition to providing shareholders with the opportunity to at least at some level recover on their losses there exists public exposure as a deterrent to company, company director and related-third-party wrongdoing. In stark contrast, the potential for such a result in Brazil is distinctly unlikely.

The case of Petróleo Brasileiro S.A. ("Petrobras") is a prime example of a shareholder class action litigation against a major (Brazilian) company in the United States. On December 8, 2014, together with its local U.S. counsel, the minority shareholder rights advocate Brazilian corporate law firm Almeida Advogados filed the first putative securities class action[16] against Petrobras in the United States District Court for the Southern District Court of New York.[17] Other putative securities class actions were subsequently filed asserting substantially similar claims and all were consolidated under the caption In re Petrobras Securities Litigation 14-cv-9662 ("In re Petrobras Securities Litigation").

The In re Petrobras Securities Litigation class action was brought on behalf of investors holding common and preferred Petrobras American Depository Shares ("ADSs") traded on the New York Stock Exchange ("NYSE") and/or certain Petrobras debt securities, which price fell drastically as the Brazilian Federal Police Operation Car Wash investigation exposed the multi-billion dollar money-laundering and corruption scheme within Petrobras, the reality of which, via false and *misleading* public statements, Petrobras did not disclose to investors.

---

others similarly situated until such time as the U.S. federal or state court concludes that the requirements for a class action are satisfied in accordance with the U.S. Federal Rules of Civil Procedure.

[17] KALTMAN V. PETRÓLEO BRASILEIRO S.A. - PETROBRAS, CASE 1:14-CV-09662-JSR (S.D.N.Y.). Class Action Complaint [Complaint]. Document 1. Filed Dec. 8, 2014. Available at: https://www.wolfpopper.com/siteFiles/Cases/Petrobras_Complaint.pdf. Accessed on: Jul. 5, 2023. For very readable background on this initial fling, see KAZ, Roberto. The Oil is Theirs: The story of the multi-billion-dollar lawsuit against Petrobras in the United States. Folha de São Paulo, Piauí Magazine, 118th Ed., p. 48-54, Jul. 2016. Available at: https://piaui.folha.uol.com.br/materia/the-oil-is-theirs. Accessed on: Jul. 5, 2023, and ALMEIDA, André de, *A maior ação do mundo*: A história da class action contra a Petrobras [The Largest Action in the World: The Story of the Class Action Against Petrobras], São Paulo: Editora SES, 2018. Partially available at: https://www.google.com.br/books/edition/A_maior_a%C3%A7%C3%A3o_do_mundo/ED9qDwAAQBAJ?hl=pt-BR&gbpv=1&printsec=frontcover (not yet published in English). Accessed on: Jul. 5, 2023.

On February 1, 2018, In re Petrobras Securities Litigation was settled at USD 2.95 billion. Contrastingly, in Brazil, a Petrobras shareholder referendum restricted the access of Brazilian shareholders seeking redress to the arbitration forum, which referendum was upheld in Brazilian court. Therefore, Petrobras cannot be subject to shareholder class action in Brazil at all.

A number of class arbitration proceedings in Brazil have been filed against Petrobras on a presumably similar factual basis regarding the Petrobras bribery and corruption scheme as the U.S. In re Petrobras Securities Litigation but relating to B3 capital market investment in Petrobras. The arbitration proceedings are confidential, however, and there is no indication whatsoever as to what their financial outcome will be, and certainly all deterrent effect against future wrongdoing via this means is completely lost.

4. The Facts Giving Rise to U.S. Securities Class Action In Re Petrobras Securities Litigation

The facts giving rise to In re Petrobras Securities Litigation are best summarized primarily in the court documents to the litigation itself. As stated in the court documents, Petrobras is a Brazil-headquartered Brazilian government majority-owned multinational oil & gas company whose common and preferred shares are listed on the B3 (formerly BM&FBOVESPA) São Paulo, Brazil Stock Exchange. Petrobras also sponsors ADSs (representing common and preferred American Depositary Receipt (ADR) equity) that are listed on the NYSE,[18] and also makes Global Note debt securities offerings.[19]

Before and during the time period of January 22, 2010 through March 19, 2015 (the "Class Period"), Petrobras expanded its petroleum production capacity through construction and oil refinery purchase. This expansion[20] was coordinated

[18] IN RE PETROBRAS SECURITIES LITIGATION, CASE 1:14-CV-09662-JSR (S.D.N.Y.). Opinion [Decision]. Document 194. Filed Jul. 30, 2015. p. 4. Available at: https://www.mintz.com/sites/default/files/viewpoints/orig/19/2015/09/Opinion-Petrobras.pdf. Accessed on: Jul. 5, 2023. See also PETROBRAS, Investor Relations, Shares ("Petrobras shares are negotiated mainly on the São Paulo Stock Exchange where the common stock is symbolized by PETR 3 and the preferred by PETR 4 [....] Since July 2nd, 2007 each [Preferred Share] ADR represents two preferred shares and is traded in NYSE under the symbol of PBRA [and] each [Common Stock] ADR is represented by two ordinary Petrobras shares and negotiated at the NYSE under the PBR acronym."). Available at: http://www.investidorpetrobras.com.br/en/shares-and-dividends/shares. Accessed on: Jul. 5, 2023.

[19] Petrobras issues Global Note debt securities in the international capital markets as a means of long-term financing its operations. These debt securities can be underwritten by U.S. and foreign bank syndicates authorized to sell them in the U.S. but are not traded on any U.S. exchange rather in over-the-counter transactions internationally.

[20] Cited examples are the 2006 acquisition of a refinery in Pasadena, Texas, and contracts relating to the Abreu e Lima refinery in Pernambuco, Brazil, as well as one of the refineries of the Complexo Petroquímico do Rio de Janeiro - Comperj project. Opinion, supra note 18 at p. 7.

between certain corrupt Petrobras executives[21] and a cartel of large-scale project contractors and suppliers[22] at grossly inflated bidding prices, established to pay bribes and kickbacks to the corrupt Petrobras executives and government officials.[23]

This corruption scheme was known by Petrobras' upper management, including the then head of Petrobras' energy and gas division as well as the then CEO and President of the company, who were complicit in concealing this knowledge.[24]

The corruption scheme was discovered by the Brazilian Federal Police "Operation Car Wash" money-laundering investigation and as its details gradually unfolded[25] the value of Petrobras' securities declined, the price of its common ADS falling by 80.92% and its preferred ADS by 78.01% over the course of the Class Period.[26]

---

[21] These corrupt Petrobras executives were its Chief Downstream Officer and Director of Supply, its Chief Services Officer, its Director of the International Division and an executive in its Engineering and Services Division at the time. Id. at p. 5.

[22] As is commonly known, Odebrecht was the top cartel member. What is little known generally is that there were at least 14 other major contractors to the cartel. See IN RE PETROBRAS SECURITIES LITIGATION, CASE 1:14-CV-09662-JSR (S.D.N.Y.). Consolidated Fourth Amended Class Action Complaint [Complaint]. Document 342. Filed Nov. 30, 2015. p. 171. Available at: https://storage.courtlistener.com/recap/gov.uscourts.nysd.435841/gov.uscourts.nysd.435841.342.0.pdf. Accessed on: Jul. 5, 2023.

[23] Opinion, supra note 18 at pp. 6-7:

"[T]he Corrupt Executives would apprise the cartel members of the estimated cost that Petrobras assigned to a project. The cartel members [] would agree among themselves which company would win the contract and adjust their bids to conform to Petrobras´ parameter allowing for a 15-20% profit above that figure. On top of that profit, they would build into the winning bid ´three percent political adjustment,' which would be used to pay kickbacks to the Corrupt Executives and their political party patrons [....] Under Petrobras´ system of political patronage, each of the company's seven divisions, known as Directorates, was allocated to one of the political parties forming the majority coalition: the Partido Progressista ('PP'), the Partido do Movimento Democrático Brasileiro ('PMDB') and the Partido dos Trabalhadores ('PT'). Because the Brazilian government was Petrobras' majority shareholder, the political parties had the power to appoint the directors of the divisions under their control, as well as to nominate all members of Petrobras' Board of Directors, including its President. In return for the parties' sponsorship of their careers, individual executives were expected to provide kickbacks to the parties by diverting company funds from works and contracts under their control."

[24] Id. at p. 8. (They were alerted to the fraud by a Petrobras manager that "repeatedly reported problems with bidding and contracts to her superiors [including the then Petrobras CEO] for five years [; she was subsequently] transferred to Singapore and ultimately fired in retaliation." Also, USD 58 million in unperformed "communication services" was discovered by internal investigation (the employee responsible for the embezzlement was kept on the payroll for years afterwards). Further, a Rio de Janeiro PT politician had "[taken] his concerns" about the Pasadena refinery purchase bribery and corruption to the then Petrobras president.).

[25] The details also uncovered and revealed the acceptance by Petrobras executives of USD 139 million from SBM Offshore relative to oil rig supply bidding. See Consolidated Fourth Amended Class Action Complaint, supra note 22 at p. 32.

[26] Opinion, supra note 18 at p. 8. See also Consolidated Fourth Amended Class Action Complaint, supra note 20 at p. 5:

"At its height in 2009, Petrobras' market capitalization was approximately USD 310 billion, making it the worlds' fifth-largest company [...]. Following the disclosure of [the] rampant fraud and corruption at the Company, which led to the arrest of high-level Petrobras executives and prompted investigations by Brazilian and U.S. authorities, the Company's worth declined to USD 39 billion [(by early 2015)]."

And see Id. at p. 129-164, "Additional Allegations Related to the Scheme," which describes chronologically how

The claims asserted under the class action on behalf of class members who purchased Petrobras United States securities were for violation of the sections of the U.S. securities law prohibiting the use of any "device, scheme, or artifice to defraud" and imposing liability "necessary or appropriate in the public interest or for the protection of investors" for "misstatement or omission of a material fact," as well as holding individual "control persons joint and severally liable."[27] On similar factual bases regarding the bribery and corruption scheme, claims were also asserted under the class action on behalf of Petrobras noteholders for material false registration statement and other document representation relative to a May 2013 and a March 2014 Petrobras notes offering.

Petrobras knowingly overpaid construction project costs in exchange for kickbacks and political party official bribes "for years" and "grossly understated the amount of payments incorrectly capitalized." Inter alia, during the Class Period Petrobras' financial statements purposely and materially inflated "reported property, plant and equipment [...] necessitating a massive write-down" and qualified bribe repayments "as depreciation over the unit-of-production basis or straight line method, resulting in materially lower current expenses and materially higher net income."[28]

Petrobras consistently assured its investors during the Class Period that its operations were conducted with full adherence to ethical principles.[29] Under the Ethics Code of the Petrobras System – in place preceding and applicable throughout the Class Period – Petrobras undertook to:

> conduct its business with transparency and integrity, creating credibility with its shareholders [and] investors, register its reports and statements in a correct, consistent, accurate and complete way[,] refuse any corrupt and bribery practices, keeping formal procedures for control and consequences of any transgressions [and] refuse support and contributions to political parties or political campaigns of candidates for elective offices.[30]

---

with the media news reporting on the scheme during the Class Period the market value Petrobras' securities, including its ADSs and debt securities, gradually fell.

[27] The U.S. Securities Exchange Act of 1934 and the U.S. Securities Act of 1933. The Exchange Act claims asserted under the class action were for violation of Section 10(b) of the Exchange Act and Rule 10b-5, anti-fraud provisions prohibiting the use of any "device, scheme, or artifice to defraud" and imposing liability "necessary or appropriate in the public interest or for the protection of investors" for misstatement or omission of a material fact" as well as Section 20(a) of the Exchange Act, which holds individual "control persons joint and severally liable."

[28] See Consolidated Fourth Amended Class Action Complaint, supra note 22 at pp. 58-71.

[29] Id. at p. 91. See also PETROBRAS, Petrobras Announces First Quarter of 2010 Results [Press Release]. Rio de Janeiro. May 27, 2010. Available at: https://mz-filemanager.s3.amazonaws.com/25fdf098-34f5-4608-b7fa-17d60b2de47d/central-de-resultadoscentral-de-downloads/02f372ca44de5981b3aab087da0b7f36a898b27d8ad538dca7c46ed6497a2ef9/1q10_financial_report_us_gaap.pdf. Accessed on: Jul. 5, 2023.

[30] See Consolidated Fourth Amended Class Action Complaint, supra note 22 at p. 85. See also PETROBRAS. *Ethics Code Petrobras System*: Ethics Code – That's Just How We Are [Approved by the Board of Petrobras on

As regards Petrobras' assurance of commitment to "register its reports and statements in a correct, consistent, accurate and complete way," its Year 2010 Annual Report 20-F SEC filing, for example, stated that "[M]anagement assessed the effectiveness of each [Petrobras] Company's internal control over financial reporting as of [the end of the fiscal year and] has concluded that as of [the end of the fiscal year] each [Petrobras] Company's internal control over financial reporting is effective."[31]

Relative to its assured maintenance of procedures for preventing and containing fraud and corruption, in its Facts and Data blog website posting entitled "We Have Strict Legal Procedures in Place as Respects Payments, Including in the Case of the Pasadena Purchase," Petrobras represented, for example, that:

> The payments made for any reason and in any country follow strict and clear procedures and relevant legislation. Additionally, the Company has a structured Internal Audit group, which has unrestricted access to any unit of the Petrobras System to verify the compliance of procedures and transactions made.[32]

On February 1, 2018, via Stipulation of Settlement and Release execution, without admitting liability and maintaining that it was itself a victim of the bribery and corruption scheme, Petrobras agreed to pay the USD 2.95 billion settlement amount based on damages caused to its ADR holders because of the "conduct alleged in the Action." [33]

11/09/2006, Minutes DE 4.613, Sheet No 1109; and by the Board of Directors on 11/29/2006, Minutes CA 1.281, Sheet No 35]. Available at: https://docplayer.net/21300746-Ethics-code-petrobras-system.html. Accessed on: Jul. 5, 2023.

[31] See Consolidated Fourth Amended Class Action Complaint, supra note 22 at p. 95. See also PETROBRAS. SEC 20-F Year 2010 Annual Report [Annual Report]. Available at: https://www.sec.gov/Archives/edgar/data/1119639/000129281411001552/pbraform20f2010.htm. Accessed on: Jul. 5, 2023.

[32] PETROBRAS. Temos rígidos procedimentos legais para pagamentos, inclusive na compra de Pasadena [We Have Strict Legal Procedures in Place as Respects Payments, Including in the Case of the Pasadena Purchase]. Fatos e Dados (Blog). May 23, 2014. Available at: http://www.petrobras.com.br/fatos-e-dados/temos-rigidos-procedimentos-legais-para-pagamentos-inclusive-na-compra-de-pasadena.htm. Accessed on: Jul. 5, 2023.

[33] IN RE PETROBRAS SECURITIES LITIGATION, CASE 1:14-CV-09662-JSR (S.D.N.Y.). Stipulation of Settlement and Release [Stipulation of Settlement and Release]. Document 767-1. Filed Feb. 1, 2018. p. 10. Available at: http://www.petrobrassecuritieslitigation.com/docs/Petrobras%20-%20Settlement%20Agreement.pdf. Accessed on: Jul. 5, 2023. Likewise not admitting liability and maintaining that it too was a victim of the bribery and corruption scheme, co-defendant Petrobras Global Finance B.V. agreed to pay a settlement amount based on damages caused to Petrobras debt securities purchasers because of the "conduct alleged in the Action." Id. at pp. 11-12. The Amended Stipulation and Agreement of Settlement of the same date of Feb. 1, 2018, established the terms relative to co-defendant PricewaterhouseCoopers ("PwC Brazil") and its affiliates. "[W]ithout any admission or concession of "any liability or wrongdoing or lack of merit in the defenses asserted," PwC Brazil agreed to fully and finally settle the Class Action for USD 50 million in exchange for full and final release of all settled claims against it. See IN RE PETROBRAS SECURITIES LITIGATION, CASE 1:14-CV-09662-JSR (S.D.N.Y.). Amended Stipulation and Agreement of Settlement [Amended Stipulation and Agreement of Settlement]. Document 767-10. Filed Feb. 1, 2018. p. 6, 19-24. Available at: http://www.petrobrassecuritieslitigation.com/docs/Petro%20Amended%20Stip.pdf. Accessed on: Jul. 5, 2023.

5. The Petrobras Forced Arbitration Clause, its Direct Circumvention of Class Action Litigation in Brazil, the Denial of the Aidmin Public Civil Action and its Consequence

Brazilian companies have been introducing forced arbitration clauses into their bylaws so they can directly circumvent any possible class action litigation. This of course relates importantly to Petrobras and its shares bought on the Brazilian exchange (B3), subject to Brazilian securities law.

This is formally for reason of Petrobras´ adherence to B3's Nível 2 Corporate Governance special listing segment, which subjects Petrobras, its shareholders, officers and fiscal council members to the provisions of B3's Nível 2 regulation, including those determining Market Arbitration Chamber arbitration on a mandatory basis.[34]

On March 22, 2002, Petrobras, by Extraordinary Shareholders Meeting resolution, amended Article 58 of its bylaws[35] to include mandatory arbitration, which bylaws henceforth established that disputes involving the bylaws themselves, the corporation, its shareholders, officers and directors and members of its fiscal counsel relative to the provisions of the Corporations Law, National Monetary Council, Central Bank of Brazil, the Brazilian Securities and Exchange Commission (Comissáo de Valores Mobiliários) - CVM and other Brazilian capital markets regulation (namely, relating to securities transactions and corporate governance practices) shall be resolved according to the rules of the Market Arbitration Chamber.[36]

It is the Brazilian investors in Petrobras that invested in the Petrobras ADR instruments, subject to U.S. law, that were able to join class action litigation against Petrobras in the U.S. legal system. The Brazilian investors with ADRs were able to obtain settlement against Petrobras in the U.S. courts but the other (perhaps equal value) Brazilian investors, those without ADRs, have no class action litigation redress in Brazil.

The closest action in Brazil to the U.S. Class Action is the Brazilian Public Civil Action (public interest civil lawsuit, public civil action, collective, or class

[34] See supra notes 9 and 10 and accompanying text.

[35] PETROBRAS. *Assembleia Geral Extraordinária e Ordinária* [Extraordinary and Ordinary Shareholders Meeting] [Shareholders Meeting Deliberations Communication]. Mar. 22, 2002. Available at: https://sistemas.cvm.gov.br/Port/CiasAbertas/lista-fatos-relevantes-pre-2002.html. Accessed on: Jul. 5, 2023.

[36] See PETROBRAS. *SEC 20-F Year 2002 Annual Report* [Annual Report]. p. 150 (Dispute Resolution). Available at: https://www.sec.gov/Archives/edgar/data/1119639/000095012303007204/y87469e20vf.htm. Accessed on: Jul. 5, 2023.

action, interchangeably herein), which was established by Article 129, III of the Federal Constitution of 1988, and is intended to protect "diffuse and collective interests."[37] Federal Law. No. 7.347 of 1985 regulates all public interest civil lawsuits in Brazil and Federal Law No. 7.913 of 1989 regulates such public interest civil lawsuits relating to damages to capital markets investors. Under Article 5 of Federal Law No. 7.347 of 1985 and the Brazilian Consumer Defense Code, those with standing to bring such an action include associations legally organized for at least one year and whose institutional purpose includes the defense of "diffuse, collective or homogeneous individual rights" as are covered under the law relating to collective actions.

It is on these bases that, represented by Almeida Advogados, the Brazilian Associação dos Investidores Minoritários (Association of Minority Investors - Aidmin, now Abradin, the Brazilian Investors Association) entered Public Civil Action (Abusive Practices) Proceeding No. 1106499-89.2017.8.26.0100, 6th Central Civil Court, Court of Justice of São Paulo, on October 27, 2017, against Petrobras on a similar factual basis regarding the Petrobras bribery and corruption scheme as the U.S. In re Petrobras Securities Litigation class action but relating to B3 capital market investment in Petrobras.[38]

The Aidmin Public Civil Action complaint first argued that matters involving Petrobras, a Brazil-headquartered Brazilian government majority-owned multinational oil & gas company, as a party cannot be subject to arbitration, and that jurisprudence, including that of the Brazilian Federal Supreme Court (Federal Supreme Court Pronouncement No. 556), is well-established on this.[39]

The complaint also argued that arbitration is binding on parties that mutually agree to be bound by the same and that the arbitration provision to Petrobras' bylaws does not have adhesion contract-type effect. Additionally (if determined that it did have such effect), this would nevertheless violate Article 5, XXXV, of the Brazilian Federal Constitution guaranteeing the right to sue and defend in the courts.[40] The Aidmin members to the public civil action had at no point in

---

[37] See infra section The Present State of Class Action in Brazil.

[38] See a copy of the Complaint as was summitted in the proceeding, ASSOCIAÇÃO DOS INVESTIDORES MINORITÁRIOS - AIDMIN V. PETRÓLEO BRASILEIRO S/A - PETROBRAS, PUBLIC CIVIL ACTION (ABUSIVE PRACTICES) PROCEEDING NO. 1106499-89.2017.8.26.0100. 6th Central Civil Court, Court of Justice of São Paulo. Public Civil Action Complaint [Complaint]. Filed Oct. 27, 2017. Available at: https://www.conjur.com.br/dl/acp-minoritarios-petrobras.pdf. Accessed on: Jul. 5, 2023.

[39] Id. at pp. 12-13.

[40] BRAZIL. [Constitution (1988)]. *The Constitution of the Federative Republic of Brazil* (Title II Fundamental Rights and Guarantees, Chapter I Individual and Collective Rights and Duties, Article 5). Brasília, DF: Federal Senate, 2016. Available at: https://www2.senado.leg.br/bdsf/bitstream/handle/id/518231/CF88_Livro_EC91_2016.pdf. Accessed on: Jul. 5, 2023. ("All persons are equal before the law, without any distinction whatsoever,

time expressed their personal approval as to the submission of Petrobras-related disputes to arbitration.[41]

Another fundamental argument presented by Aidmin in this respect in its complaint was that the Corporations Law requires that the call of the shareholders meeting, in addition to other formal requirements in the interests of full transparency, at least indicates the subject matter of the meeting. Aidmin underscored that the June 10, 2002 call for the Extraordinary Shareholders Meeting was issued long after the meeting had already been held (on March 22, 2002), an apparent non-compliance with formality demonstrating a lack of transparency in itself, and that the call did not clearly and distinctly state that the subject matter of the call was to amend the bylaws to include the arbitration clause.[42]

On July 4, 2018, Honorable Judge Lúcia Caninéo Campanhã of the 6th Central Civil Court denied the Aidmin complaint without decision on the merits, on the view that, firstly, "a simple Internet consultation of the [B3] website" reveals that the requisite corporate bylaw inclusion of the arbitration clause should not "come as a surprise for a company seeking to adhere to [B3]´s Nível 2 requirements."[43]

Further, although conceding that "the absence of express mention in the call on the matter could be considered a [fatal flaw] annulling the deliberations," the court's position was that an action seeking said annulment has but a two-year statute of limitations counting from the date of the deliberations took place"[44] – March 22, 2002.

The court concluded its opinion by stating that the Aidmin complaint lists 108 associated minority shareholder members in contrast to 231 minority shareholders that have to the date of the decision entered arbitration against Petrobras on similar claims, and that the association "cannot serve as an armament to shield or exempt" its associated members from arbitration as the shareholders

---

Brazilians and foreigners residing in the country being ensured of inviolability of the right to life, to liberty, to equality, to security and to property, on the following terms: [...] XXXV – the law shall not exclude any injury or threat to a right from the consideration of the Judicial Power [....]"). See also supra note 4 and accompanying text relative to the Brazilian Federal Supreme Court rejection of the Arbitration Law as fundamentally unconstitutional on this basis until its 2001 decision (SE-AgR: 5206) recognizing a foreign arbitral award.

[41] AIDMIN V. PETROBRAS, Public Civil Action Complaint, supra note 38 at pp. 15-16.

[42] Id. at pp. 18-19.

[43] ASSOCIAÇÃO DOS INVESTIDORES MINORITÁRIOS - AIDMIN V. PETRÓLEO BRASILEIRO S/A - PETROBRAS, PUBLIC CIVIL ACTION (ABUSIVE PRACTICES) PROCEEDING NO. 1106499-89.2017.8.26.0100. 6th Central Civil Court, Court of Justice of São Paulo. Opinion [Decision]. Decided Jul. 4, 2018 (Honorable Judge Lúcia Caninéo Campanhã). p. 2. Available at: https://www.conjur.com.br/dl/controversia-acionistas-petrobras.pdf. Accessed on: Jul. 5, 2023.

[44] Id. at pp. 5-6.

are always subject to majority and shareholder meeting decision as well as the bylaws of the company.[45]

The court's ruling was appealed by Aidmin on July 30, 2018,[46] but without success. As such, this decision has set a very dangerous and damning precedent that is binding and valid law to this date, affirming the viability of forced arbitration for companies in Brazil like Petrobras seeking to insulate themselves from public and shareholder scrutiny and accountability.

The forced arbitration bylaws provision in the Brazil context is clearly wrong but is formally and legally promoted and enabled. By contrast, in the United States, where securities class action litigation such as In re Petrobras Securities Litigation is regularly employed for purposes of minority shareholder capital markets redress and public disclosure policing and deterrence of corporate wrongdoing, forced arbitration bylaws provision is expressly not authorized by the U.S. Securities and Exchange Commission (SEC)[47] (the U.S. equivalent of the CVM Brazilian Securities and Exchange Commission) and is firmly rejected and opposed on the grounds that, to quote from an often-cited U.S. research paper:

Privacy and secrecy dominate the arbitration process. Hearings are closed to the public and take place in private facilities intentionally shielded from the public eye [...] provided for by arbitration administrative organizations. The net result is that publicity is the exception to the norm [...]. To some extent arbitration parties desire the secrecy that pervades the arbitration process. Harmful allegations and proof are kept from public scrutiny. The press has no rights of access to arbitration proceedings. Businesses [...] have an interest in keeping private claims against them that are likely to cause negative publicity and provide valuable information [...] for claimants who might want to take action for similar reasons [...]. The transparent results obtained from a public conventional trial have positive external impacts [...]. Shareholders and companies alike observe these outcomes and normally adjust their behavior to follow these litigated cases. Visible, transparent results boost investor confidence and avoid understandable questions that inevitably accompany secret outcomes.[48]

---

[45] Id. at pp. 2-3.

[46] ASSOCIAÇÃO DOS INVESTIDORES MINORITÁRIOS - AIDMIN V. PETRÓLEO BRASILEIRO S/A - PETROBRAS, PUBLIC CIVIL ACTION (ABUSIVE PRACTICES) PROCEEDING NO. 1106499-89.2017.8.26.0100. 6th Central Civil Court, Court of Justice of São Paulo. Appeal [Appeal]. Filed Jul. 30, 2018 (1st Reserved Chamber of Business Law of the São Paulo Court of Justice). Available at: https://www.conjur.com.br/dl/acionistas-petrobras-pedem-acao.pdf. Accessed on: Jul. 5, 2023.

[47] See infra note 49.

[48] JOHNSON, Jennifer J.; BRUNET, Edward. Arbitration of Shareholder Claims: Why Change is Not Always a Measure of Progress, Lewis & Clark Law School. *Legal Research Paper Series Paper* No. 2008-11, p. 3-31, 2008. Available at: https://papers.ssrn.com/sol3/papers.cfm?abstract_id=1112826. Accessed on: Jul. 5, 2023.

To further quote, from a February 3, 2012 letter from eight U.S. public interest organizations to the Chairperson of the SEC relative to forced arbitration clauses and their serious and dire consequence within the context of the U.S. capital markets and economy – which insight is equally and appropriately applicable to the Brazil context:

Forced arbitration would enable companies to violate federal securities laws with near impunity. Serious claims, such as those related to breach of fiduciary duty, fraud, self-dealing, waste of corporate assets, insider trading, accounting scams, and inflated or false financial statements, would be forced into [orchestrated] private forums [...]. Due to the secrecy inherent in private arbitration and the fact that companies write the rules for these proceedings, corporate misconduct likely will escape adequate punishment, public scrutiny and [securities and exchange commission] enforcement or oversight authority. In addition, a principal goal of forced arbitration is to eliminate class actions, which for many claims are the only feasible avenue for pursuing relief. Forced arbitration effectively eliminates these claims, shielding firms from accountability for harms they conduct on a mass scale, particularly when each harm is too small for most individuals to pursue on their own.

Forcing shareholders into arbitration would dismiss decades of securities jurisprudence and prevent its further development. Arbitrators would be granted virtually unchecked discretion in their decision making. They would not be obliged to apply substantive securities law or adhere to legal precedent and principles. They would not even be required to follow their own rules of procedure. Arbitrators typically do not issue findings of fact or conclusions of law, nor are juries present to determine issues of fact. Moreover, unjust or unlawful decisions would not be corrected because judicial review of binding arbitration is exceedingly narrow. Securities claims are not merely "private quarrels" between parties; they often have serious, widespread implications for the integrity of the securities markets and the U.S. economy.[49]

By definition, the corporate bylaws forced arbitration clause disallows shareholders from pursuing any legal remedy, effectively immunizing wrongdoing companies and their management from shareholder collective action pursuit of

[49] PUBLIC CITIZEN, et al. Letter from Public Citizen, AFSCME, and six other organizations to Mary L. Schapiro, Chairman, SEC. Feb. 3, 2012. Available at: http://perma.cc/KX66-A3W8. Accessed on: Jul. 5, 2023. See also WORKING GROUP OF THE BRAZILIAN MINISTRY OF ECONOMY, THE BRAZILIAN SECURITIES COMMISSION (CVM), THE U.K. PROSPERITY FUND, AND THE OECD SECRETARIAT AND CORPORATE GOVERNANCE COMMITTEE. Strengthening the enforcement of shareholders' rights Interim Report 2019, p. 4, available at: http://conteudo.cvm.gov.br/export/sites/cvm/menu/acesso_informacao/serieshistoricas/estudos/anexos/interim_report_strengthening_the_enforcement_of_shareholders_rights.pdf, accessed on: Jul. 5, 2023, on this last point:

claims by denying shareholder access to the courts. Arbitration is not equivalent to court review and determination, and forced arbitration shields the corporation and its directors from public and shareholder oversight and accountability.

6. The Present State of Class Action in Brazil

Forced arbitration is definitively unsuitable and unacceptable for minority shareholder redress of securities violation-caused harm and for fostering corporate governance reform. Regrettably, there are aspects to present day collective dispute resolution via the Brazilian judicial court system that are markedly deficient and, as such, it is not presently viable for minority shareholder relief – nor for corporate remediation efforts – as is readily evident – contrasted to the longstanding and very workable U.S. class action mechanism.

Collective (class) actions arose in Brazil as a dispute resolution mechanism most likely inspired by the U.S. class action, which was very active in the United States as early as the 1970s.[50] As previous mentioned, Federal Law No. 7.347 of 1985 entered into force to regulate all public interest civil lawsuits in Brazil. The

---

"Access to effective private enforcement mechanisms is key to the development of a strong capital market. When minority shareholders are harmed by misconduct carried out by controlling shareholders or managers of a publicly-held company, the existence of effective mechanisms for enforcing their rights will not merely satisfy their individual interests, but it will also produce positive externalities. Redress can improve market compliance and build investor confidence in capital markets."

In complement, see COUNCIL OF INSTITUTIONAL INVESTORS, Letter from the Council of Institutional Investors to Jay Clayton, Chairman, SEC, Jan. 31, 2019, p. 2, available at: https://www.cii.org/files/issues_and_advocacy/correspondence/2019/January%2031%202019%20SEC%20letter%20on%20mandatory%20arbitration.pdf, accessed on: Jul. 5, 2023 (citing the SEC's "long-held view that including shareowner arbitration clauses in the governing documents of U.S. public companies is contrary to [the] public policy" of access of "investors who want to participate in the nation's equity markets to [] a judicial forum for vindication of federal or state law rights" and a "threat to principles of sound corporate governance that balance the rights of shareowners against the responsibility of corporate managers to run the business.").

For an example of recent formal SEC rejection of corporate bylaws forced arbitration clause inclusion see JOHNSON & JOHNSON, SEC No-Action Letter, Feb. 11, 2019. Available at: https://www.sec.gov/divisions/corpfin/cf-noaction/14a-8/2019/dorisbehrjohnson021119-14a8.pdf. Accessed on: Jul. 5, 2023. The SEC concurred with the New Jersey, USA-headquartered company Johnson & Johnson that the proposal of its shareholder The Doris Behr 2012 Irrevocable Trust – that its board take "all practicable steps to adopt a bylaws provision to require disputes between a shareholder and the Company, its directors, officers or controlling persons relating to certain claims under the federal securities laws to be exclusively and finally settled by arbitration" – not be included in the proxy materials to the company´s upcoming annual shareholders meeting.

By way of follow up information, the trust contested the rejection in the U.S. District Court for the District of New Jersey (The Doris Behr 2012 Irrevocable Trust, et al. v. Johnson & Johnson, Case 3:19-cv-08828-MAS-LHG, filed on March 21, 2019). On June 30, 2021, the Federal District Court granted Johnson & Johnson´s Motion to Dismiss. (THE DORIS BEHR 2012 IRREVOCABLE TRUST, ET AL. V. JOHNSON & JOHNSON, CASE 3:19-CV-08828-MAS-LHG (D.N.J) (2021 WL 2722569), Memorandum Opinion (unpublished) [Decision]. Decided Jun. 30, 2021. Available at: https://fingfx.thomsonreuters.com/gfx/legaldocs/azgpoqzzmpd/frankel--shareholderarb--jandjopinion6.30.21.pdf. Accessed on: Jul. 5, 2023.).

[50] THE NEW YORK TIMES. The Rise and Fall of the Class-Action Lawsuit, Sect. B, p. 7, Jan. 8, 1988. ("[I]n the 1970's, class actions became the rage of the legal profession."). Available at: https://www.nytimes.com/1988/01/08/us/the-law-the-rise-and-fall-of-the-class-action-lawsuit.html. Accessed on: Jul. 5, 2023.

1988 amendment to the Federal Constitution introduced language protective of diffuse and collective rights.[51] Federal Law No. 7.913 of 1989 specifically instituted securities market investor protection regulation and other collective action-related regulation then followed.[52] In 1990, the Consumer Protection Code expressly provided for the use of collective lawsuits relative to class common interest pursuit and resolution.[53]

Collective actions are very common in Brazil and can be brought regarding a wide range of claims, including environmental damages, consumer issues, such as product liability, advertising, commercial practices, consumer privacy, securities market issues, anticompetitive practice issues, property issues, artistic, aesthetic, history, tourism-related issues, "urban order"-related issues, racial, ethnic, and religion-related issues concerning "honor and dignity," and other collective interests.[54] This being said, collective lawsuits seeking capital markets investor loss redress are very rare, with only nine collective lawsuits having been filed from 2007 to 2019 on the basis of Federal Law No. 7.913 of 1989.[55]

As established in Article 5 of Federal Law No. 7.347 of 1985 and Article 82 of the Consumer Protection Code, those with standing to file collective actions are the Federal Public Prosecutor's Office, the Federal Public Defender's Office, the Federal Government, states, municipalities and Federal District, government-owned or government-controlled companies, such entities (including foundations) of the public administration as are intended to defend collective interests, and associations, such as Aidmin, that are legally organized for at least one year and whose institutional purpose includes the defense of "diffuse, collective or homogeneous individual rights" as are covered under the law. In such collective actions as it is not a plaintiff, the Federal Public Prosecutor´s Office

---

[51] See infra note 37 and accompanying text.

[52] Federal Law No. 7.853 of 1989 (Persons with Disabilities); Federal Law No. 8.069 of 1990 (Children and Juveniles); Federal Law No. 8.429 of 1992 (Administrative Misconduct); and Federal Law No. 10.741 of 2003 (the Elderly).

[53] Federal Law No. 8.078 of 1990.

[54] See Federal Law No. 7.347 of 1985, Article 1. BRAZIL. Law No. 7.347 of July 24, 1985. Referring to the public civil action for liability for harm caused to the environment, the consumer, assets, and rights of an artistic, esthetic, historic, touristic and scenic (VETOED) value, and other measures. Official Gazette of the Union: Section 1, Brasília, DF, Supplement, p. 10649, July 25, 1985. Available at: https://www2.camara.leg.br/legin/fed/lei/1980-1987/lei-7347-24-julho-1985-356939-publicacaooriginal-1-pl.html. Accessed on: Jul. 5, 2023. For example, "class actions have been brought against industries, banks, private schools, credit card companies, health insurance plans, and other private corporations, in order to curb mass wrongs, such as advertising, environmental damages, product defects, lack of adequate information to consumers, and the use of abusive or deceptive clauses in adhesion contracts." GIDI, Antonio, Class Actions in Brazil: A Model for Civil Law Countries. American Journal of Comparative Law. v. 51, p. 332, 2003. Available at: http://www.abdpc.org.br/abdpc/artigos/SSRN-id903188.pdf. Accessed on: Jul. 5, 2023.

[55] See Strengthening the enforcement of shareholders' rights, Interim Report 2019, supra note 49 at p. 14.

(MPF) is necessarily an intervening party overseer. There is no second step class certification procedure (including notice to class members)[56] as is the prerequisite for Class Action class treatment under the Federal Rules of Civil Procedure in the United States (brought by the parties filing the suit and also benefiting the "similarly situated").[57]

Most recently, on April 7, 2021, by majority decision, the Plenary of the Brazilian Federal Supreme Court (STF) declared Article 16 (territorial limitation of the res judicata effect of the Public Civil Action to the geographic jurisdiction of the court where the action was filed) of Federal Law No. 7.347 of 1985 to be unconstitutional and, as such, collective action court decision now has res judicata effect erga omnes within the entire National Territory.[58]

Unlike in the United States, settlement with respect to the Brazilian collective action is not regulated, except for two specific provisions, namely Article 5, Paragraph 6 of Federal Law No. 7.347 of 1985 (relative to "terms of agreement" sought by public entities with standing from "legitimate parties") and Article 107 of the Consumer Protection Code (regarding the "consumer collective agreement"), with respect to consumer-related dispute resolution. "In the case of a successful suit, the law does not [] contemplate settlement between the parties, except for conduct adjustment agreements approved by the [Federal] Public Prosecutor's Office or when damages for acts of ethnic discrimination are assessed."[59]

Also of noteworthy contrast to the U.S. system is, by way of example, that in Brazil a successful "homogeneous rights" collective lawsuit decision – that is, concerning "rights that the law considers divisible and thus justiciable through individual claims"[60] – is enforced by interested individuals and their successors

---

[56] "Class action notice, in Brazil, is primarily confined to official publications that reach a limited public almost entirely comprised of legal professionals." GOUVÊA, Carlos Portugal; REFOSCO, Helena Campos. Class Action in Brazil: Overview, Current Trends and Case Studies. The Cambridge Handbook of Class Actions, Cambridge University Press (forthcoming). p. 13. Jan. 11, 2020. Available at: https://ssrn.com/abstract=3539478. Accessed on: Jul. 5, 2023.

[57] See Fed R. Civ. P. 23(c). Available at: https://www.law.cornell.edu/rules/frcp/rule_23. Accessed on: Jul. 5, 2023. See also infra note 16.

[58] BRAZIL. Supremo Tribunal Federal. Plenário, Recurso Extraordinário (RE) 1101937/SP [Plenary Decision, Extraordinary Appeal (RE) 1101937/SP] [Decision]. Brasília, DF: Supremo Tribunal Federal, [Apr. 7, 2021]. Available at: https://stf.jusbrasil.com.br/jurisprudencia/1179435837/recurso-extraordinario-re-1101937-sp-0098806-0720074030000/inteiro-teor-1179435838. Accessed on: Jul. 5, 2023. See THE NATIONAL COUNCIL OF JUSTICE (CNJ), Limitação territorial de sentença em ação civil pública é inconstitucional [Territorial Limitation of the Public Civil Action Decision is Unconstitutional]. Apr. 12, 2021. Available at: https://www.cnj.jus.br/limitacao-territorial-de-sentenca-em-acao-civil-publica-e-inconstitucional/. Accessed on: Jul. 5, 2023.

[59] Class Action in Brazil: Overview, Current Trends and Case Studies, supra note 56 at p. 15.

[60] Id. at p. 9. Under Brazilian law, diffuse and collective rights affect the rights of the general public; homogeneous

seeking individual redress (compensation for actual losses suffered)[61] on an individual collection action basis.[62] The compartmentalization of the "abstract categories contemplated in Brazilian law" of "diffuse rights, collective rights, and homogeneous individual rights" has "serious practical repercussions" that are "nonexistent" in the U.S. system: "In the U.S., there is always the promise of a comprehensive agreement [ ] as an incentive for the company to accept settlements that benefit the group. This global agreement does not threaten to unleash a storm of similar lawsuits as often occurs in Brazil when a class action is successful."[63]

In Brazil, should an insufficient number of successful "homogeneous rights" collective lawsuit decision class members seek collection via individual collection action after one year following the decision "parties with standing" can "promote liquidation" (initiate a collection proceeding) should "amounts compatible with the seriousness of the damage" be agreed upon.[64] Such "fluid recovery" amounts as are not pursued "accrue" to a rights defense fund as stipulated by Federal Law No. 7.347 of 1985.[65]

With respect to the reality of rights defense fund fluid recovery sum accrual in Brazil, by way of example, on September 26-27, 2018, via coordinated enforcement resolution the SEC entered a cease and desist order (SEC Order) and the U.S. Department of Justice (DOJ) entered into a three-year non-prosecution agreement (NPA) with Petrobras, ending the SEC and DOJ public investigations against Petrobras that had preceded the filing of In re *Petrobras Securities Litigation.*[66] The settlement of the SEC´s charges under the SEC Order was comprised

---

rights "protect the rights of a specific group, category or class determined by common elements of law…." See HENSLER, Deborah R., HODGES, Christopher and TZANKOVA, Ianika (eds). Class Actions In Context: How Culture, Economics and Politics Shape Collective Litigation. Northampton, MA: Edward Elgar Publishing, p. 55, 2016. Available at: https://www.elgaronline.com/view/edcoll/9781783470433/9781783470433.xml. Accessed on: May 31, 2022.

[61] Id. at p. 5 ("Punitive damage awards could be the most efficient means to deter offenders with ample economic power [via] collective claims in court [….] In Brazil, however, civil responsibility is almost strictly compensatory and is therefore substantially limited to the calculation of actual harm caused.").

[62] Article 103, III of the Consumer Protection Code. BRAZIL. Presidential Decree n. 2.181 of March 20, 1997. Referring to the organization of the National Consumer Protection System - SNDC, establishing the general norms for the application of the administrative sanctions set forth in Law. n. 8.078 of September 11, 1990, revoking Decree n. 861 of July 9, 1993, and other provisions. Official Gazette of the Union: Brasília, DF, p. 2, Mar. 21, 1997. Available at: https://www.planalto.gov.br/ccivil_03/decreto/d2181.htm. Accessed on: Jul. 5, 2023.

[63] Class Action in Brazil: Overview, Current Trends and Case Studies, supra note 56 at p. 20.

[64] Article 100 of the Consumer Protection Code.

[65] Id.

[66] The DOJ settled its enforcement action against Petrobras on September 26, 2018. On the following day, September 27, 2018, the SEC settled its enforcement action against Petrobras. The SEC settlement covered Petrobras' violations of the FCPA's internal controls and books-and-records provisions, as well as violations related to misstatements in its SEC filings.

of disgorgement plus prejudgment interest total payment (USD 933,473,797) by Petrobras being reduced and deemed satisfied by the amount Petrobras pays into the Settlement Fund in In re Petrobras Securities Litigation should the amount Petrobras pay into the Settlement Fund be greater than the SEC Order total payment amount, and that a "Fair Fund" be established to distribute the civil money penalty amount the SEC receives (USD 85,320,000) to "harmed investors"[67] who purchased Petrobras United States securities.

The DOJ's NPA was considered "the appropriate resolution of case," applying "a criminal penalty with an aggregate discount of 25% off the bottom of the U.S. Sentencing Guidelines fine range" and with a "credit [of] 80% of the criminal penalty against the amount the Company pays" to the "Brazilian authorities," under which Petrobras "will be subject to oversight" and with which Petrobras would "separately be entering into a resolution"[68] According to the NPA, from the total criminal penalty of USD 853.2 million Petrobras would pay USD 85.320 million to the DOJ and the SEC each and to "complete" its "payment obligations to the United States" would pay the remaining USD 682.560 million (80% of the USD 853.2 million) to the Brazilian authorities.[69]

Subsequently, on January 23, 2019, Brazil's Federal Public Prosecutor's Office Car Wash Task Force entered into an agreement with Petrobras to define how "the remaining amount to the Brazilian authorities" would be applied. Said agreement determined that half of the funds will be allocated to social and educational programs to promote citizenship and integrity in Brazil's public sector. The agreement also stated that the other half of the funds will be used to compensate B3 Petrobras investors with legal suits or arbitration against Petrobras in course up to October 8, 2017.[70]

---

[67] See U.S. SECURITIES AND EXCHANGE COMMISSION. In Re Petróleo Brasileiro S.A. - Petrobras, Order Instituting Proceedings, Pursuant to Section 8A of the Securities Act of 1933 and Section 21C of the Exchange Act of 1934, Making Findings, and Imposing a Cease-and-Desist Order [Agreement]. Sept. 27, 2018, pp. 9-10. Available at: https://www.sec.gov/litigation/admin/2018/33-10561.pdf. Accessed on: Jul. 5, 2023. The SEC established the Fair Fund under Section 308(a) of the Sarbanes-Oxley Act of 2002, which authorizes it to add collected enforcement case civil penalties to disgorgement funds for the benefit of U.S. securities law violation victims. Id. at p. 10. According to the Order, Petrobras shall, within one year of the date of the Order, pay a civil money penalty amount of USD 853,200,000 to the SEC in connection with the Order and receive credit up to USD 682,560,000 of any payment made in agreement with the "Brazilian authorities" as described in the DOJ´s NPA as well as the credit of USD 85,320,000 of any payment required by Petrobras resolution with the DOJ as per the DOJ´s NPA. Id. at p. 9. The Fair Fund thus contains USD 85,320,000 destined for "harmed investors" who purchased Petrobras United States securities.

[68] U.S. DEPARTMENT OF JUSTICE. In Re Petróleo Brasileiro S.A. - Petrobras, Documents, U.S. Department of Justice, Criminal Division, Fraud Section and the United States Attorney's Office for the Eastern District of Virginia, Non-Prosecution Agreement [Agreement]. Sept. 26, 2018. Available at: https://www.conjur.com.br/dl/doj.pdf. Accessed on: Jul. 5, 2023.

[69] Id. at p. 6.

[70] MINISTÉRIO PÚBLICO FEDERAL, PROCURADORIA DA REPÚBLICA NO PARANÁ, FORÇA

Despite the ratification of this agreement by the 13th Federal Court of the State of Paraná, on March 15, 2019, Brazilian Federal Supreme Court Justice Minister Alexandre de Moraes determined that Car Wash Task Force had overstepped its bounds in assuming administrative and financial obligations without the constitutional right to do so[71] and on September 17, 2019, upheld a September 9, 2019, agreement between the Prosecutor General of the Republic (PGR), the President of the House of Representatives, and the Attorney General of the Union.[72] Under this agreement, the amounts deposited by Petrobras were destined for "education" (BRL 1,601,941,554.97)[73] and the "combat of forest fires" (BRL 1.06 billion).[74]

The rationale of relief by way of application of the so-called cy pres legal doctrine derives from "cy pres comme possible," which expression in French signifies "as close or near as possible."[75] It is key to the cy pres legal doctrine that the operative condition is "intent," that is, as close or near as possible to the

---

TAREFA. Acordo de Assunção de Compromissos, firmado entre Ministério Público Federal e a Petróleo Brasileiro S.A. - Petrobras, relacionado ao Non-Prosecution Agreement entre Petrobras e DoJ e à Cease-and-Desist Order da SEC [Assumption of Obligations Agreement Between the Federal Public Prosecutor´s Office and Petróleo Brasileiro S.A. - Petrobras Relating to the Non-Prosecution Agreement Between Petrobras and the DOJ and the SEC Cease-and-Desist Order] [Agreement]. Jan. 23, 2019. Available at: http://www.mpf.mp.br/pr/sala-de-imprensa/docs/acordo-fundo-petrobras/view. Accessed on: Jul. 5, 2023.

[71] See BRAZIL. Supremo Tribunal Federal. *Arguição de Descumprimento de Preceito Fundamental - ADPF 568/PR*, Liminar Deferida [Motion Respecting Violation of a Fundamental Principle - ADPF 568/PR, Injunction Granted] [Decision Granting Injunction]. Brasília, DF: Supremo Tribunal Federal, [Nov. 9, 2020]. Available at: https://portal.stf.jus.br/processos/detalhe.asp?incidente=5650140. Accessed on: Jul. 5, 2023. The decision granted the injunction brought by the office of the Prosecutor General of the Republic (PGR) to suspend the agreement between Petrobras and the Car Wash Task Force prosecutors, determining that the amounts judicially deposited by Petrobras via the SEC and DOJ and settlements should be blocked and remain in judicial deposit until such time as the Brazilian Federal Supreme Court definitively decides on the matter of their exact destination.

[72] BRAZIL. Supremo Tribunal Federal. *Arguição de Descumprimento de Preceito Fundamental - ADPF 568/PR*, Decisão [Motion Respecting Violation of a Fundamental Principle - ADPF 568/PR, Decision] [Decision]. Brasília, DF: Supremo Tribunal Federal, [Nov. 17, 2019]. Available at: https://www.conjur.com.br/dl/alexandre-homologa-acordo-destinar.pdf. Accessed on: Jul. 5, 2023. (The decision upheld PROCURADORA-GERAL DA REPÚBLICA; O PRESIDENTE DA CÂMARA DOS DEPUTADOS; O ADVOGADO-GERAL DA UNIÃO; O PRESIDENTE DO SENADO FEDERAL; O PROCURADOR-GERAL DA FAZENDA NACIONAL. STF – ADPF 568 e RCL 33.667 – Requerimento Conjunto para Destinação dos Valores, Acordo Sobre a Destinação dos Valores [STF – ADPF 568 and RCL 33.667 – Joint Petition for the Destination of the Award Amount, Agreement with Respect to the Destination of the Award Amount] [Agreement]. Available at: https://www.conjur.com.br/dl/pgr-camara-agu-fecham-acordo-destinacao.pdf. Accessed on: Jul. 5, 2023.).

[73] Infant education initiatives, entrepreneur, innovation and science, science education and applied technologies initiatives. Id. at p. 25.

[74] The prevention, oversight and combat of deforestation, forest fires and crimes against the environment within Brazil's Legal Amazon region. Id. at p. 26.

[75] REDISH, Martin H., et al. Cy Pres Relief and the Pathologies of the Modern Class Action: A Normative and Empirical Analysis. *Florida Law Review*, v. 62., p. 617, 624, 2010. Available at: http://www.floridalawreview.com/2010/martin-h-redish-peter-julian-samantha-zyontz-cy-pres-relief-and-the-pathologies-of-modern-class-action-a-normative-and-empirical-analysis/. Accessed on: Jul. 5, 2023.

original purpose of the designation.[76] There has been a considerable cy pres-type award in the Petrobras settlement with the DOJ´s USD 682.560 million credit distribution to the "Brazilian authorities," resulting from which there has been a somewhat farcical failure in applying the basic cy pres legal doctrine. The intent – best directed to promote integrity in Brazil's public sector and compensate B3 Petrobras investors, as determined by Brazil's Federal Public Prosecutor's Office Car Wash Task Force – was completely subverted to finance Brazilian infant education and combat forest fires.

Clearly the concept of class action is not yet well understood in Brazil.

As is evident and well noted in the U.S. Chamber Institute for Legal Reform article Class Action Evolution: Improving the Litigation Climate in Brazil (that describes the intricacy of class action law in Brazil): there exists "the need to include a predominance criterion, a mechanism that forces the court to assure that collective issues predominate over individual ones."[77] In the language of First Region (Brasília) Federal Court Judge Honorable Maria Isabel Diniz Gallotti Rodrigues, coordinator of the working study group tasked to review Federal House of Representatives Bill No. 4.778 of 2020 to improve class action in Brazil: "The class action is intended (a) for such situations as are not appropriate for individual pursuit in the courts; (b) to assure the effective protection of such right as are intrinsically collective; (c) to fully implement the principle of equality. That which does not attend these objectives is removed from that which is, ideally, a collective action."[78] At times it is difficult to see the forest because of all the trees.

To again quote from the U.S. Chamber Institute for Legal Reform with res-

---

[76] Take, for example, the earliest judicial use of cy pres relief in the U.S. class action context, which was that of the 1974 Southern District of New York Miller v. Steinbach decision, determining the proposed class settlement to the shareholder suit concerning alleged unfair merger terms and violation of securities laws to be "fair and reasonable" in "applying a variant of the cy pres doctrine at *common law*" (to pay the settlement fund to the trustee of the shareholding company's retirement plan) in "view of the very modest size of the settlement fund and the vast number of shares among which it would have to be divided." Id. at p. 635 citing Miller v. Steinbach, No. 66 Civ. 356, 1974 WL 350, at *2 (S.D.N.Y. Jan. 3, 1974).

[77] U.S. CHAMBER INSTITUTE FOR LEGAL REFORM. *Class Action Evolution*: Improving the Litigation Climate in Brazil, p. 1, Aug. 2014. Available at: https://www.instituteforlegalreform.com/research/class-action-evolution-improving-the-litigation-climate-in-brazil. Accessed on: Jul. 5, 2023.

[78] BRAZIL. Federal House of Representatives Bill No. 4.778 of 2020. Referring to the New Public Civil Action Law and other measures. House of Representatives 56th Legislature, 3rd Ordinary Legislative Session, Brasília, DF. Available at: https://www.camara.leg.br/proposicoesWeb/prop_mostrarintegra?codteor=1933591&filename=PL+4778/2020. Accessed on: Jul. 5, 2023. Among other things, the legislative bill introduces rules to (1) improve the representation for associations that wish to file class actions; (2) address lis pendens where multiple class actions are filed; and (3) voluntarily discontinue class actions through settlement agreements. See THE NATIONAL COUNCIL OF JUSTICE (CNJ). *Principais pontos da proposta de projeto de lei da ação coletiva* – Conselho Nacional de Justiça [The Main Points of the Collective Action Bill – The National Council of Justice]. Available at: https://www.jota.info/wp-content/uploads/2020/09/acoes-coletivas-anteprojeto.pdf. Accessed on: Jul. 5, 2023.

pect to class actions in Brazil: "Class actions were conceived to resolve mass-tort claims through expedited and economically rational means, but experience has shown that this goal has not been met." [79]

Also, as it stands, the class action does not apply whatsoever to minority shareholder redress from the corporate malfeasance of large-sized companies such as Petrobras because the Corporations Law expressly permits corporate bylaws to impose arbitration, and the B3 categorically conditions corporate listing on its Nível 2 and certain other special listing segments on mandatory arbitration adhesion. These factors are undeniably seized upon and taken advantage of as a shield from accountability by said companies.

To cite Petrobras once again as an example, class arbitration in Brazil has been filed against Petrobras on a presumably similar factual basis regarding the Petrobras bribery and corruption scheme as the U.S. In re Petrobras Securities Litigation but relating to B3 capital market investment in Petrobras. According to as much as can be gathered on said class arbitration from the statement by Petrobras made in its USA SEC 20-Filing of its Annual Report for the fiscal year ended December 31, 2022:

We are also currently a party to seven arbitration proceedings brought by Brazilian and foreign investors that purchased our shares traded on the B3, alleging financial losses caused by facts uncovered in Lava Jato. [New Paragraph] Due to substantial uncertainties inherent to these kinds of proceedings and the highly uncertain impacts of such allegations, it is not possible for us to identify possible risks related to this action and to produce a reliable estimate of eventual loss. [New Paragraph] Depending on the outcome of these claims, we may have to pay substantial amounts, which may have a significant effect on our financial condition. [New Paragraph] Most of these arbitrations are far from a definitive judgment by the respective arbitral tribunals. However, in one of the arbitrations, proposed by two institutional investors, on May 26, 2020, a partial arbitration award has been issued. The partial award indicates our liability, but does not determine our payment of amounts, nor does it end the procedure. This arbitration is confidential, as well as the others in progress, and the partial award represents only the position of the three arbitrators of such arbitration panel and are not extendable to the other existing arbitrations. On July 20, 2020, we filed a lawsuit for the annulment of this partial arbitration award, considering our view that it contains serious flaws and improprieties. On November 10, 2020, the first level judge of Rio de Janeiro state court declared the partial award null. The appeals

[79] U.S. CHAMBER INSTITUTE FOR LEGAL REFORM. Class Action Evolution: Improving the Litigation Climate in Brazil, supra note 77, p. 28.

against this decision are pending. In compliance with CAM [(Market Arbitration Chamber)] rules, the lawsuit is confidential. We reiterate that we will continue to defend ourselves vigorously, out of respect for our current shareholders, in all arbitrations to which we are a party. [80]

This is basically all that is available to the public – and shareholders – with respect to these minority-shareholder-brought class arbitration proceedings against Petrobras in Brazil.

7. Final Considerations

There are a number of recent U.S. class actions involving B3 listed special segment Brazilian companies, two well-known examples of which include In Re Anheuser-Busch InBev SA/NV Securities Litigation[81] and In Re Vale S.A. Securities Litigation (particularly relevant, speaking of collective interest, because of Vale´s involvement in a tragic environmental disaster).[82] The In re Petrobras Securities Litigation securities class action outcome is however by far the most significant and historically important one in the U.S. to date.[83]

---

[80] PETROBRAS. SEC 20-F Year 2022 Annual Report [Annual Report]. Available at: https://api.mziq.com/mzfilemanager/v2/d/25fdf098-34f5-4608-b7fa-17d60b2de47d/23f48cb9-9972-be78-2996-b3a79b5c351c?origin=1. Accessed on: Jul. 5, 2023. Under CVM Instruction No. 480 of 2009, should the arbitration proceeding be confidential the company need only report "the impact in case of an unfavorable outcome and inform the amounts involved." See CVM. CVM Instruction No. 480 of December 7, 2009. Available at: http://conteudo.cvm.gov.br/export/sites/cvm/subportal_ingles/menu/investors/anexos/CVMInstruction480.pdf. Accessed on: Jul. 5, 2023.

[81] IN RE: ANHEUSER-BUSCH INBEV SA/NV SECURITIES LITIGATION, CASE 1:19-CV-05854-AKH (S.D.N.Y.). Complaint [Complaint]. Document 1. Filed Jun. 21, 2019. Available at: https://dockets.justia.com/docket/new-york/nysdce/1:2019cv05854/518105. Accessed on: Jul. 5, 2023. (The lawsuit alleges that during the class period defendants made materially false and misleading statements and/or failed to disclose adverse information regarding Anheuser-Busch's business, operations, and prospects. As a result of this information being withheld from the market, the price of Anheuser-Busch ADSs was artificially inflated during the class period. Then, Anheuser-Busch reported its financial results announcing a dividend cut of 50% and the price of Anheuser-Busch ADSs declined. Damages are sought on behalf of all purchasers of Anheuser-Busch ADSs during the class period.).

[82] IN RE VALE S.A. SECURITIES LITIGATION, CASE 1:19-CV-00526- RJD-SJB (E.D.N.Y.). Complaint [Complaint]. Document 47. Filed Jan. 28, 2019. Available at: https://www.docketalarm.com/cases/New_York_Eastern_District_Court/1--19-cv-00526/Rauch_v._Vale_S.A._et_al/47/. Accessed on: Jul. 5, 2023. See KAPLAN FOX & KILSHEIMER LLP. Case: In re Vale S.A. Sec. Litig., No. 19-cv-526 (RJD) (SJB). [News]. Available at: https://www.kaplanfox.com/news/1341-valesasecuritieslitigation.html. Accessed on: Jul. 5, 2023. ("Plaintiff alleges that Defendants engaged in a fraudulent scheme and made material misrepresentations and omissions during the Class Period about: (1) the stability of Vale's dams and risk of a catastrophic collapse, (2) Vale's dam safety and risk management policies and practices, and (3) Vale's commitment to dam safety. The truth about these matters was revealed with the collapse of Dam 1 of the Córrego do Feijão mine on January 25, 2019, and in subsequent news articles, which caused the share prices of Vale Securities to decline dramatically.").

[83] "[T]he largest securities class action settlement in a decade, [it] is [also] the largest settlement ever in a securities class action involving a foreign issuer, the fifth-largest securities class action settlement ever achieved in the United States, the largest securities class action settlement achieved by a foreign Lead Plaintiff, and the largest securities class action settlement in history not involving a restatement of financial reports." IN RE

Class action in the United States provingly results in considerable judgment or settlement returning at least some investment value to minority shareholder investors.[84] Judging by In re Petrobras Securities Litigation, the Public Civil Action in Brazil, just like the Class Action in the U.S., should ideally provide financial reparation to minority shareholders injured by corporate fraud, fraud that is precipitated entirely on corporate leaders' ability to shield themselves from scrutiny and accountability. Additionally, the Public Civil Action in Brazil, just like the Class Action in the United States, could inspire significant corporate governance reform such as candidly transparent disclosure practice and corporate oversight.

Aidmin, however, did not get very far at all in its attempt to combat entirely wrongful forced arbitration and assure access to the judicial courts for collective minority shareholder redress and corporate accountability. Also, even if it had been successful, it is more than evident that the rules and regulations pertaining to the collective representation and recompense aspects of the Public Civil Action in Brazil are markedly lacking – rendering it inefficient, ineffective and, realistically, non-viable as a means of securities class action litigation resolution in Brazil at present.

It is more than evident from the present case study exposé that in Brazil as elsewhere confidential forced arbitration proceedings are in no way appropriate to public company minority shareholder securities fraud dispute resolution and redress and definitively should not apply in this context.[85] Further necessary fundamental systematic change is the correction and improvement of the currently deficient and defective Brazilian collective action legal framework, with the U.S. securities fraud class action mechanism as the reference guide.

Let us hope that someday this potential of true and successful reduction of corporate misconduct and preservation and protection of minority investor capital investment in Brazil will indeed be realized.

PETROBRAS SECURITIES LITIGATION, CASE 1:14-CV-09662 (JSR). Pomerantz LLP Firm Biography [Firm Biography]. Document 789-25. Filed Apr. 23, 2018. p. 2 ("Securities Litigation, Significant Landmarks In Securities-related Litigations"). Available at: https://www.conjur.com.br/dl/peticao-class-action-petrobras-risco.pdf. Accessed on: Jul. 5, 2023.

[84] Class members in the U.S. successfully receiving notice of claim and having their proof of claim processed in a settlement, such as that of In re Petrobras Securities Litigation for example, are entitled to pro-rata compensation.

[85] "It is imperative that critical corporate activities remain subject to scrutiny by shareholders and the courts, and not insulated by clandestine, corporate-run arbitration proceedings." See supra note 49 (2012 letter from Public Citizen, et al. to the then Chairman of the SEC). See also the U.S. Congressional Records transcript of the Consideration of Bill H.R. 1423 (the Forced Arbitration Injustice Repeal Act) to amend Title 9 (Arbitration) of the United States Code with respect to forced arbitration preventing class action lawsuits in the U.S. context, which can be entirely applicable to the Brazil context as well:

"Instead of victims fighting their cases together, big corporations can get away with making millions illegally by harming average Americans. By allowing forced arbitration and preventing class action lawsuits, we incentivize

References

Activist Shareholder and Sec No-Action Letters

COUNCIL OF INSTITUTIONAL INVESTORS. Letter from the Council of Institutional Investors to Jay Clayton, Chairman, SEC. Jan. 31, 2019. Available at: https://www.cii.org/files/issues_and_advocacy/correspondence/2019/January%2031%202019%20SEC%20letter%20on%20mandatory%20arbitration.pdf. Accessed on: Jul. 5, 2023.

PUBLIC CITIZEN, et al. Letter from Public Citizen, AFSCME, and six other organizations to Mary L. Schapiro, Chairman, *SEC*. Feb. 3, 2012. Available at: http://perma.cc/KX66-A3W8. Accessed on: Jul. 5, 2023.

JOHNSON & JOHNSON. *SEC* No-Action Letter. Feb. 11, 2019. Available at: https://www.sec.gov/divisions/corpfin/cf-noaction/14a-8/2019/dorisbehrjohnson-021119-14a8.pdf. Accessed on: Jul. 5, 2023.

Articles

CHAVEZ, Gonzalo A.; SILVA, Ana Cristina. Brazil's Experiment with Corporate Governance, *Journal of Applied Corporate Finance*, v. 21, p. 38 (Table 1), 2009. Available at: https://www.researchgate.net/publication/46541015_Brazil's_Experiment_with_Corporate_Governance/link/5a391f77a6fdcc565c6ed17a/download. Accessed on: Jul. 5, 2023.

CORRIE, Clint A. International Commercial Arbitration in Brazil, Comparative Law Yearbook of International Business, *Wolters Kluwer Law & Business*, v. 35, p. 116, 2013. Available at: https://law-store.wolterskluwer.com/s/product/comparative-law-yearbook-international-business-2013-vol-35/01t0f00000J3ajPAAR. Accessed on: Jul. 5, 2023.

---

this very bad behavior. [A]rbitration […] does not work for everyone. In fact, for most Americans, it serves as a barrier to justice and a legal shield for corporations. It is a system that deters defendants from seeking justice and [] payouts. It is a system that is fundamentally based on tricking Americans into giving up their rights. [] We have a constitutional right to go to court to settle our disputes. Our Founding Fathers and people in the American Revolution fought and died for that constitutional right. [] Instead, you have to go to a rigged and secret arbitration process that the corporations control and usually win. It also means you can't band together with other claimants. Think of what that means, Mr. Speaker. These clauses prohibit banding together in class actions and doing the cases together. What does the upshot of that mean? It means that these corporations that do it act with impunity. They are immunized from accountability. They can do anything that they want without having to account for it in court. This is a license to steal. It is wrong, and it goes against the American ideal of responsibility and accountability, what we try to teach our children. This [] applies to big corporations. If you can't band together and do it as a class action, then it doesn't work. Class actions keep American corporations accountable and responsible. That is why we don't want to shut them down. My friend from across the aisle [] just said that this bill shuts some people out of the justice system and that it is an important option. It is not an option. That is the point of this bill. It is mandatory. It is forced. They don't have a choice. They go into a secret and rigged system. Vote for the FAIR Act."

U.S. HOUSE OF REPRESENTATIVES. Providing for Consideration of H.R. 1423, *Forced Arbitration Injustice Repeal Act. U.S. Congressional Records*. Daily Edition, v. 165, n. 150, pp. H7762-63, Sept. 18, 2019. Available at: https://www.congress.gov/congressional-record/2019/09/18/house-section/article/H7761-3. Accessed on: Jul. 5, 2023.

GOUVÊA, Carlos Portugal; REFOSCO, Helena Campos. Class Action in Brazil: Overview, Current Trends and Case Studies. *The Cambridge Handbook of Class Actions*, Cambridge University Press (forthcoming). p. 13. Jan. 11, 2020. Available at: https://ssrn.com/abstract=3539478. Accessed on: Jul. 5, 2023.

JOHNSON, Jennifer J.; BRUNET, Edward. Arbitration of Shareholder Claims: Why Change is Not Always a Measure of Progress, Lewis & Clark Law School. *Legal Research Paper Series Paper* No. 2008 - 11, pp. 3-31, 2008. Available at: https://papers.ssrn.com/sol3/papers.cfm?abstract_id=1112826. Accessed on: Jul. 5, 2023.

KAZ, Roberto. The Oil is Theirs: The story of the multi-billion-dollar lawsuit against Petrobras in the United States, *Folha de São Paulo, Piauí Magazine*, 118th Ed., pp. 48-54, Jul. 2016. Available at: https://piaui.folha.uol.com.br/materia/the-oil-is-theirs/. Accessed on: Jul. 5, 2023

LIPTON, David A. Mandatory Securities Industry Arbitration: The Problems and the Solution. *Maryland Law Review*, v. 48, pp. 882-883, 1989. Available at: https://digitalcommons.law.umaryland.edu/cgi/viewcontent.cgi?article=2754&context=mlr. Accessed on: Jul. 5, 2023.

REDISH, Martin H., et al. Cy Pres Relief and the Pathologies of the Modern Class Action: A Normative and Empirical Analysis. *Florida Law Review*, v. 62, pp. 617, 624, 2010. Available at: http://www.floridalawreview.com/2010/martin-h-redish-peter-julian-samantha-zyontz-cy-pres-relief-and-the-pathologies-of-modern-class-action-a-normative-and-empirical-analysis/. Accessed on: Jul. 5, 2023.

SANTANA, Maria Helena, et al. Novo Mercado and Its Followers: Case Studies in Corporate Governance Reform, International Finance Corporation (IFC), *Global Corporate Governance Forum Focus* 5, Washington, D.C., p. 15, 2008. Available at: https://www.academia.edu/57450107/Novo_Mercado_and_Its_Followers_Case_Studies_in_Corporate_Governance_Reform. Accessed on: Jul. 5, 2023.

THE NATIONAL COUNCIL OF JUSTICE (CNJ). *Limitação territorial de sentença em ação civil pública é inconstitucional* [Territorial Limitation of the Public Civil Action Decision is Unconstitutional]. Apr. 12, 2021. Available at: https://www.cnj.jus.br/limitacao-territorial-de-sentenca-em-acao-civil-publica-e-inconstitucional/. Accessed on: Jul. 5, 2023.

THE NEW YORK TIMES. The Rise and Fall of the Class-Action Lawsuit. *The New York Times*. Sect. B, p. 7, Jan. 8, 1988. Available at: https://www.nytimes.com/1988/01/08/us/the-law-the-rise-and-fall-of-the-class-action-lawsuit.html. Accessed on: Jul. 5, 2023.

U.S. CHAMBER INSTITUTE FOR LEGAL REFORM. *Class Action Evolution: Improving the Litigation Climate in Brazil*. Aug. 2014. Available at: https://www.instituteforlegalreform.com/research/class-action-evolution-improving-the-litigation-climate-in-brazil. Accessed on: Jul. 5, 2023.

Books

ALMEIDA, André de. *A maior ação do mundo*: a história da class action contra a Petrobras ("The Largest Action in the World: The Story of the Class Action Against Petrobras"). São Paulo: Editora SES, 2018. Partially available at: https://www.google.com.br/books/edition/A_maior_a%C3%A7%C3%A3o_do_mundo/ED9qDwAAQBAJ?hl=pt-BR&gbpv=1&printsec=frontcover (not yet published in English). Accessed on: Jul. 5, 2023.

HENSLER, Deborah R.; HODGES, Christopher; TZANKOVA, Ianika (eds). *Class Actions In Context*: How Culture, Economics and Politics Shape Collective Litigation. Northampton, MA: Edward Elgar Publishing, p. 55, 2016. Available at: https://www.elgaronline.com/view/edcoll/9781783470433/9781783470433.xml. Accessed on: Jul. 5, 2023.

Brazilian Laws and Bills

BRAZIL. [Constitution (1988)]. *The Constitution of the Federative Republic of Brazil Brasília*, DF: Federal Senate, 2016. Official Gazette of the Union: Brasília, DF, p. 1, col. 1, October 5, 1988. Available at: https://www2.senado.leg.br/bdsf/bitstream/handle/id/518231/CF88_Livro_EC91_2016.pdf. Accessed on: Jul. 5, 2023.
BRAZIL. *Law No. 6.404 of December 15, 1976*. Referring to Brazilian Corporations. Official Gazette of the Union: Section 1, Brasília, DF, Supplement, p. 1, Dec. 17, 1976. Available at: https://www2.camara.leg.br/legin/fed/lei/1970-1979/lei-6404-15-dezembro-1976-368447-publicacaooriginal-1-pl.html. Accessed on: Jul. 5, 2023.

BRAZIL. *Law No. 7.347 of July 24, 1985*. Referring to the public civil action for liability for harm caused to the environment, the consumer, assets and rights of an artistic, esthetic, historic, touristic and scenic (VETOED) value, and other measures. Official Gazette of the Union: Section 1, Brasília, DF, Supplement, p. 10649, July 25, 1985. Available at: https://www2.camara.leg.br/legin/fed/lei/1980-1987/lei-7347-24-julho-1985-356939-publicacaooriginal-1-pl.html. Accessed on: Jul. 5, 2023.

BRAZIL. *Law No. 7.853 of October 24, 1989*. Referring to assistance for the handicapped, their social integration, the National Coordinatorship for the Integration of the Handicapped (CORDE), instituting the jurisdictional measure for the protection of the collective or diffuse interests of these persons, regulating the actions of the Public Prosecutor´s Office, defining crimes, and other measures. Official Gazette of the Union: Section 1, Brasília, DF, p. 1920, Oct. 25, 1989. Available at: https://www.planalto.gov.br/ccivil_03/leis/l7853.htm. Accessed on: Jul. 5, 2023.

BRAZIL. *Law No. 8.069 of July 13, 1990*. Referring to the Children and Adolescent Statute. Official Gazette of the Union: Section 1, Brasília, DF, p. 13563, Jul. 16, 1990. Available at: https://www2.camara.leg.br/legin/fed/lei/1990/lei-8069-13-julho-1990-372211-publicacaooriginal-1-pl.html. Accessed on: Jul. 5, 2023.

BRAZIL. *Law No. 8.078 of September 11, 1990*. Referring to protection of the consumer, and other measures. Official Gazette of the Union: Section 1, Brasília, DF, p. 1, Sep. 12, 1990. Available at: https://www.planalto.gov.br/ccivil_03/leis/l8078.htm. Accessed on: Jul. 5, 2023.

BRAZIL. *Law No. 8.429 of June 2, 1992*. Referring to the sanctions applicable to public servants in the case of illicit enrichment in the exercise of their direct, indirect or foundational public administration term, position, employment or functions, and other measures. Official Gazette of the Union: Section 1, Brasília, DF, p. 6993, col. 1, Jun. 3, 1992. Available at: https://legis.senado.leg.br/norma/550305/publicacao/15715218. Accessed on: Jul. 5, 2023.

BRAZIL. *Law No. 9.307 of September 23, 1996*. Referring to arbitration. Official Gazette of the Union: Brasília, DF, p. 18897, Sep. 24, 1996. Available at: https://www.planalto.gov.br/ccivil_03/leis/l9307.htm. Accessed on: Jul. 5, 2023.

BRAZIL. *Law No. 10.303 of October 31, 2001*. Referring to the altering of and addition of provisions to Law No. 6.404 of December 15, 1976, referring to Brazilian Corporations, and Law 6.385 of December 7, 1976, referring to the stock exchange and the creation of the [Brazilian] Securities and Exchange Commission. Official Gazette of the Union: Section 1, Brasília, DF, p. 4, Nov. 1, 2001. Available at: https://www2.camara.leg.br/legin/fed/lei/2001/lei-10303-31-outubro-2001-414210-norma-pl.html. Accessed on: Jul. 5, 2023.

BRAZIL. *Law No. 10.741 of October 1, 2003*. Referring to the Elderly Statute, and other measures. Official Gazette of the Union: Section 1, Brasília, DF, p. 1, Oct. 3, 2003. Available at: http://www.planalto.gov.br/ccivil_03/leis/2003/l10.741.htm. Accessed on: Jul. 5, 2023.

BRAZIL. *Law No. 13.129 of May 26, 2015*. Referring to the amending of Law No. 9.307 of September 23, 1996 and Law No. 6.404 of December 15, 1976, to expand the application of arbitration establish provision with respect to the choice of arbiters when parties look to the arbitration chamber, the interruption of the statute of limitations time period by the arbitration chamber, the granting of precautionary and urgent injunctions in cases of arbitration, the arbitration award and sentence, and the revocation of the provisions of Law No. 9.307 of September 23, 1996. Official Gazette of the Union: Brasília, DF, p. 1, May 27, 2015. Available at: https://www.planalto.gov.br/ccivil_03/_ato2015-2018/2015/lei/l13129.htm. Accessed on: Jul. 5, 2023.

BRAZIL. *Federal House of Representatives Bill No. 4.778 of 2020*. Referring to the New Public Civil Action Law and other measures. House of Representatives 56th Legislature, 3rd Ordinary Legislative Session, Brasília, DF. Available at: https://www.camara.leg.br/proposicoesWeb/prop_mostrarintegra?codteor=1933591&filename=PL+4778/2020. Accessed on: Jul. 5, 2023.

Case Documents, Agreements, Brazilian Federal Supreme Court Decisions

ASSOCIAÇÃO DOS INVESTIDORES MINORITÁRIOS - AIDMIN V. PETRÓLEO BRASILEIRO S/A - PETROBRAS, PUBLIC CIVIL ACTION (ABUSIVE PRACTICES) PROCEEDING NO. 1106499-89.2017.8.26.0100. 6th Central Civil Court, Court of Justice of São Paulo. Public Civil Action Complaint [Complaint]. Filed Oct. 27, 2017. Available at: https://www.conjur.com.br/dl/acp-minoritarios-petrobras.pdf. Accessed on: Jul. 5, 2023.

ASSOCIAÇÃO DOS INVESTIDORES MINORITÁRIOS - AIDMIN V. PETRÓLEO BRASILEIRO S/A - PETROBRAS, PUBLIC CIVIL ACTION (ABUSIVE PRACTICES) PROCEEDING NO. 1106499-89.2017.8.26.0100. 6th Central Civil Court. Court of Justice of São Paulo. Decision [Decision]. Decided Jul. 4, 2018 (Honorable Judge Lúcia Caninéo Campanhã). Available at: https://www.conjur.com.br/dl/controversia-acionistas-petrobras.pdf. Accessed on: Jul. 5, 2023.

ASSOCIAÇÃO DOS INVESTIDORES MINORITÁRIOS - AIDMIN V. PETRÓLEO BRASILEIRO S/A - PETROBRAS, PUBLIC CIVIL ACTION (ABUSIVE PRACTICES) PROCEEDING NO.1106499-89.2017.8.26.0100. 6th Central Civil Court, Court of Justice of São Paulo. Appeal [Appeal]. Filed Jul. 30, 2018 (1st Reserved Chamber of Business Law of the São Paulo Court of Justice). Available at: https://www.conjur.com.br/dl/acionistas-petrobras-pedem-acao.pdf. Accessed on: Jul. 5, 2023.

IN RE: ANHEUSER-BUSCH INBEV SA/NV SECURITIES LITIGATION, CASE 1:19-CV-05854-AKH (S.D.N.Y.). Complaint [Complaint]. Document 1. Filed Jun. 21, 2019. Available at: https://dockets.justia.com/docket/new-york/nysdce/1:-2019cv05854/518105. Accessed on: Jul. 5, 2023.

IN RE PETROBRAS SECURITIES LITIGATION, CASE 1:14-CV-09662-JSR (S.D.N.Y.). Consolidated Fourth Amended Class Action Complaint [Amended Complaint]. Document 342. Filed Nov. 30, 2015. Available at: https://storage.courtlistener.com/recap/gov.uscourts.nysd.435841/gov.uscourts.nysd.435841.342.0.pdf. Accessed on: Jul. 5, 2023.

IN RE PETROBRAS SECURITIES LITIGATION, CASE 1:14-CV-09662-JSR (S.D.N.Y.). Opinion [Decision]. Document 194. Filed Jul. 30, 2015. Available at: https://www.mintz.com/sites/default/files/viewpoints/orig/19/2015/09/Opinion-Petrobras.pdf. Accessed on: Jul. 5, 2023.

IN RE PETROBRAS SECURITIES LITIGATION, CASE 1:14-CV-09662-JSR (S.D.N.Y.). Pomerantz LLP Firm Biography [Firm Biography]. Document 789-25. Filed Apr. 23, 2018. Available at: https://www.conjur.com.br/dl/peticao-class-action-petrobras-risco.pdf. Accessed on: Jul. 5, 2023.

IN RE PETROBRAS SECURITIES LITIGATION, CASE 1:14-CV-09662-JSR (S.D.N.Y.). Amended Stipulation and Agreement of Settlement [Amended Stipulation and Agreement of Settlement]. Document 767-10. Filed Feb. 1, 2018. Available at: http://www.petrobrassecuritieslitigation.com/docs/Petro%20Amended%20Stip.pdf. Accessed on: Jul. 5, 2023.

IN RE PETROBRAS SECURITIES LITIGATION, CASE 1:14-CV-09662-JSR (S.D.N.Y.). Stipulation of Settlement and Release [Stipulation of Settlement and Release]. Document 767-1. Filed Feb. 1, 2018. Available at: http://www.petrobrassecuritieslitigation.com/docs/Petrobras%20-%20Settlement%20Agreement.pdf. Accessed on: Jul. 5, 2023.

IN RE VALE S.A. SECURITIES LITIGATION, CASE 1:19-CV-00526-RJD-SJB (E.D.N.Y.). Consolidated Class Action for Violations of Federal Securities Laws [Complaint]. Document 47. Filed Jan. 28, 2019. Available at: https://www.docketalarm.com/cases/New_York_Eastern_District_Court/1--19-cv-00526/Rauch_v._Vale_S.A._et_al/47/. Accessed on: Jul. 5, 2023.

KALTMAN V. PETRÓLEO BRASILEIRO S.A. - PETROBRAS, CASE 1:14-CV-09662-JSR (S.D.N.Y.). Class Action Complaint [Complaint]. Document 1. Filed Dec. 8, 2014. Available at: https://www.wolfpopper.com/siteFiles/Cases/Petrobras_Complaint.pdf. Accessed on: Jul. 5, 2023.

THE DORIS BEHR 2012 IRREVOCABLE TRUST, ET AL. V. JOHNSON & JOHNSON, CASE 3:19-cv-08828-MAS-LHG (D.N.J.) (2021 WL 2722569). Memorandum Opinion (unpublished) [Decision]. Decided Jun. 30, 2021. Available at: https://fingfx.thomsonreuters.com/gfx/legaldocs/azgpoqzzmpd/frankel--shareholderarb--jandjopinion6.30.21.pdf. Accessed on: Jul. 5, 2023.

Agreements

MINISTÉRIO PÚBLICO FEDERAL, PROCURADORIA DA REPÚBLICA NO PARANÁ, FORÇA TAREFA. Acordo de Assunção de Compromissos, firmado entre Ministério Público Federal e a Petróleo Brasileiro S.A. - Petrobras, relacionado ao Non-Prosecution Agreement entre Petrobras e DoJ e à Cease-and-Desist Order da SEC [Assumption of Obligations Agreement Between the Federal Public Prosecutor´s Office and Petróleo Brasileiro S.A. - Petrobras Relating to the Non-Prosecution Agreement Between Petrobras and the DOJ and the SEC Cease-and-Desist Order] [Agreement]. Jan. 23, 2019. Available at: http://www.mpf.mp.br/pr/sala-de-imprensa/docs/acordo-fundo-petrobras/view. Accessed on: Jul. 5, 2023.

PROCURADORA-GERAL DA REPÚBLICA; O PRESIDENTE DA CÂMARA DOS DEPUTADOS; O ADVOGADO-GERAL DA UNIÃO; O PRESIDENTE DO SENADO FEDERAL; O PROCURADOR-GERAL DA FAZENDA NACIONAL. STF – ADPF 568 e RCL 33.667 – Requerimento Conjunto para Destinação dos Valores, Acordo Sobre a Destinação dos Valores [STF – ADPF 568 and RCL 33.667 – Joint Petition for the Destination of the Award Amount, Agreement with Respect to the Destination of the Award Amount] [Agreement]. Available at: https://www.conjur.com.br/dl/pgr-camara-agu-fecham-acordo-destinacao.pdf. Accessed on: Jul. 5, 2023.

U.S. DEPARTMENT OF JUSTICE. In Re Petróleo Brasileiro S.A. - Petrobras, Documents, U.S. Department of Justice, Criminal Division, Fraud Section and the United States Attorney's Office for the Eastern District of Virginia, Non-Prosecution Agreement [Agreement]. Sept. 26, 2018. Available at: https://www.conjur.com.br/dl/doj.pdf. Accessed on: Jul. 5, 2023.

U.S. SECURITIES AND EXCHANGE COMMISSION. In Re Petróleo Brasileiro S.A. - Petrobras, Order Instituting Proceedings, Pursuant to Section 8A of the Securities Act of 1933 and Section 21C of the Exchange Act of 1934, Making Findings, and Imposing a Cease-and-Desist Order [Agreement]. Sept. 27, 2018. Available at: https://www.sec.gov/litigation/admin/2018/33-10561.pdf. Accessed on: Jul. 5, 2023.

Brazilian Federal Supreme Court Decisions

BRAZIL. Supremo Tribunal Federal. *Arguição de Descumprimento de Preceito Fundamental - ADPF 568/PR*, Decisão [Motion Respecting Violation of a Fundamental Principle - ADPF 568/PR, Decision] [Decision]. Brasília, DF: Supremo Tribunal Federal, [Nov. 17, 2019]. Available at: https://www.conjur.com.br/dl/alexandre-homologa-acordo-destinar.pdf, Accessed on: Jul. 5, 2023.

BRAZIL. Supremo Tribunal Federal. *Arguição de Descumprimento de Preceito Fundamental - ADPF 568/PR*, Liminar Deferida [Motion Respecting Violation of a Fundamental Principle - ADPF 568/PR, Injunction Granted] [Decision Granting Injunction]. Brasília, DF: Supremo Tribunal Federal, [Nov. 9, 2020]. Available at: https://portal.stf.jus.br/processos/detalhe.asp?incidente=5650140. Accessed on: Jul. 5, 2023.

BRAZIL. Supremo Tribunal Federal. Plenário, *Recurso Extraordinário (RE) 1101937/SP* [Plenary Decision, Extraordinary Appeal (RE) 1101937/SP] [Decision]. Brasília, DF: Supremo Tribunal Federal, [Apr. 7, 2021]. Available at: https://stf.jusbrasil.com.br/jurisprudencia/1179435837/recurso-extraordinario-re-1101937-sp-0098806-0720074030000/inteiro-teor-1179435838. Accessed on: Jul. 5, 2023.

Case Summary

KAPLAN FOX & KILSHEIMER LLP. Case: In re Vale S.A. Sec. Litig., No. 19-cv-526 (RJD) (SJB). [News]. Available at: https://www.kaplanfox.com/news/1341-valesasecuritieslitigation.html. Accessed on: Jul. 5, 2023.

U.S. Congressional Records

U.S. HOUSE OF REPRESENTATIVES. Providing for Consideration of H.R. 1423, Forced Arbitration Injustice Repeal Act. U.S. Congressional Records. Daily Edition, v. 165, n. 150, pp. H7762-63, Sept. 18, 2019. Available at: https://www.congress.gov/congressional-record/2019/09/18/house-section/article/H7761-3. Accessed on: Jul. 5, 2023.

Financial Press Releases and Filings

PETROBRAS. *Petrobras Announces First Quarter of 2010 Results* [Press Release]. Rio de Janeiro. May 27, 2010. Available at: https://mz-filemanager.s3.amazonaws.com/25fdf098-34f5-4608-b7fa-17d60b2de47d/central-de-resultadoscentral-de-downloads/02f372ca44de5981b3aab087da0b7f36a898b27d8ad538dca7c46ed6497a2ef9/1q10_financial_report_us_gaap.pdf. Accessed on: Jul. 5, 2023.

PETROBRAS. *SEC 20-F Year 2002 Annual Report* [Annual Report]. Available at: https://www.sec.gov/Archives/edgar/data/1119639/000095012303007204/y87469e20vf.htm. Accessed on: Jul. 5, 2023.

PETROBRAS. *SEC 20-F Year 2010 Annual Report* [Annual Report]. Available at: https://www.sec.gov/Archives/edgar/data/1119639/000129281411001552/pbraform20f2010.htm. Accessed on: Jul. 5, 2023.

PETROBRAS. *SEC 20-F Year 2022 Annual Report* [Annual Report]. Available at: https://api.mziq.com/mzfilemanager/v2/d/25fdf098-34f5-4608-b7fa-17d60b2de47d/23f48cb9-9972-be78-2996-b3a79b5c351c?origin=1. Accessed on: Jul. 5, 2023.

Regulation

B3. *Comparative Listing of Segments*. Available at: https://www.b3.com.br/data/files/95/92/CE/E1/4C8EE5109A67ACE5790D8AA8/Comparative%20list%20of%20segments.pdf. Accessed on: Jul. 5, 2023.

B3. *Nível 2 Corporate Governance (2019)*. Available at: https://www.b3.com.br/data/files/1B/B5/A5/87/46E3861012FFCD76AC094EA8/Regulamento%20de%20Listagem%20do%20N%C3%ADvel%202%20(San%C3%A7%C3%B5es%202019).pdf. Accessed on: Jul. 5, 2023.

B3. *Rules of the Market Arbitration Chamber*. The Brazilian Arbitration Committee, Rules of the Market Arbitration Chamber (effective Oct. 26, 2011). Available at: https://cbar.org.br/site/wp-content/uploads/2019/01/bovespa-regulation.pdf. Accessed on: Jul. 5, 2023.

CVM. *CVM Instruction No. 480 of December 7, 2009*. Available at: http://conteudo.cvm.gov.br/export/sites/cvm/subportal_ingles/menu/investors/anexos/C

VMInstruction480.pdf. Accessed on: Jul. 5, 2023.

PETROBRAS. *Ethics Code Petrobras System*: Ethics Code - That's Just How We Are [Approved by the Board of Petrobras on 11/09/2006, Minutes DE 4.613, Sheet No 1109; and by the Board of Directors on 11/29/2006, Minutes CA 1.281, Sheet No. 35]. Available at: https://docplayer.net/21300746-Ethics-code-petrobras-system.html. Accessed on: Jul. 5, 2023.

U.S. FEDERAL RULES OF CIVIL PROCEDURE. *Federal Rules of Civil Procedure* (Rule 23). Dec. 1, 2020. Available at: https://www.law.cornell.edu/rules/frcp. Accessed on: Jul. 5, 2023.

U.S. SECURITIES ACT OF 1933. *17 CFR Part 230 - General Rules and Regulations, Securities Act of 1933*. Feb. 25, 1998 (most recent amendment). Available at: https://www.law.cornell.edu/cfr/text/17/part-230. Accessed on: Jul. 5, 2023.

U.S. SECURITIES EXCHANGE ACT OF 1934. 15 U.S. *Code Chapter 2B Securities Exchanges.* Available at: https://www.law.cornell.edu/uscode/text/15/chapter-2B. Accessed on: Jul. 5, 2023.

Shareholders Meetings

PETROBRAS. *Assembleia Geral Extraordinária e Ordinária* [Extraordinary and Ordinary Shareholders Meeting] [Shareholders Meeting Deliberations Communication]. Mar. 22, 2002. Available at: https://sistemas.cvm.gov.br/Port/CiasAbertas/lista-fatos-relevantes-pre-2002.html. Accessed on: Jul. 5, 2023.

Websites

PETROBRAS. Temos rígidos procedimentos legais para pagamentos, inclusive na compra de Pasadena [We Have Strict Legal Procedures in Place as Respects Payments, Including in the Case of the Pasadena Purchase]. *Fatos e Dados (Blog).* May 23, 2014. Available at: http://www.petrobras.com.br/fatos-e-dados/temos-rigidos-procedimentos-legais-para-pagamentos-inclusive-na-compra-de-pasadena.htm. Accessed on: Jul. 5, 2023.

PETROBRAS. *Investor Relations, Shares.* Available at: http://www.investidorpetrobras.com.br/en/shares-and-dividends/shares. Accessed on: Jul. 5, 2023.

Working Group Studies

WORKING GROUP OF THE BRAZILIAN MINISTRY OF ECONOMY, THE BRAZILIAN SECURITIES COMMISSION (CVM), THE U.K. PROSPERITY FUND, AND THE OECD SECRETARIAT AND CORPORATE GOVERNANCE COMMITTEE. *Strengthening the enforcement of shareholders' rights Interim Report 2019.* Available at: http://conteudo.cvm.gov.br/export/sites/cvm/menu/acesso_informacao/serieshistoricas/estudos/anexos/interim_report_strengthening_the_enforcement_of_shareholders_rights.pdf. Accessed on: Jul. 5, 2023.

THE NATIONAL COUNCIL OF JUSTICE (CNJ). *Principais pontos da proposta de projeto de lei da ação coletiva – Conselho Nacional de Justiça* [The Main Points of the Collective Action Bill – The National Council of Justice]. Available at: https://www.jota.info/wp-content/uploads/2020/09/acoes-coletivas-anteprojeto.pdf. Accessed on: Jul. 5, 2023.